权威·前沿·原创

皮书系列为
“十二五”国家重点图书出版规划项目

四川蓝皮书

BLUE BOOK OF SICHUAN

四川文化产业发展报告(2015)

ANNUAL REPORT ON CULTURAL DEVELOPMENT OF SICHUAN (2015)

主　编／侯水平

副主编／向宝云　张立伟

社会科学文献出版社

SOCIAL SCIENCES ACADEMIC PRESS (CHINA)

图书在版编目（CIP）数据

四川文化产业发展报告. 2015/侯水平主编. —北京：社会科学文献出版社，2015.4
（四川蓝皮书）
ISBN 978-7-5097-7212-6

Ⅰ.①四… Ⅱ.①侯… Ⅲ.①文化产业-研究报告-四川省-2015 Ⅳ.①G127.71

中国版本图书馆 CIP 数据核字（2015）第 048495 号

四川蓝皮书
四川文化产业发展报告（2015）

主　　编／侯水平
副 主 编／向宝云　张立伟

出 版 人／谢寿光
项目统筹／邓泳红　高振华
责任编辑／丁　凡

出　　版／社会科学文献出版社·皮书出版分社（010）59367127
地址：北京市北三环中路甲 29 号院华龙大厦　邮编：100029
网址：www.ssap.com.cn
发　　行／市场营销中心（010）59367081　59367090
读者服务中心（010）59367028
印　　装／北京季蜂印刷有限公司

规　　格／开　本：787mm×1092mm　1/16
印　张：22.25　字　数：335 千字
版　　次／2015 年 4 月第 1 版　2015 年 4 月第 1 次印刷
书　　号／ISBN 978-7-5097-7212-6
定　　价／79.00 元

皮书序列号／B-2006-342

主要编撰者简介

侯水平 现任四川省社会科学院院长、研究员，四川省学术技术带头人，享受国务院特殊津贴专家。主要研究成果：《证券法律责任》《日本公司法研究》《证券交易法概论》《物权法争点详析》《汶川地震灾后房地产法律政策实务研究》《汶川大地震灾后恢复重建相关重大问题研究》《邓小平理论史》等，论文《经济全球化制度安排的区域经济学分析》《深化改革须从权力主导转向依法推进》《企业社会责任建设的规制路径》《企业社会责任内在逻辑的重新审视与思考》《地方政府调控与中小企业发展问题探讨》《论程序监督》《日本企业经营者监督制约法律制度及其对我国的启示》《两权分离法律制度的历史沉思》等。科研成果获吴玉章人文社会科学优秀奖1项，省部级奖一等奖2项、二等奖2项、三等奖2项。

向宝云 四川省社会科学院纪委书记、研究员，文学博士。主要研究方向为：文艺学、中国现当代文学、文化产业。

在《新华文摘》《学术月刊》《光明日报》等报刊上发表学术论文80余篇，出版著作有《曹禺悲剧美学思想研究》等。多项成果获四川省哲学社会科学优秀成果奖二等奖、三等奖，四川省文学奖，四川省文艺评论一等奖、二等奖，四川省“五个一工程”理论文章奖等。

张立伟 四川省社会科学院新闻传播研究所所长、研究员。近年来重点研究新闻宣传、媒体竞争、文化产业。有独立专著5部，学术论文百余篇。两次获中国新闻奖论文二等奖；六次获四川新闻奖论文一等奖；五次获四川省哲学社会科学优秀成果奖。

摘　要

《四川文化产业发展报告（2015）》整合学术研究机构与文化管理部门的力量，是年鉴与研究的结合，既有年鉴的事实和数据，又有研究的理论与智力支撑。立足四川放眼世界，既总结四川文化产业的发展经验，又对全球文化产业的前沿问题有独到研究。

本报告共六部分：一是总报告，分析新型城镇化如何重塑四川文化产业新版图。二是发展前沿，分析四川的全媒体建设、大网络产业、区域广播电视、民营文化产业的发展等。三是聚焦城镇化，分析四川新型城镇化与文化产业的相关性、新型城镇化与绿色文化产业、城市工业遗产的创意开发、四川古镇旅游开发与传统民俗变迁调查等。四是行业报告，分析四川老年文化产业、文化主题餐饮、乡村旅游、新兴媒体发展等。五是区域报告，分析成都、泸州、南充、甘孜、阿坝、凉山等地区的文化产业发展。六是附录，撰写了2014年四川文化产业大事记。以上六部分，总分结合、纵横交错，有助于读者了解四川文化产业发展的总体态势与最新变化，认清存在的问题与困难，努力从经验的探索走向规律的把握。

目　录

ⅠB Ⅰ　总报告

ⅠB Ⅱ　发展前沿

ⅠB Ⅲ　聚焦城镇化

ⅣB Ⅳ 行业报告

B Ⅴ 区域报告

B Ⅵ 附录

皮书数据库阅读使用指南

总 报 告

General Report

B.1

新型城镇化：重塑四川文化产业新版图

向宝云 张立伟 彭 剑 黄维敏 陈玉霞*

摘 要：本报告从宏观和微观视角分析四川文化产业发展的新机遇。包括中央决策绘制文化产业蓝图，四川指明新型城镇化政策的重点与方向，城市文化产业发展与农村文化产业发展的新机遇。从四大城市群视角出发，分析四川文化产业发展的“多点多极”战略。梳理和描绘了成都平原城市群、川南城市群、攀西城市群和川东北城市群等四大城市群形成的文化产业新格局。从“新四化”同步视角出发，分析四川文化产业的增量空间。提出要发挥文化产业“渗透、包容、引领、联动”的作用，推动文化产业与四大城市群的新型工业

* 向宝云，四川省社会科学院纪委书记、研究员；张立伟，四川省社会科学院新闻传播研究所所长、研究员；彭剑，四川省社会科学院新闻传播研究所副所长、副研究员；黄维敏，四川省社会科学院文学研究所副研究员；陈玉霞，四川省社会科学院新闻传播研究所副研究员。

化、信息化、农业现代化的联动发展，实现四川文化产业和城镇化的双转型。

关键词：新型城镇化　四大城市群　新四化同步　四川

世界银行前副行长、诺贝尔经济学奖得主斯蒂格利茨多次表示，“美国的高科技与中国的城镇化是拉动未来世界经济增长的两大引擎”①。美国的高科技作用已经日益显现，中国的城镇化注定将成为对未来人类文明影响深远的重大历史事件。以“人的城镇化”为核心的新型城镇化，也将“文化”的地位提升到前所未有的新高度，为文化产业带来巨大的“机会空间”与“发展红利”。对于四川而言，地处西部欠发达地区和特色文化资源的富集，是新型城镇化战略中文化产业发展的两个突出特点，整合和依托四川的特色文化资源优势，借助科技手段与人力资源，因地制宜地扶持和打造有优势的文化产业项目，将四川文化产业的发展有机融入四川新型城镇化战略的总体进程之中，走文化产业发展与新型城镇化的双螺旋交替上升之路②，最终推动四川文化产业成为国民经济支柱性产业，将是今后很长一段时间的任务与使命。

一　新型城镇化：四川文化产业新机遇

（一）新型城镇化开启文化产业新一轮发展

1. 全国：中央决策绘制蓝图

2012 年，党的十八大报告明确提出了新型城镇化的发展道路和方向，

① 斯蒂格利茨：《中国城镇化对世界是一大机遇》，http://finance.people.com.cn/n/2014/0319/c1004-24674387.html，2014 年 3 月 19 日。

② 范周：《文化产业成为开启新型城镇化的动力源》，中国经济网，http://www.ce.cn/culture/gd/201301/07/t20130107_24006209.shtml，2013 年 1 月 17 日。

2014 年 3 月 5 日，国务院总理李克强在政府工作报告中指出，2014 年全国工作重点将推进以人为核心的新型城镇化建设，2014 年 4 月 11 日，国家发改委发布《国家新型城镇化规划（2014—2020 年）》，出台城镇化相关配套政策，明确了推进城镇化的指导思想、主要目标、基本原则、重点任务和完善城镇化体制机制的新型城镇化发展规划与方向。这些国家层面的政策与话语，将新型城镇化战略强调到了一个前所未有的高度，一个全国性的共识已经形成，那就是：新型城镇化是中国实现现代化的必由之路，是扩大内需的重要途径，是推动经济社会科学发展和加快发展的重要引擎，是有中国特色社会主义道路的一次重大理论和实践创新，是在改革开放 30 年积累的综合国力和经验基础上，再一次攻坚克难、继往开来的历史性跨越。

党的十七届六中全会和十八大绘制了文化强国的宏伟目标，为文化事业的大发展大繁荣指明了前进方向。文化产业将成为国民经济支柱性产业，为文化发展带来空前的大好机遇。

2. 四川：新型城镇化政策的重点与方向

对于地处中西部欠发达地区的四川而言，新型城镇化建设必将迎来一次重大的发展机遇，因为，在东部沿海地区城镇化进入中后期的背景下，西部地区的城镇化将成为国家“两横三纵”战略布局的重中之重。当前，四川省正处于工业化初期向工业化中期过渡的阶段，面临城镇化水平低、结构不合理、产业支撑不足等问题。为贯彻落实中央精神，顺应四川发展变化的阶段性特征，2011 年 11 月，四川省人民政府出台了《四川省“十二五”城镇化发展规划》，对四川新型城镇化做出了具体的战略规划和部署。《四川省“十二五”城镇化发展规划》提出，在未来五年，四川省将着力构建以“一核、四群、五带”为骨架的城镇空间布局结构，一是突出“一核”，进一步增强成都的竞争力和带动力；二是推进成都平原城市群、川南城市群、川东北城市群和攀西城市群等四大城市群和区域中心城市的建设；三是培育成德绵广、成雅西攀、成资内自、成遂南广达、成眉乐宜泸等五条城镇经济发展带；四是加强县域中小城市和重点特色小城镇建设。通过“一核、四群、五带”的建设，最终形成以成都为核心，以 20 个区域中心城市为依托，以

300个左右中小城市和重点镇为骨干，以1500个左右小城镇为基础，布局合理、层级清晰、功能完善的城镇体系，努力走出一条形态适宜、产城融合、城乡一体、集约高效的具有四川特色的新型城镇化道路。

（二）城市文化产业新机遇

从世界经验看，文化产业的高速发展期往往正是城市化加速推进期，美国出版、影视业在19世纪和20世纪的大发展正是伴随着西进运动和第二次世界大战后新一轮城市化而发生的。中国的新型城镇化建设无疑将给文化产业带来巨大的发展机遇，新型城镇化的“新”，更多的是由“文化”的核心要素来加以体现，新型城镇化的核心是“人的城镇化”，与传统的城镇化相比，新型城镇化更注重发掘城市文化资源，强化文化传承创新，可以说，在新型城镇建设中，“文化”的要素无处不在。“新型城镇化不仅仅是线性的破旧立新的发展过程，更是多元文化创新的发展过程，是文化基因的传承、文化记忆的存留和文化历史的延续。”①。正是因为看到了文化产业在未来所具有的广阔潜力与发展空间，党的十七届五中全会明确提出了“推动文化产业成为国民经济支柱性产业”② 的战略目标，而新型城镇化，正是连接城市和农村的重要发展机制，为城市文化产业发展带来新机遇。

1. 新版图——城市文化产业格局重塑

四川推动新型城镇化的建设，将重塑四川城市文化产业新版图，形成新的城市文化产业格局和新的城市文化产业中心。

首先，城市文化产业新格局的重塑。在四川新型城镇化发展规划中，四川省委明确提出了“一核、四群、五带”的区域规划和城镇体系，文化产业的版图也做出了与之相适应的规划，2012年四川省政府工作会议通过了《四川省文化产业发展的意见》，明确了四川文化产业加快构筑“一核四带”区域布局和构建“5+2”的文化产业发展格局的总体思路。“一核四带”中

---

① 范周：《赋予城镇化以文化内涵》，《光明日报》，2013年10月16日。

② 《推动文化产业成为国民经济支柱性产业》，中国共产党新闻网，http://theory.people.com.cn/GB/16325070.html，2011年11月21日。

的“一核”，是把成都建设成为全省文化产业的核心发展区，“四带”，即红色文化产业带、历史文化产业带、民族文化产业带和灾后重建文化产业带。“5＋2”则提出了形成四川省重点文化产业发展格局，即做大做强文化旅游产业、出版发行产业、影视产业、演艺娱乐产业和印刷复制产业，重点培育动漫游戏产业和创意设计产业。

其次，形成新的城市文化产业中心。“一核四带”和“5＋2”为四川文化产业勾勒出一幅层次分明的区域文化发展布局和文化产业行业布局，也为四川各市州城市文化产业发展提供了明确的发展蓝图和方向目标。依托川西、川中、川南和川东北四个片区，以特色文化资源为基础，根据各地经济发展水平、文化产业发展基础，沿“一核四带”和“5＋2”布局谋划城市文化产业的未来，发展独具特色的城市文化产业。比如，将成都建设成全省文化产业核心发展区，充分发挥成都对全省文化产业发展的辐射带动引领作用，其余各市州主要城市的文化产业版图围绕成都，以本区域的特色文化产业，分别布局红色文化产业带、历史文化产业带、民族文化产业带和灾后重建文化产业带。“一核四带”区域规划和“5＋2”的产业布局，构建了四川文化产业的新版图和新中心，给四川各市州城市文化产业指明了方向和目标。

2. 新市民——城市文化产业的新需求新市场

新型城镇化的核心是“人的城镇化”，也就是农业转移人口市民化。随着我国工业化和城镇化进程加快，农村富余劳动力逐步转移到城市就业，预计到2020年前后，中国城镇化率将超过60%，城镇人口将超过8亿，两亿多的农民或农民工也将被逐渐转移成城市户籍人口，获得与城市人口同等的公共服务资源。四川省城镇化在全国处于较为滞后的水平，预计到2015年全省城镇化水平达48%以上，也就是城市人口应在4300万左右。未来两年时间，四川城市人口将增加1000万左右，扣除城市人口自然增长部分（“十一五”期间四川自然增长率稳定在3‰以下），四川未来城市化将吸收农村人口800万以上。这批农业转移人口被称为“新市民”群体，“新市民”群体的迅速增加，一方面将极大地改变了城市的人口结构，另一方面也带来了完全不同的文化消费需求，不同群体的不同文化消费需求，也为发展特色文化产业拓展了文化消费形式与空间。

“新市民”的大量加入，带来文化消费需求的多元化，也为文化产业的发展提供广阔空间和巨大市场。上海大学葛红兵教授将文化消费需求分为政府导向型基础文化消费、艺术欣赏型高雅文化消费、生活促动型教育与休旅消费和民间精神文化消费四大类。政府导向型基础文化消费以价值引领和社会服务为宗旨，关注的是文化民生，不以营利和创收为目的，通常发生在公共文化服务领域，但通过文化产业手段增加文化产品供给，能够有效扩大政府导向型消费，比如举办节庆活动之类，便有助于优化文化产业结构，整合行业资本。艺术欣赏型高雅文化消费处于文化消费的高端，主要由中高收入群体支撑，包括文化阅读消费、电影消费、音乐会、演唱会、艺术博览会等。生活促动型教育与休旅消费处于政府导向型基础文化消费与艺术欣赏型高雅消费之间，它紧贴生活，是劳动工作之余的生活必需消费品，又是高于一般生活消费的文化消费品，近年来教育培训与心理咨询消费也成为一大消费主流。民间精神文化消费包括直接信仰消费、宗教旅游消费、泛宗教民间文化消费、亚文化消费等。几种不同的文化消费需求，有些属于政府的职责范围，但大部分是文化产业市场的发展空间和机遇。

3. 新供给——城市文化产品的新特点

由于“新市民”所带来的文化需求与市场的改变，文化生产者必须提供适销对路的文化产品，体现文化产品的新特点。四川作为一个城镇化水平较低的欠发达地区，新增农业转移人口大多数属于政府导向型的基础文化消费层次或民间精神文化消费型，艺术欣赏型与教育和休闲旅游型消费需求很低。一是这部分“新市民”需要满足的是基本公共文化服务的均等化与标准化，要使他们能够享受到与城市人均等的基本公共文化服务，能够享受到图书馆、博物馆、美术馆、大剧院、文化馆、文化活动中心等公共文化设施的文化服务。二是民间精神文化消费也为“新市民”带来情感与精神慰藉。作为一个离乡背井来到城市的群体，从情感与心理上讲，“新市民”与“乡土”有割舍不断的情结，乡土是他们的文化根脉和心灵归宿，因此，文化产业需要尽力去弥合他们内心“城市”与“乡村”的情感裂缝，发展具有乡土特色的文化产业。三是文化产业还需要努力提升“新市民”科学文化水平和艺术修养，提高他们的文化消费层次和能力，构建和完善与知识经济相适应的新型文化消费结构。四是把文化消费与学习科学文化知识结合起来，通过寓教于乐，把各种教育文化和娱乐活动与吸取科学文化知识结合起来，提高新市民的各种素质，积淀新市民的文化底蕴，拓展教育培训的广阔市场。五是注重文化产业发展的知识创新性和创造性，依托巴蜀文化，打造具有巴蜀特色的文化产业园区。

（三）农村文化产业新机遇

党的十八大报告中明确提出要坚持走中国特色新型工业化、信息化、城镇化和农业现代化道路，而农业现代化是促进农村文化产业转型升级发展的必由之路。四川农村的文化旅游资源丰富，但更多的发展方式是资源依赖性，整体而言处于产业链的中下游环节。根据四川农村文化产业发展的特点，发展集约化经营、乡村旅游休闲产业和民俗特色产业将成为农村文化产业的重点和方向。

1. 土地集约化经营打造新项目、新景点

农业现代化实际上就是土地的集约化、规模化经营发展。发展现代农业，只要有规模就会出效益，就会把土地的潜能充分地释放出来，就能获得较大的经济效益。近年来，随着四川省农村劳动力转移速度不断加快，农业土地承包经营权流转形式趋于多样化，流转区域由经济发达地区、城市郊区向其他地区扩展。据有关部门统计，2011 年四川省家庭承包耕地总面积约为5842. 31 万亩，其中流转面积为1074. 4 万亩，占全省家庭承包耕地总面积的 18. 39%，占到了近五分之一的比重。土地规模化、集约化也给四川农村文化产业集聚发展提供了有利条件，雅安碧峰峡和成都欢乐谷，都是对区域内各种资源进行有效整合，走规模化、集约化经营的成功模式。雅安碧峰峡为形成规模化经营效应，斥巨资购买 7000 亩原始森林，确保景区开发的永续性和可持续性，成都华侨城欢乐谷利用集约化、规模

化经营，建成融生态、旅游、娱乐、文化、居住于一体的超大规模主题旅游区。

2. 休闲产业化推动乡村旅游、农家乐

休闲产业是四川农村具有传统优势的文化产业，四川农村大多与著名的风光旅游胜地毗邻，山清水秀，风光秀丽，既有险峻雄伟的山峰，也有秀美迤逦的湖泊，远离城市的聒噪和喧嚣。同时，四川几乎各个地方都有自己的特色产品和农业资源，如茶叶、花卉、渔业以及粮食等，这些产品用现代农业的眼光来衡量属于地理标志的保护产品，用文化的视角来衡量则是可以带动乡村旅游发展的创意产品。不仅能够满足消费者的物质要求，更能提供文化上的精神满足。经过多年的发展，以“农家乐”为支撑体系的休闲农业与乡村旅游产业，已经成为推动四川省农民就业增收和现代农业发展的新兴产业。据统计，目前四川省已创建4个休闲农业与乡村旅游示范县、8个示范点，以及28个省级乡村旅游示范县和300多家三星级以上农家乐①。据许静《四川农家乐产业规模效益全国第一》统计，2012年四川“农家乐”接待的客源占全国总客源的31%、全年总收入占全国总收入的38%，产业规模效益居全国首位。② 可以说，以休闲产业化推动乡村旅游和农家乐的发展，是四川既具特色又具优势的文化产业发展模式。

3. 民俗产业化带动农村文化发展

目前，四川旅游主要以自然风光和名胜古迹为特色，由于受景点资源的制约难于有更大规模的开发和发展，以民俗风情为特色的旅游活动将成为四川旅游发展的方向。③ 四川文化兼容并包，海纳百川，经过多次民族大融合和大移民，形成了形态多样的民俗文化，如“自贡彩灯之乡”“安岳石刻之乡”等民俗节会，还有蜀锦、剪纸、年画、龙灯、竹编、蜡染、糖

---

① http://sc.sina.com.cn/city/tzsc/bdcj/2013-02-20/09186264.html。

② 许静：《四川农家乐产业规模效益全国第一》，《四川日报》2013年2月20日，http://big5.xinhuanet.com/gate/big5/www.sc.xinhuanet.com/content/2013-02/20/c_114733977.htm-2013。

③ 四川省农业厅：《强化“六抓六推动”实现农业产业新格局——四川省休闲农业与乡村旅游发展现状》2013年4月15日。

画、竹丝画帘、刺绣、龙舞、石雕等民间艺术，藏、彝、羌、苗、回和土家等少数民族的居住、饮食、服饰、婚嫁、宗教仪式等传统习俗。四川可以大力开展民俗节会旅游，走民俗产业化发展的路子，比如广元女儿节即为开发民俗节会经济的成功案例，广元市政府在雪峰湖规划建设面积6.23平方公里建造“川北民俗文化园”，建设川北饮食文化区、川妹子文化区、金莲糊婚嫁区、生态静赏区、女儿糊湾区、自然体验区、川北农耕文化区、川北物产区等园区，采取“政府主导、业主投入、市场运作”的方式分期分区建设，最终将其打造成集休闲娱乐、商务接待、观光游览及参与体验川北民俗文化园于一体的精品景区，“女儿节”对于提升广元城市文化品位、打造城市品牌，带动旅游业相关产业发展，扩大对外开放、拉动投资增长等的重要引擎。

二　四大城市群：四川文化产业的“多点多极”支撑

根据中央精神，四川省委九届四次全会决定推进新型城镇化，重点打造成都平原城市群、川南城市群、攀西城市群和川东北城市群“四大城市群”。新型城镇化的推进、四大城市群的培育，为四川文化产业的发展带来新的机遇，形成四川文化产业多点多极的发展格局。

（一）成都平原城市群

根据《成都平原城市群发展规划（2009—2020年）》，成都平原城市群是四川省四大城市群之一，包括成都市、德阳市、绵阳市、眉山市、简阳市，以及雅安的市中区、名山县，乐山的市区（4个区）、峨眉山市和夹江县，共51个区（市）县，面积约6万平方公里，人口达5000万。以成都为中心的成都平原城市群成为全省文化产业核心发展区，重点打造以成都文化博览为代表的创意文化；以成都、绵阳为代表的科技文化；以新津宝墩古城、都江堰芒城、温江鱼凫城、郫县三道堰古城、崇州双河及紫竹古城、成都商业街蜀王墓、广汉三星堆、成都金沙为代表的古蜀文化。

1. 做强做大创意产业

据《成都市“十一五”时期文化发展规划纲要》，文化创意产业涵盖传媒、文博旅游、创意设计、演艺娱乐、文学与艺术品原创、动漫游戏和出版发行等七个重点行业。

文博产业是成都文化创意产业的一大亮点，主要思路是利用成都丰富的文博资源打造特色文化旅游，为传播巴蜀文化、推动成都创意产业搭建平台。如金沙博物馆举办的金沙太阳节，武侯祠博物馆举办的大庙会、夜游武侯祠，杜甫草堂举办的诗圣文化节、夜游草堂以及每两年一届的成都国际非物质文化遗产节等——这些活动都已成为成都重要的文化活动品牌，提升了成都文化的影响力。①

在传媒方面，根据成都市文化创意产业规划和文化产业“十二五”规划，成都将扶持成都传媒集团加快发展以数字内容为核心的新媒体业务，主要把东村传媒中心建成现代传媒基地和内容集成、播控中枢、三网融合的体验区，大力培育新媒体内容产业。② 除了发展传媒业的数字业务，成都传媒业还积极介入其他文化创意产业。如成都传媒集团投资打造的“东郊记忆”，源自对废弃工厂的文化改造，突出时尚、跨界和创意，于2011 年开始运营，拥有国家音乐产业基地、国家4A 风景区、四川省文化产业示范基地等多张名片，并逐渐从音乐产业聚集园向音乐、美术、戏剧、摄影等多文化形态转型。

在创意设计方面，成都利用丰富的文化资源和人才优势，已初步形成了工业设计、动漫游戏设计、广告设计、时尚设计、工艺美术设计、家居设计等多行业发展的格局，并获评“2012 最中国创意名城”称号。目前，成都有专业工业设计公司 100 多家，设计中心 30 多家，其中不乏洛可可、浪尖、嘉兰图、阿尔特等国内工业设计行业的龙头企业。形成了红星路 35 号创意设计产业园、许燎原现代设计创意产业园、武侯西部智谷、彭州家纺创意设

---

① 赵斌：《文化产业创意纷呈助推成都文化之都建设》，《成都日报》，2014 年 1 月 7 日。

② 《成都市文化产业发展“十二五”规划》，四川省人民政府网站，http：//www. sc. gov. cn/10462/10705/10709/2012/7/5/10222789. shtml。

计园等设计产业聚集区。创意设计已经在成都成为一个快速发展的新经济形态。

在艺术创作方面，成都的戏曲、书画在全国都颇具影响力。川剧是巴蜀艺术的一大特色，融合了高腔、胡琴、昆腔、灯戏、弹戏五种声腔，加上“变脸”“喷火”“水袖”等精湛的表演技法，使川剧夺得了“天下第一戏”的美名。成都作为川剧艺术之乡，已形成了有名的“川西派”，主要以胡琴为主，以“贝调”为特点。近代以来，由于多种因素影响，川剧有所衰落。为了振兴成都川剧艺术，2011 年，成都市出台了《关于促进我市川剧发展的意见》（试行），提出了八条具体措施促进川剧的发展，其中一条是市委宣传部、市文化局每年划拨 600 万元专项资金，对川剧艺术人才培养、创作展演、推广普及、传承研究等方面给予扶持。[①] 这一意见实施三年来，不仅激发了川剧艺术的创作表演热情。还推动了川剧走进学校、走进社区、走进农村，如在学校建立了川剧培训基地、开设了川剧课程以及开展与川剧有关的活动，在社区、农村免费进行川剧表演等等。成都书画艺术也是源远流长，人才辈出。秀丽的巴山蜀水，给成都的书画艺术家带来无穷的创作灵感和素材。从篆刻艺术到水墨画，再到当代油画，几乎囊括了所有艺术门类。在政府市的扶持和市场的召唤下，成都相继出现了一批有名的艺术馆、画廊，如四川省诗书画院、博弈四川美术家画廊、成都画院、诗婢家美术馆、S·O 艺术空间、蓝顶艺术中心、浓园国际艺术村、青城山·中国当代美术馆群等，既有官方的，也有民间的。艺术家们依托这些艺术馆和画廊进行创作，并通过举办高水平的展览，宣传、销售艺术作品，已形成了从艺术家、专业经纪人、策展人到批评家的一体化的“生态产业链”，每年都会吸引大量来自全国和世界各地的画廊、藏家、拍卖行来蓉淘宝。

2. 推动科技与文化融合

成都平原城市群在发展文化产业过程中，注重科技创新，积极培育具有高科技特征的新型文化产业业态和集群，注重数字技术和网络技术的运用，

---

① 《成都今年再出 600 万扶持川剧》，《四川日报》，2015 年 1 月 5 日。

增强了成都文化产业的核心竞争力。

成都是四川的省会，也是国家科教战略资源布局的重要城市，“全市拥有专业技术人才92.89万人，国家和省部级重点实验室110家，高校、科研机构资源云集。”① 成都积极利用较好的科技基础和人才储备的优势，大力发展软件服务业。2005年，成都天府软件园正式投入运营，作为成都软件与服务外包产业的核心聚集区、成都天府软件园现已发展成为中国最大的专业软件园区——中国10个软件产业基地之一、国家软件出口创新基地、国家服务外包基地城市示范园区，已经吸引了包括IBM、华为、阿里巴巴、西门子等近250家国内外知名企业入驻。

成都把文化和科技两大优势资源深度融合，促进了科技与文化产业经济效益和品牌价值最大化。2012年5月，成都被列为首批16个国家级文化和科技融合示范基地之一，并在数字管家、数字出版网络游戏等数字娱乐产业取得了长足的进步，培育了新华文轩、索贝数码、梦工厂等一批文化科技创新企业，中国移动在成都打造了国内唯一的无线音乐产品创新基地，东郊记忆、国际非物质文化遗产博览园等文化和科技融合的园区相继建成。下一步，成都将运用科学技术重点打造数字音乐、大熊猫主题文化和蜀绣文化。建成全国最大的数字音乐聚集地，开发《功夫熊猫》衍生品，建设“大熊猫全球眼”门户网站和大熊猫创意梦工厂、欢乐剧院、游乐场、丛林部落等，打造集创意体验、娱乐互动、生态示范等于一体的熊猫文化乐园等。②

成都城市群的另一重镇——绵阳是四川省的第二大城市，也是经党中央、国务院批准的我国唯一的科技城，是成都平原城市群中重要的科技中心。绵阳市积极利用中国科技城雄厚的科技人才基础条件，促进科技与文化产业的融合创新。2013年8月，四川绵阳市政府与中国科学院实现项目签约，并先期注资80亿元打造“一中心、两园区”，其中的绵阳国际科技文

① 《文化+科技=?》，《四川日报》，2012年11月5日。

② 《文化+科技=?》，《四川日报》，2012年11月5日。

化产业园将重点发展数字新媒体、工业创意设计、软件和动漫游戏等新兴文化产业，形成富有特色的科技文化创意产业集群，成为绵阳经济社会发展的新引擎。2014 年，绵阳又被科技部、中央宣传部、文化部、新闻出版广电总局联合认定为第二批“国家级文化和科技融合示范基地”。示范基地将重点依托中国科技城，打造全国重要的三网融合产品生产基地、数字视听产品生产基地、文化科技旅游基地和提升文化创意设计产业水平、文化艺术培训及服务产业水平。①

3. 深入挖掘古蜀文化

古蜀文明是上古三大文明之一。据考察和研究表明，岷江流域和成都平原是古蜀文明的摇篮和中心。

以“金沙”为代表的古蜀文化历史悠久。成都是在灿烂的古蜀文化基础上孕育而成，早在公元前 4500 ~ 3700 年的新石器时代晚期，成都平原就生活着一支蜀先民——宝墩人，宝墩人创造的文化被考古学家称为“宝墩文化”，这是成都平原能追溯到的最早的考古学文化。目前发现的有代表性的宝墩遗址包括新津宝墩村、都江堰芒城村、崇州双河村、紫竹村、郫县古城村、温江鱼凫村等六座史前遗址群。再加上金沙遗址、三星堆、蜀王墓、十二桥、羊子山土台以及望帝、丛帝陵等古蜀文明的文化遗址以及蚕丛纵目、鱼凫神化仙去、杜宇化鹃、开明复活等传说，还有大量的文献资料、民风民俗，构成了古蜀文化的完整链条，形成了厚重而独特的古蜀文化资源，具有极大的开发价值。

以“武侯祠”为代表的三国文化资源丰富。三国文化不仅在国内家喻户晓，在世界各国的影响也很大。成都市是古代蜀国的首都，三国文化资源尤其丰富，以成都市为中心，加上东西南北的南充市、雅安市、凉山州、德阳市、绵阳市、广元市，形成了四川三国文化的历史脉络。这些地方留存着大量的三国遗址和名胜，尤其以成都的武侯祠最为有名。因为在三国的历史

① 《绵阳被认定为国家级文化和科技融合示范基地》，绵阳城市信息网，http：//www. mianyang. net. cn/aspgetne ws/readnews. asp? Articleid = 1289837，2014 年 1 月 27 日。

人物中，诸葛亮是智慧和忠诚的化身，最具文化底蕴和颂扬价值，作为三国文化的代表，诸葛亮在成都生活的时间最长，因而留下了大量有关他的历史遗迹，创作了大量文学作品、民间传说、影视戏剧作品等等。2014 年，根据武侯祠博物馆的专家对成都的三国遗址、文化传说等的考察，确认成都的三国文化遗址有 49 处之多，下一步将进行深入研究并建立三国遗址文化数据库，有关三国文化资源的联合开发也将进一步推进。

以“杜甫草堂”为代表的诗歌文化名扬天下。诗歌是古代文化的瑰宝，古代的成都山川灵秀、闲适富庶，滋养和熏陶了大量的优秀诗人。这些诗人有些是成都出生的，如苏洵、苏轼、苏辙、司马相如、薛涛、花蕊夫人、杨升庵等，有些是曾在成都生活或游历，因受成都的文化、自然和生活方式的感染，激发了创作热情和灵感，留下了大量优秀的诗歌作品。如被称为初唐四杰之一的王勃，曾经感叹蜀地是“优游之天府，宇宙之绝观。”而著名的诗仙李白更是对成都的美景大赞：“九天开出一成都，万户千门入画图。”还有我国著名诗圣杜甫在成都仅仅生活了四年，就留下了几百首脍炙人口的诗篇，而他一生创作的作品也就 1400 多首。因而，成都以杜甫曾经生活过的杜甫草堂、浣花溪等为中心，建成了诗歌文化中心，以此来弘扬成都悠久的诗歌文化。除此之外，还有温庭筠、柳永、韦庄、陆游、范成大等中国古代著名诗人在成都留下了不朽诗篇。

以“鹤鸣山”“青城山”“青羊宫”为代表的道教文化底蕴丰厚。道教是世界上的几大宗教中唯一在中国土生土长的宗教。成都是道教的发源地和发祥地，道教景观众多，如鹤鸣山、青城山、二王庙、青羊宫、老君山等。其中，鹤鸣山是道教天师张道陵的开宗圣山，青城山也是道教的祖庭和圣地，被列为联合国文化遗产保护区。成都青羊宫则是中国最具代表性和影响力的道观。成都的道教文化资源十分丰富，道教音乐、道教书画、道教养生在全国都很有影响。尤其是作为交流道教文化、展示道教研究成果的道教文化节，已在成都连续举办了四届，充分地展示了成都道教文化的魅力。

以“文殊院”“昭觉寺”“宝光寺”为代表的佛教文化影响深远。成都的佛教文化兴起于东汉时期，兴盛于唐代，并于两宋时期达到鼎盛，是长江上游佛教文化的中心。从唐代到清代，许多外地僧人都到成都听经学法，如唐代高僧玄奘法师在去西天取经之前，就曾到成都听经。宋代的时候，大慈寺各院开的长期讲座多达73个。成都佛教人才辈出，唐代十大禅宗有五家是蜀中人，德山宣鉴、马祖道一、圭峰宗密、五祖法演、圆悟克勤等高僧声名远播，宋代圆悟克勤的《碧岩集》被日本禅林誉为“禅门第一经”。现存世界最早的印刷品——唐代梵文《陀罗尼经》也是成都出土的。成都的禅林古刹和佛教文化圣地众多，如大慈寺、文殊院、昭觉寺、宝光寺、石经寺、峨眉山等在全国都非常有名。

在新型城镇化进程中，这些遥远而厚重的古蜀文化资源正成为四川文化产业发展的新机遇。除开发古蜀文化旅游外，四川文化产业还以古蜀文化为题材进行了很多创作，如音乐剧《金沙》就是以金沙文化为背景，既保存古典风范又体现现代情怀的大型精品音乐剧，至今在国内外演出近千场，成为目前中国巡演范围最广、观看人数最多的音乐剧，在国内外都产生了深远影响。四川对古蜀文化资源的开发和整合还远远不够，尤其是这种既彰显成都特色又展现辉煌古蜀文化的精品力作还比较少。在新型城镇化建设过程中，充分挖掘古蜀文化精神，创作一批以古蜀文化为题材的精品戏剧、音乐、歌舞和影视作品，才能推动四川文化产业上升一个台阶。

（二）川南城市群

川南城市群具有战略地位。包括内江、自贡、宜宾、泸州四个城市。川南深厚的文化底蕴，可发展与川西生态和自然风光完全不同的文化产业形态，如餐饮、旅游。

1. 白酒文化的挖掘与利用

四川是中华古代文明的发祥地之一，也是中华酒文化的最早发源地之一。四川的名酒众多，尤其以六朵金花最为有名，而在泸州老窖、成都全兴水井坊、宜宾五粮液、绵竹剑南春、古蔺郎酒、射洪沱牌曲酒六朵金花中，川南城市群就占据了一半。川南城市群的酒文化资源十分丰富，文化开发独具特色。

一是充分挖掘白酒文化，为品牌注入生命与灵魂。酒文化“是指酒在生产、销售、消费过程中所产生的物质文化和精神文化的总称。”① “古来圣贤皆寂寞，惟有饮者留其名”，早在20世纪七八十年代，考古工作者在泸州、宜宾等地的出土文物中就发现了不少汉代酒器，由此可知酒文化在川南地区历史悠久。川南酒文化又以宜宾和泸州为代表，但二者的酒文化各有特点。宜宾白酒是复合香型，是多粮浓香型白酒，这与宜宾的地理、历史、文化分不开。宜宾是多种文化的交汇点。既有中原文化与荆楚文化，又有宗教文化、汉文化、少数民族文化以及长江文化、云贵高原文化，多种文化的结合与影响，铸就了宜宾酒文化兼容并包的独特性。而泸州生产的是单一香型的酒品，酒文化更加纯粹。泸州是浓香型白酒的发源地，早在明清时期，泸州的酒窖就比水井还多，至今仍连续使用的百年以上的泸州老窖池还有1619口之多。泸州老窖的酿酒工艺精湛、经验丰富、原料独特，一直坚持采用传统的手工酿造技术，选用泸州本土生产的糯红高粱以及由制曲之父元代的郭怀玉大师所创的“久香牌”大曲药酿造曲酒。在制酒过程中，泸州老窖还形成了自己的“酿酒歌”，这些都是泸酒文化的独特魅力。

二是将现代文化与传统文化融合，占据年轻人的消费市场。酒历来与餐饮相伴。在饮酒时，需要美食搭配，才能彰显和提升酒的风格。在享受美食时，也需要用美酒相佐。四川是酒人的乐土，是酒文化的极盛地，饮酒之风，历经数千年而不衰。因此，酒与诗、与画自古就结下了不解之缘，不少文人雅士如苏东坡、李清照、辛弃疾都留下了大量妙趣横生的酒文化作品，坊间也流传着许多关于斗酒、养生、宴会、饯行等千古佳话，可以说，正是有了酒，四川的餐饮才得以升华为夸耀世界的饮食文化。

然而，中国传统白酒的豪情、壮志、高雅已不被今天的年轻人所接受，在他们眼里，白酒代表着古板、守旧与过时。他们更喜欢的是葡萄酒、威士忌、伏特加等国外品牌。对此，要让年轻人接受白酒，就得让他们接受白酒

① 《传播酒文化》http：//wenku. baidu. com/link？ url = OI9bOyWiqIoEkKUg3bpkaRvGa2CKBc8uSubFRXcKRUce5_ u9N2yBPA8OJpzxxXzEYiOTZnlxivzrlXb7_ aG5xiKjZ5d5T3oaw6ZVZd4N4Tq。

文化。要在品牌建设上走得更远，就必须进行文化的革新，必须进行一次使白酒文化重新焕发青春的新文化运动。但白酒人要做的不是简单的把酒放进夜场，而是重新整理白酒的传统文化，从中提炼出消费者喜欢的新文化元素，并将这些元素注入品牌当中，传达给消费者。

2. 历史文化资源的立体打造

（1）川南城市群独有的文化资源。

川南城市群文化资源丰富，文化产品独具特色，应在新型城镇化中重点加以保护和发掘。

城市之一：醉美酒城泸州

泸州是中国有名的“酒城”，除了悠久的白酒文化，其他文化资源也很丰富，是国家历史文化名城、国家卫生城市、园林城市以及优秀旅游城市。

其实，“泸酒”品牌众多，“国窖 1573”“红花郎”“青花郎”“沱牌曲酒”“仙潭”“巴蜀液”“国粹”等都是四川白酒中的知名品牌。但“泸酒”这一文化资源开发利用得很不够，除了泸州老窖比较善于利用自己的文化资源进行品牌塑造，其他酒企几乎没有形成自己独特的文化。当然，这与它的地位和资源有关。泸州老窖集团是四川白酒企业的龙头，是浓香型白酒的鼻祖。拥有“1573 国宝窖池群”和“泸州老窖 23 代传承有序的老窖酿制技艺”两大国宝，这些都是最具品牌效应和开发潜力的优势特色资源。1999 年，泸州老窖利用国宝窖池群的历史文化价值，推出“国窖 · 1573”，开始了企业的文化营销转型，先后提出了“天地同酿，人间共生”“让世界品味中国”等品牌诉求，扩大了泸酒的影响力。但是，在体验经济时代，光做广告推广不够，还可以做一些酒文化的体验。比如，以 1573 国宝窖池群为中心，修建具有古典风韵的酒吧文化一条街，或者以泸州酒企为中心，打造酒厂营销一条街。在这些酒文化街上，既可以用一些直观的方式表现泸酒悠久的历史文化和酿造工艺，如文化墙、博物馆等，也可以开一些让客人品酒的高雅小店，让他们在了解了“泸酒”的酿造工艺后，再品尝“泸酒”的浓烈与醇香，充分感受泸州人的热情和泸州酒的香浓，体验“中国酒城 · 醉美泸州”的风情与文化。

此外，泸州有两千多年有文字记载的历史，是历史文化名城，拥有红色文化、生态文化、奇石文化、民俗文化等多种文化资源，境内有不少历史文化遗迹和风景名胜。如古蔺县的野猫洞古人类遗址，泸县境内的宋代墓葬群，国家级森林公园佛宝，国家4A级景区古蔺黄荆老林、太平古镇、天仙硐等。泸州位于川、滇、黔、渝四省市接合部，是长江和沱江的交汇点，因此，自然资源也很丰富，有“玉米之乡”的美称，桂圆、荔枝等水果远近闻名，适合开发生态、观光旅游。

城市之二：万里长江第一城宜宾

宜宾地处川南山区，早在1986年宜宾就被确定为第二批国家级历史文化名城，具有丰富的特色文化资源。

一是大江文化。大江指的是我国长江流域，即从岷江和金沙江在宜宾会合处开始，称为长江。所以，宜宾是万里长江第一城。这一独特的地理位置孕育了宜宾磅礴的大江文化，“大江文化”，指的是一种汇聚百川，生生不息的文化，是一种勇往直前敢于担当的文化。三江环绕、傍水而居的宜宾人民创造的大江文化，理所当然的是独具特色的宜宾文化之一。二是白酒文化。宜宾的白酒文化如同五粮液一样悠久醇厚，是名副其实的酒都，自古就是文人墨客眷顾之地，如杜甫、苏轼、黄庭坚、陆游、范成大、杨升等都曾到宜宾游历，品尝美酒，并留下了不少佳作。宜宾不仅有闻名于世的五粮液，也有叙府大曲、金潭玉液，还有梦酒、竹酒等众多白酒品牌，而且，每一种酒都有自己的文化定位，如“五粮液”打造的是包容并蓄的中庸文化，“金潭玉液”则崇尚返璞归真的庄子文化，“叙府”酒喜欢柔雅文化，“梦酒”提出圆梦文化，“竹酒”则倡导风骨文化等等。三是僰人文化。历史上僰人曾长期生活在宜宾现在的三江口地区，铜鼓、悬棺、岩画是僰人文化的标志。现在，宜宾境内的僰人悬棺、石城山崖墓群、黄伞崖墓群已成为国家级文物。这个神秘的民族，曾被称为是中华民族的第57个民族，于明朝万历年间被朝廷大军消灭，没有留下任何记载。只有宜宾境内遗存的一些铜鼓、悬棺依稀可见这个民族当年的风貌。四是哪吒文化。在宜宾市翠屏山上，坐落着著名的哪吒庙，根据海峡两岸的共同考证，翠屏山上的哪吒庙是中国唯一的哪吒（三太子）的行宫。宜宾除了拥有三太子祖庙以外，还有太子石、陈塘关、龙骨石、天池、还生阁、金光洞等多处哪吒的遗迹。这些遗迹加上众多的哪吒传说，构成了宜宾丰富的哪吒文化。

城市之三：大千故里内江

内江古称甜城，文化积淀在厚。从古至今英才辈出，有如圣人孔子之师苌弘，辛亥革命先驱黄复生，近代国画大师张大千，新闻巨子范长江等。

内江的自然资源和人文资源比较多，也具有一定规模。自然旅游资源主要有：资中重龙山、白云山隆昌云顶山长江森林公园、白牛寨森林公园等等。人文旅游资源有东兴区东汉古墓、隆昌石牌坊、文武庙、圣水寺、资中古城、曾家大院、罗泉会址等。内江借助国画大师张大千的独特地位和影响力，提出了“大千故里、文化内江”的城市定位，但这还远远不够，如何将内江丰富的人文和自然资源进行转化和开发，才是“文化内江”的文化产业急需考虑的问题。

城市之四：“千年盐都”自贡

“千年盐都”自贡，还有着“南国灯城”“恐龙之乡”“江姐故里”等众多名片。这座川南的中心城市，不仅风景秀丽，而且文化底蕴深厚。除了恐龙、井盐和灯会享誉全国，其龚扇、扎染和剪纸也十分有名。

盐文化是自贡文化的核心，从清朝以来，一直是中国井盐生产的中心。这里盐文化遗产众多，以“富世盐井、大公井、东源井、金流井、桑海井、自流井”六大名井为代表的古盐井，可以说是人类钻井史上一座伟大丰碑。其中的桑海井，是世界上第一口最早由人工钻凿的超过千米的井，说明了当时我国钻凿技术的发达。盐井上壮观的盐井架——天车，被称为“东方埃菲尔铁塔”，是自贡盐文化的一大奇观。还有保存完整的盐运码头、盐商会馆、盐商住宅、行帮会馆、祠堂等等，这些遗存一方面反映了当年自贡盐业经济的繁荣，另一方面也是自贡独具一格的盐文化的活标本。

自贡彩灯也深受盐文化影响，彩灯上常常可以看见盐工采盐、制盐、运盐等热闹场景。自贡彩灯的制作工艺精湛、材料独特，而且种类繁多。各种质地、色彩、大小不同的纸、绢、绸，还有玻璃、药瓶、瓷器、蚕茧、竹编、扎染布料等都被用于制作各式彩灯，如龙灯、走马灯、动物灯、人物灯、花鸟灯……自贡灯会也因此闻名于世，号称“天下第一灯”，具有很高的艺术价值，并被国家旅游局确定为“中国民间艺术游”。自贡的“盐帮菜”更是在自贡两千多年的盐业历史中，伴随着盐业经济的繁荣与发展而逐渐形成的，有着丰富的盐文化积淀和独特的风味以及精湛的烹饪技术。

（2）整合开发川南城市群旅游资源。

从上述梳理中可以看出，川南地区各城市的旅游资源各有特点和优势，可以通过区域整合，开发多层次、多类型的旅游项目，形成规模化的旅游产品，以吸引省内外游客，从而扩大市场份额。

首先是高起点规划，统一开发。川南城市群可以成立专门的旅游管理协调机构，与国内外著名规划设计单位合作，在摸清各市的文化资源分布后，准确对各个城市的文化发展战略进行定位，既要突出自己的个性和特色，又要整合区域内的旅游资源。根据本地特色旅游资源，着力打造一批精品景区、精品线路，如地理文化游（恐龙世界地质公园、石海世界地质公园）、佛教文化游、灯文化观赏游、酒文化品鉴游、盐史文化游、名人故里红色旅游等等。同时，抓住川渝经济合作的机遇，联合开发跨区域精品线路，共同打造川渝黔“金三角”旅游圈。除了城市之间的联合互动发展，各城市还要加强城乡之间、区县之间、市县（区）之间的联合和互动。

其次是加强宣传推广。旅游的宣传推广除了借助传统媒体，比如在电视、报刊、旅行社、地铁公交等公共交通工具及其站台进行广告宣传，还需要充分利用专业的在线旅游网站、门户网站、知名社交媒体网站、视频媒体网站以及移动终端等新兴媒体和渠道进行营销和推广。随着中国高铁的快速发展，高铁将成为旅游推广的新渠道，川南城市群可以与境内的高铁有关部门合作，利用高铁视频、座椅、车厢进行旅游广告宣传，还可以向乘客赠送印有“高铁旅游·川南手册”字样的宣传手册。甚至可以和高铁部门联合开发旅游单品，推出如乘坐高铁的游客持票可以享受景点优惠等活动，将乘客有效地转化为游客。

（三）攀西城市群

攀西城市群包括攀枝花市、凉山州以及雅安市除主城区、名山县外的其余城镇，面积约6.7万平方公里。该区域以成昆铁路和雅攀高速公路为纽带，东北与四川盆地相连，西南与云南省的宁蒗、华坪、永仁等县交界，规划100万以上人口特大特市一座，50万～100万大城市一座，20万以下小城市24座。攀西城镇群城镇化率36.2%，第三产业产值点总产值比重24.7%，均位于四大城镇群的末位。

1. 攀西城市群文化产业发展规划

攀西城市群以攀枝花市和西昌市为核心，包括会理、米易、德昌等县城和攀西地区的所有建制镇与集镇。攀西地区城市文化独具特色，文化产业资源丰富多样。

城市之一：卫星之城西昌

西昌位于川西高原（海拔1500～2500米）的安宁河谷平原（四川第二大平原）腹地，是凉山彝族自治州的首府，西昌市有汉、彝、藏、羌等多个民族，拥有全国三大航天基地之一的“西昌卫星发射中心”，是“四川橄榄油之乡”。西昌处在成都、重庆、昆明三大城市交叉辐射区域，是内陆辐射西南和东南亚的重要通道，也是攀西城市群区域性中心城市和四川打造的攀西城市群中的中坚力量。“十二五”期间，西昌将围绕本地历史、民族节庆等文化资源，形成具有自身特色的文化品牌，包括以礼州古镇和建昌古城为依托的历史文化品牌；以彝族歌舞、民族风情为代表的民俗文化品牌；以西昌良好的气候资源为基础的休闲文化品牌；以火把节、彝族年为代表的节庆文化品牌，和以网络动漫、影视传媒为突破口的文化创意产业品牌。[①]

城市之二：钒钛之都攀枝花

攀枝花市地处川西南和滇西北，是四川南部地区最富裕的城市，经过40多年的开发建设，攀枝花已发展成为中国西部重要的钢铁、钒钛、能源

① 严宏涛：《西昌：等待淘金者的宝地》，《凉山日报》，2013年10月22日。

基地和新兴工业城市；是“全国双拥模范城”“中国优秀旅游城市”“中国钒钛之都”和“中国苴却砚之乡”。

攀枝花在“十二五”期间，将着力构建移民文化、米易文化、苴却砚文化等文化产业示范园区和基地。[①] 通过吸引外资、联合兼并、股份制等多种方式对企业资产优化重组，建设具有相当规模和竞争力的中型印刷企业，推进小型印刷企业向“专、精、特、新”方向发展。实施建设包装印务及印刷物流配送园区，培育龙头企业，积极发展印刷物流配送业。实施建设攀枝花市新闻网站，推动传统出版与互联网的互动融合。

2. 攀西城市群文化产业的两个发展重点

根据四川文化产业发展规划，攀西地区的文化产业将以凉山彝文化开发与二滩、攀钢和西昌卫星发射中心的工业旅游为重点和特色。

（1）打造凉山彝文化为中心的“彝族文化长廊”。

攀西地区的凉山州位于“藏羌彝文化产业走廊”区域，“藏羌彝文化产业走廊”被文化部列为9个重大文化产业项目之一，其中四川区域拥有313处重要文化遗产，绝大部分地区处于攀西城镇群的地理区域，包括凉山彝族自治州全境，马边彝族自治县、峨边彝族自治县，攀枝花市仁和区、盐边县、米易县等地区以及相关辐射带，涉及范围广泛，具有很大的文化产业发展潜力。

彝族文化是凉山州独具特色的民族文化品牌，古彝文字、天文历算、史诗传说等都具有很高的知名度。2010年，国家级文化产业示范基地——凉山文广传媒公司在此成立，2011年，凉山文广传媒公司实现经营收入5078.56万元，较2010年增长25.41%，产业带动效应十分明显。未来，凉山州将大力整合当地民族文化资源打造“凉山彝族文化长廊”，充分挖掘彝族漆器、彝族火把节、藏族民歌、摩梭人母系氏族习俗等地方文化资源，推动文化旅游、民族演艺、创意设计等产业的发展。

凉山彝族火把节是我国首批非物质文化遗产之一，也是我国十大民俗节

① 邬明辉：《攀枝花苴却砚作为特色旅游商品的营销创新》，《攀枝花学院报》2011年第5期。

之一，素有“东方情人节”“东方狂欢节”之称。在火把节上，彝族歌舞、泸沽湖摩梭文化等异彩纷呈，展现出绚丽多彩的民族风情画卷。通过合理整合火把节文化，以凉山民族文化产业园区作为载体，以市场为导向，打造一个文化与旅游深度结合的民俗文化品牌，推动并实现火把节文化及彝族传统文化的传承、保护与发展，将是西昌和凉山州文化产业发展的重要方向。

（2）以二滩、攀钢、西昌卫星发射基地为依托发展工业旅游。

工业旅游是以工业企业为基础开发出来的新兴旅游产品。攀西地区具有发展工业旅游的先天优势，境内有二滩水电站、攀枝花钢铁集团公司和西昌卫星发射基地等工业景观，布局奇巧、风光独特，具有良好的工业旅游市场前景。攀西地区工业观光旅游可主要围绕着二滩水电站、攀钢和西昌卫星发射基地等进行，如参观二滩水电站的拦江大坝、洞内电厂、导流洞以及二滩水电站发电流程演示馆等；参观钒钛磁铁矿山、观光露天采矿场、世界上最长的溜井等；参观西昌卫星发射基地的火箭发射流程，培养爱国主义情怀等。

二滩水电站，是我国目前已建成投产的最大水电站，位于长江上游两大支流金沙江、雅砻江的汇合处，总装机容量330万千瓦。二滩水电站气势磅礴，景象壮观，规划建设中的二滩国家森林公园，开创了一个工业加生态旅游的新模式，二滩国家森林公园包括菩萨岩景区、高坝平湖景区、渔门湖岛风光景区、团山岛景区、马鹿寨森林风光景区、白坡山自然保护区、老君庙景区、箐河仙人洞景区、桐子林景区，总面积732平方公里，其中水面达101平方公里，区内动植物种类繁多，森林覆盖率达70%，集山、水、泉、林、洞为一体，适合将其打造成为攀枝花“阳光度假”“裂谷风光”“民族风情”“工业探秘”旅游目的地。

攀枝花钢铁（集团）公司是西部最大的钢铁基地和中国西部工业明珠，有“象牙微雕钢城”之美誉，作为全国最大的钒钛基地和优质重轨基地，现代化的生产技术和高科技的生产工艺水平对游客颇具吸引力。攀钢于1996年推出了以参观攀钢生产流程为主要内容的工业旅游，2005年攀钢为了迎接“四川省冬季旅会”在攀枝花召开，推出了“大三线工业探秘之旅”

的旅游项目，如今，攀钢的工业旅游，以冶炼工艺为脉络、以攀钢各个时期的标志性工程为基础，形成了兰尖露天铁矿、溜井运输、炼铁厂4号高炉、炼钢厂板坯连铸、热轨轧制线、轨梁万能生产线、冷轧厂区、攀钢文化广场、尾矿坝等景点，这些景点集中展示了攀钢40多年坚苦卓绝的建设史和现代化生产过程，深刻诠释了“钢铁是怎样炼成的”全部内涵。

西昌卫星发射基地是亚洲规模最大的新型卫星发射基地，享有“东方休斯敦”之称，是“国家3A级旅游景区”。目前西昌卫星发射中心被四川省委省政府授为“四川省爱国主义基地”，每年有数以万计的国内外游客和大、中、小学生前往旅游、参观，接受爱国主义教育。西昌卫星发射中心已经成为一张闻名全国的文化产业品牌。

二滩、攀钢和西昌卫星发射基地，“土”（攀钢系完全依靠中国人自力更生建造的）与“洋”（二滩系最早与国际接轨，利用外国资金最多的项目），水（二滩水电站）与火（攀钢），“天”（嫦娥奔月）与“地”（西昌卫星发射中心）有机地结合在了一起，成为攀西工业旅游的独具特色与魅力的文化产业名片。

（四）川东北城市群

川东北城市群包括广元、南充、广安、达州和巴中5市，辖区面积6.4万平方公里，川东北城市群占全省总面积近八分之一，但2013年末常住人口占全省的四分之一，人口密度为全省平均水平的近两倍。川东北城镇群城镇化率为36.9%，第三产业产值占总产值的比重为27.3%，均位于四大城镇群的第三位。川东北经济区地处川渝陕甘四省（市）接合部、成渝经济区腹地，大致位置在嘉陵江中上游，包括涪江和渠江两支流的大部分，地理区位独特，自然资源丰富，历史文化悠久。

1. 川东北城市群文化产业发展规划

川东北城市群文化资源最突出的特点是：“红色文化”遗迹十分富集和自然生态资源禀赋独特，三国历史文化景观、巴人文化遗址景区（点）众多，具有红色旅游、生态文化旅游和民俗文化旅游的发展优势。

城市之一：中国绸都南充

南充地处嘉陵江中游，所辖区域包括顺庆区、高坪区、嘉陵区、南部县、营山县、蓬安县、仪陇县、西充县和阆中市。南充是有2200多年悠久历史的文化名城，也是三国文化的发祥地，是老一辈无产阶级革命家朱德、罗瑞卿和著名民主人士张澜的故乡，也是川陕革命根据地的重要组成部分。市内有西华师范大学、西南石油学院、川北医学院等高等院校5所，博士、硕士点35个，科研人员10多万人，科教优势在省内仅次于成都。川北大木偶、川北皮影戏等特色文化艺术独领风骚，被誉为“川北艺术奇葩”，还有全国保存最完好的四大古城之一——阆中古城，南充也是西部唯一的“中国绸都”。根据南充文化旅游资源分布情况以及南充在川东北城市群中的核心地位，应深度开发嘉陵江流域文化旅游资源，和阆中风水文化旅游产品，推动三国文化旅游项目建设，打造在国内外具有较高知名度的三国文化探源旅游目的地，整合朱德故里、罗瑞卿故居、张澜故居等景点，与周边城市合作，共同打造川东北红色旅游精品线路，开发以蚕桑丝绸文化为主题的乡村休闲体验旅游产品，围绕西充建设“中国西部有机食品基地县”，开发集农业观光、美食体验、乡村休闲、生态度假等于一体的乡村旅游产业。

城市之二：红色沃土达州

达州地处川渝鄂陕四省市结合部和长江上游成渝经济带，所辖区域包括通川区、达县、万源市、宣汉县、开江县、大竹县和渠县。达州历史悠久，上古属巴地，有近两千年的建制历史，5000多年的文化记载。达州的文化旅游资源，一是以宣汉罗家坝遗址（巴人国都）、渠县城坝遗址（賨人国都）、渠县汉阙、开江牌坊4个全国重点文物保护单位为代表的历史文化遗迹；二是以巴渝舞、竹枝歌、彩亭、耍锣、花园歌等为代表的独特民间民俗文化遗存；三是作为“红色沃土”的丰富红色旅游文化资源；四是大巴山、华蓥山等山脉，渠江、巴河、州河等江河形成的气象万千、景色灿烂的山水自然风光。依据达州文化旅游资源分布情况，应着力打造“一心三带”文化产业发展布局。即以达州市为中心，打造以巴人文化、賨人文化为代表的历史文化产业带，以红军战斗遗迹、将军故里为主要内容的红色文化产业带，以国家、省级非物质文化遗产保护项目为重点的民俗民间文化产业带。同时结合达州现有的资源禀赋条件及未来文化产业发展趋势，着力发展演艺娱乐产业、文化旅游产业、影视产业、出版发行产业、印刷复制产业，积极培育动漫游戏产业和创意设计产业。

城市之三：红军之乡巴中

巴中位于四川盆地东北部，辖巴州区、恩阳区、通江县、南江县和平昌县，地处大巴山系米仓山南麓，中国秦岭——淮河南北分界线南。巴中旅游文化资源丰富，目前，全市已有 1 个国家重点风景名胜区，即光雾山—诺水河风景区；有 1 个省级自然保护区，即大小兰沟风景区；有 4 个国家森林公园，即米仓山、镇龙山、空山、天马山等；此外，还有 17 个全国重点文物保护单位；“巴山背二歌”“翻山铰子”则被列入全国非物质文化遗产名录。依据巴中的旅游文化资源，应当打好红色文化、巴文化、生态文化“三张牌”。以红色文化为核心，整合川陕革命根据地烈士陵园、巴山游击队纪念馆、刘伯坚烈士纪念馆、巴中石刻标语群等文化资源，扩大巴中红色文化影响，丰富巴文化遗存，加快巴文化遗存展示区建设，扩大巴文化影响，依托国家级风景名胜区，打造巴中生态文化名片。

城市之四：川北门户广元

广元市位于四川省北部，北与甘肃省和陕西省交界，面积 16314 平方公里，辖利州区、昭化区、朝天区、青川县、旺苍县、剑阁县和苍溪县。广元素有“川北门户”“蜀道明珠”之称，历史悠久，文化资源丰富，文化积淀深厚。特色文化有以下五类：以剑门蜀道文化资源形成的“蜀道文化”；以三国文化资源形成的“三国文化”；以武则天出生地所形成的“女皇文化”；以红四方面军的川陕苏区所形成的“红色文化”；以广元淳朴的薅草锣鼓、白花石刻、麻柳刺绣所形成的“民俗文化”。依据广元的文化旅游资源，应当深化打造“剑门蜀道、女皇故里”特色文化品牌，做大做强文化产品制造业、文化旅游业、出版发行业、广播影视业、演艺娱乐业和印刷复制业，扶持发展创意设计业和动漫游戏业。

城市之五：伟人故里广安

广安是改革开放总设计师邓小平的故乡，位于四川省东北部，总辖广安区、前锋区、岳池县、武胜县和邻水县，代理管辖华蓥市，面积约6344平方公里。广安境内的文化资源有邓小平故里、古堡古塞古镇、“三线工业”遗产以及南宋文化、佛教文化、红色文化、民俗文化等文化旅游资源，民族民间民俗资源十分丰富，有竹丝画帘、手掌木偶、竹编、民间剪纸等，还有民间舞蹈《云童舞》、民间音乐《薅秧情》和灯戏、高亭、手掌木偶等具有浓郁地方特色的非物质文化遗产。依据广安的文化旅游资源，应当着力构建“一城三带”的文化产业区域布局，一城，即以广安邓小平传奇人生和人格魅力为主要内容的伟人故里名城；三带，即华蓥山革命斗争为主线的红色文化旅游带、川东民俗文化的渠江农家文化旅游带和嘉陵江农家文化旅游带。

2. 川东北城市群——利用红色文化资源优势，打造红色文化产业区

川东北地区革命文化资源得天独厚，英雄豪杰代代涌现，是一块厚重的“红色沃土”，这方红色热土，哺育了刘伯承、邓小平、张爱萍、陈伯钧、魏传统、向守志等50余位战功卓著的共和国将军。达州有红四方面军历史上“战绩最辉煌”的万源保卫战、“中国红色第一街”——石桥列宁街、“中国红色第一联”——“斧头劈开新世界，镰刀割断旧乾坤”等众多的“红色”遗址和文物；巴中有川陕苏区，刘伯坚烈士纪念馆、红四方面军总指挥部旧址纪念馆等12个全国重点红色旅游区；广安有邓小平故居及纪念馆、华蓥山游击队遗址，南充有仪陇朱德故居及纪念馆、张澜旧居纪念馆、罗瑞卿故居纪念馆、张思德故居纪念馆，广元有红军血战剑门关遗址、苍溪县红军渡纪念地旺苍县红军城。除本地丰富的红色旅游资源外，川东北城市群周边地区红色旅游资源也极为丰富，如川东近邻重庆沙坪坝歌乐山革命纪念馆；渝中区红岩革命纪念馆；开县刘伯承同志纪念馆；江津聂荣臻元帅陈列馆；酉阳县赵世炎烈士故居等。

根据《四川文化产业发展规划》与《川东北经济区发展规划（2014－2020年）》，川东北地区将集聚广元、南充、广安、达州、巴中等地的重要红色文化旅游景区（点）项目，打造以红军长征路线、川陕革命根据地、伟人故里、将帅纪念园为主要内容的红色文化产业带，同时整合三国文化、民俗文化、巴文化、生态文化等特色文化资源，形成影视制作、文艺演出、图书出版、文博展览等文化产业的总体布局。

三　新四化同步：四川文化产业的增量空间

在四川新型城镇化过程中，应发挥文化产业“渗透、包容、引领、联动”的作用，推动文化产业与四大城市群的新型工业化、信息化、农业现代化的联动、融合发展，打造以创意设计、品牌经营、文化体验、时尚消费等为拉动的新型产业链条，跳出低端模式，发展新的产业能级和消费内需，带动全省工业、农业、信息业的融合和不断升级，推动四川文化产业和城镇化的双转型，为四川文化产业发展打开新的增量空间。

（一）以新型“工业化”促进文化资源产业化

当前，四川正在推动新型“工业化”进程，以新型“工业化”作为文化产业发展的重要技术支撑，一方面可以深度挖掘文化资源的内在价值，提升文化资源的经济转化潜力；另一方面则可以将文化资源引入生产流程，与其他经济要素进行充分整合，打造新的文化产业样式和产品形态，形成诸如文化传媒、文化创意、网络产业等新型文化经济现象和文化业态。这样，新型“工业化”便成为文化资源转化的重要动力。

根据国际评价一个国家和地区工业化进程标准，四川正处于工业化初期向工业化中期过渡阶段，落后于全国平均水平。换句话说，四川基础差，底子薄，但新型工业化发展空间巨大，正处于新型工业化发展的重要机遇时期。因此，以新型工业化为契机，推动四川文化资源产业化，是推动四川文化产业快速发展和提升四川文化软实力的重要手段。

1. 通过新型工业化为文化资源产业化提供新的发展契机

以低碳化为特征的新型工业化注重可持续发展，可持续发展更加关注资源节约与环境保护，更加强调经济发展质量，注重产业互动和产业融合发展，这为文化产业与工业发展注入了协同发展理念。新型工业化不仅是工业的发展，文化资源的开发和产业化也是新型工业化的内涵之一，只有各种构成要素协同发展，才是新型工业化的内涵。因此，在四川的新型工业化进程中，可以将文化元素植入工业化过程中，使文化在工业化发展中成为重要的动力因素，同时，又促使文化成为社会经济发展的主导力量之一。当前四川的工业化不可能继续走高能耗、高污染的粗放型发展道路，而必然向高技术、低污染和低消耗的新型工业化转型。因此，需要紧紧把握住信息化和工业化深度融合的创新发展模式，走出一条创新驱动、绿色发展的工业化路子，走出一条与新兴产业同步并进、与国际前沿产业“开放合作”的工业化道路。

2. 通过新型工业化为文化资源产业化提供新的要素支撑

新型工业化不仅是发展思路的转变，也是高新技术运用与扩散过程。技术要素的注入为文化产业提供内在发展的动力。因此，四川需要运用新型工业作为文化产业发展的重要支撑。

一是通过新型工业化进程中高新技术扩散为文化资源产业化提供技术支撑。高技术产业、战略性新兴产业发展明显提速，工业发展的技术结构正在发生重大改变，文化资源产业化也需要建立在高新技术基础之上，才能改变传统的低技术含量发展模式。二是通过以生产性服务业为主要支撑的新型工业化为文化产业发展提供新的配套服务。当前制造业服务化趋势明显加强，新型工业化的动力越来越多地来自于生产性服务业的带动，文化产业的发展也同样需要加强与服务业的配套发展。三是发挥新型工业化中的人力资源优势为文化资源产业化开发提供人才要素支撑。四川具有劳动力资源丰富的优势，新型城镇化、工业化的推进，必然会培育和吸引一批高端人才聚集四川，这将对文化资源的产业化开发提供智力支持。

3. 通过新型工业化为文化资源产业化带来新的空间格局

新型工业化作为当前我国工业面向未来发展的一种新要求，指的是要更加注重环境友好、科技含量高、环境污染低并更能发挥创新驱动作用的工业化，因此这样的工业化也更注重经济、社会、环境和资源的协调发展。这一内在变化为文化资源产业化带来新的契机，将充分促进文化产业资源的合理深度开发和有效转化。新型工业化与文化资源产业发展将是一个相互融合、协同发展的过程，在这一过程中，四川文化产业的空间布局将会进一步得到优化。未来，四川新型城镇化、新型工业化与文化资源产业化的同步推进，协调发展，将使文化产业发展空间分布与城镇体系空间结构更加协调，并将形成工业化、城镇化与文化资源产业化联动发展的新格局。具体而言，就是从发展集聚型的产业园区，走向综合性的创意社区，再迈向共享型的文化城区。

（二）以“信息化”推动新兴文化业态成长

信息化就是“大力发展信息技术和信息产业，并在经济社会各个领域广泛利用信息技术，促进信息资源开发利用”①，形成新兴文化业态。新兴文化业态是指传统的文化产业充分运用各类网络信息技术、数字技术及软硬件载体技术，将文化产业内容与现代科学技术相互融合的文化产业新形态。当前，四川文化产业新兴业态亮点不多，发展不够，规模不大，需要通过新的信息化技术的加入，推动四川文化产业新业态的大发展。

1. 以信息化推动着传统文化业态向新兴文化业态升级

文化产业是第三产业中同以信息技术为代表的高新技术结合最为紧密的产业。在信息化快速发展的今天，无论是电影、电视、广播还是报刊，都与信息化密切相关，数字化转型成为传统文化单位谈论最多的话题。当前，在四川尤其是在省会城市成都市汇聚了一大批创意人才，形成了以国家动漫游戏产业（四川）振兴基地、国家数字媒体技术产业化基地、国家网络游戏动漫产业发展基地等为载体的产业园区，四川动漫游戏相关企业超过160家，动漫游戏相关从业人员约1.8万人，发挥了极大的集聚效益，形成了独具特色的文化产业新业态。

2. 以信息化开拓新兴文化业态新的产业领域

在信息化发展领域，四川整体虽然落后，但起步却并不晚。尤其是在信息化技术基本普及的背景下，四川应加快进入新兴文化业新领域的步伐。数

① 王国荣：《信息化与文化产业：互动、问题与对策》，《社会学》2003年第12期。

字技术的发展，开拓了许多新的产业领域。这使得文化产品的生产、消费和流通都可以通过网络进行，形成新的网上文化市场和网上文化产业。而网络文化产品内容丰富、形式多样，因其多元化、互动化、双向化的销售模式，吸引了大批网民参与消费。这些多样化的消费方式让网上文化产品拥有巨大的消费群体和市场。以网络游戏产业为例，网络游戏产业发展迅速，已经成为与电影、电视、音乐等并驾齐驱的娱乐产业。根据 IT 咨询机构高德纳（Gartner）发布的针对全球游戏市场的研究报告，全球网络游戏产值 2012 年已达到 790 亿美元，预计 2015 年将达到 1110 亿美元。[①] 四川作为国家网络游戏的重要基地，应充分利用信息化技术的发展，为新兴文化产业开疆拓土，推动新兴文化业态繁荣发展。

3. 以信息化重新构筑新兴文化业态的产业链条

信息技术的发展，为文化产业构建起新的产业链条，体现在一方面，现代信息技术的发展拉近文化产品生产者与消费者的距离。在互联网环境下，文化创意的设计、生产与营销等诸多环节既可以线下推广也可以线上畅销，同时大众对文化产品的认知、接受、选择和消费同样可以在网络平台上进行，这极大地打通了文化创意产品到达消费者的通道，也打开了更为广阔的文化消费市场。另一方面，信息化又延长了文化产业的产业链。如迪士尼的一部卡通片，在信息技术和信息平台的推动下，可以打造出网络视频、主题公园、玩具、服装、图书、电子游戏等产业链，从而创造出一个又一个商业神话。四川文化产业发展应借鉴以上思路，加大创新力度，挖掘传统文化产业潜力，进一步延伸新兴文化业态产业链条。

（三）以“农业现代化”促进创意农业发展

四川作为传统农业大省，还应以“农业现代化”为契机来促进农业发展。农业现代化是指从传统农业向现代农业的转变过程。而创意农业是发展

① 《全球游戏产值 2015 年破 1110 亿美元》，游戏狗，http：//news. gamedog. cn，2013 年 10 月 31 日。

现代农业过程中出现的一种新的形态。发展创意农业是农业现代化、农村生活方式、新型城市化发展的新方向。2008 年，民革中央在全国政协会议提出了《关于发展创意农业的几点建议》，自引我国的创意农业发展很快。北京、上海、新疆、武汉等地大力把“创意农业”这个概念下放到农业生产中，着力发展创意农业创新性品牌，打造多样化的创意农业项目，推动创意农业聚集展，形成了独具特色的农业新业态、新产品，成为现代农业的新亮点。而在都市郊区开展创意旅游，成为国内创意农业的一个重要创新，推动了创意农业与消费市场的衔接。

目前，四川的创意农业需要紧紧抓住新型城镇化、农业现代化的推进机遇，打开创意农业新的发展空间。

1. 通过农业现代化给创意农业带来资金支持

农业现代化需要大量资金的支持，需要资本市场的建立，也需要激活乡村的投融资体系。为了尽快实现农业现代化，国家会通过一系列改革，在政府引导的基础上，通过政策扶持、金融创新和市场激励等手段，建设面向农村的资本市场，从投融资体系上解决农业现代化所需要的资本问题。因此，四川应大力借助国家金融扶持政策，推动四川创意农业的发展。当前，四川的农家乐及小型庄园经济发展，由于资金缺乏等因素目前仍然是“家庭小单位”经营模式，但是创意农业需要进行带有一定规模化与组织化的经营。创意产品的研发、生态田园的设计、创意产业的经营，都需要构建组织化的运作机制，需要大量的资金支持。

2. 通过农业现代化给创意农业提供智力支撑

农业现代化是生产力现代化的过程，它包括农民自身的现代化过程，诸如传统小农思想观念的转变、对现代科学技术的熟练掌握以及现代市场意识的形成。因此，四川农业现代化的推进和实现，必将提高农民的整体素质，而农民素质的提升，将会为创意农业提供智力支持。无可否认，创意农业是知识密集型和文化创意型的结合成果，发展创意农业需要农民具有紧扣时代的相关知识和创意理念。在农业现代化进程中，农民现代素质的提高、专业知识的具备，对农民创意思维的激发、农村“创意社会”环境氛围的培养都大有裨益。

3. 通过农业现代化为创意农业建立起社会化的市场体系

现代农业需要以市场导向来组织生产，农业产品需要面向市场、面向消费者，现代农业生产者需要权衡投入与产出、效率与效益的关系。具体来讲，就是农业发展需要通过资本、技术、人才、运作机构的充分培育，打通农业产业链的各个环节，建立起全国范围内的市场化开发体系。四川虽属农业大省，但农业经济的运行和农业市场体系的建立还远为落后。随着新型城镇化的推进，必将涌现大批市场化主体参与城镇化投资与建设，这对促进农业经济运行和农业市场体系具有十分积极的意义。如现行的农业投融资体制都存在着一些制度性因素阻碍社会资本的进入，为了破除这些障碍，顺利推进新型城镇化建设，中央和地方政府需要着手进行一系列改革，通过制定一系列有针对性的政策，为创意农业建构起开放、透明的社会化市场体系，从而推动创意农业以市场需求为导向，走出一条创新型的市场开发之路。

参考文献

赵斌：《文化产业创意纷呈 助推成都文化之都建设》，《成都日报》2014 年 1 月 7 日。

颜军、李荃辉、庞甲光、张亚峰：《成都蜀文化旅游资源评析与开发建议》，《特区经济》2009 年第 12 期。

王纯：《自贡艺术与盐文化——一种对自贡彩灯、会馆、碑刻的历史考察》，《新西部》2012 年第 11 期。

刘杨、唐任伍、黎川、李冲：《探究西部中小城市文化强市路径——以泸州市为例》，《城市观察》2012 年第 1 期。

罗茜：《内江旅游资源开发及旅游业发展浅见》，《内江科技》2011 年第 8 期。

黄树彬：《论历史文化名城特色文化旅游的立体打造——以历史文化名城宜宾为例》，《成都航空职业技术学院学报》2012 年第 2 期。

康珺、倪江波：《四川酒文化的剖析》，《商业文化》2010 年第 2 期。

严荔：《论文化资源产业化开发》，《现代管理科学》2010 年第 5 期。

刘宏曼：《创意农业——北京都市型现代农业新亮点》，《当代经济》2009 年第 7 期。

杨京钟、吕庆华：《文化强国视野的新兴文化业态培育》，《重庆社会科学》2012 年第 12 期。

叶永春：《泸州酒文化的内涵挖掘与开发应用》，《学园》（教育科研）2013 年第 7 期。

王国荣：《信息化与文化产业：互动、问题与对策》，《社会学》2003 年第 12 期。

腾艳莉、丁德会：《认清新形势　把握新机遇　牢记新使命　跟随现代化大农业的步伐创建农业现代化》，黑龙江垦区现代化大农理论研讨会优秀论文集。

《农业现代化评论综述——内涵、标准与特性》，言小范文网，http：//www. yxtvg. com/show/131547. html。

发展前沿

Development Frontier

BLUE BOOK

B.2

四川全媒体建设发展报告

石本秀 叶茂*

摘 要: 四川传媒业在将新旧媒体两者要素整合后，进行了内容设计、产品配置、渠道发布、盈利模式四个方面的变革与创新，形成已适应日新月异的多媒体技术发展需求的，资源配置逐步优化的全媒体模式。本文在对四川全媒体发展模式梳理和分析的基础上，提出了相关对策。

关键词: 四川 全媒体 发展模式 态势分析

2013 年是传媒业深化转型跨越发展的关键年，在延续了 2012 年的报网

* 石本秀，四川大学锦城学院新媒体研究所所长、教授。研究方向为新媒体传播与文化；叶茂，四川大学文学与新闻学院在读博士，研究方向为新媒体传播、媒体转型与融合、文化产业研究。

融合、台网融合、三网融合、微博微信客户端、媒体社交化等各种方式的融合媒体转型后，传统媒体融入新媒体的手段与功能进一步深化，从初期的“媒介融合”模式到以“全介质传播”为核心命题的全媒体模式发展阶段，在这个全球传媒业的行业性攻坚中，没有一条既有的成功之路，只有且行且探索。在传统媒体励精图治，艰难转型的关键时刻，各种转型观点和说法五花八门、莫衷一是，四川在媒介转型的探索中，强调的是“全媒体模式”的探索。

全媒体是传媒行业在新旧媒体的冲击交融中，探索媒介发展的产物。“全媒体”这一术语最早出现于 1999 年 10 月 19 日的美国。全媒体既指信息传播表现手段的多媒体化、全媒体化，融合文字、声音、影像、动画等形式，也是媒介形态上的融合，包括广播、电视、电影、书籍、报纸、杂志、网站等的融合，也是传播渠道的融合，包括广电、电信及互联网的三大网络的融合，最终实现用户任何一种信息终端均可以完成信息的融合接收，从而实现任何人在任何时间、任何地点、从任何终端获得想要的信息。①全媒体的出现是技术发展推动人类传播观念变迁的结果。它以信息技术和通信技术的发展、应用和普及为支撑，在“跨媒体”的基础上通过媒介融合形成，真正体现了技术对人类全部传播手段的融合和提升。

四川媒体业在传统媒体转型中践行的“全媒体模式”即是将新旧媒体两者要素整合后，进行内容设计、产品配置、渠道发布、盈利模式四方面的变革与创新，形成以适合多媒体技术发展的需求的，资源配置逐步优化的全媒体模式。该模式在内容上体现为全业态的产品设计，在产品配置上体现为全流程生产与协作的多元化，在渠道发布上体现为适应多媒介形态之技术对接，在盈利模式上体现为跨界创意运营。四方面互为一体的整体框架。从这个意义上来说，全媒体是媒体进行新闻生产，流程再造，传播形态与运营模式创新的一种探索性发展理念。

① 罗鑫：《什么是全媒体》，《中国记者》2010 年第 3 期。

一　全媒体转型的内容模式实践

（一）从新闻原创的核心竞争力优势凸显全媒体内容优势的高起点

1. 省级传媒集团

省级传媒集团以四川日报报业集团为典型，旗下的全媒体中心是这方面探索的典型，其内容生产要求各个传媒主体依托自身优势，在自身的传媒体系和话语空间进行内容整合，进行了新媒体背景下的数字化转型，力求以话语空间求生存空间，以内容优势凸显全媒体转型的高起点。

作为省级党报，该集团在地位和政策资源方面占据了优势，集团的核心报纸《四川日报》是国内较为知名的省级党报，集团以《四川日报》为核心，以传统报业板块为支撑，对集团内部媒体资源进行了共享，于2011年将四川在线、《天府早报》和华西手机报进行整合，组建了全媒体中心，已经形成了传统媒体与新媒体并存，报纸、期刊、网站相互配合的立体发展模式，在省内甚至国内都有较大的话语权。

“4·20”芦山地震的报道便是其典型案例。川报集团以全媒体为报道平台，通过新闻的首发优势对灾区状况进行了及时报道。灾难发生后，四川日报网首次采用图文滚动播报方式，对省委、省政府主要领导赴灾区一线，现场指挥抢险救援进行了全程播报；华西手机报向上亿用户发送了抗灾信息。据不完全统计，地震发生7天里，四川日报网发布文图3000余条；华西传媒集群平台滚动发布信息1000多条；四川在线共计发布有关地震文字、图片、视频8200余篇，地震报道相关总访问量超过1000万次，华西手机报发送信息覆盖近亿人次。多种传播渠道相互配合，充分发挥了集团新媒体在重大突发事件中的舆论引导作用。

2011年6月，四川日报网开通上线，依托《四川日报》的党政资源优势，定位为本省高端互动平台，开启了党报与数字网络融合的路径，其中《问政四川》日前上榜了“中国互联网站品牌栏目”。

2. 市级传媒集团

市级传媒集团以成都传媒集团为代表。该集团于2008年尝试了“媒体融合试验田”，探索全媒体运营理念与模式。以市级党报《成都日报》、成都广播电台为新闻发布核心，通过成都全搜索新闻网向集团的多媒体进行全面辐射和融合。现已形成了以新闻原创的核心竞争力为优势，向集团内部媒体资源进行共享的多元媒体相互交融的立体媒体格局。

通过四川省内传统纸媒2013年8月在网络新闻中转载使用量的一个统计，我们可以窥见传统媒体在全媒体的内容模式中所凸显的新闻原创优势高起点（见表1）。

表1　四川省内传统纸媒在网络新闻中的转载使用量

媒体名称	转载量	排名
《华西都市报》	4090	1
《成都商报》	1780	2
《成都日报》	425	3
《成都晚报》	324	4
《天府早报》	214	5

资料来源：世纪华文网8月份报纸网络传播数据对比，2013。

（二）重塑传播逻辑，营造把新闻传播与互联网服务融合起来的多样化模式

1. “喉舌”功能：传播理念的受众视角

在全媒体的建设中，首先是传播理念从传者中心向受众本位转变，变“喉舌”媒体的单向发声职能为双向互动。传统媒体多数为党的“喉舌”，以往一直承担着党和政府声音的发生器作用，这种传播是单向的，推送式的传播，在当下的互联网传播环境中，需要对这种发声模式进行升级变革。

目前，《四川日报》《成都日报》等党报利用手机客户端所推出的“舆情”产品服务就是一种很好的尝试。该产品采用客户端实时传播，对各种

民意和网上声音汇总分析，寻找出影响事件舆情走向的主流民意，然后具体问题具体分析，最后，利用软件整合汇总监测内容，科学分析相关数据，形成反映事件舆情整体发展态势的舆情报告，为舆情危机公关人员制定科学合理的舆情应对策略提供数据支持，保证舆情应对目标和定位更加清晰明了。

历经全媒体转型后，新闻媒体作为区域舆情动态的载体，不仅能对于民间“舆情”信息的收集汇总，还能打破固有的简单报道，制造出热点，保持以“破”为主的局面，而更多以建设性的“立”的姿态进入问题的解决，以提高监督报道的实效。如四川在线的“天府问计”中，就读者提出的“四川城乡公共消费发展水平较弱原因和对策”的问题，网站没有以传统纸媒的方式直接采访职能部门或分管领导，而是邀请了本栏目的“问计之星”西南财大教授、博士生导师王裕国进行问答式交流，这种通过专家讨论和交流的方式，使监督报道的建设性倾向增强，在互动中强化了传播理念的受众视角。

2. 民意载体：互动与链接

全媒体模式内容中，其优势凸显还体现在对“人人都是麦克风”的民意掌控。全媒体在新兴技术支撑下的操作则改变了简单为用户提供新闻信息服务的传统模式，真正形成与民众的互动，进行信息推送服务的同时，更能够将民间的民意汇总，在更大的样本群体中，更广阔的空间内进行交互和互动，从而使得媒体与民众之间的“连接”关系更加紧密，服务的层次和水平也不断提高，初步建立起的“信任”关系将成为媒体树立对于普通民众话语权的重要前提。

川报集团全媒体中心就在其网站“四川在线”网站上开辟了“问政四川”“问计天府”“本网调查”“天府社区”等栏目，这些栏目或提供网友互动，话题参与，或链接针对性民意，展示可供争论的一些社会民生问题，搜集网民的选择和评论。通过大胆尝试对个案的报道通过“民意调查”的方式，形成同类问题的民意集中呈现，并将这种民意通过媒体呈现出来，形成具有新闻事实描述、民意调查汇总、解决方案参考等综合成果，吸引了大量关注，体现了在各类话题中其独特的话语权号召力。

二 全媒体转型的产品模式实践

由“报”到“媒”，由“台”到“媒”，通过新闻制作的“中央厨房”模式，将传播的产品流程再造，实现全媒体多媒介产品模式

四川各媒体机构研究媒体的聚合方式，实践新旧媒体的融合模式，探索出了从平台、用户、内容、渠道等方面，着力打造三大类型的产品：一是新闻类产品。以报媒、电台、电视台为龙头，充分发挥党媒话语权舆论主渠道优势，依托新技术新应用，顺应用户需求，适合多元化终端的新闻产品，二是信息类资讯类服务产品。作为在信息服务方面具有优势的媒体集团，充分发挥其资源优势将其新闻信息通过传媒技术的注入而延伸其产业的宽度和广度。三是移动增值类产品。媒体纷纷开始了与各电信运营商的合作，紧跟移动互联网技术的发展，大力开拓移动产品，抢占移动终端传媒市场。

1. 新闻产品

在数字化传播的背景下，受众越来越倾向于使用线上新闻资讯服务来获取资讯，并且参与互动的程度也越来越高。在全媒体模式中，产品配置上体现为全媒介形态之传播，通过网络互动增加报媒影响力，打造权威、齐全、快捷的新闻平台和富有视觉冲击力的新闻产品。

党报：四川日报报业集团总编辑陈岚认为，目前四川全媒体集群在内容生产上实现深度融合，以川报集团全媒体中心为例，其将四川在线、《天府早报》和华西手机报的技术、人才资源进行了整合，为此整合重组了几大媒体的工作流程，建立了“中央厨房”式的内容一体化作业机制，统一采访部，各传播平台自主编辑，按照各自发布渠道与终端之需求形成不同特点的新闻及信息产品。这一新型的作业平台，将能同时提供纸质产品外的电子文档产品、图片产品、视频产品等不同介质的传播形态以满足所有数字媒体接收终端。总之，全媒体“中央厨房”编采平台的建立，将最大限度地保证核心品牌的有效延伸和利益的最大化。

都市报：《华西都市报》推出华西都市网，构建了华西传媒集群，并率先推出二维码，依托移动互联用户群，尝试“新闻定制”产品。目前，该报已经形成了集纸媒、移动媒体、网络媒体等传播终端于一身的媒体格局。《华西都市报》在不断强化自己在纸媒方面的内容优势外，还进行了多媒体的模式构建，根据多媒体的分众市场，延伸了《华西城市读本》《华西生活周报》《华西社区报》等。新增社区户外媒体，打造社区户外电子屏；城市公众服务平台方面，打造了华西传媒呼叫中心 96111。在网络媒体方面创建了华西都市网；视听媒体方面运营 FM90.0 广播和《天府旅游》电视栏目等。在移动媒体方面，打造《华西都市报》微博、华西移动阅读媒体、华西魔码等。初步实现全媒体多媒介产品模式。

2. 信息产品

四川在线网站凭借四川报业集团各媒体强大的信息资源，强力打造自己的信息产品，该网站的 22 个栏目引航条中，新闻类栏目七个：新闻、四川、时事、评论、财经、娱乐、体育。而信息类栏目却多达 14 个。大量与网友生活密切相关的信息类服务，如招聘信息、医疗信息、房产信息、教育信息、车票和机票预订、空气质量查询等，让网站媒体变得丰富多彩，努力将一个新闻网站的单一功能向千家万户的各种生产生活的信息服务的多元化延伸。

华西都市网则依托《华西都市报》1 + N 强大的媒体平台，提供全面的成都生活消费资讯，打造一站式的成都网上生活社区，并以“时尚购物”“美食江湖”“亲子教育”“娱乐八卦”“3C 数码”“家居装修”“华西拍客”等特色频道进行信息服务和线下活动的开展。同时，利用 SNS、微博、团购等系列的互联网新技术和新产品，延伸该网站信息服务的平台，信息产品的注入，使“华西”这艘旗舰在报纸已有的发行量的基础上，获得网站 173 万用户。

成都全搜索网站 2010 年改版成为综合新闻门户网站，强化信息产品的打造，在网站信息类产品的创新中，推出传统报纸的 iPhone、iPad 电子业务版，目前已开发 11 个移动客户端，下载用户总量 257 万。各媒体官方微博、微信粉丝量达到2030万。

3. 服务产品

在“从报到媒”，“从台到媒”的全媒体过程中，打造包括社区报、社区生活门户网、手机报、社区户外媒体等多种介质的全媒体综合性社区生活服务平台，建立了更为密集和精细的传播网络，将传统媒体经营的“读者”变为“客户”，形成舆论、文化、娱乐、交流、消费等方面的综合服务体系。

社区报：利用传媒集团旗下报纸的自身优势，创办覆盖全省或全市主要城区，乃至省内二线城市的社区报，形成以该报为核心，各社区报为辅的报群集合。具体做法包括以下几方面。

（1）社区化。

《成都晚报》尝试了数字化与网络化并行的社区报转型。通过探索不同利益群体的信息需求和不同兴趣圈层的阅读诉求，其报纸通过专栏专刊的方式进行细分读者的针对性信息制作，针对不同社区，做专门的社区报，同时，其投放分众化地覆盖成都的大型居民社区、城市商圈、城市内行政区、街道以及乡镇等，社区报与开发商合作，依托开发商的物管公司，将报纸送到千家万户的邮箱里。社区化尝试将报纸的大众媒体功能往分众媒体功能延伸。

《华西生活周报·社区版》是为成都市主城区的社区量身定做的一份免费的社区报，直接送达居民家中。充分利用“用户自制内容”聚合及呈现居民自发采集的本地生活动态资讯，通过报道的各个社区每天发生的新鲜事物，提供周边商场打折信息、美食旅行攻略、社区停水停电等生活贴士让市民们喜欢，成为一份不择不扣的成都市民实用的生活手册。当然，这也是一个社区居民的在线社交，满足各种交际联络、吐槽投诉等。

（2）社区生活门户网。

川报集团打造的天府社区和成都传媒集团打造的龙门阵社区，通过进一步细分话题版块形成社区化的综合服务功能的延伸领域，社区以自媒体受授互动的传播模式，以网友当版主，意见领袖集结网民信息交流，实现社区的精准性服务和互动性交流。

（3）客户终端再延伸。

利用手机报、微博、微信等社交类网站、电子邮件等多种工具，吸引社区受众，鼓励社区居民参与到报道传播中去。如《华西手机报》《四川手机报》等。借力移动互联网技术，推出满足社区居民要求的特色手机报，为社区居民量身定做、融合本地区生活服务信息的免费彩信手机杂志等。如“华西都市网微博”囊括社区衣食住行等服务资源，打造社区资讯服务移动平台。

4. 移动增值类产品

川报集团在传统媒体转型方面进行了多方尝试。2012 年，全媒体中心分别与四川电信、成都移动开展深度战略合作，组建移动传媒事业部和新媒体拓展中心两个事业部，依托运营商的用户和渠道资源，积极拓展移动互联网领域的游戏、阅读、动漫、票务等新兴产业，布局抢占市场。目前，全媒体拓展中心手机游戏产品《成都斗地主》获得中国移动游戏基地在全国批准开通的唯一对外手机网游包月包，手机阅读产品《成都画报》获得中国移动阅读基地包月审批，同时，手机游戏产品、手机阅读产品以及正在开发中的手机产品与平台，已经获得了中国移动自有业务认定，取得移动投入资源进行市场营销的资质，并进入成都移动新售手机预装，为进一步的运营打下了基础。

《成都商报》推出“成都控”“码上控”等手机 APP 客户端，利用 AR 技术（增加现实）AR（Augmented Reality）技术，立足成都本地，为市民提供生活资讯服务，增加用户与虚拟场景的互动。《华西都市报》利用 SNS、微博、团购等系列的互联网新技术开发移动增值类新产品，已开发出客户端产品“成都范儿”“成都红娘”“成都新娘”“潮成都”“华西亲子乐园”“掌上四川”等。

四川电视台第 6 频道开播全天 24 小时播出的星空电视购物频道，辐射超过 2.6 亿电视人口目前会员数近 50 万人，以购物的方式构建起服务平台。

四川手机电视平台是川台与四川联通签约共建“四川手机电视”，标志着川台进入手机电视领域，为用户提供音频、图文、新闻资讯等。

成都广电运营橙网在线在作为官方直播平台的同时，也是一个资讯类门户网站，提供成都本地区新闻资讯服务，是成都地区的咨询类门户网站之一。

全媒体模式下，随着人们越来越依赖网络来参与社会资讯的获取以及服务消费，新型传媒产品将形成以在线生活方式为核心的信息资讯平台和服务体系。除了已有的宏内容新闻信息外，实用的、丰富的、互动的、碎片的微内容信息将成为主题，传统媒体的采编将成为全媒体的内容提供商之一，自采内容与用户贡献的内容将同步得以丰富，形成综合信息服务的网络平台。

据权威数据显示，2013 年四川省网名网络行为与应用呈现出逐步上升的态势，接触新媒体时间较长，用户黏性较高。

三　全媒体转型的模式实践

（一）传受者的互动性

互联网传播的数字网络技术，打破了传统媒体在传播流程中固有的议程设置，使传播方的“授”与被传播方的“受”可逆转并随时互动。这一互动理论在新媒体传播中的运用，形成了全媒体平台中产品生产者的网友化和发布话题的多元化与接近性，所谓“人人都是麦克风”，如“四川在线 · 天府社区”的绿野萍踪、聊天儿、啤酒泡泡、苹果 Kiki、F 是无脾气小愤青、橙子 mm、王點點、剑门关、麻雀的巢等版主，通过在天府社区里开辟“旅游摄影”“谈婚论嫁”“吃喝玩乐”“时尚女人”“房产家居”“城市生活”等栏目，成为受网友喜爱的栏目记者。同时，他们服务周全的丰富资讯，也通过超链接合作，使网站的传播更加地平台化。[①] 故而，全媒体的编采模式

① 黄永建：《四川日报报业集团全媒体战略研究》，电子科技大学硕士论文，2012。

中要注重传受互动，让更多的网友通过意见领袖的角色成为信息发布者，更有力地传授互动，铸就全媒体信息的海量平台。

（二）受众构成的多元化

圈层构成并形成参与性受众，为全媒体的传播带来互动共振效应。面对多元复杂的受众群，单一的传播形态和媒介构成已经无法满足信息市场的需求。传统媒体要想吸引受众注意力，保证传播效果，就必须探索新的传播模式，革新传播内容，拓宽传播渠道，加快传播速度。为适应市场需求，2013年全媒体中心旗下的《天府早报》和四川在线均进行了新一轮的改版尝试。《天府早报》提出了“全稿原创，打造品质早报”的改版目标，以期全面提升早报的新闻竞争力和品牌影响力。在版面表现上，通过改变标题字体、稿件模块化组装整齐划一，提升报纸的“看相”。在内容方面，打造品牌版面：《今日早读》——在02版推出“盖碗茶”“图好看”“小提示”“热语录”等栏目，探索个性化表达。而四川在线则结合全媒体中心各采编部门的特点，推出了一系列原创品牌新闻栏目。比较知名的有基于本土原创新闻的《深读》，以新闻专题摄影为蓝本的《镜界》，以文娱体育热点为主打的《水煮娱》等等，大大丰富了全媒体中心的融合报道及原创品牌，提升了品牌知名度。满足了受众的多元需求。由此可见，全媒体模式中的受众将告别传统媒体时代的大众读者或观众了，全媒体的受众只会越来越垂直化、圈层化、分众化。可以说，分众化是全媒体模式的用户原则。

（三）传播渠道与终端的多元化

集发布母体媒体、网站、手机、移动终端等多元载体于一体，成为全媒体渠道特点。可以打破信息接收的时间和空间壁垒，受众获取信息的渠道更多，更为快捷、及时，互动性也大大提高。同时，多元化的终端不仅仅可以提供受众所需的新闻信息，还可以有针对性地发布广告信息，实现终端的价值的最大化。由于发布渠道的技术化、格式化，各媒体之间信息源的界限逐渐模糊，所接收的消息来自哪家媒体往往被接收者忽略，而信息渠道的便捷、清晰度、人性化反而成为接收者更为关注的因素。

由此可见，渠道的技术优势将成为全媒体转型模式中的重要关注点。在这个模式中，我们需要研究作为不同的传播介质的传播优势和功能优势，从而适应配置相应的内容信息，从而达到最优、最快、最能引起反馈的传播效果。

四　全媒体转型的盈利模式实践

四川全媒体产业虽然起步较早，但发展至今整体状况并不理想。近几年，全媒体产业的本土市场规模逐渐增大，竞争趋于激烈，地方媒体和中央媒体的博弈日益加剧，平台媒体和垂直媒体直接进入区域全媒体布局，呈现纷繁复杂的竞争状态。

据中国互联网络信息中心（CNNIC）发布的《2013 年四川省互联网络发展状况报告》显示，四川省网民网络黏性处于比较稳定的状态，市场发展前景良好，为全媒体转型盈利模式的形成打下了基础。

（一）实现价值融合、产业融合盈利

全媒体转型的盈利模式整合了媒体集团的诸多信息资源，充分运用传统媒体的采访权，实现新闻信息的即时生产与传播。同时，全媒体新闻中心将生产出来的信息提供给不同的传播终端，从而实现信息的“一次生产，多次发布，综合利用”的全媒体平台，这种模式其核心是实现价值融合、产业融合。

由于传播渠道的技术化、格式化，传统的平面媒体、广电媒体、音像、电信网络、互联网等产业在全媒体时代，其发行渠道由原来的自有独家演变为共享，各种媒体的产品在传播中便形成了在渠道环节相互渗透、交叉和重组，这就铸就了全媒体的产业链将从传统的闭环结构进入一个开放的，融合的结构。随着这种融合趋势的加快，产业链变得更加开放。媒体的融合、互动、共赢，将是一种重要的盈利模式。

全媒体的盈利模式将不仅仅局限于发行和广告等范畴。其营销理念将由“二次销售”向“N 次销售”转变，进行媒体资源的再次整合，延伸产业链，衍生增值。同时，开放价值链，以资本和利益为纽带，吸收不同行业、不同地域、不同市场的相关合作，建立以内容生产为优势的信息传播价值系统，加强媒体间的跨地域联合，向上下游拓展的纵向价值链。

（二）几种融合盈利模式

1. “报网合一”模式

在报网融合初期阶段，几乎所有的传统媒体都有自己的电子版和网站，但是，由于没有形成内在产品模式和外在的市场模式，往往是报网两张皮，难以形成盈利模式。互联网怎么给传统媒体盈利，这个问题纠结了数年，报网合一模式便是给出的一个有效的答案。

这个模式可以从平台上扩大传播渠道和传播终端，为媒体进而走向跨媒体以及电子商务等提供基础平台。报网合一模式后我们发现，纸媒上网后，由于传播渠道的功能多元化需求和传播终端的多元化需求，新闻信息产品的多元化被市场推到了媒体的生产者面前，纸媒的传媒产业市场空间凸显，纸媒由一张报纸变成了一个具有影响力的品牌。品牌加市场，使多种服务衍生，如新闻下载、网上订阅、在线广告、在线评选、信息咨询、行业研究等有偿服价值，这对传统媒体进入全媒体阶段来说，是一次具有历史意义的技术和管理革命。

2011 年 1 月 11 日，作为全国省级媒体全媒体第一家的四川日报报业集团全媒体中心（以下简称“中心”）成立。该中心将旗下的纸媒《天府早报》、新闻门户网站《四川在线》和《华西手机报》作为打造平台，以“网络的广度、报纸的深度、手机的速度”搭建起时代传媒的全新平台。塑造一个全时段、宽受众、立体化信息传播的“媒立方”。

为从根本上解决两张皮的问题，中心从体制机制、人事财务、新闻生产、经营创收实行一体化运营。川报集团利用强大的采编体系、发行体系和广告经营，以及运作党报、市场报的成熟经验，借用“中央厨房”的方式，在平面媒体、网站、手机报滚动发布记者发回的文字及图片，上传市民在社区的热帖以及自发采集的新闻素材和图像，编辑筛选话题，设置分论点，链接国内外同类热点报道，吸引网民参与，并将互动内容提交相关采编人员，摘其精华刊发于次日报纸上，次日再将见报的 PDF 版转贴于相关社区。这里，人们可以看新闻、获资讯、发声音、找记者、求帮助、参与线上线下活动，真正成为一个立体交叉互动的平台，放大了生产效能，全媒体传播、营销的“中央厨房”逐步成型，既取得了即时性又呈现了一定深度和影响力。[①]

经过两年的运行，建成了包括广告、电信增值、网游、团购、活动创收等业务的三大媒体运营平台，为该集团的全媒体进程奠定了坚实基础。

成都传媒集团则在 2008 年设立了“媒体融合试验田”，探索全媒体化运营。其媒体融合既包括内容、渠道、传播手段、客户资源的融合，也包括体制、组织结构、运行机制的深层次融合。通过大量投入，集团将旗下的《成都日报》《成都商报》《成都晚报》《每日经济新闻》等纸媒进行报网融合，并以其大量的新闻内容植入成都全搜索新闻网。

2.“台网互动”模式

指电视台或者广播台利用网络传播平台，与观众展开线上线下交流的互动模式。台与网之间取长补短，共同传播某一信息，形成跨媒体、跨领域、跨地域的全方位、立体化传播合力。

网络技术的推动，使得媒介融合得以脱胎换骨，形成了网络报纸、电子杂志、网络广播、网络电视等新的信息传播渠道，并使得媒介融合成为建构媒介化社会的核心力量之一。网络和电视内容上的融合，加之受众跨媒体消费行为的推动，使得台网互动已经在视频观看、互联互通以及家庭智能方面发挥着越来越重要的作用，成为一种新的媒体发展模式。

对于广播电视产业来说，顺应通讯传播技术的发展，实现媒体融合的方

① 陈岚：《全方位革新一体化发展——四川日报报业集团推动融合发展的思考》，《新闻战线》2014 年 9 月 15 日。

式主要是电视内容的数字化，以及基于电视、网络、手机等多终端的全媒体平台的搭建。

四川电视台主要打造了以下四个平台。

星空电视购物平台。该频道由四川电视台与星空卫视以组建合资公司的方式合作，已经将电视购物和网站购物紧密地结合起来，星空购物本身也有相应的网站，所以可将该业务视为川台的电子商务业务，相应地将星空购物频道与对应的网站视为电子商务平台。

星空移动电视平台。创建了公共交通、数字电视机顶盒、CMMB 手机电视 3 个播出平台，通过遍布省会成都市和省内经济发达的二级城市的公交车、出租车、连锁超市和长途汽车站等人流密集场所的移动电视终端播出，方便人们随时随地看电视，现发展成为四川省最大的户外电视媒体。

四川手机电视平台。川台与四川联通签约共建“四川手机电视”，标志着川台加快进入手机电视领域。按照协议，双方建立新媒体战略合作伙伴关系，并以“四川手机电视”项目为基础，为四川用户提供便捷的新闻资讯和大众娱乐视听内容。按照协议，四川广播电视台将负责提供具有版权的内容和信息源，包括视音频、图文、新闻资讯等，四川联通负责“四川手机电视”业务支撑系统、基础网络及相关系统的建设、运营和维护①。

IPTV 播放平台。这是川台报网未来的重要业务步骤。IPTV 即交互式网络电视，使得电视内容可以在 PC、普通电视、移动终端上播放，从而实现了播放与接收的三网融合，对保住移动时代的受众具有重要意义。四川 IPTV 有近百套直播频道、3000 部影视剧，并提供时移、回看功能。

2011 年成传集团还曾与成都广播电视台进行了体制合并，合作经营了成都电视台 CDTV－2，只有一定影响力。成都电视台则按照“构建城市公共信息传播体”整体定位的思路，通过市场化的运作，使媒体资源、人才资源和产业方向、产业融合形成合力。目前成都广电运营了两个网站：橙网

① 中国信息产业网——广电与联通签约共建“四川手机电视”（http：//www. cnii. com. cn/xxh/content/2011－05/10/content_ 873762. htm），2012。

在线、成都网络广播在线。成都网络广播在线是成都广电的网络直播平台，提供直播。橙网在线在作为官方直播平台的同时，也是一个资讯类门户网站，提供成都本地区新闻资讯服务，是成都地区的咨询类门户网站之一。今后成都台将在户外数字大屏、数字出版、影视剧制作、品牌整合营销上与广电传媒自身资源紧密结合，成为其全媒体产业的突破点。

3. 数字出版模式

数字出版是全媒体背景下的又一产物。借助先进的技术以及对于市场需求的准确把握，加之在成本、存储、编辑等方面的诸多优势，数字出版模式已经打开了广阔的市场，赢得了行业内外的认可。在未来的出版业发展中，数字出版必将继续发挥它的作用。

四川出版集团与新华文轩出版传媒公司合并后积极推动全媒体发展，制定了“电子商务和数字阅读”的五年发展战略，并将其作为运营的主要转型模式。合并后的公司组建了电子商务平台“文轩网”及数字阅读网站“九月网”，两大平台在市场方面都取得了较大的进展，其推出的《崛起——5 · 12 四川抗震救灾启示录》等“书籍光碟”等新媒体形态产品，在北京图书订货会上获得了青睐。

4. 广告跨界模式

跨界立体式的广告营销应运而生。跨界立体式广告指的是多种形式的广告互相结合，衍生新的广告效果。包括线上、线下营销、传统营销、软性营销、硬性营销等一切有利于营销推广的广告方式。众所周知，商品的品牌知名度与广告的传播效果息息相关，因此，要想实现传播效果，广告商不应仅仅依赖单一的广告营销策略，而应该是全方位的立体式广告营销推广策略。立体式广告营销推广方式不仅适应现阶段的发展需要，同时也是一种未来的发展趋势。

四川星空购物和星空移动利用数字移动电视技术，支持移动接收的户外数字电视为载体，打破电视、网络、户外、移动端等传播界限，以户外受众最集中的公共交通、地铁为其传播终端平台，及时有效地提供新闻、娱乐、体育等信息，同时，实现了优质的广告营销。

2011 年开业的成都东区公园亦是一例，这一由成都传媒集团与中国移动集团四川公司合作的总投资 50 亿元建成的主题园区，聚集了 CHANNEL-V、美国新闻集团、中国电影集团、美国《国家地理》杂志、四川音乐学院、成都音乐房子等强势文化创意产业资源，构建起全媒体产业平台。

五　四川全媒体产业发展的对策建议

（一）顶层设计、科学规划，发展战略是根本

对于欧美发达国家的全媒体案例分析，我们不难发现，其通常经历三个阶段：一是制度设计阶段，国家政府和行业层面在转变观念的基础上达成共识，提出全媒体发展规划；二是政策体系的制定阶段，对旧的做出制度调整，对新的制定相应的政策法规；三是媒体实施阶段，在政府的理念和政策法规推动下，由各个媒介机构和相关信息传播主体具体操作运营。

四川省全媒体产业发展从政府层面进行的全媒体长远规划仍处于缺失状态，面临缺乏宏观指导、缺少前进方向的困境。因此，在未来的发展中，必须从顶层设计的层面制定相关的政策，为全媒体发展提供制度保障。

（二）放开环节，政策配套，体制创新是保障

目前四川省的全媒体产业发展正处于跨越式发展的关键时刻，政府和传媒集团如何做好“加法”与“减法”显得十分重要。既要做好政策、法律、金融各方面的全方位支持，又要不干预甚至鼓励全媒体产业机制体制、内容生产、盈利模式上的创造力和活力。四川省大型传媒集团内部的体制机制在很大程度上束缚了全媒体产业的发展。如事业产业不分，导致其缺乏具有发展全媒体产业的完整市场主体，不利于在同业市场中的竞争。由于缺乏有效的用人机制、激励机制，使其技术能力不强、创新动力不足。缺乏互联网文化和基因。不少传媒集团的全媒体平台往往见子打子，各自为政，无法从根本上去考虑传媒产业链融合的问题。可尝试在“管住”终端，把握终审权

的前提下，适度开放中间环节制作的自由度和创造力，认真研究学习互联网有效的盈利模式。

（三）加大融合，流程再造，运营模式是核心

应遵循“融合发展”的原则，坚持“内容为王、掌控渠道、决战终端”的新兴媒体建设思路实施社交化、本土化、移动化的流程再造。

大力推进全媒体的资源整合，构建“小团队、大平台”的新型媒体业务工作模式，实现全媒体生产、全介质传播和全方位经营，推进传统媒体与新兴媒体融合发展。推进传媒集团内部全媒体产业链建设，实施“移动优先”“渠道优先”战略，开展对新闻资源的特色传播，扩大集团自媒体传播渠道及社会影响力；继续深挖社区，在城市商圈及大型生活社区打造智能化社区资讯平台。还可以通过投资、收购、合作、兼并等多种方式，拓展视频、音频等新兴媒体业务；利用资金、版面资源、网络资源、房产租金等现有条件，积极参与富有前景的数字产品创意开发，培育新兴运营模式的核心力量。

（四）大力培育、大胆引进，人才资源是生命

人才匮乏是困扰全媒体发展的又一大难题。全媒体所具有的集多种媒体形式于一身的特点决定了其人才需求的高标准。从业人员必须掌握多种技术工具，能够独立完成采、编、发等一整套的传播活动。此外，全媒体时代对于具有整合传播策划能力的高层次管理人才的需求也是十分迫切的。可以说，人才是全媒体发展的基石，只有解决了人才匮乏的问题，全媒体发展才能获得足够的血液和强劲的生命力。

一方面，应推进全媒体队伍建设，引导采编人员向数字媒体采编转型，加强视频、音频、在线内容生产等业务的培训，强化在线采编经营，树立互联网思维；加大对数字媒体的资金投入，积极争取政府专项资金扶持，以适应舆论主战场的全媒体转移。另一方面，创新人才选拔机制，拓宽选人渠道，全面推行聘用制、聘任制，完善竞争上岗、社会公开招聘等

方式。同时，将全国乃至全球的懂全媒体内容生产和市场规律的人才吸引过来。

（五）有效监管，良性发展，法制建设是保障

目前，我国全媒体管理缺乏相关立法，多头管理，政出多门的问题也较突出，在市场准入、价格监管权方面都是空白区域，导致管理体制不到位，监管效率较低。2010 年 1 月 13 日召开的国务院常务会议，决定加快推进电信网、广播电视网和互联网三网融合，信息服务将由单一业务转向文字、语音、数据、图像、视频等多媒体综合业务，并将加大基础建设和监管投入，将使全媒体资源利用水平进一步提高。美国 1996 年颁布《电信法》，放宽了对广播电台、电视台所有制的限定，并打破对媒介种类的限制和隔绝，允许电话公司参与有线电视市场的节目竞争；2003 年，英国成立新的通信业管理机构 Ofcom，融合了原有电信、电视、广播、无线通信等多个管理机构的职能，极大地促进了网络融合的产业发展。因此，我国也应设立专门的机构，同时借鉴国外管理制度，结合国外对全媒体内容的监管经验，比如由政府主导对网络内容分级，从内容上按类别设立技术屏障，和用户实名制身份许可等结合，实行常态化管理。从法律及政策规制层面来说，建议从产业发展的整体利益出发，制定一套既符合本地特点又科学有效的新传媒制度绩效评价体系和监管模式，使互联网为社会发展、媒介融合做出积极贡献。

B.3

四川大网络产业发展报告

石 磊　魏宇昕　刘 可*

摘　要：近年来，随着网络互联网的普及化，四川省各地区网络产业迅速发展，在全国、全省宣传思想工作会议召开后，四川努力构建大网络体系，本文在梳理四川网络产业发展现状的基础上，分析其存在的问题，以期为四川网络产业健康发展提供决策参考。

关键词：四川　网络产业　对策建议

新媒体正以数字技术、信息技术、网络技术为基础，以锐不可当的速度给民众的意识形态带来前所未有的变革，而当前网络产业的发展已成为衡量一个国家或一个地区综合竞争力强弱的关键因素。正因如此，近年来很多国家和地区将网络产业发展列入战略产业，并召开了相关会议提出相应政策措施，积极推动和支持其发展。

2013 年 8 月 19 日，习近平总书记在全国宣传思想工作会议上强调，要推动网络空间的清朗，既要推动发展，又要加强管理。扶持新媒体做强做大，推动新媒体与传统媒体的融合发展，加强政务微博、微信公众平台信息发布和民众互动，提升政府网站全面建设，开设专门的文化教育专业网站。对于《全国人大常委会关于加强网络信息保护的决定》和相关互联网法律

* 石磊，西南交通大学艺术与传播学院教授；魏宇昕、刘可，四川师范大学新闻与传播学院硕士研究生。

法规要认真贯彻，与此同时，各级各政府从上到下的领导干部和工作人员应熟练运用和操作网络，成为新媒体时代下运用新媒体的熟手，做到问政于网民，问需于网民，问计于网民，通过互联网主动发布权威信息，及早公布政府立场和事实真相。

全国各地积极贯彻落实习近平同志重要讲话精神。四川省委常委、宣传部长吴靖平提出，结合四川实际，加快构建大宣传大网络大舆情全媒体工作格局。形成大网络格局，建立健全领导体制和工作机制，构建“纵向与横向”全面覆盖的组织网络、“专业与兼职”相结合的工作队伍网络、“虚拟与现实”相融互动的系统管理网络，形成纵向到底、横向到边、统筹网络社会与现实社会的管理格局。①

全省各地积极行动。成都从市到县健全网管机构，做到了全域监测、及时处置、联动引导，政务微博建设走在全国前列。广元推进“一体化管理”，形成“一个信息员，一个快通道，一个咨询窗，一个服务台，一个减压阀，一个互动壁、一个外延点”的格局。内江搭建“三大平台”、建立“六大机制”，推进网络社会管理从零星分散向集中升级转变。绵阳开通网络理政平台，引入第三方评价机制，变被动接招为主动发球。遂宁新闻网扎根本土、贴近受众，用特色频道栏目赢得认可。乐山新闻网率先建立“网络对话”制度，把工作触角延伸到基层，形成网上网下良性互动。

一　四川大网络发展概况

根据 CNNIC（中国互联网络信息中心）第 33 次中国互联网发展状况统计报告（2014 年 1 月）显示，四川省 2013 年底网民数 2835 万人，互联网普及率 35.1%，网民规模增速 10.7%，普及率全国排名第 26，处于西部领先地位。CNNIC 第 34 次报告（2014 年 7 月）显示，截至 2014 年 6 月底，四川省域名数量 451424 个，占全国域名总数的 2.4%，全国排名第 10。

① 吴靖平：《构建大宣传大网络大舆情全媒体工作格局》，党建网，2013 年 8 月 30 日。

作为首批商用4G的省份，目前四川移动已投资23亿元，在全省开通了上万个4G基站，21个地市州的主城区实现了4G全覆盖。目前，在移动互联网的大力发展下，匹配手机使用特性的网络应用进一步增长。运用最多的上网应用是即时通信，使用用户逐步攀升，微博等其他交流沟通类应用的使用率逐步降低；电子商务类应用持续增长，保持快速发展势头，网络购物用户大规模增长；手机视频和手机游戏等应用对用户体验要求和网络流量要求较高，其使用率持续上升。网络的普及让互联网日益融入广大人民的日常生活中，互联网成为人们参与文化、政治和经济的重要途径。

（一）省级大型综合新闻网站

四川省级大型综合新闻网站主要有四川日报报业集团的四川在线及其相关网站集群、四川新闻网和成都全搜索等。

四川日报报业集团全力构建大网络立体传播格局也实施了重大举措，四川在线2000年正式上线，是四川省第一个综合性新闻主流门户网站。2005年，华西手机报诞生，是四川首个由平面媒体组织建立的移动新闻传播平台。2010年，四川日报报业集团全媒体中心成立，这标志着西部第一个实施立体整合传播的大网络新闻机构建立起来了，形成全媒体传播多集群联动的立体传播大格局，在全国构建大网络的实践中名列前茅。2014年，四川在线着力引导网络舆论，加快新媒体运用的创新实践，实现产业拓展的新媒体市场化改革，争取打造一批新媒体产品构建联动新媒体运营平台。

四川日报报业集团建立了以构建立体传播格局为根本目标的发展方针，加强网络与传统媒体报业的融合，充分挖掘报纸的数字化转型。在多个重大新闻报道和重大主题报道的过程中，集团综合运用多种传播的途径，多种传播方法，既包含了报纸重大新闻头条的深度报道，也包含了手机、网站的及时信息，既有油墨印刷的真实记载，也有声音视频的立体记录，立体多维传播探索不断深入，构建起一个多媒体介质聚合的立体传播大平台。

华西都市报全力打造华西传媒集群，将平面媒体发展壮大的同时，结合新兴媒体的巨大平台，形成强势的联动传播：以大众传播和分众传播相结合，建立巨大联网式的传播架构。2011 年，华西都市报创造性地推出二维码“魔码”，在全国各大纸媒中成为第一家率先推出二维码的都市类报纸；华西都市报法人微博的粉丝数，新浪平台突破 150 万人，腾讯平台突破 115 万人。

四川新闻网传媒（集团）股份有限公司重组了四川新闻网、中国西部网、四川手机报、麻辣社区、舆情信息平台、四川发布等新媒体，2013 年集团公司产值超过 2 亿元，实现收入 1.12 亿元，利润超过 5000 万元，其中营利性利润 3070 万元，人均利润率为全国新闻网站类企业最高。目前，四川新闻网正在积极谋划上市，有望 2014 年在国内 A 股市场上市。四川新闻网传媒集团积极构建大网络下的新媒体宣传体系。旗下的四川新闻网是全国最早成立的省级新闻网站，也是四川省最大的综合性门户网站和重点新闻门户网站，网站在所有市州设立了分频道，获取全省新闻信息将更加方便快捷，全年发布图文、音视频稿件百万篇，制作深度专题 400 余个。其业务范围覆盖了手机报、网站、四川发布厅、舆情信息服务业务、互联网和手机视频业务。四川手机报用户突破 1800 万，成为全国发行量最大的手机报；“麻辣社区”注册会员超过 200 万，每个州市区县都设立了论坛吧，“麻辣社区”成为四川乃至西部地区最大的网络民意集散地。四川新闻网传媒集团公司初步建立起一个“横向到边，纵向到底”的宣传网络，使省委、省政府的声音，能在第一时间快捷有效地通过大网络格局对互联网从 PC 端到各类移动终端实施“全覆盖”。

由《成都商报》电子版发展而来的门户网站成都全搜索，2006 年由《成都商报》组建而成，隶属成都传媒集团。2010 年 1 月 1 日改版成为成都市最大综合新闻门户网站，并成为成都地区最大的社区生活门户网站。地域上，全搜索所涉及的新闻区域不仅仅只局限于四川省本土的新闻，定位延展到了国内以及全世界的范围，在世界高速运转的今天，每分每秒为人们带来最新最具看点的新闻。不仅如此，网站还开设了不同需求的团购活动，类别之广涵盖母婴、旅游、购房、购车、电影等，有效树立了全搜索标杆网络媒体的形象。成都全搜索还开设了龙门镇论坛，龙门镇论坛提供了一个让公民倾诉的大平台，政府代表也能在这里仔细倾听公民们的心声，网民在龙门镇所反映的问题，全搜索记者深入调查和挖掘之后，可能成为一条重要的新闻。

（二）政府网站与政务微博

政府网站是各级人民政府及其附属部门提供政务信息、开展网络服务、和广大人民群众进行沟通交流的网络信息发布平台，是建设政府电子政务的重要环节，也是各级政府通过信息化对社会进行规范化服务管理的电子信息平台，是展现各级政府电子政务能力强弱的重要标志。打造成功的政府网站有利于各级人民政府及其附属部门，按照政策法规行政，维护群众的知情权、参与权和监督权，有利于推动政府行政管理体制改革。因此，建设政府网站是贯彻落实科学发展观、构建社会主义和谐社会的客观需要。2013 年数据统计显示，四川省市州政府门户网站 21 家，省直部门单位网站 65 家，县市区政府门户网站 181 家，共计 267 家。

“四川省人民政府”网站（中国四川，http：//www. sc. gov. cn/）是四川省政府门户网站。该网站围绕“信息公开、网上办事、政民互动”三大功能，不断强化自身建设，将其作为四川新形势下打造服务政府的重要抓手、政府信息公开的第一平台。在提升政府服务能力上，网站以关系民生的具体服务事项为着力点，为群众生产生活提供办事服务。重点选择身份证办理、户口办理、生育服务证办理、保障性住房申请、房屋产权登记、护照及港澳通行证办理六大方面，从服务主题、用户对象等维度出发，结合办理流程、办理材料、常见问题、温馨提示和关联服务等内容，整合省、市、县三级服务信息和事项，扩大服务信息覆盖面，强化服务事项操作性。在网站首页建设“省级公共企事业单位信息公开”栏目，按照教育教学、医疗卫生、劳动保障、文化科技、公共交通、公用事业、通信金融等七大行业类别，整合相应企事业单位及其主管部门网站已有信息，将群众关心关注领域的公共企事业单位信息分类集中展示，为群众就学、就医、出行等生产生活活动提供服务信息和办事指南。同时，网站提供专项服务，集中满足特殊办事服务需求。在政民互动方面，政府及时有效回复公众的诉求。截至 2013 年 10

月，共办理答复群众来信20000多件，有效来信办理率达100%，互动的交流渠道多种多样，网站已形成在线访谈、网上调查、网络新闻发布厅、省长信箱、阳光政务热线等互动交流渠道。第十二届（2013）中国政府网站绩效评估结果显示，四川省人民政府门户网站在全国省级政府网站绩效排名中位列第三名，比上年前进一名。其中，“信息公开”专项评估连续五年名列全国第一，2013年新增的“重点服务”专项评估也居全国首位。

成都的政府门户网站是“中国·成都”，2001年始建，是成都市政府在互联网上发布各类信息、宣传全域成都的重要媒介。在十三年的运营中，取得了社会和民众的认可和口碑。其中“创业成都”栏目获得“企业扶持特别奖”，“网上办事指南”栏目获得“网上办事指南人性化奖”，门户网站获得“领先西部的创新型政府网站建设奖”。“中国·成都”门户网站致力于提高政府工作透明度和行政效能、加强对外宣传、引导网上舆情、促进公众对政治经济社会各项活动的广泛参与。在加快政府职能转变步伐，提高行政效率，推进跨部门协调，建设规范化服务型政府，树立政府“为民、便民、亲民”形象，增强城市吸引力、加快构建大网络大舆情全媒体等方面发挥着日益重要的作用。

在政务微博方面，2013年是四川省政务微博大发展的一年。全省21个市（州）政府及57个省级部门全部开通了政务微博账号。2014年5月28日，四川省人民政府新闻办公室和四川省互联网信息办公室联合发布《2013年四川政务微博发展研究报告》。该《报告》显示，截至2013年12月31日，四川省政务微博账号在新浪及腾讯平台的数量共有10344个，全省账号数量名列全国第3位。而综合新浪及腾讯微博平台数据，2013年成都市各级机构开设政务微博账号数量约占全省政务微博数量的54.6%。[①] 在发布频率上，36.05%的政务微博每日发布。区域方面，成都一枝独秀，市州百花齐放。政务微博影响力极大提高。83.8%的政务微博粉丝量过万，29%的政务微博账号粉丝数高于10万，@四川发布、@成都发布等微博账

① 2013年四川政务微博发展研究报告。

号粉丝数高达百万以上。政务微博形式内容丰富多彩。微直播引人关注，便民信息广受欢迎，政务微博发布厅聚合职能部门，创新行政服务平台。政务微博助力政府公信力。突发事件，政务微博跨地域、跨部门联动，凸显政府行政服务能力；焦点事件，政务微博权威发声，激浊扬清，掌控舆论主导权；社会热点，政务微博发掘真善美，传递正能量，彰显社会主义价值观；民生难题，政务微博关注弱势群体，着力排危解困，履行为人民服务的宗旨。在微博运营方面，基本建成了专业的团队，微直播成为政务微博信息发布的新方式；微整合成为政务微博便民服务的新方法；发布大厅成为政务微博联动新主流。政务微博在应对重大自然灾害、社会热点，汇聚政务服务、传播社会正能量、服务基层等方面具有突出贡献。

各级政府各部门如何运用网络建立发布新闻的平台，建立与网民的互动，利用政务微博、微信提供资讯与服务，这一问题值得不断探索。

（三）部分市州大网络建设

1. 广安市：智慧城市

2014 年 8 月，经国务院同意，国家发改委、工信部、科技部、公安部、财政部、国土部、住建部、交通部八部委印发《关于促进智慧城市健康发展的指导意见》，要求 2020 年建成一批特色鲜明的智慧城市。围绕建设“智慧城市”，中国移动已推出 1000 多项信息化产品应用。四川移动相继与 21 个市州签订合作协议，从政务合作、旅游指南、交通出行等九大方面开展应用引入，全面铺开大网络体系建设，全力打造四川智慧城市群。未来三年，四川移动将投入 20 亿元建立“智慧广安”。在强政方面上线了广安手机报，打造广安新闻、党群亲等应用，有效提高办公效率和管理高效。兴业方面，上线了“玩转广安”应用，游客足不出户便可看到广安主要景区的三维风景；实现公共场所的全方位天网监控，实施远程电力抄表和远程路灯监控等。惠民方面，推出“驾车助理”、公积金查询系统等应用，创新性地建设了十户联防联网报警系统等。

在广安试行成功的“智慧医疗”经验将向全省推广。依托移动 4G 网络，患者坐在家中，用手机就能和成都的医疗专家进行远程视频问诊、实现检查报告的远程读取。人们还可用手机进行挂号预约，并直接支付挂号费，避免到医院排队取号的麻烦。“移动医疗”还将扩展至四川省内所有的三级以上医院。

2. 广元市：七个一网络管理

在整合资源之前，广元市网络资源少而散，进行体制改革后新增投入500多万元，初步形成了“一个信息源——广元新闻网，一个快通道——网络新闻发布厅，一个咨询窗——政府部门网站，一个服务台——民生政务微博大厅，一个减压阀——书记市长信箱，一个互动壁——建言献策论坛，一个外延点——短信平台手机报”大网络格局（见图1）。网络新闻宣传、网络民意收集、网络为民服务、网络舆情处置和网络情报体系都有阵地支撑。2013年，广元主流网站新增新闻信息1.9万条、网言网语贴文8100条、网络宣传专题26个、微博信息7980条、短信平台83个，民生政务微博大厅粉丝达到150万人，正确引导网上舆论，促进政务公开透明，逐步建立起了“大网络大舆情全媒体”的工作格局。

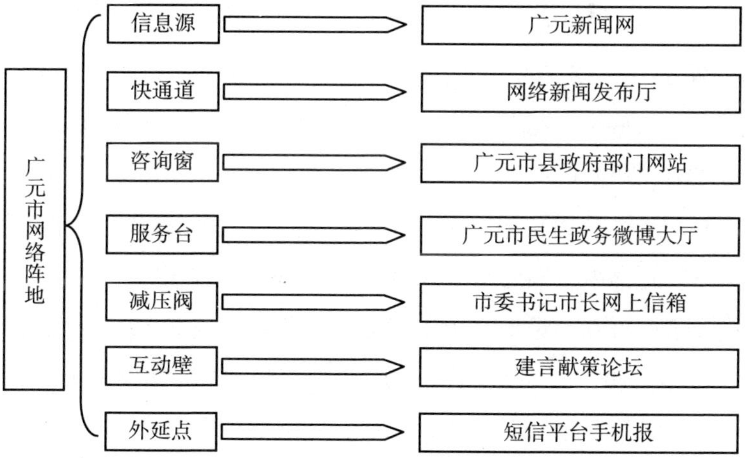

图1　广元市网络阵地建设情况

资料来源：四川省委宣传部提供。

广元市还建立了专业的网络评论员队伍、网络志愿者队伍、青少年舆论引导小组，组建了网民观察团，聘请网络监督员，多次召开管理员、版主、网民座谈会，开展“做有责任心的民意诉求者”“做文明诚信网络公民”“争做文明广元人，共建美丽广元城”等活动，教育引导网民正确对待权利和义务。

3. 乐山市：网络对话网格

乐山新闻网“海棠社区”在全省率先建立了“网络对话”制度，充分利用网络平台门槛低、无边界、反应快、互动性强的特点，开辟了党委、政府与网民沟通的交流平台，实现党委、政府与民众的真诚互动。网络对话平台按照“一个中心、三级平台”的组织体系，把网络对话的工作触角延伸到基层。“一个中心”是指以乐山市网络舆情中心为网络对话的工作主体。“三级平台”是指以乐山新闻网“海棠社区”为总平台，市级部门和11个县市区为分众平台，市级部门下属单位、县级部门和乡镇街道为子平台的网络对话平台（见图2）。“中心主导、三级联动”的组织体系通过资源整合、优势互补，形成了既相互连接、同步处理信息，又相对独立、明确责任范围的工作网络。网络对话的网格化设计，实现了部门、单位、个体以及网民都能找到一一对应的“网格”，所有的部门、单位和个体都被编制在这个“网格”中，可表达诉求和意见，可回应诉求和意见，形成一个全覆盖的大网络。

“一个中心、三级平台”形成了横向到边、纵向到底的“网格”化组织体系，让政府、媒体、网民在此“网格”中实现充分的良性互动。

4. 内江市：“3+6”模式

内江市大网络的构建采用了“3+6”模式。整合资源，将网络社会管理从零星分散向集中升级转变，形成大网络格局，搭建了“三大平台”，一是整合升级建立市委书记市长网上信箱，下设市级党政领导、区县党委政府和市级部门分信箱；二是室内活跃论坛“汉安堂”，开设“建言献策”栏目；三是开通组建5个区县、60个市级部门入住的“政务微博服务大厅”，统一由市网信办管理，引导网民有诉求在本地表达，有话在本地说。“六大机制”是指发布《关于推进网络问政加强网络社会管理的意见》和六个系列配套文件，从网络问政办理、网络舆论引导协调、网络舆情监管预警处

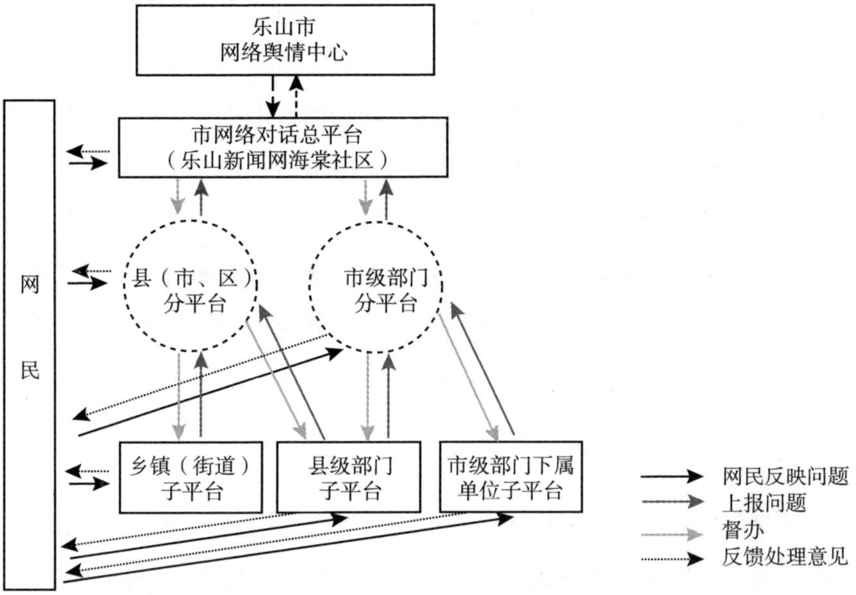

图2　乐山市网络对话三级平台组织体系图

资料来源：四川省委宣传部。

置、网民良性互动交流、网络新闻发布、目标督查考核等六个方面进行规范完善。

此外，内江还组建了“千人网军”，由县级部门和乡镇街道专职、兼职舆情监测员，由青年学生、媒体从业人员发展的网络文明传播志愿者，形成了大网络格局中横向到边、纵向到底的“1232 千人网军”队伍。

5. 遂宁市：坚守七条底线

遂宁新闻网作为全市的新闻门户、主流网络媒体，始终坚持以导向为灵魂、以真实性为生命、以人民为中心，严把正确的政治导向，严守新闻宣传纪律，坚持发稿三审制度，坚持 7 天 ×24 小时的全天候值班制度的七条底线。同时，遂宁借力“智慧城市”的发展契机，加快建设网上政务服务平台和网上生活服务平台，打造了功能完善、内容丰富的遂宁网上生活家园。遂宁新闻网加快移动新媒体布局，构建了“遂宁手机报”“掌上遂宁”“手机客户端”“遂宁发布”“在遂宁”微信公众账号和“大遂团”电子商务平台五位一体的新媒体聚合平台，加强了区县新闻网站、重点行业部门的网站建设，通过技术创新，打通了集团旗下的报纸、杂志、网站、手机媒体之间内容无障碍衔接与纵深延展，并且通过二维码等技术手段实现了不同终端的切换，提升了集团传统媒体和新兴媒体的立体传播，建立了连接在一起的大网络体系。此外，遂宁还建立起社会监督员和网络评论员队伍，倡导网络文明之风。在网络互动方面，遂宁的“遂宁民意通”“新闻会客厅”“在遂宁社区”微博微信、手机客户端等网络平台已成为网络密切群众联系的重要载体。

（四）三网融合发展

三网融合是指电信网、广播电视网、互联网通过技术改造，打破以前分散的业务范围，为用户提供语音、数据和视频等多种服务，三网的功能在任何一个网上都能实现。

与电信网和互联网相比，广播电视网长期以来处于条块分割的状态，为此，四川省有线广播电视网络股份有限公司于2010年1月成立。该公司是根据中央关于文化体制改革精神，在整合全省广电网络资产、改革创新广电网络管理体制基础上，由全省广电系统118家发起人单位共同发起设立的股份制公司，是四川省国有控股的大型文化企业，最大的地方广电网络运营商。①

三网融合构建大网络格局，具有国家“文化大发展大繁荣”的政策优势。继十七届五中全会提出“推动文化产业成为国民经济支柱性产业”之后，十八届三中全会提出了建设社会主义文化强国，增强国家文化软实力，构建现代公共文化服务体系的方针。深化文化体制改革促进了国内文化产业发展的提速。四川已进入高速发展阶段，城市化进程加快。“新型城市化、新型工业化”的推进对“城市信息数字化”提出了新的要求。

---

① 毛巍俨：《三网融合背景下四川有线广播电视网络股份有限公司的发展策略研究》，西南交通大学硕士论文，2012年12月1日。

四川在大网络建设中，加强与中央网信办等相关部门的协同、配合，创新思路、完善措施、扎实推进互联网持续健康发展。构建新型大网络产业格局，四川网络广播电视台与电信运营商合作，与基础电信运营商开展宽带业务捆绑、高额业务流量赠送等多种形式的深度合作，以国家推进“三网融合”发展、促进信息消费为契机，在国家特许授权集成播控平台对接电信运营商的政策框架下，发挥双方内容集成的优势。目前，四川网络广播电视台 IPTV 和手机电视终端用户快速增长，规模突破百万，呈现加速发展的良好态势。接下来，四川网络广播电视台将在加快发展终端用户的同时，运用统一用户管理系统和大数据大网络分析挖掘系统，整合立体平台，集成终端用户资源，研究终端用户行为，通过精准的用户收视行为分析，有效指导电视节目精细化生产、定位化编排和有针对性的产品定制，并在此基础上围绕市场需求适时推出新闻、娱乐和生活服务类节目包和移动客户端产品，不断增强用户消费黏性。

中国电信股份有限公司四川分公司拥有一个以光缆为主，移动通信、卫星和数字微波为辅的天地空一体化通信传输网络，将全光网络建设迅速推进，“光网四川、智慧城市”逐渐成形。在三网融合方面，公司按照国务院《推进三网融合总体方案》的指导方针，与多家广播电视台合作，带动四川智能家电和影视文化消费的新高潮。在4G 网络建设方面，初步规划建设4G 基站数量上万个。

中国移动通信集团四川有限公司重点发展“智慧城市”，2013 年度累计到达用户数 1057 万，用户点击量 9584 万次。中国移动在手机报、线上阅读产品、视频、游戏、地图等方面拥有大量的用户，发展势头良好。

（五）电子商务

网络对一个国家一个地区的影响日益深化，加速了各个行业之间的融合，当今社会以新媒体作为强大的技术平台支撑，变革了原有传统制造业生产方式。2014 年，快捷融合高速发展，互联网与社会管理、教育、娱乐、医疗等行业融合，让大型企业的服务化、网络化、数字化水平有了飞跃性的发展和突破，特别是电子商务的崛起，网络贷款、互联网支付、互联网基金销售、互联网保险、互联网金融投资为互联网注入新鲜血液，电子商务加快普及应用，O2O 模式迅速蔓延。

《2013 年四川省互联网络发展状况报告》显示，2013 年 1～12 月，四川省使用网上购物的网民规模由 1 月的 1714 万人增加到 12 月的 1911 万人，增长 11.5%（见图 3）。全年呈现随季节波动并逐步上升的趋势，尤其在年中的 6 月和 11 月、12 月上升明显，这与网上零售商家定期大力促销以及消费者年终有较大采购需求有一定的关联性。这表明，网上购物已成为越来越多四川省网民的主要消费方式。

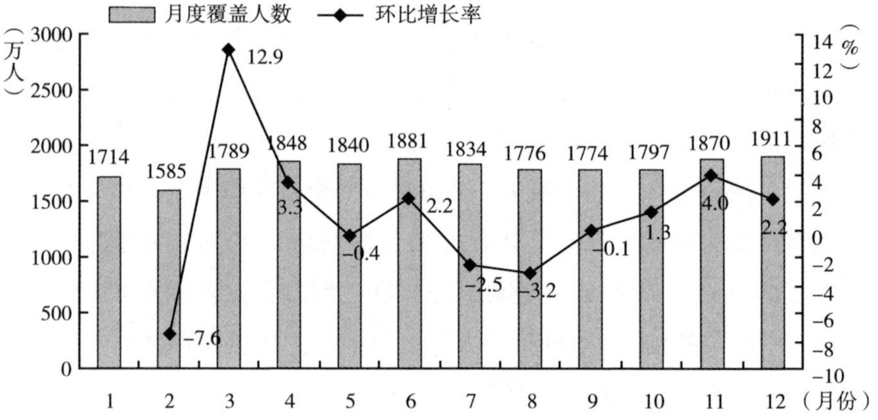

图 3　2013 年四川省网上购物人数

资料来源：iUserTracker. 家庭办公版 2014 年 2 月，基于对 40 万名家庭及办公（不含公共上网地点）样本网络行为的长期监测数据获得。

二　四川网络业存在的问题

（一）政府网站建设机制改革有待深化

从政府与市场的关系来看，网络产业的发展需政府营造有利于网络产业发展的宽松环境，让市场在资源配置中发挥基础性作用。一是互联网未知大于已知，必须用新机制发展新媒体。以政府新闻网站为例，在网络管理的过程中，政府一些相关机构比较被动，不主动作为，有“不好管”，“管不了”的畏难心态。一些政府的新闻网站长时间不更新，网站信息陈旧过时，对网友来信和帖子视而不见，不予回复。二是对群众敷衍，对网友提出的问题进行回避或者规避责任，将问题抛给其他部门，或者用官话、套话应付，没有解决根本问题的诚意。三是粗暴问政，相关网络操作人员态度居高临下，毫无亲和力，更有甚者对反映问题的群众进行恐吓。

（二）网络新闻宣传投入不足

网络新闻媒体是新媒体，正逐渐演变成主流媒体。与网络新媒体的快速发展形成鲜明对比的是，省内各地各部门无论是人力还是物力都投入不足。首先是大部分地区没有专门的网络信息处理工作机构，不能全面开展网络管理工作。另外，在软硬件设施设备、办公条件、工作经费等方面急需改善。近几年来虽然各个新闻网站加大了自身的资金投入，但与大型的商业网站相比，这样的投入远远不够，资金来源也受到一些政策的限制，不能直接面向社会进行融资。要解决这些问题一方面需要国家的财政投入，另一方面要制定相应的优惠政策，扩大资金来源。同时，新闻网站也要注重探索自身的盈利模式，做到有投入有产出，实现网站运营的良性循环。

（三）各地区网络产业资源分散

四川省地处我国西南部地区，与一线城市北京、上海、广州等地区相距较远，差距较大。纵观全省各地网络产业发展，呈现参差不齐的状态，大多资源分散，监管体制不顺，条块分割，没有合理有效将资源整合在一起，形成良性发展机制，也没有形成长远的战略发展思路，资源整合度不够，网络发展整体优势不突出。还有很多偏远地区的网站管理、新兴媒体与传统媒体管理各自为政，没有达到资源利用最大化。一些地区广电体系分散，对推广三网融合极其不利。首先，一些地区的网络还未联通，全省性的互通网络难以形成，无法正常运营 IPTV、语音通话等业务；其次，全省性的大网络无法联通，互联网、电信网与省级广电网络无法互相联通，三网融合无法实现联通；再次，在业务推广上无法全面启动，优先三网融合的地区无法将经验向还未进行三网融合的地区交流推广。

（四）网络宣传力度不够，网络空间不清朗

2013 年，四川省部分政务微博有“休眠”现象，表现为“四少一无”：粉丝少，发微博数量少，转发量少，评论量少，无服务。如在新浪微博开设账号的省级部门中，粉丝最少的仅 39 个，微博数最少的仅 3 条，转发率及评论率最低的平均转发率、评论率仅为 0.01（数据截止到 2013 年 12 月 31 日）。

由于低门槛、匿名、自由和开放的特性，互联网信息的内容良莠不齐，纷繁复杂：诈骗、谩骂、暴力、血腥、色情也无处不在。针对一些地方和部门发生的个体事件，借网传播、借题发挥、借机炒作，放大社会矛盾，聚焦社会问题，将简单问题复杂化、局部问题全局化、一般问题政治化，致使一些个体问题演变成群体性事件，人民内部矛盾演变成对抗矛盾。

构建大网络大舆情全媒体工作格局，需要推进网络依法规范有序运行，大力发展健康向上的网络文化，坚决抵制有害与不良信息，使网络空间更加清朗。政府和各企业机构要持续加强媒体公信力与影响力建设，做积极的网络文化倡导者、绿色信息的传播者、大网络格局的引领者。

三　四川网络业发展对策

（一）加大政策支持，完善体制机制

要发挥市场经济体制对发展网络产业的促进作用，激发活力，改善服务；建立新的机制整合网络中的闲散资源；推进劳动人事、收入分配和社会保障三项制度改革，增强四川网络产业发展的活力。同时，要加强和改进网络行业管理，健全行业的政策法规体系，保护用户的合法权益，积极推动完善网络与信息安全的法律法规、技术标准，严格落实企业网络与信息安全责

任，在各区域成立协调小组，建立统筹协调机制，构建宣传部门抓总，纪委监察、目标督查、信息内容管理、行政效能、政务服务等的大网络监督格局。要在农村边远地区以及少数民族地区加强网络的基础设施建设，将“宽带中国”战略继续深入，将4G网络的步伐继续加快，将三网融合的发展继续推进，深入实施农村通信“村村通”工程，积极推动和完善电信普遍服务补偿机制等扶持政策，加快提升支撑保障能力。

要有重点、全方位地推进四川省网络产业体制的改革，通过建立符合网络自身规律和市场经济规律的管理体制和运行机制，实现理论创新、政策创新、体制创新、机制创新。

（二）加大资金投入，打造领头企业

完善财政投入体制，加大对网络产业的投入。各级政府部门对网络产业发展予以高度重视，切实加强领导和组织建设，政府可给予适当的财政补贴或拨付财政专项资金推动网络产业的发展，提高软硬件配置。

在企业方面，四川缺乏标杆性的知名企业，要对网络企业进行积极扶持，带动相关产业发展；要注重多元融资，充分利用股份制、公司制等现代企业制度，按照现代产权制度要求吸纳社会各方面的力量；加快投融资体制改革，依法吸纳国有资本和非公有资本，充分利用上市、债券等资本市场的杠杆作用，努力在三网融合、移动多媒体广播电视领域打造领头企业。

（三）推进技术革新，构建大网络平台

互联网作为新兴媒体的技术平台，已经成为文化产业技术升级、结构升级、传播手段更新的重要载体，成为文化发展的新引擎。技术平台的建设很重要，信息通信技术的开发和应用要进一步加快和更新，核心技术要围绕职能总段、大数据、移动互联网、物联网、云计算等关键核心技术。要进一步加快新一代信息通信技术的开发和推广应用，在移动互联网、物联网、云计算、大数据、智能终端等领域突破一批关键的核心技术。

在三网融合全面铺开的形势下，要建立更加高效的技术创新公共服务平

台，对网络技术的开发与运营提供最强劲的支持，大力开展网络核心设备、宽带接入与终端系统、内容运营与业务开发、运营支撑与开放业务平台、内容与业务监管、运营管理模式等多方面的技术研发与产业推进，建立更加高效的技术创新公共服务平台，推进网络产业技术革新。

（四）开设新媒体专业，培养专业人才

在人才培养方面，要兼顾整个网络产业链，创新四川网络产业人才的培养、引进、使用、激励和评价体系，研究制定网络产业职业规范和从业标准，实现互联网行业产业升级。四川已有三所高校设立了与新媒体相关的专业和研究所。2009 年四川大学联手腾讯成立了“四川大学腾讯新媒体研究所”，研究领域为追踪新媒体的发展趋势及新媒体给传统媒体格局带来的影响。四川师范大学和四川大学锦城学院 2012 年开设了网络与新媒体专业，这是全国首批经教育部批准设立的网络与新媒体专业。该专业旨在培养具备新媒体意识，熟悉现代信息传播技术，掌握网络与新媒体技术开发等的高级专门人才。2011 年四川师范大学获得了全国首批戏剧与影视学一级学科硕士授权点，在全国率先开设新媒体艺术与文化方向。新媒体传播人才是信息时代的紧缺人才，需要开设更多的与网络新媒体相关的专业，重视人才的创新性、综合性、技术性、实践性的培养。重视各级人员的培训，其中包括管理人员（网络产业信息系统建设的决策人员）、使用人员（所有使用网络系统的各级人员）和技术人员（从事网络系统建设、运行和维护的 IT 技术人员）的培训。采取相关政策措施吸引各类优秀人才进入网络产业领域发展，对拔尖人才和有潜力的年轻干部进行有计划培养，造就一批有影响力的栋梁之材。

B.4

四川区域广播电视发展报告

杨　飚*

摘　要：我国新型城镇化的重点是发展中小城市，特别是2000多个县、县级市及3.4万个乡镇。为新增城镇农业转移人口的公共服务成为区域广播电视传播一项重要而持久的工作。面临大众传媒的多元背景与舆论场错综复杂的严峻形势，区域广播电视只有在服务当地新型城镇化进程中，通过媒体议程设置和提供的拟态环境产生吸引力、感染力、辐射力，促进人们观念更新和环境改善，不断扩大自身的“场”效应，才可能准确选择适合自己的发展方式，与中国新型城镇化一同成长。

关键词：广播电视　新型城镇化　舆论场　区域效应

2014年，区域广播电视经历了一场痛定思痛的反躬自省。在新兴媒体正在改变着传统媒体整体结构、生产方式和传播形态，而且已经形成一种新的社会构成，影响着人们的生活方式和价值取向的背景下，区域广播电视如何进退正面临重要节点。

一　广播电视传播是新型城镇化的客观需求

我国正在进入城镇化快速发展的时期，为新增转移城镇人口提供公

* 杨飚（1948～），男，汉族，四川省广播电视新闻与传播研究所原所长，高级编辑，研究方向为广播电视节目学。

共服务是新型城镇化中一件大事，广播电视传播正是其中必不可少的一环。

（一）新型城镇化目标的要求

《国家新型城镇化规划（2014—2020 年）》指出：新型城镇化的目标是“走以人为本、四化同步、优化布局、生态文明、文化传承的中国特色新型城镇化道路”。2014 年 9 月 16 日，李克强总理在国务院召开的推进新型城镇化建设试点工作座谈会上强调：“新型城镇化贵在突出‘新’字、核心在写好‘人’字”。这个“人”字，就是以人为本的城镇化。广播电视的服务对象是人，其服务宗旨就是为推进以人为核心的城镇化建设，提高城乡人口素质和生活质量，促进农村文化生活、公共服务向城市靠近，逐步消除城乡二元结构。要实现新型城镇化的目标，就必须提高城市化率，改善城市内部结构，解决好产业和就业问题，大幅度提高人均收入，达到基本公共服务公平而均等化。这是一个繁重而长期的奋斗目标。

（二）我国广播电视结构所决定

我国广播电视呈“金字塔”形结构，是历史上以行政区划建立的“权益均等”的产物，长期以来发挥着党和人民的喉舌作用。它们拥有独特的政府优质资源，具备了有组织的连续传播方式，适应当代文化环境中的绝大多数民众，是当前和今后较长时期得以稳定发展的大众传播媒介。尤其是处于“金字塔”第三、四层级的市、县级广播电视，在新型城镇化建设中所具有的信息传播、舆论引导、服务教育、文化建设等综合功能更直接，更实务，更具体，它们将伴随着中国新型城镇化一同发展。

然而，一段时间以来，对传统媒体前景的悲观与哀叹不绝于耳，比如，消亡论、颠覆论、转型论、取代论等等。更有甚者视前程荆棒满目，认为“传统媒体必然消亡”，转型是找死，不转型是等死，还算出了消亡的时间表，先是报刊，再是广播电视……理论上的论争和行为上的攻防十分激烈。

传统媒体难道已经走到了临界点？纵观从 17 世纪初近代新闻事业诞生

以来，媒体竞争就从未停息过。300 年间是平面媒体的弱性竞争；20 世纪上半期广播电视相继诞生后的半个多世纪，传统媒体呈现出“三是鼎立”的理性竞争；而世纪之交到眼下这十多年，报纸、广播、电视与以互联网为平台的新媒体卷入了恶性竞争的漩涡。其实，越是在朝夷暮跖之时，越要冷静地理性思考。四川省社会科学院新闻传播研究所张立伟研究员对新老媒体发展的论断颇有见地：“新媒体小众化、分众化，传统媒体就要聚众化、包容化；新媒体去中心化，传统媒体就要一体化或再中心化。这样，公众才有完整的媒介真实，新老媒体才对立又互补，社会才在多元化与一体化、‘一分为多’与‘聚众为一’中健康发展。”①

现阶段城乡受众深度接触的三大媒体分别是电视、手机、网络媒体，但乡村受众接触最多的媒体仍然是电视。据《中国电视观众现状报告——2012 年全国电视观众抽样调查与分析》：乡村受众经常接触电视媒体的频率为 88.85%，经常接触手机媒体和网络媒体的频率分别达到 25.4% 和 23.36%。可见，对乡村受众而言，电视媒体仍然是其获得信息的主要渠道。②

（三）大众传播伦理使然

当代中国，大众传媒进入了传播主体多元化时代，媒介格局发生了深刻变化，各种媒介渗透于人们的生活之中，极大地影响着人们的行为方式和价值观念。在这样的媒介生态环境里，大众传媒及其实践活动存在着不容忽视的伦理问题，有学者把它归纳为“道义与功利的冲突、自由与责任的冲突、价值取向多元化与价值导向一元化的冲突、世俗性与超越性的冲突。”③ 事实上，有的媒体在具体的伦理境遇中往往忽略了引领社会主流价值观的职责，在内容生产与媒体运营上追求利润最大化的终极目标，表现为传播自身的消费主义化，而“媒介通过信息传播又干预着社会生活的各个方面，影

① 张立伟：《小众媒体崛起与大众媒体新定位》，《当代传播》2012 年第 6 期。

② 张宁等：《中国电视观众现状报告——2012 年全国电视观众抽样调查与分析》，中国传媒大学出版社，2013，第 201、206 页。

③ 邓名瑛：《当代中国大众传媒的伦理向度》，《道德与文明》（津）2011 年第 1 期。

响着人们的生活方式和社会的文化形态。”① 要克服这些冲突而使之趋于统一，区域广播电视肩负着义不容辞的责任。这是因为在媒体传播价值取向呈多元化的格局中，承担着党和人民喉舌作用的区域广播电视必须坚守价值导向一元化的宗旨。

区域广播电视是向区域大众传播新闻信息的主体，其伦理责任是一种自律性的社会责任，必须优先于媒体的权力和自由，任何时候都必须把国家的发展目标放在最重要位置。从这一点出发，区域广播电视的伦理责任应当包括政治责任、道德责任和文化责任，具体说就是坚持正确的舆论导向，服务于当地经济社会发展，满足区域受众的精神文化生活需求。

二 区域广播电视的现实优势

优势总是相对的。在经济学中，英国古典政治经济学的代表人物亚当·斯密和大卫·李嘉图分别提出了绝对优势论和比较优势论。借用这个理论来考察区域广播电视，我们不难发现区域广播电视既具有广播电视优势的共性，又具有其本身的个性特征。区域广播电视在资金、技术、人才、信息资源等方面远不及中央和省级广播电视媒体内生的绝对优势，更在许多方面落后于疾如旋踵的网络媒体。然而，区域广播电视却存在着固有的比较优势。在媒体运营中，起决定作用的不是绝对优势，而是比较优势，应本着“两优取其重、两弊取其轻”的原则进行分工和运作。尽管目前区域广播电视的发展现状并不理想，马太效应十分严重，但其客观优势不容忽视，正确开发运用的前景是令人乐观的。

（一）国家宪法的保护优势

《中华人民共和国宪法》第22条规定：“国家发展为人民服务、为社

---

① 吴为民等：《从产业特征看媒介经营的特殊性》，《同济大学学报》（社会科学版）第18卷2007年第3期。

会主义服务的文学艺术事业、新闻广播电视事业、出版发行事业、图书馆博物馆文化馆和其他文化事业，开展群众性的文化活动。”区域广播电视是按照中央《关于批转广播电视部党组〈关于广播电视工作的汇报提纲〉的通知》（中发［1983］37号）精神，实行中央、省、市、县“四级办广播、四级办电视、四级混合覆盖”的事业发展方针建立起来，与现行国家政权架构相对应的广播电视事业体制。因此，区域广播电视享有国家宪法保护优势，一切法律、行政法规、地方性法规都要严格遵守和执行宪法，支持和保护区域广播电视的发展，以维护人民群众的根本利益和宪法的权威与尊严。

（二）得天独厚的地缘优势

几十年来，以行政区划建立的我国广播电视机构已成定格，其后续改革发展之路会艰难而漫长。实践证明，惟有立足本土，把持得天独厚的地缘优势，以一种文化自觉去开掘反映区域历史与现实的文化现象，满足多元受众的文化消费心理，区域广播电视才有可能获得生存与发展的主动权和创造力，才能在众多媒体的竞争中不落窠臼，走出一条贴近现实生活，靠自身资源养护的生存发展之道。

地缘优势在任何区域都是客观存在的。区域广播电视媒体长期跻身于一定的地域范围之中，对这个区域的历史、文化、经济、自然、社情、风俗、生活习惯等文化元素非常熟悉和了解，因而，所具备的人脉资源、情感资源、信息资源等优势，是更高层级媒体所不能复制的。虽然不同地域环境造就的地缘特色具有构成上的表征差异，但区域广播电视贴近生活，广接地气，拥有开掘地缘优势的能力却是相同的。

（三）公共服务的支撑优势

《国家新型城镇化规划（2014—2020年）》指出：目前我国城市管理服务水平不高，“城市病”问题日益突出，公共服务供给能力不足，因而，需要加强市政公用设施和公共服务设施建设，增加基本公共服务供给，增强对人口集聚和服务的支撑能力。新型城镇化需要在政府主导下健全公共服务体制，这是社会发展到一定阶段的客观要求，是政府转变职能和改革发展的核心理念，也是区域广播电视赖以生存和发展的根本。

我国的区域广播发展已逾60年，区域电视也有30多年的历史。长期以来，伴随着科技发展，社会进步，广播电视优裕的传播功能把人们带进了视听文化时代。在中小城市和农村，广播电视仍然是当今大众文化的强势媒体，它对人们的价值观、生活方式和思维方式仍然发挥着不可低估的影响，听广播、看电视仍然是人们日常生活的组成部分。广播电视传播已经成为城乡公共服务的有力支撑。

十年前，全国广播电视播出机构职能转变，强令县级取消自办电视节目频道，市级一律只自办一个电视频道，而在新设的公共频道中插播自办节目。一场轰轰烈烈的“播出机构职能转变”折腾一段时间后如烟散尽。当年全国各省、市先后开办的电视“公共频道”，在社会责任与市场利益的矛盾对立中，实际上演变为了面向城市，竞争角力的营利工具，一个与卫星频道相呼应的地面非专业电视频道。2014年下半年，国家新闻出版广电总局向全国发出“《地方电视频道建设和管理调查问卷》——县级广播电视台问卷”，其中又设计了“公共频道的定位”“公共频道中插播少量自办本地节目的政策在实际工作中是否可行”“县级广播电视台是否有单独开办整套电视频道的必要”等问题。这说明区域广播电视支撑社会公共服务的比较优势潜力依然受到重视，他们为中国底层社会公共服务的规模效应是不容忽视的。2009年10月，路透社总编辑史进德在接受新华社记者专访时认为，应对目前新媒体时代带来的挑战，重要的是需要依靠自己的力量走下去。他说：“我不认为媒体间的合作能够解决这一问题，每个媒体必须找到适合他们自己的方式发展下去，通过与他们的受众进行交流，有效地使用技术并能保持报道与读者的贴近性。”①

---

① 新华社：《我们要依靠自己走下去——访路透社总编辑史进德》，中央政府门户网，2009年10月8日。

三　增强广播电视“场”效应势在必行

当前，区域广播电视面临大众传媒多元背景与舆论场错综复杂的严峻形势，要稳定和促进自身的发展，就必须适应新型城镇化的需要，用正确的理念选择适合自己的发展方式。

首先，要面对现实。在我国，广播电视的主要功能是传播信息，影响社会和公众。无论媒体的社会构成发生何种变化，现阶段区域广播电视作为宣传媒介所拥有的舆论影响力是不容置疑的。2014 年 8 月，习近平总书记在中央全面深化改革领导小组第四次会议的讲话中指出，能否做好意识形态工作，事关党的前途命运，事关国家长治久安，事关民族凝聚力和向心力。大众传播媒体具有意识形态属性是任何政党、阶级、社会集团都难以回避的。不过，我们更应当讲究传播的艺术，将宣传思想自然地植入到信息传递之中。

其次，要正视问题。眼下不少媒体的社会责任弱化，新闻理念失偏，广播电视节目远离受众，其公信力受到质疑，对节目消费市场的发展造成了严重制约。有的理论文章坐而论道，危言耸听，仅仅从争夺传播主导权和维护自身经济利益去讨论媒体竞争，而不是悉心去研究媒体应怎样树立以受众利益需求和情感倾向转移为准则的服务观念，建设以传播内容为核心的内容体系，包括建立以服务民生为目标的内容生产系统，以履行社会责任为宗旨的舆论引导系统和以竞合发展为手段的运营系统。事实上，现在媒体竞争的主要矛盾不在于媒体双方的强势程度，而在于如何运用“两优取其重、两弊取其轻”的比较优势，把争取受众注意力作为巩固和强化区域广播电视的重心。

再次，要明确目标。无论传统媒体还是新兴媒体，就其传播的核心而言，最终都要回到内容这个源头上，而在整个传播活动中占据重要地位，最具传播价值，又足以影响媒体传播力和公信力的是新闻内容。史进德说：“我们需要停止考虑新媒体和传统媒体的区别问题。所有媒体机构，如果他们想要生存下去，并希望得到长足的发展，就必须有好新闻，有技术保障，还要有新技巧来吸引受众，与他们更加贴近。"① 因此，区域广播电视应尽力让新闻内容具备更高的专业品质去赢得更多受众。

从维系生存到长足发展，区域广播电视只有在服务当地新型城镇化进程中，不断扩大其"场"效应，增强辐射力，才能找到适合自己的、与城镇化共同成长的发展方式。"场"在物理学意义上是一个空间，任何物质运动都是"场"的运动，同一"场"内的不同元素相互影响，互为变化的条件。德国心理学家库尔特·勒温将物理学的这一概念借用到心理学中，认为人在一定的生活空间中，从认知到知觉都会随着环境条件的变化而改变。他突破了"场"的物质范畴，将其上升到了一个包括心理、情感、信念等在内足以影响个人行为的精神层面。现实地看，当前的新闻舆论场错综复杂，官媒、网媒、自媒、受众，无一不在行使话语权，扩充其社会影响。区域广播电视要实现有效传播，就是要通过节目传递的信息场的运动，让更多受众感知、感动、感悟，以广播电视媒体提供的拟态环境产生吸引力、感染力、辐射力，增强舆论场的共识度，促进人们观念的更新和环境的改善。

（一）选准交流点

我国新型城镇化未来的重点首要是发展中小城市，"特别是2000多个县、县级市及3.4万个乡镇。"② 就人口而言，"1978～2013年城镇常住人口从1.7亿人增加到7.3亿人，城镇化率从17.9%提升到53.7%，年均提高1.02个百分点"。③ 这就圈定了区域广播电视的工作重心和服务对象，可谓任重而道远。

在促进新型城镇化经济、社会同步发展的进程中，区域广播电视传播的

---

① 新华社：《我们要依靠自己走下去——访路透社总编辑史进德》，中央政府门户网，2009年10月8日。

② 周慧兰、廉薇：《新型城镇化：从规模扩张到"人的城镇化"》，《21世纪经济报道》2013年1月18日。

③ 《国家新型城镇化规划（2014—2020年）》，《人民日报》2014年3月17日。

目的是要启迪区域受众的心理认同，让城乡受众获得一种价值沟通。所以，传播者应当主动地去构建符合受众认知心理的最佳交流点，使之引发和满足不同群体不同方面的感知和愉悦，如：思想、情感、心理、观念、情绪、志趣、爱好、生活法则、社会认同、价值取向等等。区域广播电视要选准与受众的最佳交流点，必须坚持两个原则。

1. 重树受众意识

什么是受众意识？简而言之，是媒体的运营方向及其服务于受众的观念、态度、方式、效果的总和，它贯穿于广播电视传播的全过程。反观时下一些媒体奉行收视率主义，对受众意识徒托空言而有失众望；不少广播电视节目趋同化、程式化、概念化现象严重，渲染迎合时尚的倾向并未减弱，具有鲜明个性审美特点的节目凤毛麟角，其原因就在于缺乏受众意识。有的节目或只谈成绩，回避问题；或规行矩步，远离市声；或唯权唯上，本末倒置；甚至制造新闻，无限拔高；等等，其结果酿成媒体威信贬值，受众渐次疏离。我们应当清醒地看到，在当今信息过剩的环境里，受众只选择自身关注，或者能够从中获得某种利益的信息加以消费。只有把为受众服务作为传播的宗旨，用受众意识支撑制作节目，才有可能为提升传播“场”效应奠定基础。

2. 立足现实选题

当前和今后一个时期，新型城镇化就是现实。全面提高进入城市的农村转移人口的综合素质，是新型城镇化进程中一项迫切而繁重的任务。区域广播电视在其中的作用是不能忽视的。它既是党和政府的重要宣传工具，又是传递新闻信息的大众传播媒体，更是一种生动深入的思想教育方式。因此，从这个现实出发去选择贴近受众的交流点就显得十分必要。这个交流点就是时代横向与历史纵向相交的坐标系中产生的新闻信息，是受众渴望的能够让他们耳目一新、动感融情的具体、典型、富有个性的事实信息，是能够引发受众思考而产生广泛持久影响力的事实信息，而不是那种机械空泛的上情下达，或居高临下的陈词说教。获得 2011 年全国广播电视大奖的四川阆中市台的广播新闻专题《走进北京中关村的农民工》，讲述了阆中市金垭镇农民邓力铭奋斗十载，在北京中关村创办了 20 多家电脑维修公司，以创业带动就业的故事。这个专题在全球金融危机蔓延，我国沿海不少企业纷纷降薪、裁员或倒闭的背景下，真实生动地向社会传递了正能量。这个新闻事实蕴涵着人类积极的生存价值和道德意义，引起了人们深刻的情感体验和审美感受，与受众形成了精神共鸣，这正是区域受众需要的新闻价值交流点。

（二）融通互动线

互动，不仅是指一种行为，更重要的是指在思想、情感、趣味等多方面获得平等交流，促成变化，以满足社会各方诉求的一个过程，这恰恰是广播电视媒体的短板。广播电视是一对众的单向传播，缺乏本质上的互动。而新兴媒体则不同，可以在信息源与接受体之间产生互动，其服务形态大大优于广播电视，比如，受众从手机上读新闻，可以直接发表评论，参与讨论。在这样的背景下，区域广播电视怎样才能最大限度地对受众产生吸引力和感染力，实现与区域受众的良性互动，是需要高度重视和深入研究的命题。这就客观要求广播电视媒体一方面要兴微继绝力求扬长避短，另一方面还要磨砺自强创新传播格局，在传播内容和传播方式上互动融通。

1. 传播内容互动

传播内容互动包含广播电视内容生产中的循环互动、需求互动、均衡互动三个维度。循环互动是指新闻传播链条中各个环节的相互制约和影响；需求互动是指传播者为满足受众精神文化需求而进行议程设置的战术调整；均衡互动是指传播者为尊重传受双方基本利益，用社会效益带动经济效益而选择的选题方略。

新闻传播的目的在于传播新闻价值，是一个动态过程，包括新闻源、传播者、媒介、受众、反馈等环节。这些环节相互制约和影响，形成一个连续的、开放的螺旋形上升的循环系统。我们需要将互动思维渗透到这些环节中，使之成为媒体不断丰富信息源、调整和规划后续传播的自觉行为，不断提高物化信息的数量和质量。

根据受众需求传播信息，使之能满足受众积极的关注点、兴奋点和感动点，进而产生由“事近”向“意远”的升华，是新闻传播的根本目的。过去，区域广播电视媒体习惯于上行下效，栏目千人一面，远离受众需求，是媒体公信力下降的主要原因。实践证明，只有以受众需求进行媒体议程设置，才能赢得大多数受众，实现传播效益的最大化。

乐山电视台公共·新农村频道坚持每周一个主题策划，反映民生、展示民情，关注乡镇深层次的现象和问题，去年就设置了农村消防，土地荒芜、老人婚恋、环境污染、药店现状、农药使用、乡村狗患等议题，发力引导社会舆论，促进解决具体问题。在2013年全国第五届新农村电视艺术节中，这个频道参与了全国80多个省、市级对农电视频道的角逐，最终与山东电视台农业科技频道一起，获得了仅有的两个优秀对农电视频道一等奖。

泸州电视台互动新农村频道把受众需求作为频道运营的出发点和落脚点，让节目随着收视市场的变化推陈出新。2013年，他们承办了首届“地道泸州魅力乡镇（街道）”展示及评选活动，在全市142个乡镇（街道）中评选出十大魅力乡镇（街道）和12个特色产业乡镇（街道）。同时，他们还结合新农村建设中的“一乡一品”战略，通过公益形象广告、系列新闻、专题和现场报道等形式，全方位宣传各乡镇经济社会发展成就，既提升了乡镇的知名度，又凝聚了人心、提升了人气，推动和促进了全市中心工作的开展。

均衡互动是通过选题实现传受双方的基本利益，用社会效益带动经济效益。区域广播电视媒体身处基层，接地气，贴民心，与受众具有千丝万缕的紧密联系，易于开展各种活动。去年8～11月，乐山电视台公共·新农村频道承办了由市农工委等11家单位共同主办的首届“乐山市民喜爱的农产品暨具有影响力的农业企业”大型电视评选活动，评选出了乐山市民喜爱的30个农产品和最具影响力的15家农业企业。这次活动不仅顺应了群众对生产生活资料的需求，丰富了城乡群众的日常生活，扩大了农业企业的社会影响，而且电视台也开辟了农业广告的新领域，与上百家涉农企业建立了长期联系。目前，乐山电视台公共·新农村频道每天的自办节目量达110分钟，覆盖收视人群600多万人，全年广告收入达800多万元。

2. 传播方式互动

区域广播电视从它诞生开始，信息传播的形式和手段就是亦步亦趋于大台后尘，始终陷入传统单向传播的困境，受众的意见无法向传播者反馈，导致舆论的总体失衡。当网络科技引领传播者和受众能够直接互动，双方对信息的控制地位对等的大背景下，区域广播电视必须改变长期因袭的传播方式，才可能适应社会信息化持续推进的新情况，占领信息传播制高点。在新城镇化进程中，区域广播电视的传播对象主要是进入城镇的农业转移人口，所以在传播方式上要运用个性化与社会化相结合的方法，以满足这部分人的审美心理和发展诉求。

（1）个性化传播。

在包括网络媒体在内的大众传媒中，唯有区域广播电视与人口众多的基层受众保持着包括距离、地域、心理、情感、利益等多方面的客观优势。然而，囿于长期以来区域经济、社会、文化等的发展差异，加之媒体习惯于官本思维笼罩下的无特色传播，总是以主观说教或先入为主地设计结局去窒息受众的想象力和判断力，致使媒体脱离现实社会和现代受众。所以，要使区域广播电视固有的客观优势日臻成熟，还需要动态培育，通时达变，在传播方式上发挥敏捷自如的个性化特点，尊重区域实际，有效地强化非常态报道。

这种非常态报道是常规报道的延伸和深化，比如，重大事件、重要事实的报道，多点连线报道，深度报道（包括新闻评论），连续系列报道，现场直播报道，新闻故事等等，其内容与形式都要适合基层受众的接受心理，而不是搞小圈子化交流。这样的报道要准确、新鲜、小型，讲求叙事角度和艺术表达。去年，宜宾市台的广播现场直播《拉萨—宜宾—杭州首航三地大直播》，采用三地广播连线直播的方式，报道了拉萨——宜宾——杭州新航线开通首航的新闻事件。三地主持人不仅满足了听众对新航线相关知识的兴趣，而且要言不烦地介绍了各自城市的社会发展、历史人文、民情风俗，既抢占了新闻的第一落点，又不失时机地扩展了传播内容。区域广播电视只有尽可能地发挥新闻第一现场的优势，让受众与新闻现场互为一体，提高区域受众了解信息的快捷性、直观性和丰富性，才有可能实现真正意义上的个性化传播。

（2）社会化传播。

当代科技快速发展使电视机不再是唯一的接收终端。由于社会化媒体日渐增多，在与节目视频的互动互补中给受众带来了全新的体验模式，实现了虚拟与现实的一种无缝结合，成为超越时空、交互共享、实时讨论，及时表达群众心声，准确反映社会舆论，且拥有多个电视收视终端的社交电视。"社交电视可以将优质的小众节目引入社交网络平台抛出话题引发讨论及转帖，增强其传播力，以带动节目收视。"①

区域广播电视要稳定和拓宽节目消费市场，就必须把新闻传播规律和新兴媒体发展规律有机结合起来，将信息资源实行互动、融合、衍化，以适应碎片化时代带来的微传播要求。2014 年上半年，乐山广播电视台开发了手机电视互动娱乐 APP 平台，用户利用智能手机下载软件和注册后，既可以进行手机游戏，又可以收看电视节目和关注电视台的最新节目动态，还可以参与电视台举办的各种有奖互动活动。他们将当日采访的新闻选择精编，及时推送到自身的网络客户端，然后才在当日晚间的整点新闻栏目中播出详细内容，极大地提高了电视台节目的收视效果。运行 5 个月，乐山台的观众总下载量达到 180000 人次，注册用户 7 万多人。据调查统计，注册受众中，20～55 岁的占 85%；其中，35 岁以下的占 45%；具有大专以上学历的占 54%。实际上，目前全国为数不少的各级电视台秉持不同理念，都开发了各种类型的新媒体服务，只不过其效果略见殊异。如果我们理性地思考不难认为，区域广播电视进军新兴媒体，是整合资源实行互利双赢的融合发展，目标在于巩固和强化主流舆论传播阵地，而不是所谓彻底"转型"，也不是将被新媒体"完全代替"。这是区域广播电视实行社会化传播的根本目的。

（三）把持审美观

审美现象在社会生活中触目皆是，自然包括新闻传播在内。"审"是人

① 张宁等：《中国电视观众现状报告——2012 年全国电视观众抽样调查与分析》，中国传媒大学出版社，2013，第 199 页。

们对事物的评判过程，“美”是事物激发人们心理愉悦的一种情感，审美则是人们根据自身的生活经验、认知标准以及对事物的某种需求做出的对美的总体判断和看法。对于传播者而言，尽管作出判断会受到社会环境的影响与客观因素的制约，但坚守媒体社会责任、新闻伦理意识和人性化视觉对把持审美观是举足轻重的。

由于媒体的多元发展和市场化程度提高，树立和秉持高度的社会责任感比以往任何时候都显得更为重要。区域广播电视在为新型城镇化服务中应当有正确的角色定位，这种角色定位就是媒体社会责任的客观要求。区域广播电视能否扎根在当地现实的土壤里，为区域受众不离不弃，就在于能否有组织地连续不断地传播优质精神产品，满足受众积极的利益需求和健康的情感倾向，促进当地经济发展和社会进步。

区域广播电视节目满足受众审美心理的关键在于真实性，这既是新闻的生命，又是新闻伦理和实践的基石。过去一些节目之所以被受众拒之门外，就因为媒体居高临下的浓厚贵族化气息和追求感官刺激的严重乞讨式陋俗。区域受众渴望能够改变他们生存状态、提升他们生命质量的思想文化信息、知识服务信息、生产生活信息。如果这些信息能够让他们产生思想共鸣与心灵契合，引发深层次的思考，获得举一反三、触类旁通的效果，那么，这样的信息就会让区域受众顺利完成认知、共鸣、思考的审美过程，产生深刻的思想内涵和广泛的社会意义。获得四川省优秀广播节目奖的遂宁市台新闻专题《当梦想照进现实》，既合时宜又具有现实的审美意义。作者选择了三位新生代农民工的典型故事，围绕创业、立业、职业转型三个话题，解析了新生代农民工群体对城市的认知、认同、融入的心路历程，昭示了对新生代农民工加强正确引导，健全心理，全面增强整体素质，逐步实现根本上由弱势群体向城市主体转化这个重要的命题。这种选题对城镇化进程中的受众，无疑会产生发蒙解缚，红炉点雪的社会效果。它所孕育的思想内涵是现实的，而形成的社会意义却是长远的。

广播电视节目的审美是深层次的审人性之美。这种美主要表现在新闻事实的整体真实，故事的事、理、情、趣融合和节目表述的文辞精约上。因此，区域广播电视要立足平民意识，从区域现实生活中选择新闻事实，特别是要运用区域文化培育特色传播优势，让节目传递出顺应当地受众阅听心理的积极的生存价值和道德意义，激励他们普遍的情感体验和审美感受。在信息传播中要力戒僵化的宣传思维与陈腐的宣传套路，营造一个具体实在的传播氛围，一个轻松愉悦的体验空间，并给这个空间赋予感人的故事、真挚的情感、厚重的历史，让区域受众在认知中心灵受到吸引，在启迪中思想得到更新。

新型城镇化的发展必将打破传统的行政区划边界，重构城市化的区域治理结构。现存的广播电视播出机构按城市化区域结构可能会发生一些变化，有的实力较弱的播出机构也许会被兼并、重组，但是，区域广播电视媒体所承担的任务、责任是不可改变的，它所承担的弥合、融通舆论场的使命也是坚定不移的。随着城镇经济的繁荣，城镇功能的完善，公共服务水平和生态环境质量的提升，人们的物质精神生活需求不断增长，社会对区域广播电视引导舆论的期望和要求会愈来愈高。因此，区域广播电视凭借区域文化扩大其“场”效应，打造一条独具区域特色，凝聚比较优势的广播电视发展之路是大有可为的。

参考文献

中共中央、国务院：《国家新型城镇化规划（2014—2020 年）》，《人民日报》2014 年 3 月 17 日。

张宁等：《中国电视观众现状报告——2012 年全国电视观众抽样调查与分析》，中国传媒大学出版社，2013。

张振华：《求是与求不》，中国国际广播出版社，2007。

杨飏、蔡尚伟：《媒体竞争论》，四川民族出版社，2001。

汤姆·米勒：《中国十亿城民》，海峡出版发行集团/鹭江出版社，2014。

B.5
四川民营文化产业发展报告

张建华　李谢莉　夏洪*

摘　要：2013年国际经济形势低迷、国内经济增速放缓和生产经营成本上涨等不利因素客观存在，但四川民营文化产业受政府产业政策扶持、积极发展，为本年度四川省文化产业发展综合指数进入全国前十、位列中西部第一做出了重要贡献。特别是动漫游戏业、博物馆业、文化创意等领域在全国取得骄人业绩，产业融合、转型升级的新趋势也引人关注。同时，由于历史和现实的原因，四川省民营文化产业目前还存在着一些发展困境，深切寄望政府职能部门能协助解决，以为四川省建成与西部经济发展高地相适应的文化强省做出更大贡献。

关键词：四川　民营　文化产业

2013年是全面贯彻落实党的十八大精神的开局之年，也是实现“十二五”文化产业倍增计划、把文化产业建成国民经济支柱产业的关键一年。

---

* 张建华，工商管理博士，高级策划师。现为四川金手指文化传播集团有限公司董事长、四川省民营文化企业协会会长、四川省川联文化产业商会会长，主要研究文化产业及四川民营文化企业；李谢莉，文艺与传媒博士，西南民族大学文学与新闻传播学院副教授、硕士生导师，研究专长：文化产业、新闻史论；夏洪，笔名达夫，四川省民营文化企业协会执行会长（法定代表人）、四川省工商联文化产业商会驻会常务副会长、高级注册咨询师、职业艺术品鉴定师。主要研究方向为文化产业资源整合与项目运营。

2013年，文化部和四川省人民政府、省文化厅相继出台一系列最新产业政策，强调“一手抓国有文化产业，一手抓民营文化产业”，不遗余力地推动民营文化产业发展，开创了有史以来四川省民营文化产业在全省文化舞台上的崭新局面。当前，四川省民营文化产业已进入文化旅游业、演艺娱乐业、动漫游戏业、工艺美术业、文化会展业等各个行业，并主动肩负起传播中国主流文化的社会责任，在四川省文化产业发展格局中占据不可替代的重要地位。2013年，四川省民营文化企业迎着政策“春风”，锐意进取、稳步增长，为本年度四川省文化产业发展综合指数进入全国前十、位列中西部第一做出了重要贡献。与此同时，由于历史和现实的原因，四川省民营文化产业目前还存在着一些发展困境，深切寄望政府职能部门能协助解决，促进民营文化产业加快发展，为四川省建成与西部经济发展高地相适应的文化强省做出更大贡献。

一 政策春风：2012～2013年党和政府促进民营文化产业发展的政策解读

相对于国有文化企业而言，民营文化企业对党和政府产业政策的依存度较高，也最渴望获得中央和地方政府的认可与扶持。纵观2012～2013年，四川省人民政府、省文化厅相继出台了一系列促进文化产业发展的最新政策和文件，继续鼓励和扶持民营文化产业发展壮大，并且在“国家许可的范围内”把民营企业与国有企业“一视同仁”，着力“给政策”以化解民营文化产业发展面临的各种困境。政府产业扶持政策的密集出台，不仅成为2013年四川省民营文化企业发展的良好背景，也必将对四川省民营文化产业的长远发展建构长期的优越环境。

四川省是文化资源大省，为努力建成与西部经济发展高地相适应的文化强省，四川省政府和省文化厅也不遗余力地推动文化产业发展，并特别强调“一手抓国有文化产业，一手抓民营文化产业”，开创了有史以来四川省民营文化产业在全省文化舞台上的新局面。

（一）《四川省人民政府关于加快推进文化产业发展的意见》（2012年）

2012 年 3 月 28 日四川省人民政府发布《四川省人民政府关于加快推进文化产业发展的意见》（以下简称《意见》）。《意见》提出四川省文化产业的发展目标即“到 2015 年，文化产业增加值达到 1200 亿元以上，占全省地区生产总值的比重达到 4% 以上，文化企业上市公司达到 5 家以上，培育总资产或总收入超过 100 亿元的文化企业（集团）3 家以上、超过 50 亿元的 5 家以上、超过 10 亿元的 20 家以上”①。《意见》描绘了四川省文化产业发展的宏伟蓝图，也不失时机地关照到民营文化企业发展壮大问题，它不仅鼓励民营文化产业的集约化发展与跨境合作，也扶持中小文化企业的专业化、特色化发展，并提出了具体指导意见：

——《意见》在“市场主体”章节，明确表态“支持民营文化企业发展”，“进一步转变政府职能，充分发挥行业协会、中介组织的聚合力量，切实提高对民营文化企业的服务水平。支持组建民营文化产业投资集团，整合文化产业各行业和区域优势资源，加快民营文化企业集聚集群发展。结合实施成渝经济区区域规划和天府新区建设规划，依托已有民营文化产业示范基地和天府新区高端高质高新产业优势，实施一批重大文化产业项目。中小民营文化企业要充分发挥机制灵活、市场反应快、专业性强的特点，在‘专、精、特、新’上下功夫，打造特色文化产品和实施文化精品工程，不断拓展文化产业的广度和深度”。

——《意见》在“主要措施”之五“推动文化产业‘走出去’”，也要求“培育一批外向型文化企业和文化产业基地，鼓励文化企业在海外建立分支、分销机构，积极拓展国际市场，以文化贸易和项目投资带动文化企业‘走出去’”，“支持国有、民营文化企业集团在政策允许范围内开展跨境合作合资”。

---

① 参见《四川省人民政府关于加快推进文化产业发展的意见》（四川省人民政府 2012 年 3 月 28 日发布）。

——《意见》在“政策支持”章节也开门见山地指出“省级财政根据财力情况逐步增加省级文化产业发展专项资金，加大对国有文化企业和民营文化企业重大项目的支持力度。有条件的市（州）、县（市、区）要设立文化产业发展专项资金，用于扶持文化产业的发展”，并在引导省内银行业金融机构对文化企业及文化项目的信贷支持、文化企业发行债券票据融资、文化企业集团公司设立条件、税收优惠、文化产业发展用地政策、文化上市公司再融资等问题提出了20余条指导意见。

——《意见》的附件1《四川省人民政府关于重点文化产业发展实施方案》（以下简称《方案》）立足于重点文化产业的竞争优势和巨大潜力，制定了发展重点文化产业的实施方案，也为四川省民营文化企业跻身重点文化企业提供了机遇与途径。《方案》提出了“做大做强文化旅游产业、出版发行产业、影视产业、演艺娱乐产业和印刷复制产业，重点培育动漫游戏产业和创意设计产业，形成‘5+2’的重点文化产业发展格局”的总体思路以及“到2015年重点文化产业增加值由2010年的340亿元增加到930亿元，年均增长25%左右，占全省文化产业增加值的比重由2010年的65%提高到78%左右”[①] 的发展目标。《方案》的“5+2”重点文化产业的项目支撑、实施单位、实施进度、预期目标做出了具体规划，可行性很强。

——《意见》的附件2《四川省首批重点文化企业名录》公布了全省文化旅游产业、出版发行产业、影视产业、演艺娱乐产业、印刷复制产业、动漫游戏产业和创意设计产业等七大产业的“旗舰企业”“骨干企业”“培养企业”三个层次的重点文化企业共计349家[②]，除“旗舰企业”以外，“骨干企业”、“培养企业”大多以民营企业为主要力量（出版发行行业的“骨干企业”例外），表达了四川省政府对于民营文化企业的认可、重视和扶植。

① 参见《四川省人民政府关于加快推进文化产业发展的意见》附件1《四川省人民政府关于重点文化产业发展实施方案》（四川省人民政府2012年3月28日发布）。

② 参见《四川省人民政府关于加快推进文化产业发展的意见》附件2《四川省首批重点文化企业名录》（四川省人民政府2012年3月28日发布）。

（二）四川省文化厅《2013年全省文化工作要点》

2013 年 1 月 17 日，四川省文化厅向各市（州）文化局、直属单位印发《2013 年全省文化工作要点》（以下简称《要点》），全面贯彻落实党的十八大精神的开局之初，“以提高文化发展质量和效益为中心，着力深化文化体制机制改革，推动文化发展方式转变”，提出了全年文化工作十条要求，对于全省文化工作具有指导性意义。其中，《要点》第五条“健全文化产业公共服务平台体系，推动文化产业跨越发展”表述如下：“贯彻落实《文化部“十二五”时期文化产业倍增计划》《“十二五”时期国家动漫产业发展规划》与《四川省人民政府关于加快推进文化产业发展的意见》，按照全省文化产业‘一核四带’区域布局发展要求，进一步实施重大文化产业项目带动战略，一手抓国有文化产业，一手抓民营文化产业，推动全省文化产业跨越发展”①。“一手抓国有文化产业，一手抓民营文化产业”这样的表述在四川省文化厅历年《全省文化工作要点》中是“前所未有”的，表达了省文化厅要把“国”字号文化产业和“民”字号文化产业放在几乎“同等重要”的平台上来发展的政策风向，这是省文化厅促进民营文化产业发展的政策“新高度”，无疑将为四川省民营文化企业发展营造长期的优越环境。

（三）《四川省文化厅关于推动全省文化系统文化产业倍增发展的指导意见》（2013年）

2013 年 8 月 14 日，省文化厅正式发布《四川省文化厅关于推动全省文化系统文化产业倍增发展的指导意见》（以下简称《倍增意见》），提出了四川省文化产业的发展目标：“2013～2017 年，四川省文化系统文化产业增加值年均增长速度高于 20%，2017 年比 2012 年至少翻一番，实现倍增。到 2017 年，全省文化系统文化产业增加值达到 700 亿元以上，其中文化旅游业实现总产值 750 亿元、增加值 220 亿元以上；演艺娱乐业实现总产值 325

---

① 参见四川省文化厅《2013 年全省文化工作要点》（四川省文化厅 2013 年 1 月 17 日发布）。

亿元、增加值100亿元以上；动漫游戏业实现总产值450亿元、增加值130亿元以上；创意设计业实现总产值300亿元、增加值100亿元以上”。《倍增意见》在“主要措施”章节专门提及“积极支持民营文化企业发展”：“整合文化产业各行业和区域优势资源，加快民营文化企业集聚集群发展，支持组建民营文化产业投资集团。通过扩大市场准入、完善配套政策、培育市场主体，促进民营文化企业发展。支持民营文化企业、民间资本兴办和投资文化产业重大项目，形成以公有制为主，多种所有制共同发展的文化产业格局”①。同时，《倍增意见》还在“政策保障”章节提出“建立文化品牌扶持机制，完善文化品牌奖励资金”“加大对中小文化企业发展支持力度”“健全完善创意设计产业孵化平台”“创新政府投入方式”“支持文化企业做大做强”五条政策，均惠及四川省民营文化企业发展。

二　稳步增长：2013年四川民营文化产业发展总体情况

尽管2013年国际经济形势低迷、国内经济增速放缓和生产经营成本上涨等不利因素客观存在，但四川民营文化产业受政府产业政策扶持与推动，积极发展，实现了稳步增长，为本年度四川省文化产业发展综合指数进入全国前十、位列中西部第一做出了重要贡献。与此同时，2013年四川民营文化产业在动漫游戏业、博物馆业、文化创意等领域“亮点”纷呈，在全国取得了备受瞩目的骄人业绩；既已出现的产业融合、转型升级的新趋势也引人关注。

（一）新数据：稳步发展实力增强

2013年四川文化产业呈现高增长态势，据资料显示，近5年全省文化

① 参见《四川省文化厅关于推动全省文化系统文化产业倍增发展的指导意见》（四川省文化厅2013年8月14日发布）。

系统文化产业平均增长超过20%[①]，2012年全省文化系统文化产业实现增加值340亿元，而2013年全省文化系统文化产业实现增加值增长33%，已达452亿元[②]；同时2013年11月文化部文化产业司和中国人民大学联合发布的“2013中国省市文化产业发展指数”显示，根据各省市文化产业的生产力指数、影响力指数、驱动力指数，四川省文化产业发展综合指数进入全国前十，位列中西部第一[③]。

在2013年四川文化产业高增长的背后，民营文化企业的贡献可谓功不可没，正如省文化厅厅长郑晓幸的评价“四川省民营文化产业已进入文化旅游业、演艺娱乐业、动漫游戏业、工艺美术业、文化会展业等各个行业，民营文化企业在四川省文化产业发展格局占据不可替代的重要地位。”[④] 据统计，四川省2012年全省文化系统文化企业法人单位共有14513家，其中国有企业872家，民营企业13641家，民营企业个数占94%。2011年全省文化系统文化产业实现增加值271.2亿元，其中民营文化产业实现增加值219.67亿元。在全省13个国家级文化产业示范基地（园区）中民营文化企业占5家，43个省级文化产业示范基地（园区）中民营文化企业占26家[⑤]。2013年12月公布的“首批省级文化产业示范（试验）园区”和“第四批省级文化产业示范基地命名名单”中，安仁博物馆小镇跻身“首批省级文化产业示范（试验）园区”三家之一；11家“第四批省级文化产业示范基地”中，就有成都蓝顶创意产业有限公司、

① 参四川省文化厅内部资料《四川文化》2013年第1期，第24页。

② 参见《数字变化看2013四川文化的奋进之路》，载《四川日报》2014年1月10日第12版。

③ 参见四川省文化厅内部资料《四川文化》2013年第6期第48页；四川省文化厅网站，2013年11月14日，《四川省文化产业发展综合指数位列中西部第一位》，http://www.sccnt.gov.cn/snwhxw/201311/t20131114_12842.html。

④ 转引自李庆等《四川省文化厅厅长郑晓幸：组建大型民营文化产业投资集团》，四川在线，2013年3月4日，http://sichuan.scol.com.cn/fffy/content/2014-03/04/content_7012333.htm?node=894。

⑤ 转引自李庆等《四川省文化厅厅长郑晓幸：组建大型民营文化产业投资集团》，四川在线，2013年3月4日，http://sichuan.scol.com.cn/fffy/content/2014-03/04/content_7012333.htm?node=894。

成都龙潭裕都实业有限公司、成都市琉璃旅游投资开发有限责任公司、北川绣娘文化产业开发有限公司、绵阳国术文化传播有限公司、泸州天星影视艺术学校、隆昌文化发展有限公司、凉山喜德县犇弛彝族漆器有限公司、凉山州贾佳彝族传统服饰生产有限公司共计9家民营文化企业入选①，占总数的81.8%。2009年第二批省级文化产业示范基地命名时民营企业与国有企业的比例是1∶9，2011年第三批变成5∶5，2013年第四批变成9∶2，不断加重的民营文化企业数量真实地展示了近几年四川省文化市场中民营文化企业的实力成长。

（二）新亮点：手机游戏、博物馆业、文化演出

1. 手机游戏——“手游第四城”

2013年中国手机游戏行业迎来发展“元年”，四川省手游行业也发展迅猛，以省会城市成都为行业中心快速井喷。截至2013年成都高新区已聚集600多家以游戏为主的移动互联网企业团队和近3万人的游戏开发团队，比肩北上广，成都被业内称为“手游第四城”②。数字天空、尼毕鲁、蓝航科技、墨龙科技等本土游戏公司已经在全球游戏市场中崭露头角。在全球知名应用商店市场数据分析服务提供商App Annie发布的“2013年度全球App发行商收入榜”上，数字天空和尼毕鲁再度登科入围40强，排名分别从2012年的48位、52位升至2013年的35位、37位。③ 数字天空开发的《龙之力量》《雄霸天地》与尼毕鲁的《银河帝国》三款游戏月收入均超过3000万元；天象互动的《三国志威力加强版》、《去吧皮卡丘》，卡尔维的

① 《关于公示首批省级文化产业示范园区和第四批省级文化产业示范基地命名名单的公告》四川省政府网站，2013年12月8日，http：//www.sc.gov.cn/10462/10464/10727/10866/2013/12/18/10288640.shtml。

② 谢佳军：《聚集600多家企业3万人团队成都跃升手机游戏“第四城”》，《成都商报》2014年5月24日第3版。

③ 参见《成都高新区2家企业获评全球App发行商收入榜52强》，成都市高新技术产业开发区网，2014年6月20日，http：//www.cdht.gov.cn/cdht/article.do?act=detail&id=00032724。

《战神之怒》系列，尼毕鲁的《王者帝国》以及博瑞游戏的《龙之守护》等产品月收入均已超过 2000 万元①。为推进成都游戏产业的繁荣发展，2013 年成都举办的移动游戏相关活动达 120 场次②。

与此同时，成都优惠的地方产业政策、突出的产业地位、远低于北上广的运营成本吸引了多个国内知名企业和全球各类股权投资机构入川布局。2013 年 4 月，国内首个百度云开发者技术中心落户成都高新区；2013 年 7 月，由香港上市公司云游控股作为发起人之一的成都游戏工场落户天府软件园，以成都为总部基地，在全国范围投资、孵化手游团队及项目；2013 年 11 月，腾讯创业基地成都站正式揭牌，这是腾讯继北京之后在全国布局的第二个创业基地。截至 2013 年底，成都高新区已聚集 185 家股权投资机构，注册资本总额 330 亿元、管理资金逾 660 亿元③，成为成都互联网产业快速崛起的又一推动力量。这些国内互联网巨头和知名企业的强势入驻，将为四川的互联网产业，尤其是移动互联网产业注入更为强大的技术和平台支持，加速四川创业企业融入全球市场竞争。

2. “安仁 · 博物馆论坛”——民营博物馆业的春天

2013 年 10 月 17 ~ 18 日，2013 “安仁 · 博物馆论坛” 聚焦了全球博物馆界关注的目光，来自美国、墨西哥、中国台湾、中国澳门、北京、成都、广州、吉林等博物馆专家、学者云集于此，围绕 “博文天下，仁者安仁” 主题，议题从文物收藏到文化传承、博物馆的品牌价值及品牌建设、新媒体时代的博物馆建设等当前博物馆发展的新趋向、新动态等深入研讨，堪称博物馆界的 “华山论剑”。“安仁 · 博物馆论坛” 以非官方、非营利性、定期、定址的会议形式，计划每两年在安仁举办一次，使之成为博物馆交流的重要

---

① 参见《[高新区] 成都手游进入 “爆发季”》，成都市人民政府新闻办公室新闻发布会网站，2014 年 8 月 19 日，http：//www. chengdu. gov. cn/zhibo/detail. jsp? id = 811387。

② 参见《成都高新区 2 家企业获评全球 App 发行商收入榜 52 强》，成都市高新技术产业开发区网，2014 年 6 月 20 日，http：//www. cdht. gov. cn/cdht/article. do? act = detail&id = 00032724。

③ 谢佳军：《聚集 600 多家企业 3 万人团队成都跃升手机游戏 “第四城”》，《成都商报》2014 年 5 月 24 日第 3 版。

平台和现代博物馆事业发展展示的重要窗口，提升公众对博物馆的认知，促进人民群众共享文化建设和文化遗产保护的成果；同时，将论坛打造成为安仁博物馆小镇的一个国际品牌，成为立足四川、影响全国的一张文化名片，促进四川文博、旅游产业的发展和提升。本届论坛最终达成了“安仁宣言”，力争把安仁博物馆论坛办成具有文化特色和国际水准的专业性论坛，并以此为平台，加强博物馆之间的交流与合作，形成以博物馆为载体的文博产业，促进区域经济的发展与繁荣。

2013“安仁·博物馆论坛”是四川省乃至中国民营博物馆业难得的殊荣，它汇聚了全世界博物馆界关注的目光，把原本处于边缘化生存状态的中国民营博物馆业推到了前台，唤醒了民营博物馆业的春天。据统计，四川省共拥有博物馆、纪念馆234座，其中民办博物馆76座，而目前全国注册登记的民办博物馆共有647个①，四川民办博物馆数量占全国总量的11.7%；仅省会城市成都就有民办博物馆67家，是拥有民办博物馆数量全国第三的城市，仅次于北京和上海；建川博物馆、华通博物馆、华希昆虫博物馆、川菜博物馆和易园园林博物馆5家民办博物馆被国家文物局评估为国家三级博物馆，而全国只有11家民办博物馆获得了国家三级博物馆称号。

据统计，四川省民办博物馆中综合历史类博物馆31家、艺术类博物馆40家、自然科学类博物馆4家，藏品数量约195万件（套）②。目前，四川民办博物馆正逐步形成“博物馆集群+古镇”“博物馆+景区”“博物馆+社区”“博物馆+企业”“博物馆+学校”“博物馆+公园”“博物馆+村落”等多样灵活的办馆模式。四川民办博物馆个性鲜明，如建川博物馆收藏的抗战文物、民俗文物、“文化大革命”时期物品资料，华西昆虫博物馆收藏的各种昆虫标本，原道文化博物馆收藏的道教文物，成都百家堂姓氏文化博物馆收藏的姓氏祖宗牌位、姓氏家谱、祖宗画像，川菜博物馆收藏的反映川菜工艺的系列文物、资料等，填补了博物馆类型上的许多空白。国家文

---

① 陈碧红：《成都民办博物馆达67家》，《四川日报》2014年2月24日第2版。

② 转引自《民办博物馆　公共文化服务舞台上的新亮点》，《四川日报》2014年1月14日第12版。

物局博物馆司段勇司长曾给予民办博物馆充分肯定，认为如果不是民办博物馆和民间收藏家，我国在近现代文物、民俗文物、当代艺术品方面有可能形成收藏的断层，这是民办博物馆的特殊贡献。

3.《文成公主》——“世界首例藏地星空奇观实景剧”

作为西藏自治区和拉萨市的重点文化项目，大型实景剧《文成公主》是由拉萨市委、市政府主办，成都域上和美文化投资集团、拉萨市和美布达拉文化创意产业发展有限公司承办，该剧是目前国内海拔位置最高、规模最大、舞台场面最壮观的藏文化经典实景剧，堪称四川民营文化企业跨省运营的“大手笔”，反映了四川民营文化企业积极寻找机会跨地区发展、做大做强的新动态。据悉《文成公主》基地建设项目总投资7.5亿元，演出场馆总建筑面积24611.8平方米，可容纳3900人同时观影休闲①。2012年7月8日中国西藏文化旅游创意园区暨《文成公主》大型实景演出项目奠基仪式上，西藏自治区党委书记陈全国发来贺信，要求把实景演出“开发培育成为在国内外具有较强竞争力的文化品牌、文化产品、文化龙头，进而提升西藏文化的知名度和影响力，彰显西藏文化独特魅力”②。

《文成公主》由汉族和藏族文艺骨干组成优秀主创团队精心创作，着力表现藏民族优秀、深厚而独特的文化。该剧执行导演、国家一级编导白芨认为，该剧综合运用了大唐歌舞与西藏地区流传久远的藏舞、藏戏、佛号念唱等艺术形式，以拉萨自然山水为背景，配合人工舞台和高科技视听技术，融合戏剧、音乐、舞蹈与现代舞美元素，演绎出文成公主艰辛而无悔的进藏和亲历程。该剧分为五幕，总时长90分钟；演员阵容700余名，包括专业演员200多名，群众演员400多名。剧场版的《文成公主》曾于2012年10月在北京国家大剧院成功演出。

2013年8月1日《文成公主》在拉萨首演成功，社会各界反响强烈。世界银行前首席经济学家、世界银行前高级副行长林毅夫在8月4日观看后

---

① 蒋蓝：《邱伟：藏地星空下的文成公主》，《成都日报》2013年12月2日第13版。

② 《中国西藏文化旅游创意园区开工建设》，中国文明网（中宣部、中央文明办主办），2012年7月9日，http：//www.wenming.cn/whtzgg_pd/ggjxs/201207/t20120709_748766.shtml。

给予了高度评价，“比我想象中的还要震撼、华丽、动人，它是中国文化复兴过程中的典范之作之一”①。据布达拉旅游文化公司相关负责人介绍，从2013年8月1日开演至10月28日结束，共演出82场，销售门票9.7万张，接待游客共计97027人次，销售收入达到2983万元。② 同时，《文成公主》项目启动以来，当地农民务工、机械出租增收1300万元，有车户户均增收18万元，项目所在地次角林村全村户均增收4万余元，人均增收超过1.2万元；并有154名群众参与演出，600余人次群众参加了园区项目建设，增收效果明显。③

（三）新态势：迎接潮流　转型升级

1. 优质企业加速上市

2013年初证监会公布的800多家申报IPO企业名单显示，申请在上海证券交易所上市的文化传媒类企业中，南方出版传媒、新丽传媒、中国电影、上海电影、新华网、中国南航集团文化传媒等企业正在初审中；保利文化集团、湖北知音传媒、长城影视、江苏省广电有线信息网络、中国科技出版传媒等企业正在落实反馈意见中；中国木偶艺术剧院、杭州金海岸文化发展股份有限公司等公司则在等待创业板的IPO。财政部公布的《国有文化企业发展报告（2012）》也显示，截至2012年6月底全国有33家文化类公司在A股上市，总市值超过2000亿元④。

2012年3月发布的《四川省人民政府关于加快推进文化产业发展的意见》（以下简称《意见》）已战略性地提出四川省文化产业的发展目标即“到2015年，文化企业上市公司达到5家以上，培育总资产或总收入超过

① 蒋蓝：《邱伟：藏地星空下的文成公主》，《成都日报》2013年12月2日第13版。

② 转引自《截至8月4日，大型实景剧〈文成公主〉今年已演出100场接待游客20万人次》，拉萨市人民政府门户网站，2014年8月14日，http://www.lasa.gov.cn/item/69312.aspx。

③ 德清：《崛起中的中国西藏文化旅游创意园区》，人民网，2014年5月27日，http://theory.people.com.cn/n/2014/0527/c359404-25071316.html。

④ 韩洁、徐蕊：《中国文化企业扎堆上市掀2013年文化投资热潮》，新华网，2013年1月10日，http://news.xinhuanet.com/fortune/2013-01/10/c_114324731.htm。

100 亿元的文化企业（集团）3 家以上、超过 50 亿元的 5 家以上、超过 10 亿元的 20 家以上”。目前四川省的文化产业公司仅有国有控股的博瑞传播（A 股）和新华文轩（H 股）两家，而民营文化企业尚无一家。《意见》明确表态“支持组建民营文化产业投资集团，整合文化产业各行业和区域优势资源，加快民营文化企业集聚集群发展”。乘政策之春风和国内文化企业上市热潮的契机，省内一批有发展潜力、有创新点、有专业特色的民营企业已经在紧锣密鼓地筹划上市。据四川省工商联文化产业商会的统计数据，目前四川省民营文化企业中已有中蓝传媒、新天杰传媒、金手指智慧旅游、安胜图书、有尔科技等五家公司积极筹备 2014 年新三板上市。

2. 顺应时代潮流“跨界”融合

2013 年是党的十八大之后深刻变革的开局之年，也是中国社会经济全面“跨界、转型”的第一年。2013 年资本市场上“跨界”大戏精彩纷呈且影响深远：阿里巴巴旗下的支持宝推出理财项目“余额宝”，一时“宝宝”潮风起云涌震惊金融市场；腾讯联手“嘀嘀打车”，阿里补贴“快的打车”，全国出租车揽客方式焕然一新；腾讯微信运用全面飙升，一夜之间几乎把中国移动和中国电信的收费短信斩尽杀绝……中国普通老百姓都深刻感受着生活各方面前所未有的变化。

如今“跨界”（crossover）成为国际潮流炙手可热的词汇，其意思是跨越两个不同领域、不同行业、不同文化、不同意识形态等范畴而产生的一个新行业、新领域、新模式、新风格等。跨界融合是产业发展的实际需要，而且也是时代发展的趋势。从某种程度上说，当前任何成功的文化产品和成功的文化公司都是“跨界”营销的杰作，例如 Google、Facebook、苹果公司、亚马逊、迪士尼/ABC、时代华纳、百度、阿里巴巴、腾讯……若干国际知名的文化传媒公司都是高度综合的、跨界的巨型集团，它们的跨界从传统到现代、从东方到西方、从硬件到软件、从有形到无形，博采众长凝聚成独特优势，因此跨界融合更容易引发市场创新，更利于在多变的时代中开发盈利空间。

目前，在互联网技术的有力推动下，我国的文化业、传媒业、通信业、零售业和金融业正处于快速融合期，新兴文化业态层出不穷，那么四川省民营文化企业也正在积极跟进思路、顺势而为，如前文所说的成都手游是网络游戏与移动终端的结合，安仁博物馆小镇是文博业与大邑县地产业、旅游业的结合，《文成公主》实景剧是演艺娱乐业与拉萨市旅游业的结合等等。未来可以预见的文化企业跨界融合有四个方面：一是与传统产业的跨界融合，文化产业与旅游、体育、信息、物流、工业、建筑、会展、商贸、休闲、教育、农业、餐饮、服装等行业之间联姻融合，整合各种资源，延伸文化产业链，增加文化产品对市场的附着力；二是对新兴文化业态的接受、开发和推广，比如网络影视、数字多媒体广播、手机广播电视、微电影、动漫游戏、纸质有声读物、电子书、网络出版等，市场空间极大；三是与新的商业模式的融合，比如与网商、电商、微商以及与 SNS 的融合等等，这一方面迎合了大众新兴的消费模式，另一方面也可以扭转大部分中小民营文化企业在资金、经营场所、营销渠道等方面的困境；四是与科技的融合，努力提高演艺、娱乐、艺术品、工艺美术、文化会展、创意设计、文化旅游等领域的科技含量，提升院线经营、文化旅游、票务销售的信息化和数字化，2013 年 5 月四川省旅游局与四川省测绘地理信息局共同推进四川“智慧旅游”建设正是这种文化与科技跨境融合趋势的体现。

三　御风破浪：2013年四川省民营文化产业各行业发展报告

2013 年不仅是十八大的开局之年，从某种程度上说也是四川民营文化产业转型升级的重要一年。纵观全年形势，一方面文化产业扶持政策密集出台，政策环境全面向好，而另一方面受国际经济形势低迷、国内经济增速放缓、消费者行为变化的深刻影响，民营文化产业的一些相关领域开始转向产业调整、转型与升级。下文将逐一阐述四川省人民政府着力发展的重点文化产业领域即演艺娱乐产业、文化旅游产业、出版发行产业、影视产业、印刷复制产业、创意设计产业和动漫游戏产业七大领域的年度发展情况。

（一）演艺娱乐产业：农村市场火热繁荣

农村演艺市场的火热繁荣，可以说是2013年四川乃至整个西南地区文化产业的典型现象。改革开放30余年来，四川农村居民的物质生活水平已得到极大提高，精神文化产品的市场需求也十分旺盛，由此各地催生了一大批植根于基层的民营农村演艺团体。近几年在省文化厅和各地方政府的指导与扶持之下，这些农村演艺团体摆脱了粗制滥造、格调不高的“草台班子”形象，逐步走向成熟和规范，并且开始实施打造品牌、抱团发展的战略，进而点燃了四川农村演艺市场兴旺繁荣的喜人势头。农村演艺团体的红火态势以泸州市的泸县和合江县最具代表性。

泸县原本是传统的农业大县，最近几年大量外出务工人员衣锦还乡，流行花钱请人搭台演出操办家族大事，于是一大批民间演出团体应运而生。2009年10月，在省文化厅和泸县文体广电局的支持下，泸县整合民营演出团队资源，组建起了全国第一个农村演艺中心——四川龙城演艺中心，形成了以“培训辅导、文艺创作、演出管理、信息反馈”为主的四条工作网络；2011年6月，泸县农民演艺网成功申请成为文化部《国家公共文化服务体系示范项目》；2013年2月，泸县农民演艺协会正式成立。目前，该县登记在册的农民演出团队80支，演员1500余人，年均演出15000多场①，其演出市场立足于四川本土并延伸到周边的重庆、贵州和云南。龙城演艺中心“十佳演出团队”之一的泸州长红歌舞团年收入上百万元，2013年春节期间从正月初一开始，节庆演出订单都订到了农历三月，仅初一到初九演出10场的纯收入就达12万元。而该团所在的石桥镇就有10个农民演艺团体，联合组成了农村演艺团体联合工会来协调相互的业务、维护职工权益；演艺团体还对一些特殊演员实行签约制和资助制，演员的个人收入4万~10万元不等②。同

① 转引自《四川泸州市：泸县农民演艺网》，国家数字文化网，2013年3月26日，http://www.ndcnc.gov.cn/shifanqu/xiangmu/201303/t20130326_605761.htm。

② 付远书、曾佐然：《四川省泸州市泸县银潮村：农民歌舞团唱红大西南》，《中国文化报》2013年3月19日第1版。

时，泸县文体广电局还通过促成农村演艺团体与专业院校合作、聘请专家指导等方式来帮助他们提高表演艺术水平，演艺团体自身也努力实施“打造明星，打造精品”战略，培养出一批炙手可热的本土“草根”明星，比如四川龙城演艺中心的领军人“巴蜀笑星”张德高2006年以小品《耙耳朵》登上央视春节联欢晚会以后，已成为央视《笑星大联盟》《我爱满堂彩》等娱乐节目的常客，2013年9月又以小品《我不是这样的人》成功跻身第九届全国电视小品大赛决赛。

与泸县比邻的合江县农村演艺团队的红火形势与其交相辉映、相得益彰。合江县土生土长的农民演艺团队前几年尽管规模小、实力弱、创新能力差，但以模仿、山寨的为主的演出依然在旺盛的市场需求中顽强生长。2010年经合江县文体广电局引导，合江县农村演艺联合会正式成立，进而在2012年升级成为农民演艺中心，并成功列入省政府重点扶持项目。现农民演艺中心下属演艺团体发展至68家，其中有一定规模的演艺公司有16家，共拥有1000多名演艺人员①。该中心从各演艺团体中选出代表组成理事会，统一管理、包装和提升，演艺中心接订单后根据客户需求分派演出任务，各演艺团体也可单独接受订单；同时中心定期评比表彰文艺精品，鼓励作品创新。县文化馆则为演艺中心免费提供各种硬件设施设备，并对其节目进行监督指导、帮助培训演员。这种发展模式极大提高了农村演艺团体的知名度和演艺水平，2012年10月29日中央电视台《朝闻天下》就曾报道合江县白鹿镇的农村演出活动②。据统计，2012年合江农民演艺中心成功举办群众性文化活动5000多场，观众达70万人次；公益性演出在100场以上，观众达10多万人；2012年演艺文化产业总产值达到1000万元以上；除了稳占合江市场之外，演艺中心还向泸州毗邻县区、贵州赤水、重庆江津等地挺进③。

---

① 转引自张波《农民演绎中心创新思路　农村演艺业呈新天地》，四川文明网，2013年4月1日，http：//www. scwmw. gov. cn/zbsc/lz/201301/t20130114_ 172768. htm。

② 谢群慧：《合江县文化创新让群众拥有更广阔的舞台》，泸州新闻网，2012年11月13日，http：//news. lzep. cn/2012/1113/95320. html。

③ 转引自张波《农民演绎中心创新思路　农村演艺业呈新天地》，四川文明网，2013年4月1日，http：//www. scwmw. gov. cn/zbsc/lz/201301/t20130114_ 172768. htm。

目前受各种因素影响，城市演艺市场竞争激烈，而农村市场却蕴藏着无限的发展空间，农村演出团队的发展壮大给城市民营演艺公司带来了启示，如何转变思路、市场下沉、开拓广阔的农村市场，值得思考。

（二）文化旅游产业：迎接潮流　转型升级

2013 年中国旅游业是快速增长和发生巨大变化的一年。根据 2014 年 1 月 8 日中国社科院发布的《旅游绿皮书》显示，2013 年中国旅游业呈现五大变化：一是中国国内居民出游群体呈大众化态势，以前旅游多是有闲阶层的消遣，但现在转向普遍大众。二是游客的出游方式从“跟团游”为主转变“自助游”为主，如峨眉山旅游景区 2012 年团体游与散客的比例是 8∶2，但 2013 年变为 2∶8；九寨沟旅游景区 2012 年团体游与散客的比例均是 7∶3，但 2013 年变为 3∶7。同时在自助游中，自驾出游人数占一半。三是 2013 年公务旅游消费急剧下降，商务旅游消费明显放缓，而国民休闲旅游消费则表现出强劲的增长势头。四是旅游产业投资融资活跃，其中民间资本成旅游投资主力，休闲度假类景区则是旅游投资的重点。五是移动互联网与旅游业的融合，通信、搜索、定位、导游、社交、娱乐等 APP 应用的投资开发在 2013 年发展迅速①。

2013 年四川省文化旅游业是稳步发展的一年。由于近年来四川省持续实施文化与旅游相互融动战略，在大力发展生态旅游的同时，坚持文物、文化与文艺相结合，努力推进文化旅游的发展，精心策划和包装了古蜀文化、藏羌文化、三国文化等旅游产品，形成了生态旅游与文化旅游相互交融、齐头并进的良好态势。根据四川省旅游局的统计数据，2013 年 1～12 月全省实现旅游总收入 3877.4 亿元，同比增长 18.2%，全省旅游增加值占 GDP 的比重达到 7.2%，占服务业比重超过 20.5%。2013 年 1～12 月，四川省接待国内旅游人数 4.87 亿人次，同比增长 12.1%②。

---

① 兰辛珍：《中国旅游业出现新变化》，《北京周报》2014 年第 4 期。

② 《2013 年度四川省旅游经济运行分析报告》，四川省旅游局官方网站，2014 年 1 月 26 日，http：//www.scta.gov.cn/sclyj/lytj/tjfx/system/2014/01/26/000505632.html。

2013 年四川民营运作资本文化旅游的一大亮点是成都市成华区“龙潭水乡”项目。该项目由成都龙潭裕都实业有限公司开发营运，占地面积 220 亩，总投资约 20 亿元，历时 4 年建成，是成都中心城区唯一利用活水资源打造的特色街区。它以江南文化为支点，将江南水乡美景引来长江上游，被誉为成都的“清明上河图”。龙潭水乡于 2013 年 4 月 26 日正式运营，已被省旅游局纳入 2013 年重点旅游项目并申报国家“4A 级风景旅游区”。除了水乡风景外，该项目还包括文化创意设计、文博会展、民间艺术展演体验、旅游品交易、酒店客栈、餐饮、商业等众多业态，是全省唯一的“四川省婚庆文化示范基地”、“四川特色餐饮基地”，正在申报全国首座“中国婚庆影视城”。目前，龙潭水乡已引进蜀九香、留恋人家、蜀膳、红色记忆等 50 余家高端饮食、娱乐企业入驻，满足游客“一站式”服务需要。2013 年 4 月 12 日试营业至 10 月国庆期间，共接待国内外游客 210 多万人次。这是继锦里、宽窄巷子、东郊记忆后，成都市打造的又一张文化旅游名片。2013 年 8 月成都龙潭裕都实业有限公司入选四川省政府表彰的 100 户“优秀民营企业”，12 月入围四川省“第四批省级文化产业示范基地”。

2013 年四川旅游业的重要动向是推进智慧旅游，这是散客时代四川省旅游业转型升级的必然选择，也是民营文化企业转型升级的一个新契机。2013 年 5 月四川省旅游局与四川省测绘地理信息局共同签订了关于推进四川“智慧旅游”建设的《战略合作协议》，9 月初 G5 高速四川段和大九寨环线智慧旅游规划编制项目准备工作。在这样的新趋势下，四川金手指传播集团、成都颠峰软件有限公司等一批富于市场敏感的民营文化企业已经开始抢先入局、涉足智慧旅游，着力于智慧旅游产品研发等创意服务，业务涉及智能景区、大数据应用、高科技文化旅游产品等等，为企业带来新一轮发展。

（三）出版发行产业：直面困境　艰难转型

2013 年的四川民营出版发行业是在困境中艰难转型的一年。根据 2012 年的统计数局，全省新闻出版行业民营企业比重达 85% 左右，全行业从业人员18万余人、居全国第8位[①]。2010年以后，由于网络书店低价冲击、读者阅读习惯的改变和各地商业物业租金的快速上涨，实体书店陷入普遍性经营危机，知名实体书店的倒闭不绝于耳。相关数据显示，成都商铺价格自2009年起持续攀升，2013年上半年成都主城区商铺备案均价每平方米上涨超过5000元；四川省连锁商业协会日前发布的《2013年成都连锁商业发展报告》显示，相对于10年前，春熙路商铺租金上涨了约10倍。同时数据也显示，2008年以来电商渠道销售的图书年均增幅达100%，电商渠道所占市场从不到5%已增长到35%，而一本书的出版成本占书价的35%~40%，加上管理和发行费用，分销商的成本达65%左右[②]，去掉物业租金和员工工资，利润很小，而电商们毫无底线的价格战让实体书店遭受巨大冲击。从2010年以来今日阅读已经关闭大部分社区书店；由文化名人流沙河等创建的弘文书局也分别于2012年初、2013年11月关闭了四川大学店和人民西路101号旗舰店。乐山、自贡等二、三线城市的民营实体书店更跌入"关门潮"。从事图书二级批发兼零售业务19年的发行企业四川西南新兴书局有限公司一度遭遇门市及三个零售店销售额剧烈下滑的情况，最严重时销售额已经不能支付房租及人工成本。

民营书业普遍性的艰难境遇引起了政府职能部门的重视和帮扶。2013年7月，成都市被财政部、国家新闻出版广电总局确定为2013年先期开展实体书店扶持试点城市。12月，四川省财政厅下达了中央文化产业发展专项资金800万元，给予5家民营实体书店扶持试点奖励，其中，布克购书中心获得300万元，今日阅读公司获得200万元，四川时代安盛出版物连锁发行有限责任公司、龙泉驿区龙泉街办席殊书屋和双流县东升新源书店各获得100万元奖励。当月，财政部下达《关于延续宣传文化增值税和营业税优惠政策的通知》，其中第二条明文规定"自2013年1月1日起至2017年12月

① 《蓬勃发展的四川新闻出版业》，四川省新闻出版局官网，2012年9月25日，http://www.gapp.gov.cn/ztzzd/rdztl/xysbd/contents/3440/139841.shtml。

② 廖凯华：《民营书业从单一到多元转型谋生存》，《四川经济日报》2013年8月14日第6版。

31 日，免征图书批发、零售环节增值税"[①]。久旱逢甘霖，13% 增值税的免收和专项奖励资金的落实，无疑将对当前日渐式微的民营实体书店走出困境、维持经营和持续发展，起到极大的提振和推动作用。

除了政策的扶持，四川民营书业的"自救"脱困也在进行中，他们的做法或是抱团作战，或是转型升级。2013 年 3 月 7 日四川书市内 3 家四川民营书商和新经典发行有限公司联合组建成都新经典图书发行有限公司，换上统一的电子显示牌——"成都新经典"。据介绍，三家与新经典合作的四川书商的销售排位在四川书市名列前五，有扩展销售渠道和品牌运作的巨大潜力。新组建的"成都新经典"注册资本亦从原来的 500 万元增加到 2000 万元，成为目前四川书市里最大的企业[②]。今日阅读公司则在 2013 年 7 月 26 日推出"3.0 版店面"——成都新世纪环球中心店，该店拥有进口书籍专区、儿童书籍互动区、独立文化创意产品区、咖啡馆与文化沙龙结合的文化娱乐互动区。成都布克购书中心有限公司也是一家坚持走社区书店发展之路的民营企业，正在加大信息化技术投入以更快速感知读者需求、捕捉消费热点，更好满足社区读者。中国前十、西部最大的专业科技图书发行商——四川时代安盛出版物发行有限责任公司则坚持走直销道路，其直销业务的销售收入已超过门店零售，公司正计划建立一个大型的专业图书网上书城，方便新老客户购书和传递最新的专业图书出版发行信息。四川星洋文化有限公司则大量走访客户，选择了放弃多元、坚守社科、少儿图书批发主业的发展战略。总之，为了应对行业"寒冬"，民营书业还得"且行且珍重"。

（四）影视产业：票房上升　喜忧参半

2013 年的四川民营影视业令人喜忧参半。根据《人民日报》官方微博

---

① 参见《关于延续宣传文化增值税和营业税优惠政策的通知》，财政部 2013 年 12 月 25 日发布。

② 黄里：《抱团作战民营书商做强图书品牌》，《四川日报》2013 年 3 月 8 日第 9 版；《四川省新闻出版局 2013 年 7 月行政许可事项结果表》，四川省新闻出版局、四川省版权局官网，2013 年 8 月 13 日，http://www.scppa.gov.cn/bsfw/bsfw_xkjg/201309/t20130910_8846.html。

发布的2013年全国电影数据显示，全国电影票房收入217.69亿元，在2013年票房收入前10名地区中，四川以113566万元的票房位居第六[①]。这个票房业绩与四川影院建设在全国都位居前列、技术和数量在国内市场都相对领先有直接关系。目前，四川省仅成都市就有太平洋、峨眉、万达、星美、新影联、上海联合、UME、橙天嘉禾、保利、成龙影院、新城市、紫荆、幸福蓝海、雅图、星际里、王府井、横店、中影国际、卢米埃影城、17.5今典沙湾、影立方733IMAX、东方世纪、上影国际、嘉裕国际、成都正天等20余条院线，同时太平洋、峨眉、万达、星美等也早已向二、三线城市铺开建设小城市星级影院。

这种局面一方面呈现出四川电影业的快速发展，同时也折射出电影业特别是民营院线“肉搏厮杀”的激烈程度，例如曾喧嚣一时的红旗连锁便民数字电影院线首家社区电影院——红旗影业超洋影院其实在2012年9月就因亏损悄然关门停业破败不堪，并且红旗影业2011年亏损230万元也引发2013年初成都红旗连锁在深圳证券网上平台“2012年度业绩网上说明会”面对股民们质疑时的危机公关。[②] 另一方面，红旗影业投资拍摄的大型传奇古装电视剧《金沙》从2013年11月登陆央视8套，并冲进了全国同时段电视剧收视率前五[③]，这是红旗影业投资3000万元拍摄的第一部影视剧。文化产业固然是个好“生意”，但是民营资本介入文化产业过度竞争的领域，结果可能事与愿违。

电影拍摄方面，四川诚城影视文化传播有限责任公司投资拍摄的电影《被偷走的那五年》取得不俗的业绩。该剧总投入2300多万元并经近两年时间制作打造，自2013年8月29日全国院线上映以来，截至9月8日电影票房已达1.18亿元，成为四川省第一部票房过亿元的影片。此片以小成本

① 《2013年电影票房收入　四川破11亿排第六》，四川在线，2014年1月14日，http：//ent. scol. com. cn/ysdt/content/2014－01/10/content_ 6735625. htm？ node＝885。

② 《红旗影业前年亏损230万　曹世如：超洋影院不属上市公司》，四川新闻网，2013年2月27日，http：//finance. newssc. org/system/20130227/000945175_ 3. html。

③ 陈蕙茹：《四川造电视剧〈金沙〉央视热》，《成都日报》2013年12月25日第23版。

投资赢得了中国内地总票房达 1.5 亿元的佳绩，被认为是一个调档成功的营销案例进入华语电影亿元俱乐部。同时该片还入围 2013 第十六届上海国际电影节，金爵奖最佳影片、金爵奖最佳男演员、金爵奖最佳女演员提名。该片的成功也反映了 2013 年国产中小成本影片崛起的行业“亮色”。

根据国家新闻出版广电总局电子政务平台电影剧本备案立项公示，2013 年四川省共计有 27 部电影剧本通过审查备案，不足全年获得备案的全国剧本 1743 部的零头[①]，远不及北京、天津、上海、广东、山东、湖南、河南等省市获准备案的剧本数量。27 部电影剧本中有 20 部为四川省民营影视公司申报，涉及 16 家民营影视公司，其中四川诚诚影视文化传播有限责任公司、成都盛腾文化传播有限公司、四川凹凸文化传播有限公司、四川浮墨影视文化传媒有限公司 4 家公司均有两部剧本获准备案。尚且不论剧本是否如期拍摄与登陆院线播映，16 家民营公司、20 部剧本，这两个数字充分说明了四川民营影视业在全国尚处于“弱势”地位。

2013 年四川民营影视业的一个新趋势是微电影的方兴未艾。由于微电影投资少、门槛低、适用面广且不似传统电影需审复杂批程序，因此大大小小的民营文化公司特别是小微文化公司纷纷涉足微电影新业务，服务项目包括企业形象宣传片、广告片、娱乐节目等等。鉴于这种势头，四川省文联牵头于 2013 年 12 月成立了四川省微电影艺术协会，以推进四川本土微电影产业发展。业内非常看好微电影的美好“钱景”，认为微电影未来的发展空间相当广阔，预计 2014 年全国的微电影市场总收入将达到 700 亿元以上。[②] 而四川的微电影行业有丰富专业的人才资源，微电影市场根基发展很好，相信四川制造微电影必将大有作为。

（五）印刷复制业：强势发展　亦有忧虑

在众多的文化产业业态当中，四川印刷出版业的民营企业实力较强，特

① 参见国家新闻出版广电总局电子政务平台 2013 年 1 ~ 12 月电影剧本备案立项公示。

② 毛俊玉等：《未来产值巨大　微电影投资靠谱吗?》，《中国文化报》2013 年 12 月 14 日第 3 版。

别是规模以上重点企业优势突出，集约化程度较高。根据2013年5月四川省新闻出版局公布的首批“四川省印刷复制示范企业”名单显示，入选的7家示范企业中就有两家是民营企业，分别是永发印务（四川）有限公司和四川新财印务有限公司①，均属于规模以上重点印刷企业（年印刷总产值超过5000万元）。

2013年8月公布2013“中国印刷企业100强排行榜”中，四川省入选的9家百强企业中有4家是民营企业，它们是四川蓝剑包装股份有限公司、四川金时印务有限公司、宜宾恒旭投资集团有限公司、成都金鼎安全印制有限责任公司。2013年百强企业评选的销售收入“门槛”为3.55亿元，四川省入选的百强企业数量在上海、广东与香港、江苏、浙江之后列第5位，成为继珠三角、长三角、环渤海三大传统印刷产业带之外蓬勃发展的第四大区域。此外，2013年的百强企业评选之外，还以销售收入低于3.55亿元并高于2亿元为标准评出58家“全国印刷企业100强后”，四川省入选的3家企业都是民营企业，分别是永发印务（四川）有限公司、成都新康顺印务有限公司、四川大发木艺包装有限责任公司②。

2013年5月在第八届北京国际印刷技术展览会颁出的业界权威大奖“第四届中华印制大奖”，四川印刷企业作品荣获本届印制大奖4银3铜及2个优秀奖，1人获得首届行业创新企业家称号，创历史最好成绩，获奖数量仅列北京、上海、广东之后，居第四位。四川省企业的获奖名单是民营企业为主力，获奖单位中除四川日报报业集团印务公司、宜宾市普什集团3D有限公司之外，其余3家均为民营企业，它们分别是永发印务（四川）有限公司、四川蓝剑包装股份有限公司、四川新财印务有限公司③。

另据省印刷协会的统计，2013年全省现有印刷企业3348家，其中出版

---

① 《省局公布首批四川省印刷复制示范基地和示范企业名单》，四川省印刷协会官网，2014年5月14日，http://www.scysxh.com/articleread.asp?id=431。

② 《印刷百强企业榜单出炉　四川省九家企业榜上有名》，四川省印刷协会官网，2014年8月22日，http://www.scysxh.com/articleread.asp?id=495。

③ 《第四届中华印制大奖　四川印企收获颇丰》，四川省印刷协会官网，2013年5月24日，http://www.scysxh.com/articleread.asp?id=432。

物印刷企业198家，排版、制版、装订专项企业38家，内部资料性出版物印刷企业165家，包装装潢印刷品印刷企业1164家，其他印刷品印刷企业1780家，专营（兼营）数字印刷企业3家；资产总额374.79亿元，同比增长7.80%；全年印刷工业总产值370.96亿元，同比增长10.89%；实现利润39.93亿元，同比增长38.50%；营业税金及附加6.23亿元，同比增长7.05%；销售收入373.66亿元，同比减少4.13%；工业增加值85.72亿元，同比减少36.36%；工业总产出326.05亿元，同比增长4.91%①。

在这份光鲜的行业统计数据中，我们也看出了全省印刷行业“销售收入”和“工业增加值”两项指标的下降趋势。实际上，近年来印刷行业产能过剩、利润率下跌、增产不增收是业内公认的事实。印刷业是市场发育十分成熟、竞争十分激烈的行业，市场对印刷产品质量、服务环保、社会责任等要求越来越高，同时近年来用工成本快速上升，出现了产能过剩的情况。业内人士认为，今后传统印刷业的路子将会越走越窄，从印刷业的实际需求看，发达国家纸质印刷量是减少的，中国虽然目前不显著，但市场增量总的来说在缩小。

目前，受产能过剩和激烈市场竞争的影响，一些实力较强的民营印刷企业已经开始思考转型升级问题，一是从传统印刷业务转向IT为主的印刷延伸业务，二是转向创意设计产业。另一方面，中小民营企业问题更多，如经济实力较弱、生产经营条件简陋、产品同质化严重、资金紧张融资困难、内部管理简单粗放、优秀人才缺乏等都影响着它们的进一步发展。

（六）创意设计产业：蓬勃发展　链条聚合

创意设计产业是四川省重点发展“5+2”文化产业的行业领域，这个新兴产业正是民营文化企业正在大规模进入的主要领域。目前，四川省创意设计产业已经初步形成以成都为中心，覆盖工业设计、动漫游戏、建筑设

① 《2013年度四川省印刷企业基本概况》，四川省印刷协会官网，2014年7月8日，http://www.scysxh.com/articleread.asp?id=574。

计、广告设计、工艺美术设计、家居设计等诸多行业快速发展的良好格局。在成都，已建成红星路35号文化创意产业园、蓝顶艺术中心、浓园国际艺术村、东郊记忆音乐公园、许燎源现代设计创意产业园、“台湾文化创意产业园”、武侯区西部智谷、彭州家纺创意设计园、“锦绣工场”时尚设计街区、“UK028”家居文化艺术创意街区、“198”区域等文化创意设计产业聚集区；已有十余所在蓉高校开设了创意设计相关专业，培养了具有文化创新能力的技术人才；已有工业设计专业性公司100余家，各级工业设计中心32家；在新产品研发中，70%的规模以上工业企业都设有工业设计机构。可以说创意在成都已经成为一种蓬勃发展的经济形态。

2013年成都在建的文化创意园还有郫县天府蜀绣文化创意产业园、青羊区“梦之易”残疾人文化创意园、贝森北路西村创意产业园和奎星楼街明堂青年文化创意中心。郫县天府蜀绣文化创意产业园将建成以蜀绣研发、培训、生产、展示、交流、交易为主，配套文化创意、旅游、商业金融、信息交流等服务功能的国家4A级综合文化产业示范园区，预计入驻企业将达30家以上，年产值将达20亿元。青羊区“梦之易”残疾人文化创意园则是四川首家残疾人文化创意园区，集中为残疾人免费提供动漫、三维原创、平面设计等培训服务，将成为残疾人就业创业的孵化平台。西村创意产业园则集复合型办公区、艺术品展览和交易空间、创意企业孵化器等为一体，还配套了设计酒店、图书馆、城市运动休闲等硬件设施，建成后它将着力打造成一个大规模、复合型、功能完善的文化创意商业项目。明堂青年文化创意中心项目则依托少城文化片区宽窄巷子、琴台路的历史文化，探索在设计、时尚、艺术、演艺、传媒及设计职业教育等创意领域整合产业链条，开启一条集视觉、听觉、触觉于一体的文化创意新路。

在大力发展文化创意产业的背景下，省内的其他城市也在积极开发文化创意园区。2013年正式建设中的项目就有德阳三星堆“古蜀文化旅游产业园”、绵阳126文化创意园、宜宾市南溪文化创意动漫产业园、自贡大安区文化创意传媒产业园等。其中，德阳三星堆“古蜀文化旅游产业园”斥资280亿元对三星堆古蜀文化的整体品牌宣传推广，包括拍摄电影、电视剧、纪录片和修建文化体验中心等；国际化将是该产业园的另一特征，来自美国、加拿大、韩国、日本等国的专家团队将参与打造；建成后预计每年接待游客1000万人次，解决就业人口两万人①。宜宾市南溪文化创意动漫产业园则占地1000亩，由动漫创意总部、动漫主题乐园和动漫主题小镇三大板块构成，将建成创意动漫交易平台、国际动漫交流平台和动漫体验平台等九大平台；预计可解决地方就业超过2000人，带动区域内近100个行业与产业的发展，年产值达10亿到15亿元②。此外，正在筹建当中的创意产业园项目还有广安文化创意产业园、"熊猫印象"雅安国家文化创意产业园等。

目前，四川省创意设计产业正处于扩张时期，建设文化创意产业园为各地大势所趋，其建成与投入运营将形成产业聚合效应，为从事创意设计的民营企业打造优越的创业环境。但产业园区的"好大喜功"、同质化扩张也可能造成基础设施或配套服务不完善、招商不力、空置率高企从而难以形成聚合优势的"风险"。早在2009年上海的75个创意产业聚集区未能摆脱高空置率等问题，处境日难，尤其是艺术类创意园区，M50、红坊以及田子坊内的许多画廊均处于交易量骤减、资金回笼困难等苦况。③ 2012年以来，上海市文广局组成专题调研组就上海文化创意产业园区发展问题开展专题调研。④ 因此，将来四川省也应重视创意产业园的区顶层设计和总体规划，特别是各类产业园区的体量、数量、布局、类型、特色的统筹规划。

（七）动漫游戏产业：快速成长　整合升级

动漫游戏产业作为新兴文化产业态，民营企业是主要力量。得益于国家

---

① 阳帆：《投资280亿　三星堆变身文化旅游产业园》，《四川日报》2013年10月30日第15版。

② 夏忠富等：《宜宾南溪文化创意动漫产业园开工》，《四川科技报》2013年3月27日第11版。

③ 《把脉上海"创意产业园区"》，网易，2009年6月15日，http：//discovery. 163. com/09/0615/09/5BRCD7SE000125LI. html。

④ 《对上海文化创意产业园区发展模式及路径的调研与思考》，上海市文化广播影视管理局官网，2012年4月8日，http：//wgj. sh. gov. cn/wgj/node743/node763/node1350/u1a78893. html。

产业政策的大力推动，动漫产业快速发展。据《2013 年中国游戏产业报告》，2013 年中国游戏产业继续保持快速增长，游戏市场实际销售收入超过 830 亿元，整个游戏市场出现客户端游戏、网页游戏、移动游戏等多形态共同繁荣的局面；2013 年整体用户规模持续扩大，达 4.9 亿人，同比增长 20.6%，游戏越来越成为国民生活不可或缺的组成部分。[①] 在四川，动漫游戏产业已初步形成以国家动漫游戏产业振兴基地为基础，以动漫游戏企业为骨干，以动漫游戏会展和电子游艺游戏主题展览为支撑的动漫游戏产业发展格局。2012 年，四川省动漫游戏相关企业超过 160 家，动漫游戏从业人员约 1.8 万人，全年动漫游戏产业实现年销售收入逾 100 亿元，网络游戏出口保持了稳健的发展势头；金山数字和成都梦工厂等企业入围 2012 年全国百强企业。2012 年四川省人民政府出台了《关于加快推进文化产业发展的意见》，将动漫游戏产业纳入四川省“5+2”重点文化产业范围，并且制定了财政、税收、金融、工商、土地、激励、综合等 7 方面的 21 条政策支持动漫游戏产业发展。

成都作为西南网游产业地域的核心，一直享有“中国网游第四城”之称。早在 2009 年，成都本土网游的产值就达到了 25 亿元，占当年全国网游总产值的 1/10，位于北上广深之后；同时依据 2011 年数据，成都研发团队数量和从业人数也排在国内的第四位。[②] 但在 2011～2012 年之间，成都的网游产业也悄然发生改变，一方面传统网游（即端游和页游）市场已经陷入饱和状态，另一方面成都本土网游公司重研发轻运营加上资本匮乏，未能摆脱研发基地乃至代工厂的地位，以成都梦工厂、锦天科技和逸海情天为代表的本土明星研发企业最终也落得分别被盛大网络、博瑞传媒和完美时空收购的结局。在这种情况下，手游领域由于门槛低、研发周期短、赚钱效应快成为传统网游企业的转型方向，加之智能收机的迅速普及与手机游戏爆发，为成都动漫游戏产业带来了新机会。

---

① 张贺：《全国游戏用户近五亿人》，《人民日报》（海外版）2013 年 12 月 30 日第 3 版。

② 《浅谈网游行业“东边太阳西边雨”怪相》，网易，2013 年 3 月 21 日，http://game.163.com/13/0321/18/8QGS2AEA00314QA6.html。

2013年中国手机游戏行业迎来发展“元年”，以成都高新区为中心的四川地区手游产业已经初步呈现井喷式发展，截至2013年成都高新区已聚集600多家以游戏为主的移动互联网企业团队和近3万人的游戏开发团队，比肩北上广，成都被业内称为“手游第四城”。[①] 数字天空、尼毕鲁、蓝航科技、墨龙科技等本土游戏公司已经在全球游戏市场中崭露头角。同时，成都优惠的地方产业政策、突出的产业地位、远低于北上广的运营成本也吸引了多个国内知名企业和全球各类股权投资机构入川布局（上文已有阐述）。

目前，快速成长起来的四川手游企业整合升级态势明显：一是抱团发展、整合优势。2013年8月成都尼毕鲁科技宣布公司扩容2900平方米并成立子公司“抱团科技”，实施平台化发展战略，已有风际网络、余香信息、卡社诺、比格邦、玩具狗、撼地科技、NoxMob、忆我数字、游戏茶馆等9家团队加盟，标志着成都手游开始进入抱团发展的时代。卡尔维、好玩一二三等手游企业也纷纷推出面向成都本地企业的内部孵化基金。二是自建运营渠道，改变研发不如代理商赚钱的尴尬局面。成都梦想兄弟公司策动成都、重庆两地近百家网吧参与自己的运营系统，将来规划在游戏中专门开拓四川专区，用成都话为游戏人物配音；还筹备在重庆、成都两地扩展至数千家网吧进行联合运营，而后再向全国复制，终极的市场推广投入将可能达到1亿元。三是多渠道积极筹资融资。手游行业也是2013年风险投资追逐最热门的行业，仅成都就有20多个团队获得风投资金，同时还吸引了大量的上市公司来蓉投资布局，如纳斯达克上市公司网秦科技于本年度在成都高新区设立了规模两亿元的五岳天下投资基金，并先后向成都掌沃无限科技有限公司和成都汉森信息技术有限公司投资1000万元和500万元。而自有资金充足的几家领域企业则筹划独立上市、拒绝“收编”，数字天空计划2014年尝试登陆纳斯达克，四川迅游拟在深交所上市，尼毕鲁也筹谋在国内创业板上市。

① 转引自《成都商报》记者谢佳军《聚集600多家企业3万人团队成都跃升手机游戏“第四城”》，载《成都商报》2014年5月24日第3版。

此外，2013年12月1日文化部早前的《网络文化经营单位内容自审管理办法》正式生效，《办法》最大的亮点在于原先由政府部门承担的网络文化产品内容审核和管理责任将更多地放权交由企业承担，政府的任务转变为事中的巡查和事后的核查、处罚①。职能部门的简政放权将为动漫网游企业发展带来真正“福音”，不仅审批时间有望，而且有利企业灵活把握市场变化，大幅降低中间成本。

四 困难重重：四川省民营文化企业的发展瓶颈

我国的民营文化企业大多是20世纪90年代中后期市场化改革之后才建立的，市场经营时间短，根基薄弱，资源有限，受政策环境的影响较大；其产业规模和效益还处在初级阶段，在文化市场竞争中的劣势地位也是显而易见的。近几年在党和政府的政策扶持下，四川省民营文化企业的外部环境和自身经营状况均已发生极大改善；同时受政府“把文化产业建成国民经济支持产业”号召，他们热切期望政府相关职能部门能进一步扶植协助，早日解决如下一些严重制约民营文化企业发展的全局性问题。

（一）产业政策效应尚未充分发挥

尽管四川省政府、省文化厅及各地政府都出台了扶持民营文化产业发展的相关文件，在市场准入、资金供给、人才引进、财政补助、行业协会功能等方面予以保障和优惠，但诸多政策举措尚不够明晰和有力。特别是针对文化产业各个业态的相关政策的细化、深化与整合，乃至最终发挥效应还要有一个过程。目前民营文化企业发展所需要的信贷、税收、土地政策远远不能满足实际需要，其他经济门类在发展过程中，几乎都享受到了诸多的政策优惠。这几年发展文化产业的呼声虽然很高，但文化产业享受到的政策优惠却远不如其他经济门类，一定程度上制约了民营文化企业的迅速发展。

① 参见《网络文化经营单位内容自审管理办法》，文化部2013年8月12日发布。

（二）国有民营文化企业享有政策待遇不均

四川省政府、省文化厅已把民营文化产业发展提到相当重视的高度，但全省国有和民营文化企业在占有文化资源和享受国家政策等方面依然处于“不对等”状态，在政府资助、资源分配、项目投标、财政补贴、税收优惠、评优评先、信息交流等方面还有不少差距，民营文化企业未能完全享有国民待遇。同时，对于既已涌现的规模以上重点民营文化企业，《四川省人民政府关于加快推进文化产业发展的意见》（2012 年）和《四川省文化厅关于推动全省文化系统文化产业倍增发展的指导意见》（2013 年）也均无明确允许或鼓励“打造民营文化产业集团”的表述，而《意见》附录 1《四川省首批重点文化企业名录》公布的“旗舰企业”中也是以国有或国有控股企业为主导。正是因为缺乏政策支持，目前四川民营文化企业中既无“龙头”企业或品牌企业，也缺乏整个民营文化产业的领军人物或者“灵魂”人物。

（三）政府相关职能部门对民营文化企业服务上还存在短腿

2010 年 5 月国务院《关于鼓励和引导民间投资健康发展的若干意见》（即“新 36 条”），要求“各地进一步拓宽民间投资的领域和范围，鼓励和引导民间资本进入法律法规未明确禁止准入的行业和领域”。但民营文化企业的创办，在项目立项审批、许可证申领等前置程序上较为复杂，“玻璃门”“弹簧门”现象较为普遍。同时，四川地理上偏安一隅，民营文化企业特别是中小企业大多处于“小、散、弱”状态，对于政府最新产业政策、资助项目申报和企业自身产品宣传以及外部招商引资信息、筹资融资平台、对外交流项目等信息感知能力有限，而且动漫游戏、创意设计等新兴产业的民营企业更是重研发轻运营，尤其不善于与各种媒介打交道。

（四）民营企业发展要素资源趋紧

受国际经济形势低迷、国内经济增速放缓、地价和商铺租金上涨、人力成本增加等经济形势影响，民营文化企业要素资源日趋紧张，土地、资金、人才等方面对发展形成制约。资金紧张、融资困难、税费较重仍然是困扰民营文化企业发展的瓶颈，例如民营院团每年必须上缴3.7%的营业税和25%的所得税，确实这对企业的再发展形成了一定的阻碍。同时，小微企业发展迅速是文化产业的显著现象，对于小微企业来说这些困境更为严峻。金融机构偏向于向大型企业提供贷款，对中小民营文化企业出于信誉度、偿还能力等多方面考量，大多采取谨慎态度，或更倾向于以传统的有形资产作为担保物；而与其他企业相比，文化企业缺乏实物形式的贷款抵押物，其拥有的文化作品和其他文化资源由于缺乏有效的价值评估体系，目前尚不能作为有效的贷款抵押品，因而贷款难更加突出。

（五）知识产权保护尚存在法律空白

新媒体、新技术的方兴未艾促进了文化创意产业发展，但也使知识产权保护面临许多新的问题。目前，我国知识产权保护的法律体系不完善，保护监管机制不健全，相关法律、法规在商标权、专利权、版权保护的内容与范围以及如何界定侵权等方面还留有空白。特别是由于当前网络新媒体的发达和社交媒体的兴盛令人始料未及，“山寨”、转载、转播、转发成风，“免费午餐”唾手可得，使得广播影视类、演艺娱乐类、动漫游戏类、软件设计类等文化企业对知识产权保护的需求极为迫切。而许多民营文化企业尤其是中小企业自身知识产权意识薄弱，只重视有形资产保护而忽视无形资产保护，绝大多数企业内部没有建立知识产权保护的战略规划、管理制度，知识产权保护工作乏力，严重影响企业的生存和发展，例如成都手游产品数量众多，模仿、“换皮”的产品鱼龙混杂，同质化厮杀非常激烈。

（六）民营文化企业人才匮乏问题凸显

文化产业是一个综合性行业，需要大量艺术、技术、策划和经营人才。尤其在文化与科技紧密结合的创作环节，原创能力和核心创意能力决定文化企业的生命，人才的作用成为第一要素。因为体制外的民营文化企业客观存在的诸多制约和局限，对优秀大学毕业生和高端人才的吸引力没有国企和外企大，存在中高端人才招聘难和留人难问题，人才结构性需求矛盾突出。目前，民营文化企业中设计、制作、加工类人员较多，而中高端创意、营销、策划、经纪等专业人才以及高级经营管理人才总量不足，特别是懂文化、会经营、善管理的复合型高端文化人才十分缺乏，同时也缺少灵感迸发、创意迭出的创新型作者。

以四川民营影视业为例，缺好的编剧、好的导演、好的演员、好的制片人，几乎一切环节都缺人才，即使是剧本通过审批，但不能如期拍摄的情况并不少见。尽管省内高等院校近几年来设置了很多涉及文化产业的专业如新闻传播类、旅游类、艺术类、动漫类等，但大多优秀毕业生都不愿在体制外就业。而民营文化企业自身培养的中高端文化创意人才和经营人才则流动性极大，或自立门户或另谋他就，同时在民营文化企业人才往往是因项目而聚、因项目而散，难以维持长期、稳定的人才和资源的聚合态势，因而制约了民营企业的做大做强。

（七）民营文化企业创新能力不足

可以说，创新是文化产业所有领域追求的永恒主题，而当前的国家文化产业政策大力倡导民营文化企业进行自我创新，进行上下游产业链的延伸、融合以及开发新的文化产品，民营企业现在也开始注重引进专业人才，增强自身的设计和创新能力，同时引入高新科技打造自己的品牌。但事实上民营文化企业的创新能力仍受到多种因素的掣肘：一是人才的缺乏制约产业水平和创新能力提升。民营文化企业虽努力跟进高科技发展，推进文化创新，但因其发展历史较短，人才培养和引进困难，储备短缺，产品技术含量不高，创新意识和能力较为薄弱。二是资金的缺乏也制约了民营企业在文化创新项目上的投入。文化产品的创新往往是高投入和高风险并存，需要人才、资金、项目、政策等多种资源的聚合，运作成本较大，囊中羞涩往往造就了许多民营文化企业在创新道路上裹足不前。

（八）相关研究与行业数据的缺乏

由于历史原因，民营文化产业的发展问题一直是政府和学界关注的边缘话题，可以在各种学术资源平台和网络公关平台上检索搜索到的相关研究成果极其有限，相比于国有文化产业的改革与发展的研究成果可谓“九牛一毛”。从各级社科基金项目及文化部、省文化厅的课题立项情况来看，有关民营文化产业问题研究的课题亦很有限；尽管省内四川大学、电子科技大学、四川省社科院等院校设立了文化产业科研机构，但对有民营文化产业的关注也不多。

另外，有关民营文化产业统计数据也非常匮乏，国家统计局、四川省统计局、省文化厅均尚未公布有关四川省民营文化产业各行业近年的权威数据。连《中国文化产业蓝皮书》的主编、中国社科院文化产业研究中心副主任张晓明都表示，目前中国社科院出的《中国文化产业蓝皮书》还只能取材于国家统计局出示的统计数据，因为目前国内还没有能够覆盖全国、各个行业的统计指数，要求民营公司或来其他机构完成这一工作很困难①。但是，民营文化产业的相关研究成果与权威和全面的行业数据非常重要，它们将为政府职能部门的政策制定、修订和民营文化企业自身发展战略调整提供科学依据。

五　继往开来：四川民营文化产业发展的对策与建议

为促进四川民营文化产业的良性发展，为实施四川省文化强省战略、把文化产业建成国民经济支柱产业，针对四川省民营文化产业的发展现状，本报告特提出如下对策与建议。

（一）充分发挥政府职能，深化体制改革

文化产业是一个知识密集型的综合性行业，且当前产业融合趋势明显，因此需要四川省政府、省文化厅、省新闻出版广电局、省旅游局、省财政厅、省国土局、省版权局等多个职能部门通力协作，深化体制改革，破除发展障碍，为民营文化企业的持续稳定发展营造良好的政策环境。

① 郑洁：《“雾里看花”的文化产业指数》，《中国文化报》2013年7月20日第3版。

1. 继续深化和细化现有政策，落实民营文化企业的公平待遇

一是确实保证民营文化企业在立项审批、政府采购、投资核准、融资服务、土地使用、人才引进、资源分配、上市融资、对外贸易和经济技术合作、参与政府文化项目采购和招投标、申报国家级文化产业示范园区和国家文化产业示范基地以及在申请文化经营许可证、资质证书、命名、评比、表彰、申请专项资金、享受税收优惠等方面要与国有文化企业一视同仁。二是在探索建立混合所有制方面有所突破，允许民营文化企业参与国有企业的改革重组项目，鼓励民间资本参股国有资本投资项目或控股混合所有制企业。三是落实“非禁即入”原则，在法律法规未明确禁止民间资本准入的文化领域，进一步废除限制民营文化企业市场准入的附加条件，明确民间资本进入相关领域的实施细则和具体操作方法。鼓励民营资本以直接投资、间接投资、项目融资和兼并收购、租赁、承包等方式进入竞争性文化行业，形成各类投资主体平等竞争、共同发展的市场格局。四是根据针对文化产业各个业态实际情况，细化、深化与整合相关政策，形成互相配套、切实可行的政策体系。

2. 增加政府财政投入，强化财税金融支持，有效缓解民营文化企业资金瓶颈制约

一是逐渐增加省级文化产业发展专项资金的投入金额，加大对民营文化企业的鼓励扶持力度，重点向特色民营文化产业园区建设、新兴文化业态以及市县区域特色文化产业倾斜。二是进一步细化和完善贷款贴息、贷款担保、项目补贴、政府重点采购和后期奖励等举措，如建立小微企业的专项发展基金、影视作品创作基金等。支持民营文化企业的产品和服务进入政府公共文化产品和服务采购目录。加快落实高新技术企业、技术先进型服务企业、软件企业的税收优惠政策。三是拓宽金融渠道，进行金融创新。构筑“文化无形资产价值评价指标体系”，探索无形资产质押贷款融资新途径，挖掘著作权、专利权、非专利技术等无形资产的价值。鼓励银行开辟文化产业专项贷款绿色通道，建立快速审批机制，提供优惠利率，设立专项授信额度，专门用于支持文化企业融资。四是支持民营文化企业通过信贷、信托、基金、债券等金融工具融资，以及通过并购重组、上市等方式融资；利用民营资本充裕优势，探索建立创业投资基金、风险投资基金以及民间文化产业基金会，吸引更多社会资金投向文化产业。

3. 壮大民营文化旗舰企业，打造民营文化品牌，发挥产业龙头示范效应

一是支持组建民营文化产业投资集团，进行跨地区、跨行业、跨所有制兼并重组，整合文化产业各行业和区域优势资源，形成一批竞争力强、具有高成长性的旗舰企业集团。二是省级财政应根据财力情况逐步增加省级文化产业发展专项资金，并明确规定支持重点民营文化产业项目的比例。三是结合实施成渝经济区规划和天府新区建设规划，依托已有的国家、省级民营文化产业示范基地和天府新区高端高质高新产业优势，实施一批集群化、集约化、园区化、专业化重大文化产业项目，打造民营文化产业集聚园和区域性特色文化产业集群。四是大力实施文化品牌特色战略和精品工程，集中优势资源充分挖掘巴蜀文化遗产与现代文化相结合的精品项目，打造更多的像安仁（中国）博物馆小镇那样的海内外知名民营文化企业品牌。五是对拥有自主品牌和专利技术，符合高新技术发展潮流的民营文化企业，要出台助推政策，促进其拓展空间，扶持其做大做优。

4. 扶持小微文化企业发展，构建良好文化产业生态

当前小微文化企业发展迅速是文化产业的显著现象，文化部副部长项兆伦指出，我国小微文化企业的数量已占到文化企业总数的80%以上，实现增加值约占文化产业增加值的60%①。在活跃市场、激发活力、促进创新、增加就业、丰富供给等方面发挥着不可替代的作用，但它们在经营、成本、融资、人才、市场环境等方面仍面临许多困难，因此相关职能部门亦要重视扶持小微文化企业发展。一是制定省级支持小微文化企业发展的专项政策。二是和税务部门积极合作，制定和落实相关税收优惠政策，切实降低小微企业的税务负担。目前我国文化企业的各种税收加起来超过30%，小微企业

---

① 《三部门联合出台政策　扶持小微文化企业发展》，中国新闻网，2013年8月19日，http://www.chinanews.com/gn/2014/08-19/6509273.shtml。

规模和收入偏低，税负较重。三是要继续深化和金融机构间的合作，鼓励银行业金融机构加大对小微文化企业的信贷投放力度，引导金融机构不断提升金融服务的便捷化、规模化、个性化水平。四是鼓励高等院校、职业院校、行业协会、小微文化企业创业载体和社会教育服务机构对小微文化企业经营者和创业者开展有针对性的知识教育和技能培训。

5. 加快搭建文化产业服务平台，加强行政服务和指导

一是建立省级文化产业公共服务平台，开展政策咨询、信息发布、产品查询、项目推介、融资投资引导、并购策划、产权交易、人才培训等公共服务，为民营文化产业提供全面的公共服务资源。二是指导民营文化产业集聚区的平台建设，完善文化产业聚集区的产品研发、市场拓展、投融资、技术、人才、产业信息等与企业发展直接相关的增值服务功能，使公共服务平台真正成为产业聚集的纽带。三是省文化厅、省统计局、省旅游局、省新闻出版广电局、省工商联文化产业协会共同协作，对民营文化产业发展做数据监测、统计及分析，建设数据库，为政府产业政策的制定和调整、为民营文化企业运营提供市场导向。四是鼓励和引导民营文化企业参与各类文化产业展会、境外文化展览展销活动、电子商务平台展销活动，为其搭建多样化的营销平台。

6. 实施文化人才发展战略，破解产业人才匮乏难题

实施省级“文化产业创业创意人才扶持计划”，适应创业创意人才成果转化、市场推广的需要，运用市场化办法，体现普惠性原则，通过合适的平台，加大资金投入、提供展示机会、扩大品牌影响，促进创意成果转化和创业团队孵化。打破文化人才职称评定的体制壁垒，逐步建立面向社会文化艺术人才开放的职称评定制度。根据全省文化产业发展的形势和要求，对文化产业人才需求的数量、层次、结构等逐项进行研究，构建专门的产业人才数据库，定期编制发布产业人才开发目录，建立包括人才认证、人力资源咨询和外包、人才推荐、人才培训等在内的文化人才专业服务体系。联合省内高等院校和文化产业职业学院实施“文化产业人才培养计划”，根据文化产业发展态势和人才结构性缺陷更新教学内容，培养业界急需人才；鼓励高等院

校、职业院校、行业协会、小微文化企业创业载体和社会教育服务机构对小微文化企业经营者和创业者开展有针对性的知识教育和技能培训。组织民营文化企业领军人才到国内外学习培训，不断开阔眼界，提高综合素质。

7. 完善文化产业法律体系，加强知识产权保护力度，构建有利于民营文化产业发展的法律环境

一是政府相关职能部门应完善知识产权保护的相关法规、加大监管力度，比如完善知识产权登记制度、创意产品知识产权保护条例等，特别明确网络时代背景下对商标专用权、专利权、著作权保护的内容与范围以及如何界定侵权等，并建设知识产权保护的网络服务平台等。二是要加强政府各职能部门之间的协调和沟通，将权责明细划分，合力强化知识产权保护体系。三是引导民营文化企业树立牢固的知识产权保护意识，重视自身版权、商标、专利、商业秘密的保护，加强自我保护机制，将版权登记工作摆在第一位；引导民营文化企业重视自身知识产权保护制度的建设工作，完善知识产权相关管理制度，在文化创意产业的研发、设计、生产、经营等各个环节进行知识产权的全面保护。

（二）民营文化企业：把握潮流趋势，加速转型升级

1. 开发企业家精神，增强社会责任感，积极传播中国主流文化

自 2009 年制定《文化产业振兴纲要》，国务院和文化部、财政部等多部委以及四川省人民政府、省文化厅等扶持民营文化企业发展的政策密集出台，使四川省民营文化产业迎来其发展历史上“最好的时代”，从经济数据上看 2013 年民营文化企业在省文化系统文化企业法人单位比重和实现增加值的比重都已占绝对优势；从政策趋势看，民营文化产业与国有文化产业“一视同仁”的产业愿景正在逐步实现。因此，在这样的时代背景下，四川省民营文化企业更应该积极开发企业家精神，增强社会责任感，主动担负起传承和传播中国主流文化的社会责任。

2. 加快服务创新、产品创新和技术创新，提升产品的附加值

21 世纪中国社会互联网的兴盛、三网融合的推进促使文化市场的受众

“平面感（深度模式削平）”“断裂感（历史意识消失）”“零散化（主体的消失）”“复制（距离感消失）”等后现代特征①，注定了21世纪的消费者特别是已然进入社会的“80后”“90后”绝不是墨守成规的人群，而是口味常新、追求多变的人群，所以说创新是文化产业永恒的主题。例如，出版发行业实体店在网络书店的激烈冲击下，传统的经营模式难以为继，应积极探索新的商业模式，环境布局上集书店、咖啡吧、创意产品为一体，现场还可举办小型演唱会及签售活动，增加延伸服务，提供更多、更贴心的增值服务、体验服务和社区服务；为方便顾客，应尽快开展同城送货上门服务，改变书店辐射人口不多的劣势。创意设计产业可以从谷歌研发“谷歌智能眼镜”、百度发明“筷搜”（测地沟油筷子）得到创意启发，研发设计大批集高科技与实用性于一体、易于推广运用的新型创意产品。创意设计的产品不仅要“顺应”潮流，更应“制造”潮流。

3. 运用互联网思维，推进产业深度融合，以融合促发展

“互联网思维”是当前的一个热门词汇，它指的是“在互联网时代基于互联网的特征，对市场、用户、产品、企业价值链乃至整个商业生态进行重新审视的思考方式，并由此扩展到对整个社会生产生活方式的重新思考”②。近年来兴起的粉丝经济、余额宝、众筹平台等都是互联网思维在商业领域的具体运用。当前的民营文化产业若缺乏互联网思维，将会是没有前途的。而当前省内很多民营文化企业都过于神秘低调，既没有自己的网站或更新迟缓，也没有搭载微博、微信等其他新型互联网运营方式，不善于利用互联网平台去连接客户、开发创意和营销产品，因此将来必须改变现状，深度开发互联网思维。

同时，当前互联网技术亦推动了文化产业与其他相关产业的深度融合，因此民营文化企业也应激流勇进：一是与旅游、建筑、会展、商贸、教育、农业、物流、工业、餐饮等传统产业之间融合，整合各种资源，延伸文化产

① 何其聪等：《受众变化和一张网》，《青年记者》2010年第8期（上）。

② 刘帅：《什么是互联网思维》，新华网，2014年9月11日，http：//news. xinhuanet. com/politics/2014－09/11/c_ 126976554. htm。

业链；二是对新兴文化业态的接受、开发和推广，比如网络影视、数字多媒体广播、手机广播电视、微电影、动漫游戏、纸质有声读物、电子书、网络出版等，市场空间极大；三是与新的商业模式的融合，比如与网商、电商、微商以及与 SNS 的融合等等，既迎合了大众新兴的消费模式，也可以扭转大部分中小民营文化企业在资金、经营场所、营销渠道等方面困境；四是与科技的融合，努力提高演艺、娱乐、艺术品、工艺美术、文化会展、创意设计、文化旅游等领域的科技含量，提升院线经营、文化旅游、票务销售的信息化和数字化水平。

4. 重视研究新趋势、新潮流，发掘新市场

当前四川消费品市场出现三大增长趋势：一是城乡市场发展一升一降，乡村市场发展快于城镇市场。据四川省统计局 2013 年四川消费品市场发展统计数据，2013 年 1 ~4 季度乡村市场发展快于城镇市场，全年城镇市场实现零售同比增长 13.7%，增速比上年回落 2.6 个百分点；乡村市场同比增长 14.9%，增速比上年加快 0.5 个百分点，比前三季度加快 0.7 个百分点，发展速度快于城镇市场 1.2 个百分点。①。二是四川社会老龄化趋势为文化产业消费市场带来新的发展机遇。根据四川省统计局的数据，2010 年全省 65 岁及以上人口 880.55 万人，占全省人口总数 10.95%，比全国平均水平高 2.08 个百分点，四川已经进入人口老龄化社会，人口年龄结构呈“年轻型→成年型→老年型”的变动特点②。老龄人退休后休闲娱乐、文化教育等各种养老需求旺盛，为文化产业消费市场带来广阔开发空间。三是二、三线城市消费实力强劲，蕴含巨大商机。有研究称，中国的二、三、四线城市拥有着两亿个家庭的庞大消费群体，这个群体也被争论性地认为是目前全球最重要的消费者板块；2011 年，一线城市居民拥有的可支配收入金额为 1 万

① 参见《2013 年四川消费品市场发展逐季加快》，四川省统计局官网，2014 年 1 月 22 日，http：//www. sc. stats. gov. cn/sctj/default. htm? status = Info&menu = 20&sub = 1，false。

② 参见《新中国成立以来四川人口数量和年龄结构变动情况》，四川省统计局官网，2013 年 12 月 3 日，http：//www. sc. stats. gov. cn/sctj/default. htm? status = Info&menu = 20&sub = 1，false。

亿元人民币，而二、三、四线城市居民的总可支配收入约为 8 万亿人民币①。在世界经济增长乏力背景下，沃尔玛、家乐福、肯德基等全球知名连锁公司早已开始抄底四川二、三线城市，深挖中小城市的资源优势。

这些潮流趋势可为民营文化产业发展提供新的思路。2013 年演艺娱乐业步入一个走低的转折点，研究国内市场趋势可考虑如下一些出路：一是转向未来两种较有前景的演出方式，即娱乐性较强的规模演出，比如驻场演出、旅游演出和艺术性较强的专业性演出，比如歌剧、话剧等。二是积极从参与公共文化服务体系建设积极发展思路，努力开发发展空间较大的农村市场和二、三级城市市场。在影视产业中电影院线的二、三级城市“空巢”现象也较明显，将来这也是一个突破口和增长点。文化旅游产业中出现团队游大幅下降的趋势，可结合老龄化市场需求积极开发各种适合老年人的文化旅游产品。

参考文献

〔英〕大卫·赫斯蒙德夫著《文化产业》，张菲娜译，中国人民大学出版社，2007。

〔美〕理查德·凯夫斯：《创意产业经济学：艺术的商业之道》，孙绯等译，新华出版社，2004。

〔美〕约翰·哈特利编著《创意产业读本》，曹书乐等译，清华大学出版社，2007。

〔美〕詹姆斯·海尔布伦等：《艺术文化经济学》，詹正茂等译，中国人民大学出版社，2007。

〔美〕理查德·佛罗里达：《创意阶层的崛起》，司徒爱勤译，中信出版社，2010。

〔加〕弗朗索瓦·科尔伯特：《文化产业营销与管理》，高福进等译，上海人民出版社，2002。

陈少峰：《文化产业商业模式》，北京大学出版社，2011。

欧阳坚：《文化产业政策与文化产业发展研究》，2011。

蔡嘉清：《文化产业营销》，清华大学出版社，2007。

① 谢兵：《研究称中国二三线城市消费者左右世界经济》，经济观察网，2013 年 1 月 14 日，http：//www. eeo. com. cn/2013/0114/238707. shtml。

胡慧林:《文化产业学》，高等教育出版社，2006。

蔡尚伟、温洪泉:《文化产业导论》，复旦大学出版社，2006。

胡慧林:《文化产业发展的中国道路》，上海人民出版社，2004。

花建:《区域文化产业发展》，湖南文艺出版社，2008。

向勇、喻文益:《区域文化产业研究》，海天出版社，2007。

张晓明、王家新等主编《中国文化产业发展报告（2014)》，社会科学文献出版社，2014。

叶朗主编《中国文化产业年度发展报告（2013)》，北京大学出版社，2013。

叶朗主编《中国文化产业年度发展报告（2012)》，北京大学出版社，2012。

陈少峰等:《中国文化企业报告（2012)》，华文出版社，2012。

郑晓幸主编《文化四川——文化体制改革与四川文化强省建设的探索与实践》，四川人民出版社，2009。

蒋晓丽主编《四川文化产业发展研究》，四川大学出版社，2011。

唐凯主编《2012 年四川民营文化产业发展报告 · 四川民营文化产业蓝皮书》，电子科技大学出版社，2013。

樊建川:《大馆奴——樊建川的记忆与梦想》，三联书店，2013。

樊勇明等:《公共经济学》，复旦大学出版社，2001。

严行方:《文化经济学》，北京经济学院出版社，1992。

刘小蓓、石应平:《世界文化强国文化产业发展的经验与借鉴》，《中华文化论坛》2003 年第 2 期。

《国务院关于印发文化产业振兴规划的通知》（2009 年）。

《文化部“十二五”时期文化产业倍增计划》（2012 年）。

《文化部“十二五”时期公共文化服务体系建设实施纲要》（2013 年）。

《中共四川省委关于深化文化体制改革　加快建设文化强省的决定》（2011 年）。

《四川省“十二五”文化改革发展规划》（2011 年）。

《四川省人民政府关于加快推进文化产业发展的意见》（2012 年）。

《四川省人民政府关于重点文化产业发展实施方案》（2012 年）。

四川省《政府工作报告》（2013 年）。

《四川省文化厅关于推动全省文化系统文化产业倍增发展的指导意见》（2013 年）。

《四川省文化产业示范园区和示范基地名单公告》（2013 年）。

聚焦城镇化

Focus on Urbanization

B.6

四川新型城镇化与文化产业相关性分析

方 茜*

摘 要: 四川新型城镇化与文化产业以“促进人的发展”为共性，以互动发展实现多赢。文化产业通过带动工商业市镇和专业镇发展、推动工业城市产业升级、促进资源枯竭型城市转型，成为四川城镇经济发展的主动力。新型城镇化则通过发挥平台作用、促进融合式发展、文化城镇化建设以及公共文化服务供给，助力四川文化产业振兴。综合运用层次分析法和统计分析法，本文验证了“四川新型城镇化与文化产业高相关”这一说法。有意思的结论是，相比四川，全国表现出的相关性更高，关系也更为紧密。

关键词: 四川 新型城镇化 文化产业 相关性

* 方茜，博士后，四川省社会科学院经济研究所副所长、副研究员，主要研究产业经济、公共管理。

在区域发展进程中，我们的习惯思维是注重“应做什么”，却往往忽视了“不应做什么”。这种思维模式带来的直接后果是，高速的经济增长造就了财富的丰盈，也造成了资源浪费、环境污染，以及城市发展中的各种问题。直面问题，我国近年来提出了一些战略性议题，新型城镇化与文化产业备受关注。“两者提出的原因与我国当前经济社会发展条件下的文明转型相关”①，是转变旧的发展模式，全面深化改革，实现民族复兴的重要切入点。

一　新型城镇化与文化产业的共性：促进人的发展

从统计意义上讲，城镇化的本意就是城市人口占总人口的比重增加。故而，将“人”作为新型城镇化与文化产业的焊点和桥梁是必然。只是，关注人的什么方面，值得研究。从现状来看，我国经济转型的一个重要特征是，从关注 GDP 向关注人转移。为了呼应这种变化，学界、政界纷纷将注意力定位在“人的发展”这个问题上，相关的讨论也甚是激烈。客观地说，诺贝尔经济学奖得主阿玛蒂亚 · 森的观点影响较大。森将可行能力（capabilities）定义为“给定一个人的个人特性以及他对商品的支配，他在功能选择上所具有的自由”。这里的“功能”是指一个人利用其拥有或者控制的商品所做的（或所能做的）事情，反映的是一个人可能珍视去做，或者去成为各种东西。简单地说，就是一个人具有更多的选择的自由，对生活的控制等等。这种观点与我们平常接触到的观点有别。一部分人认为，让一个人获得足够的商品（服务）就是“人的发展”，却没有考虑这个人拥有的商品是否是他想要的，以及他拥有这些商品可以做什么。比如给一个居住在高半山的农村居民一套位于河谷地带的漂亮的住宅，导致其与赖以生存的土地资源分离。每天他要花费大量的时间成本在上山、

① 段莉：《城镇化与文化产业互动发展的逻辑与价值》，《福建论坛》（人文社会科学版）2013 年第 10 期，第 76 ~ 80 页。

下山的路途中。这种行为就算不上是促进“人的发展”。因为它既没有增加人的选择自由，又打压了人从拥有的商品中获得的快乐。漂在城市的农民工，没有干净的居所，子女就学困难，医疗费用昂贵。在城里赚的钱，在城里不够花。勤劳的工作不能换来多一点的选择自由。这种现象说明什么？说明我们现在的城镇化还没有真正地把“人的发展”放在首位，而是以“人口城镇化”“土地城镇化”这样的指标来替代城镇化丰富的内涵。没有“人的发展”，城镇化就如海市蜃楼般，有着令人渴望的美丽，但只是幻境。

文化产业满足的是人对文化产品（服务）的需求，是“为人民服务”的产业，这一点无可置疑。但文化是否对“人的发展”有作用呢？我们借助美国心理学家亚伯拉罕·马斯洛的需求层次理论加以说明。马斯洛把人的需求从低到高分为五个层次，分别为生理需求、安全需求、社交需求、尊重需求和自我实现需求。对文化的需求是在最高层次，即自我实现需求。自我实现需求是指，满足人们创新的意愿，发挥人们的创造力，实现个体的理想、抱负，发挥个人能力到极限。马斯洛认为，人必须干称职的事才会感到最大的快乐。由此，文化是一条路径，引导人们在自我实现的道路上奋进，使其成为自己希望成为的人，这便是“人的发展”。

二　四川新型城镇化与文化产业互动发展

（一）文化产业助推新型城镇化的三个切入点

文化产业是推动四川城镇经济转型的主动力。文化产业与城镇经济转型升级的关系见图1。农业时代、工业时代和后工业时代具有不同的文化特征，分别对应生活性、生产性和现代服务业综合发展。当前四川处在工业化的中后期，文化的特征介于“生产性”和“现代服务业”之间，既要注重“效率为主，市场扩张”，也要在意“品质为主，崇尚创新”。这个时期，生产性服务业（如金融服务、商务服务和信息服务等）与文化产业的创意、设计、数字成为服务业发展核心，成为吸引人才的基本条件，为城镇经济转型升级提供原动力。

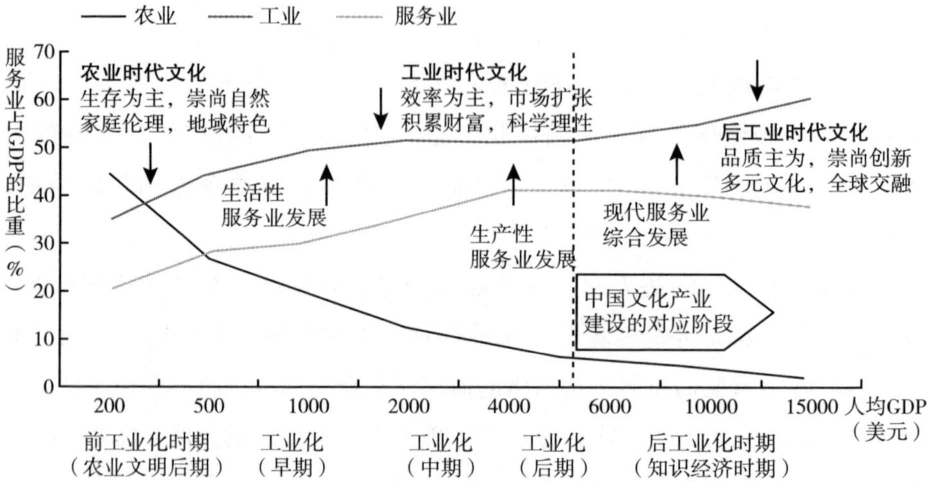

图1　城镇经济转型升级与文化产业发展的对应关系

资料来源：参见花建《发挥文化产业对中国新型城镇化的贡献力》，《学习与探索》2014 年第 9 期，第 113 ~ 119 页。

文化产业带动四川工商业市镇和专业镇发展。工商业市镇和专业城镇是我国最具特色的市场经济形态，也是文化产业的主要载体。当前我国有相当一部分发展良好的工商业市镇和专业镇在发达地区以群落式存在，如浙江、广东、江苏、山东、福建等。这些城镇的早期发展以劳动密集型、资源耗费型产业为主，后期发展则多将文化创意产业作为转型点，向“微笑曲线”的两端突破，跳出代工、低端制造的模式，积极寻求以工业设计为亮点的高端制造路线。遵循工商业市镇和专业镇发展规律，以文化产业带动高端制造业是四川发展特色市场经济的重要切入点。此外，文化产业也能破解城镇发展的空间瓶颈。大多数城镇都面临空间载体小，发展约束大的问题。需要在三次产业融合的基础上，将不同规模和不同功能的城市进行连接。硬件上，可以凭借立体交通实现物流、人流的连接。软件上，则要以文化产业、文化经济为导向，将核心城市与周边城市进行连接，以文化为载体，充分发挥集聚效应和辐射效用，形成区域品牌。

文化产业推动四川工业城市产业升级。城市的早期发展往往与工业化同步，有的城市甚至是因为工业的生产和发展而形成的，这些城市被称之为工业城市。四川21市州中工业增加值占GDP比重超过50%的有10个，分别是自贡、攀枝花、泸州、德阳、内江、乐山、眉山、宜宾、雅安和资阳（见表1）。这些城市在未来发展中或多或少都面临着工业城市转型、产业升级的问题。由于工业城市的工业用电、用地、用水比重很高，资源矛盾相对突出。当工业化进入中后期，城市也逐渐成熟起来。这个时候，就要有"腾笼换鸟"的意识。也就是把早期布局的一些工业企业向更加合适的地方转移。这样的转移有两个好处：一是降低这些工业企业在中心城区用地的高昂成本，突破企业发展的空间瓶颈。二是对城市有保护环境、减小交通拥挤的作用。将这些企业腾出来的空间用于发展文化产业是不错的选择。以成都为例。20世纪60年代开始的三线建设，将成都东郊打造为全国知名的电子工业基地。2012年，这块曾经的工业热土被正式更名为"东郊记忆"，成为工业遗存保护和文化创意相结合的新型旅游景区。

表1　四川21市州工业增加值占GDP比重（2012年）

单位：%

地区	工业增加值占GDP比重	地区	工业增加值占GDP比重	地区	工业增加值占GDP比重
成　都	38.43	遂　宁	44.74	达　州	47.93
自　贡	55.20	内　江	58.34	雅　安	50.94
攀枝花	72.03	乐　山	57.97	巴　中	26.15
泸　州	57.08	南　充	42.19	资　阳	50.39
德　阳	56.12	眉　山	50.38	阿坝州	39.84
绵　阳	45.11	宜　宾	57.31	甘孜州	26.91
广　元	40.52	广　安	41.32	凉山州	40.38

文化产业促进四川资源枯竭型城市转型。资源枯竭型城市是指矿产资源开发进入后期、晚期或者末期阶段，其累计采出储量已达到可采储量的70%以上

的城市。发达国家的一些城市在工业化初期和中期，都经历过资源枯竭型城市转型的问题。如德国鲁尔矿区、法国洛林矿区、美国匹兹堡、日本九州等。自2008年以来，我国先后确定了三批69个资源枯竭型城市，四川的华蓥市和泸州市在列。目前，这两座城市通过建立衰退产业援助机制、资源开发补偿机制积极促进城市转型，并在产业转型的规划中，将旅游业作为城市经济发展的主导产业。可见，在“硬资源”消失殆尽之时，必须促进“软资源”的培育，以“软资源”激发城市成长的活力。而文化产业是当之无愧的转型重器。

（二）新型城镇化助力文化产业振兴的三大支点

相比全国平均水平，四川城镇化率仍有差距（见图2）。对此差距的认识有两个角度：一是表示四川仍需追赶，弥补不足。二是表示四川未来发展的空间巨大。以“建成区面积增速”指标为例。2005～2012年，四川“建成区面积增速”呈不断递增的趋势，与全国的平稳小幅增长形成鲜明对比。后发优势将成为四川新型城镇化的重要特征。

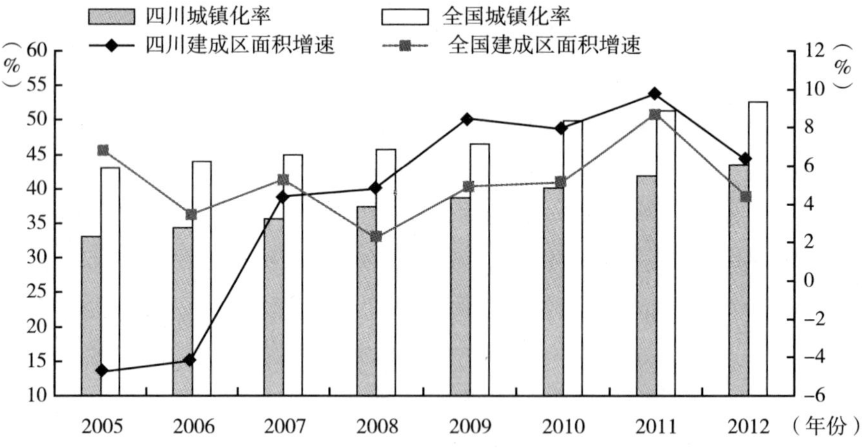

图2 四川与全国城镇化水平比较（2005～2012年）

新型城镇化为四川文化产业振兴提供了重要平台。一方面，新型城镇化促进了人口集聚，为文化需求释放提供可能。四川是人口大省，但人口密度小，2012年为167人/平方公里。同期，东部沿海地区人口密集，每平方公里超过 400 人。城镇化率低下意味着人口居住分散、集聚度不高，对文化的需求较低，“文化”以散、弱、小、差的特征呈现。新型城镇化促进人口集聚，不仅扩大了文化的受众群体，还减小了文化传播的成本，为文化繁荣提供了巨大的市场载体。另一方面，新型城镇化为文化这样的特色产业发展提供了平台。2013 年 9 月四川省人民政府印发了《进一步加快推进新型城镇化八条措施的通知》，明确提出“大力发展小城镇特色产业”，工业镇要坚持企业向园区集中，商贸镇要注重加强商业街、集贸市场和仓储物流建设，旅游镇要注重塑造文化风貌特色。城镇走差异化、特色化的发展路径，为大众和小众文化、传统与现代文化、民族与非民族文化的振兴提供了无限的可能。

新型城镇化为四川文化融合式发展提供了重大机遇。归纳起来，四川城镇化的路径有以下几条：①以县域工业化带动城镇化；②以企带村实现就地城镇化；③以城乡统筹试点带动城镇化；④以农村社区建设带动城镇化；⑤以“城市群”和“产业带”带动城镇化；⑥借助灾后重建带动城镇化。新型城镇化的过程伴随着农村人口跨区域、跨城乡的流动，带来了农村文化与城市文化、民族文化与非民族文化、内陆文化与沿海文化的交汇，为四川文化产业融合式发展营造了良好氛围。2014 年《国务院关于推进文化创意和设计服务与相关产业融合发展的若干意见》中明确提出，到 2020 年“文化创意和设计服务的先导产业作用更加强化，要建设一批特色鲜明的融合发展城市、集聚区和新型城镇。”文化产业可借助信息化、数字化、智能化系统平台，以智慧城市建设奠定融合式发展的基础，以文化新业态推动文化产业跨越式发展。

文化城镇化将成为文化产业展示“魔力”的典型代表。文化是城镇的灵魂。知名度高的城镇多以文化著称，如台湾彰化的鹿港镇、山西的平遥、浙江的乌镇、江苏的周庄。文化通过介入基础设施建设，旅游产品打造，以品牌、形象、信誉等无形资产铸就城镇品牌，成为城镇竞争力的重要组成部分。文化城镇化这一智能化、信息化、人本化的城镇化方式，以其全息生态的风格成为各国城市发展的焦点，为文化产业的“城市包围农村”搭建了载体和桥梁。[①] 对四川

① 范周：《关于我国城镇化与文化发展的思考》，《现代传播》2013 年第 8 期，第 55 ~ 58 页。

而言，强化文化城镇化就是引导新型城镇化走品牌路线，以文化造就特色和优势，形成文化洼地。倡导文化城镇化既是四川新型城镇化的主方向，也是四川文化产业振兴的必然选择。

新型城镇化激生公共文化服务需求，助推文化产业蓬勃发展。2014 年，中共中央、国务院印发的《国家新型城镇化规划（2014—2020 年）》中明确提出，提升城市基本公共服务水平，要加强公共文化等基础设施建设。新型城镇化强调“四宜”，即宜商、宜业、宜居、宜人，需要通过完善和提升城镇的生活配套设施，来吸引国际、国内高端、专业人才和知识型劳动者。新型城镇化一方面促进了公共基础设施的建设，另一方面也带动了文化类公共服务项目与工程的开展，令“公共文化服务的建设更具规模，形式不断创新，文化真正走进街道，走入社区，彰显生活美学。”① 此外，随着需求的增加，政府生产、供给公共服务文化的能力越显不足，需要通过振兴文化产业，促进文化企业和文化市场的发展。

三　四川文化产业与新型城镇化如何相关

相关性是衡量两个要素关系密切程度的重要系数。验证新型城镇化与文化产业的相关性，必须对两者进行量化处理。本文用两种方法来量化新型城镇化。一是单一指标量化。选择“城镇化率”和“建成区面积”这两个指标测度新型城镇化水平。其中，“城镇化率”强调的是人口城镇化，“建成区面积”则侧重于土地城镇化。二是利用综合指标体系进行量化。在参考马世骁、许萍②建立的城镇化水平指标体系的基础上，切合四川实际，并考虑指标的可获取性，建立用于评价四川新型城镇化的指标体系。

对文化产业的量化较难，源于三点：一是我国对文化产业的统计是近年来才发展起来的，数据量少，特别是纵向时间数据缺乏。二是文化产业内涵

① 范周：《关于我国城镇化与文化发展的思考》，《现代传播》2013 年第 8 期，第 55 ~ 58 页。

② 马世骁、许萍：《城镇化水平综合评价方法研究》，《沈阳建筑大学学报》（社会科学版）2012 年第 3 期。

丰富，有“大文化”和“小文化”之别，统计工作困难大。三是产业边界模糊，影响了统计工作的推进。拿隶属文化产业的旅游业来说。我国目前尚未解决旅游业的统计问题，旅游增加值仍处在估算阶段。旅游业尚且如此，文化产业也不例外。考虑文化产业统计数据采集的困难及特殊性，本文除使用国家和四川省“文化及相关产业增加值”数据外，也采用“国内旅游收入”和“教育文化娱乐服务支出”两个指标，从旅游业和居民消费两个角度，揭示文化产业的发展状况。

全国、四川文化及产业增加值变化情况见图3。全国、四川城镇化及文化产业指标比较见表2。

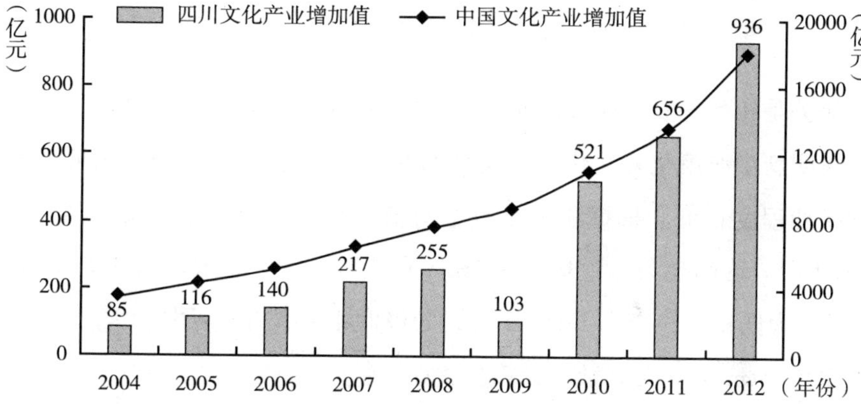

图3　全国、四川文化产业增加值变化情况（2004～2012年）

资料来源：四川数据来源历年《四川日报》；全国数据来源于《中国文化及相关产业统计年鉴2013》。

表2　全国、四川城镇化及文化产业指标比较

年度	城镇化率（%）		建成区面积（平方公里）		教育文化娱乐服务支出(亿元)		国内旅游收入（亿元）	
	四川	全国	四川	全国	四川	全国	四川	全国
2004	31.1	41.8	1393.9	30406.2	874.4	1032.8	566	4711
2005	33.0	43.0	1328	32521.0	909.0	1097.5	721	5286
2006	34.3	43.9	1272.9	33660	976.3	1203	980	6230
2007	35.6	44.9	1328.4	35469.7	1031.8	1329.2	1217	7771

续表

年度	城镇化率（%）		建成区面积（平方公里）		教育文化娱乐服务支出（亿元）		国内旅游收入（亿元）	
	四川	全国	四川	全国	四川	全国	四川	全国
2008	37.4	45.7	1391.7	36295.3	1121.0	1358.3	1091	8749
2009	38.7	46.6	1509.5	38107.3	1150.0	1472.8	1472	10184
2010	40.2	49.9	1629.7	40058.0	1225.0	1627.6	1886	12580
2011	41.8	51.3	1788.1	43603.2	1369.0	1815.7	2449	19306
2012	43.5	52.6	1901.7	45565.8	1587.0	2033.5	3280.3	22706

资料来源：根据《四川统计年鉴》（2005～2013 年）、《中国统计年鉴》（2005～2013 年）、《国家和四川省统计公报》（2004～2012 年）整理得到。

（一）基于单一指标的相关性分析

相关是相互关联的简称，通常使用相关系数 r 表示关系的密切程度。$|r|$ 越大表明新型城镇化与文化产业关系的密切程度越高；$|r|$ 越小表明两者关系的密切程度越低。根据相关系数绝对值大小，给出以下定义：当 $0.7 \leq |r| < 1$ 时，为高相关；当 $0.4 \leq |r| < 0.7$ 时，为中相关；当 $0.2 \leq |r| < 0.4$ 时，为低相关；当 $|r| < 0.2$ 时，为极低相关或者接近零相关。

采用 Pearson 相关系数，计算公式如下：

$$r = \frac{\sum_{i=1}^{n}(x_i - \bar{x})(y_i - \bar{y})}{\sqrt{\sum_{i=1}^{n}(x_i - \bar{x})^2 \sum_{i=1}^{n}(y_i - \bar{y})^2}}$$

设定衡量新型城镇化的两个单一指标为“建成区面积”和“城镇化率”。衡量文化产业的三个单一指标为“文化产业增加值”“国内旅游收入”和“教育文化娱乐服务支出”。运用 SPSS 17.0 计算得到，全国、四川新型城镇化与文化产业 Pearson Correlation 相关系数见表 3。

从“建成区面积”与“文化产业增加值”两个指标计算得到，四川新型城镇化与文化产业的相关度为 0.924；同期，全国新型城镇化与文化产业

表3　全国、四川新型城镇化与文化产业 Pearson Correlation 相关系数

全国	指标分类	新型城镇化指标	
		建成区面积	城镇化率
文化产业指标	文化产业增加值	0.983 **	0.976 **
	国内旅游收入	0.975 **	0.964 **
	教育文化娱乐服务支出	0.996 **	0.992 **
四川	指标分类	新型城镇化指标	
		建成区面积	城镇化率
文化产业指标	文化增加值	0.924 **	0.868 **
	国内旅游收入	0.946 **	0.941 **
	教育文化娱乐服务支出	0.937 **	0.974 **

注：** Correlation is significant at the 0.01 level（2 - tailed）.

的相关度为0.983。从“建成区面积”与“旅游收入”两个指标计算得到，四川新型城镇化与文化产业的相关度为0.9461；同期，全国新型城镇化与文化产业的相关度为0.9748。从“建成区面积”与“教育文化娱乐服务支出”两个指标计算得到，四川新型城镇化与文化产业的相关度为0.9367；同期，全国新型城镇化与文化产业的相关度为0.996。

从“城镇化率”与“文化产业增加值”两个指标计算得到，四川新型城镇化与文化产业的相关度为0.8682；同期，全国新型城镇化与文化产业的相关度为0.9760。从“城镇化率”与“旅游收入”两个指标计算得到，四川新型城镇化与文化产业的相关度为0.9412；同期，全国新型城镇化与文化产业的相关度为0.9636。从“城镇化率”与“教育文化娱乐服务支出”两个指标计算得到，四川新型城镇化与文化产业的相关度为0.9736；同期，全国新型城镇化与文化产业的相关度为0.9917。

当指定显著性水平为0.01时，统计检验的相伴概率小于等于0.01，即以上各项指标显著相关，且为正相关。综上，从单一指标来看，四川新型城镇化与文化产业是高相关的，相关系数均在0.9以上。相比四川，全国表现出来的相关性更高，关系也更为紧密。

（二）基于综合评价指标体系的相关性分析

本文原计划对四川 21 市州新型城镇化水平进行评价。但在指标数据采集时发现，阿坝、甘孜和凉山三个地区缺乏一些重要的统计数据。故而，新型城镇化的评价对象最终限定在 18 个地区。

对 5 个一级指标的权重采用层次分析法（AHP）进行确定。由专家对 5 个一级指标（人口系统、经济系统、社会系统、科教文卫系统和环境生态系统）进行比较，给出两两比较判断矩阵。设定判断矩阵 A 中元素 a_{ij} 表示 i 元素与 j 元素相对重要性之比，且有下述关系：

$$a_{ij} = \frac{1}{a_{ji}}, a_{ii} = 1$$

规定用 1、3、5、7、9 分别表示 i 元素与 j 元素同样、比较重要、重要、很重要、极重要。2、4、6、8 表示两者相比重要性的中间关系。得到上三角矩阵如下：

类　别	人口系统	经济系统	社会系统	科教文卫	环境生态
人口系统	1	1/3	0.5	2	1
经济系统		1	1.5	1.5	3
社会系统			1	1	2
科教文卫				1	2
环境生态					1

计算得到五个一级指标的权重为：

一级指标权重	人口系统	经济系统	社会系统	科教文卫	环境生态
	0.16	0.33	0.22	0.18	0.11

设定一级指标下面的二级指标权重相等。计算得到，四川 18 地区新型城镇化水平见表 4。

表 4　四川各地区新型城镇化水平及排序

地区	人口系统	经济系统	社会系统	科教文卫系统	环境生态系统	新型城镇化水平	排序
成　都	0.705	0.868	0.977	0.496	0.795	0.791	1
自　贡	0.335	0.324	0.381	0.161	0.524	0.331	16
攀枝花	0.406	0.659	0.787	0.666	0.325	0.611	2
泸　州	0.245	0.346	0.676	0.405	0.550	0.436	8
德　阳	0.234	0.452	0.757	0.193	0.667	0.461	6
绵　阳	0.218	0.385	0.874	0.516	0.590	0.512	3
广　元	0.170	0.183	0.602	0.682	0.338	0.380	13
遂　宁	0.245	0.270	0.511	0.426	0.410	0.363	14
内　江	0.337	0.244	0.640	0.220	0.195	0.336	15
乐　山	0.185	0.363	0.751	0.287	0.384	0.409	10
南　充	0.243	0.123	0.727	0.550	0.498	0.393	12
眉　山	0.207	0.296	0.860	0.240	0.539	0.422	9
宜　宾	0.294	0.341	0.706	0.494	0.514	0.461	5
广　安	0.279	0.227	0.654	0.600	0.850	0.465	4
达　州	0.273	0.164	0.145	0.299	0.105	0.195	18
雅　安	0.307	0.299	0.704	0.275	0.488	0.406	11
巴　中	0.169	0.112	0.381	0.373	0.251	0.243	17
资　阳	0.307	0.322	0.742	0.413	0.591	0.458	7

从 18 个地区“新型城镇化水平”与“旅游收入”两个指标计算得到，四川新型城镇化与文化产业的相关度为 0.706。可见，即使将研究的空间区域放在四川省内，仍旧存在新型城镇化与文化产业高相关的结论。

从五个一级指标与“旅游收入”指标计算得到，“人口系统”与“文化产业”的相关度为 0.809，“经济系统”与“文化产业”的相关度为 0.716，“社会系统”与“文化产业”的相关度为 0.454，“科教文卫系统”与“文化产业”的相关度为 0.129，“环境生态”与“文化产业”的相关度为 0.439。可见，与文化产业最为密切的是“人口系统”与“经济系统”。推进新型城镇化和文化产业发展，必须从“人”和“经济”两个角度共同切入。从数据上看，科教文卫系统与文化产业相关度偏低（0.129）。由于“科教文卫系统”选择的指标多是公共服务类，确切地说是文化事业。而我国文化事业与文化产业各有系统，导致科教文卫系统与文化产业低相关的结论亦在情理之中。

B.7
四川新型城镇化与绿色文化产业发展

罗子欣　郭义盟*

摘　要： 本报告对四川绿色文化产业发展概况进行总结分析，认为新型城镇化需要绿色文化产业，以园区集聚为单元的绿色文化产业空间布局是新型城镇化建设的重要载体，以科学技术为支撑的绿色文化产业创新发展是新型城镇化建设的根本动力。绿色文化产业的发展带来了城镇化的新机遇，不仅是提升城市基本公共服务水平、建立城市群发展协调机制、强化城市产业就业支撑、强化生态环境保护制度的需要，还在实践中推动了四川的新型城镇化，有助于“加快绿色城市建设、推进智慧城市建设、注重人文城市建设”目标的实现。

关键词： 绿色文化产业　新型城镇化　四川省

我国历经三十多年的高速增长，经济发展中结构不合理，“高能耗、高污染”① 等问题日渐突出。各级政府与学术界逐渐意识到促进高效、环保的绿色文化产业发展不仅能够提高国民生产总值，还能扩大地区及全球影响力。目前四川省文化产业实现增加值居全国第七位、中西部首

---

* 本章研究也是四川省教育厅人文社会科学重点研究基地西华大学地方文化资源保护与开发研究中心项目（13DFWH006.1）、成都市软科学项目（13RKYB059ZF－041）的阶段性成果。
罗子欣，四川省社会科学院新闻传播研究所副研究员，四川大学博士生，主要研究方向：新媒体、科学传播。郭义盟，成都理工大学硕士研究生，主要研究方向：区域经济。

① 范煜瑾、张娜：《论怎样构建一个可持续发展的生态城市》，《科技信息》2010 年第 5 期。

位[①]，但与发达国家和国内发达地区相比仍有较大差距。本文从“省域”这一中观层面，研究绿色文化产业与推进四川省新型城镇化发展的理论基础与现实问题。

一 绿色友好：新型城镇化需要发展绿色文化产业

（一）绿色文化产业的特点

绿色文化产业除了文化产业的共性之外，最为突出的特点是其“生态性”和“科技性”。

作为“无烟产业”，绿色文化产业天然具有资源节约环境友好的特点。绿色文化产业中既有直接与生态有关的内容，如文化休闲娱乐服务中，就有“公园管理、游览景区管理、野生动物保护、动物园和海洋馆、水族馆管理服务、野生植物保护、植物园管理服务”等景区游览服务，亦有其他类型的不进行直接物质制造的娱乐休闲服务，充分体现了绿色文化产业对生态环境保护的特性。

从绿色文化产业的内涵来看，文化产品满足了人们超越一般物质生活需求之上更高的精神文化需求，是基于创新的思维与有效的技术实现对文化资源禀赋的开发和利用[②]，进一步凝练与发展为文化产业。独特的文化内涵赋予绿色文化产品区别于其他产业产品的不同形态，绿色文化产品的科技性、虚拟性，决定了它与其他产业产品在效用上的差别——绿色文化产业的产品则更多是以科学技术为支撑，在精神上提供消费。

（二）绿色文化产业培育与新型城镇化

党的十八大报告中提出要“坚持走新型的城镇化道路”，同时也提出“推动文化产业成为国民经济支柱性产业的目标”。城镇化是“衡量区域经

---

① 赵倩倩：《文化与旅游：“创意”驱动开创新局面》，《四川省情》2014年第1期。

② 赵倩倩：《文化与旅游：“创意”驱动开创新局面》，《四川省情》2014年第1期。

济社会发展水平的重要标志”[①]，优化绿色文化产业的空间布局、以科学技术为支持促进新型城镇化建设意义重大。

1. 以园区集聚为单元的绿色文化产业空间布局是新型城镇化建设的重要载体

国内外多个产业园区的出现和成功发展对当地的城镇经济发展产生了巨大的影响，“文化产业园”不仅是该产业发展到一定程度后“在地理空间上的积聚”，更是“集政策、企业、创新、孵化、投资管理、后勤服务和产权交易等系列功能为一体”[②]的文化产业聚合平台。近年来，为了大力发挥产业集群这一产业高级形态对文化产业的推动作用，[③]四川省已建成“国家级文化产业示范基地 13 个、省级文化产业示范基地 33 个”[④]。从绿色文化产业发展方向和趋势来看，必须充分考虑外部规模经济效应。依托文化、民俗等资源优势建立的绿色文化产业带为推进产业集聚的有效尝试，正成为推动文化产业链形成、发展、优化的重要方式和载体[⑤]。目前，“四川已建立一核四带的区域空间布局和‘5+2’产业格局”[⑥]。一批民营文化企业如雨后春笋，遍布市场各个角落。它们之中，有多种“文化中介公司、文化发展中心、文化工作室等经营性机构”[⑦]，这也是四川绿色文化市场的重要力量。

新型城镇化的发展对区域文化产业提出了新的要求。以“一核”成都市为例，近年来，随着文化强市的加快建设，成都市文化产业取得了稳步发展，2012 年，成都市文化产业实现增加值突破 410.0 亿元，占地区生产总

---

① 田丽英：《城镇化存在的问题及对策建议》，中国环境科学学会 2012 学术年会，2012 年 6 月。

② 吴冰：《浅谈差异化和规模经济视角下文化产业园区发展策略》，《四川省干部函授学院学报》2012 年第 3 期。

③ 孙小丽：《基于创新网络的产业集群成长问题研究》，东南大学硕士学位论文，2008 年，第 38 页。

④ 四川省政府办公厅：《文化》，2013 年 3 月 27 日。http://www.sc.gov.cn/10462/10778/10876/2013/3/27/10253744.shtml

⑤ 文彧：《产业链视角下文化产业整合与优化路径分析——以四川为例》，四川师范大学硕士学位论文，2012，第 60 页。

⑥ 梁伟华：《文化产业：迎来又一个新的发展高潮》，《四川省情》2013 年第 1 期

⑦ 罗子欣、车欣怡：《成都市文化产业现状及对策建议》，《资源与人居环境》2013 年第 11 期。

值的比重达到5.2%，相比2011年提升0.4个百分点，占服务业增加值比重达到9.8%，较2011年提升0.6个百分点。

2. 以科学技术为支撑的绿色文化产业创新发展是新型城镇化建设的重要动力

绿色文化产业与科技创新的互动融合是文化产业的发展趋势，在发展绿色文化产业的过程中，重视高新科学技术的运用与研发，将绿色文化产业科技化是非常有效的发展文化产业的方式，以科技创新的文化产业为依托，让区域城镇得到长足发展，在经济收益与区域影响力上双获丰收。

一方面，以科技创新推动绿色文化产业发展，有利于加快调整产业结构，实现文化产业的快速增长，提升文化产业的基础设施建设。[①] 运用数字通讯、网络媒介等诸多新兴技术可以提升企业的科技含量，形成“数字出版、网络游戏、移动电视、手机报刊等新兴文化产业”[②]；另一方面，“技术创新已成为促进经济增长的内生因素”，技术创新有助于提高文化企业的“生产效率、降低成本，有利于企业产品的差异化战略的实现，有利于促进生产的管理方式的改善”[③]。

二　生态宜居：新型城镇化中的绿色文化产业

（一）四川绿色文化产业竞争力分析

哈佛商学院教授迈克尔·波特的“钻石模型”是基于比较优势理论为基础，提出的国家竞争力提升模型，他认为产业竞争力取决于“生产要素、需求状况、相关产业与辅助产业、企业战略、结构与竞争、机遇以及政府”等多要素[④]

① 范军：《文化产业、创意产业与版权产业》，《出版参考》2013年第14期。
② 范军：《文化产业、创意产业与版权产业》，《出版参考》2013年第14期。
③ 王玉梅、罗公利、田恬：《知识溢出对高技术服务业技术创新能力影响的评价指标体系研究》，《情报理论与实践》2013年第2期。
④ 汪应洛、马亚男、李泊溪：《几个竞争力概念的内涵及相互关系综述》，《预测》2003年第1期。

(见图1)。其中，生产要素包括“人力资源、文化资源、技术资源、资本资源等”，生产要素是发展绿色文化产业的基础和前提。在此就四川文化产业竞争力中生产要素的情况进一步进行分析。

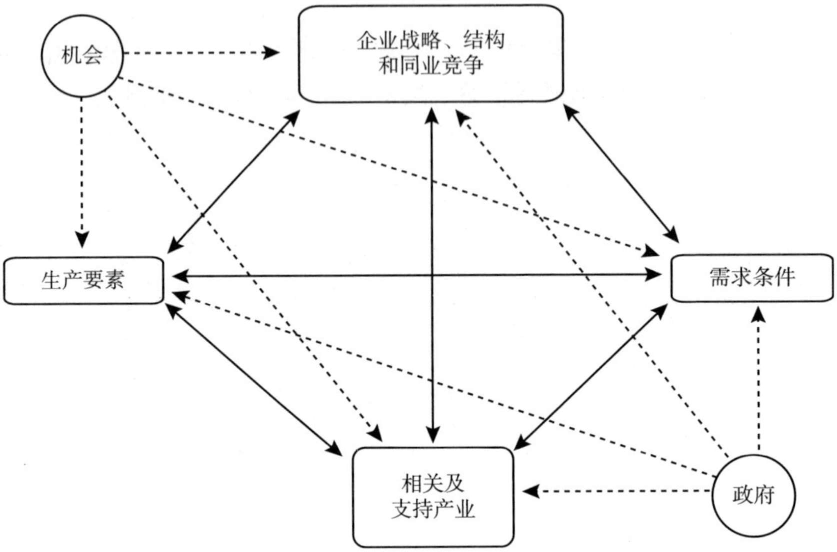

图1　波特产业竞争力分析“钻石模型”

1. 人力资源

人力资源特别是高层次人力资源作为当今社会的“高级生产要素”，具有显著的收益持续递增性，而且产业结构越高级化，“知识密集型越高，这种优势越明显”①，要实现以往资源依赖型发展转型到创新驱动型发展模式，必须提高“凝结在劳动者身上的技能和知识水平”②，其直观反映在劳动者受教育的程度。知识创新是绿色文化的核心理念，教育承载培养创新人才的重任，高校针对社会需求指定培养计划，绿色文化产业的开发专门人才的培育逐渐受到四川高校的重视。目前，四川一些高校设有文化创意类相关专业，如西华大学专门设置了动漫学院。尤其值得一提的是，四川省在2006

① 韩江波：《基于要素配置结构的产业升级研究》，《首都经济贸易大学学报》2011年第1期。
② 钱津：《对劳动若干基本范畴划分的分析》，《天津社会科学》2003年第3期。

年成立了全国唯一一家专门为文化产业服务的四川文化产业职业技术学院。四川还拥有一系列国家基地，如：国家级的“软件产业基地”“科技与文化融合示范基地”等。据统计，2012 年四川地区文化产业示范园区中的从业人员 56095 人，具有大学专科以上学历人员 10087 人。高层次的人力资源为四川丰富的绿色文化资源的比较优势转化为经济优势和产业优势奠定了人才基础。

2. 文化资源

作为中华民族文化的重要发源地之一，四川是一个绿色文化创意资源富集的省份，悠久而精彩的历史传承成为四川绿色文化产业发展的独特动力。四川的“藏羌彝文化产业走廊”充分体现了文化产业的多元性，作为民族文化产业带的核心内容，“藏羌彝文化产业走廊已被纳入《国家“十二五”时期文化改革发展规划纲要》和《文化部“十二五”时期文化产业倍增计划》”①，投资领域涉及“广播电视、网络游戏、科幻、动漫、出版、电影等潜力巨大的领域”②。古蜀文化、“湖广填四川”所形成的移民文化等文化特征使绿色文化产业发展具有明显优势和很大潜能。发展区域绿色文化产业，还需要好的绿色文化产业项目和产品通过更广阔的渠道进行传播、推广，以拓宽区域的绿色文化产业市场。

3. 技术要素

“科学技术的不断进步是产业保持和提高的竞争力的源泉”③，在绿色文化产业发展过程中，文化与科技相互交融，形成了多元化的数字、信息化、新媒体传播平台，交互媒体的发展给四川文化资源的开发与绿色文化产业的健康成长提供了更多选择技术发展改变文化产品的形态和内在价值的同时，也带动了绿色文化产业的同步发展。

---

① 张玉玲：《藏羌彝文化产业走廊将带来什么?》，《光明日报》，2014 年 3 月 20 日，http：//news. gmw. cn/2014 -03/20/content_ 10720662. htm。

② 冷一婷：《藏羌彝特色文化吸引海外资金》，《金融投资报（成都）》2014 年 10 月 27 日，http：//news. 163. com/14/1027/00/A9HA49FC00014AED. html。

③ 卢焱群：《科技竞争力是提高我国产业国际竞争力的关键》，《理论月刊》2002 年第 11 期。

4. 资本要素

资本作为最基本的生产要素，是产业赖以生存的血液。一般而言，资本获取能力较强的区域，其文化产业的竞争力也较强①。“四川已初步形成以公有制为主体、多种所有制共同发展的文化产业格局”②，市场主体的多元化与投资主体的多元化，“民营文化企业现已占四川省文化产业机构的79%”③。四川首届文化产业项目交易会于2014年10月在成都正式启幕，有利于为四川绿色文化产业打造公平、透明、便捷的交易平台④。

5. 相关产业及支撑产业

目前四川省的产业格局还是以第一、第二产业为主，但经过近年的改革发展，文化产业及相关产业、支撑产业得到了长足发展，并逐渐形成了“大集团带大产业，大产业促大发展”的战略格局⑤，逐步打造出包括“三国文化品牌、青铜文化品牌、大熊猫文化品牌，以及红色文化品牌等”在内的一批独具巴蜀特色的绿色文化品牌⑥。另外，依托区域文化资源优势，建立特色绿色文化产业带已成为推进产业集聚的有效尝试⑦。

（二）绿色文化产业带来城镇化新机遇

我国经济发展中结构不合理、环境污染严重等生态问题日渐突出，四川的新型城镇化也面临着生态挑战，而绿色文化产业给四川的城镇化带来更多新机遇。

---

① 王晓宇：《提升河南省文化产业竞争力研究》，郑州大学硕士学位论文，2011年，第87页。

② 胡静：《紧抓灾后重建机遇，转变文化发展方式——专访四川省文化厅厅长郑晓幸》，《中国西部》2013年第13期。

③ 何军林：《民营文化企业发展应突破“锁定”状态》，《中国高新技术企业》2011年第8期。

④ 杨富：《文化产业跨界融合 四川首届“文交会”昨日启幕》，《成都日报》，2014年10月11日，http://news.163.com/14/1011/03/A88D97B100014Q4P.html。

⑤ 张晓明、胡惠林、章建刚主编《2007年：中国文化产业发展报告》，社会科学文献出版社，2007。

⑥ 文彧：《产业链视角下文化产业整合与优化路径分析——以四川为例》，四川师范大学硕士学位论文，2012，第60页。

⑦ 文彧：《产业链视角下文化产业整合与优化路径分析——以四川为例》，四川师范大学硕士学位论文，2012，第60页。

1. 优化城镇生态环境保护

从发达国家的发展经验来看，绿色文化产业对城镇健康发展意义重大。以德国鲁尔区为例，这个现在拥有53个城市和530万人口的区域曾是闻名世界的工业区，被誉为德国的煤炭与钢铁之都。但20世纪末以来，鲁尔区煤炭产量逐渐下降，低就业率和随之而来的经济萧条让整个区域弥漫在困境之中。为此，该地区高举文化大旗进行了创新改革，成功实现了从没落的工业区到现代文化都市的华丽转身。

四川新型城镇化面临的生态环境问题很大程度上是由传统的工农业生产方式带来的。发展绿色文化产业正是以产业结构的优化升级、产业形态的绿色环保、产业产出的高附加值给生态环境保护带来根本变化，并催生出新的经济增长点。以成都市成华区的“东郊记忆”为例，其原名东区音乐公园，前身是成都东城区的老厂房厂区，老厂拆迁后按城市工业用地更新和工业遗存保护相结合的方式，改造为现在的工业遗存保护和文化创意产业相结合的新型旅游景区。这里既保留了老成都、老工厂的一些特色符号和纪念，也有现代化的电影院、剧院、艺术展，集美食娱乐艺术于一体。有游客如是评价：“最为难能可贵的是，没有大规模的拆砌，只在原有的基础上做了恰如其分的融合。”区域生态环境在很大程度上决定了城镇能否实现可持续发展，绿色文化产业不以牺牲生态环境来换取经济增长的发展方式，非常符合发展循环经济、加强环境保护的宗旨，有利于城镇生态环境的保护。

2. 提升城镇基本公共服务水平

城镇基本“公共服务水平”与城镇经济的活跃程度和发展程度具有极高的关联性，文化产品的提供是城镇基本公共服务的重要内容。从理论研究与国内外经验来看，“人均国民生产总值超过3000美元之后，文化消费就会进入快速增长阶段”①，四川省在2011年人均GDP就突破了4000美元，文化需求处于高速增长时期，无论是城镇居民，还是农村居民，对精神文化的

---

① 陈玉国、陈子薇：《文化产业成为国民经济支柱性产业研究综述》，《河海大学学报》（哲学社会科学版）2013年第3期。

需求都更加旺盛。

多年来我们大力发展公益性文化事业，但是目前的文化产品供给还不能完全满足居民多层次、多方面、多样化的需求，并且居民对文化产品的质量也提出了更高要求。从一些文化基本服务来看，四川省的公共图书馆略有上升（见图 2），艺术表演团体在人均数上近年呈现出下降趋势（见图 3），文化馆、文化站和人均年出版报刊、图书在近年出现一定的波动（见图 4）。因此，从绿色文化产业的角度入手，提升城镇基本公共服务水平还有很大的空间。

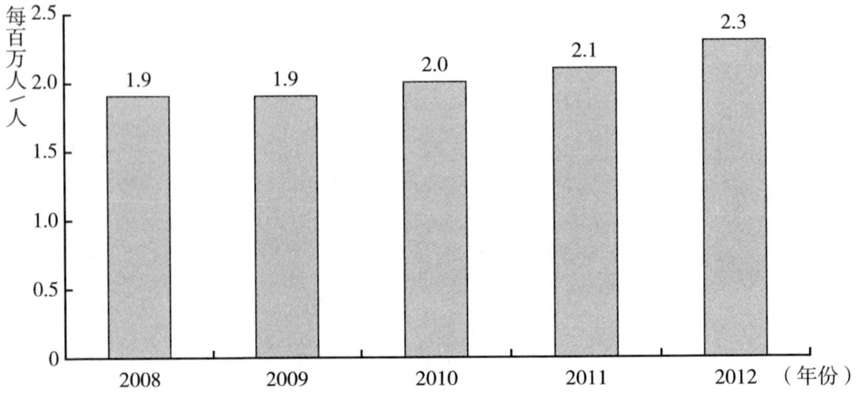

图 2　四川省的公共图书馆

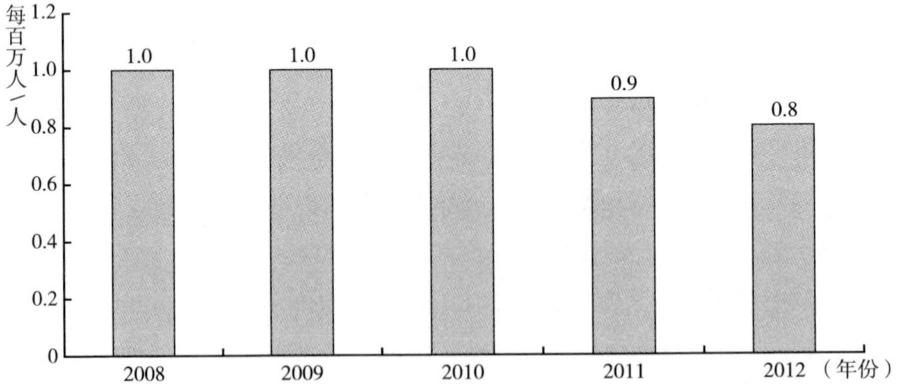

图 3　四川省的艺术表演团体

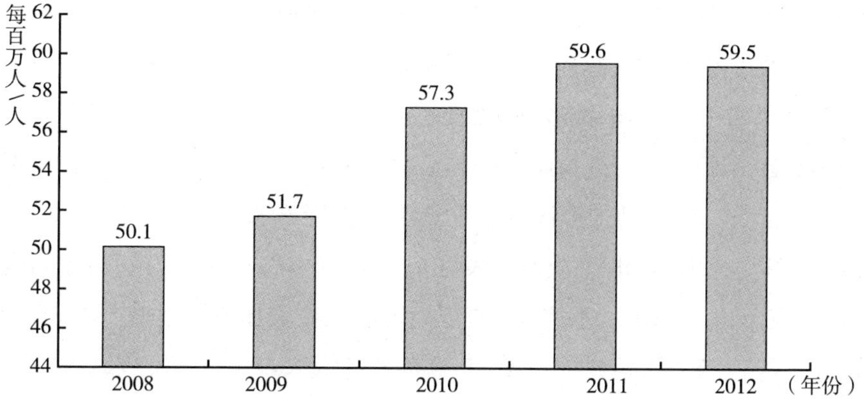

图 4　四川省文化馆、文化站

3. 建立城市群发展协调机制

四川的绿色文化产业资源丰富，并呈现出区域分布的特色，被认为"分布具有相对完整性"。丰富资源形成的绿色文化产业，对城市群发展起到了积极的协调作用。在前面章节研究中，已对目前四川的多样历史、自然文化产业区进行了描述。事实上，依靠四川绿色文化资源的分布很容易划分出绿色文化发展区域，而这也是区域城市群发展的重点。四川省已在有关的规划与战略中充分考虑了不同城市群的文化资源禀赋，在对其进行分类、整合的基础上，以点、线、带、区以至网络的空间理念确定了文化产业区域布局的方案，积极推动城市群的差异化、特色性发展。

三　互动交融：绿色文化产业推动四川新型城镇化建设

（一）加快绿色城市建设

绿色城市是当今世界城市发展的潮流，不论是英美传统发达国家，还是像新加坡、韩国这类的亚洲后起之秀，绿色城市的发展成为共同的主旨。譬如新加坡这个新型的城镇化国家，以"Garden within a city，city within a garden”闻名遐迩，创造了绿色与城市相融发展的典范。

绿色城市发展是四川省新型城镇化的一个根本要求，2014 年 6 月，四川省下发《四川省县域经济发展考核办法（试行）》，选取了 16 个指标对全省 183 个县（市、区）进行年度考核，将所有县（市、区）划分为市辖区、重点开发区县、农产品主产区县、重点生态功能区县 4 大类，其中对通江、盐边、青川、米易等 58 个限制开发区域（重点生态功能区县）将不再考核“地区生产总值（GDP）及增速”“规模以上工业增加值及增速”“固定资产投资及增速”六个指标，而是重点考核“贫困人口变化率、森林覆盖率”这两项指标①。该考核办法的试行可以看出四川省委省政府对建设绿色城市的决心，绿色城市的建设需要以更多的绿色产业作为支撑与纽带，绿色文化产业正是绿色产业中很重要的组成部分。

如前所述，绿色城市的建设离不开以园区集聚为单元的绿色文化产业空间布局，中法成都生态园就是四川绿色文化产业一个重要的案例。2014 年 5 月，中法两国商务部签署合作备忘录，确定在成都国家经济技术开发区推进建设中法成都生态园。该园将先期规划 8 平方公里，建设中法科技产业园、中法国际汽车博览城、中法亚太环保大厦和中法创意科技产业园等 4 个生态功能园区②，充分突显了绿色城市建设过程中，对绿色文化产业集聚发展的需求。如中法亚太环保大厦就重点加强中法双方在节能环保科技研发、创新孵化、产学研转化以及环境权益交易等方面的合作。园区的整体管理亦将全面生态化。③

绿色城市的发展需要有生态文化的理念与名片作为支撑。四川富有自然馈赠的多样多姿的美景和历史给予的多元厚重的文化底蕴，这需要绿色文化产业的发展来继承、发扬。作为森林景观资源大省，四川每年绚丽的红叶成为秋季生态旅游的一大亮点，为了提升这一生态品牌形象，以“四

① 陈岩：《58 个重点生态功能区县不再考核 GDP》，《四川日报》2014 年 6 月 28 日。

② 冉倩婷：《中法成都生态园先期建 4 个生态功能区》，《四川日报》2014 年 5 月 14 日。

③ 刘宇男：《成都经开区建“中法成都生态园”前期规划四个产业园》，《四川日报》2014 年 10 月 24 日。

川红叶·问好世界”为主题的“2014 四川红叶生态旅游节”于 9~12 月举行。该节以阿坝州黑水县为主会场，另外还设立了茂县、宝兴等十个分会场。[①]在绿色城市的发展中，作为绿色文化产业重要组成的新媒体及其产业发展意义重大。“2014 四川红叶生态旅游节”上推出了红叶指数监测播报、摄影展和红叶生态旅游微媒体联盟，最能体现绿色文化产业支撑作用的“红叶生态旅游微媒体联盟”，充分利用新媒体技术和传播力进行绿色文化产业推广。分别基于 PC 平台（四川生态旅游网）、微信公众服务平台（四川生态旅游全搜索）、微博平台（新浪、腾讯的“四川红叶”官方微博）、各红叶景区独立官方网站、手机的各红叶景区移动微网站、云数据平台的游趣来 APP 共享应用，建立了“六位一体”云端共享的智慧营销新媒体集群，旨在整合全省红叶生态旅游资源，形成线上线下结合、多个景区联动的宣传效应。

（二）推进智慧城市建设

智慧城市意在“把新一代信息技术”充分运用在城市发展之中，是“城市信息化高级形态”，能够实现“信息化、工业化与城镇化”的深度融合，有助于提高城镇化的质量，并在城镇发展中，能够实现“精细化”和“动态管理”,[②] 更能与具有生态性、科技性的绿色文化产业实现互动发展。

为促进我国智慧城市建设健康有序发展，科技部、国家标准化管理委员会在全国共选择了包括四川成都在内的 20 个城市作为“国家‘智慧城市’技术和标准试点城市”，而后，住房和城乡建设部先后公布两批共 193 个“国家智慧城市试点”[③]。其中，四川省的雅安市、成都市温江区、郫县入选首批 90 个国家智慧城市试点名单；绵阳市、遂宁市、崇州市入选第二批

① 贾宜超、隆敏、马鲜：《四川红叶问好世界 10 大景区携手 2014 四川红叶生态旅游节》，央广网，2014 年 9 月 19 日，http：//sc. cnr. cn/sc/2014lv/201409/t20140919_ 516469273. shtml。

② 陈柳钦：《智慧城市：全球城市发展新热点》，《青岛科技大学学报》（社会科学版）2011 年第 1 期。

③ 魏一：《当前我国智慧城市建设和发展分析》，《中国安防》2013 年第 10 期。

103 个国家智慧城市试点名单。①

智慧城市的建设离不开绿色文化产业的支持，作为智慧城市核心所在的信息产业本身就是新兴科学技术文化的代表，诸多内容与绿色文化产业交集。绿色文化产业还能积极有效地调动智慧城市的民众参与。例如，作为首批国家智慧城市试点，成都市温江区提出了“智美温江”的发展思路，特别注重科学理念的融入和绿色文化产业的发展，坚持把生态环境作为生命线，实施“生态优区”发展战略，精心打造集现代科技信息、社会管理与自然生态于一体的“智美温江”②。全区将生态文明规划统领全区“政治、经济、社会、文化建设”进行超顶层设计，科学划定“城市三线”（绿线、蓝线、紫线），合理布局城市“三生空间”（生活、生产、生态），从严控制“三旁”（路旁、河旁、房旁）空间距离，建设绿色生态带，同时，积极探索创新发展绿色文化产业，力争将温江建成“生态硅谷”。

绿色文化产业有利于在新型城镇建设特别是智慧城市建设过程中调整和优化产业结构，起到了巧妙衔接第一、第二、第三产业、积极调动政府与广大社会资源的作用，联动推进新兴产业和城镇化发展，实现经济效益和环境保护互惠共赢。

绿色文化产业与智慧城市建设可以在相关的园区上实现很好地结合。作为绿色文化产业的代表典型，温江区的水立方湿地公园把环境、产业、制度、居住、文化和科技等多维度的成果进行了充分整合，“生态科技”的绿色理念被自觉运用在城市发展和城市生活中。③

绿色文化产业推进智慧城市建设必须以企业为执行的基本单元。企业既是绿色文化产业的微观主体，又是智慧城市建设的实施主体之一。事实上，欧美许多智慧城市就是被分解为多个项目，以不同的企业来实现的。作为入

① 项勇、任宏：《基于 ANP－TOPSIS 方法的智慧城市评价研究》，《工业技术经济》2014 年第 4 期。

② 张雪婵：《“智美温江”迎接生态文明论坛》，四川在线，2014 年 11 月 1 日，http：//sichuan. scol. com. cn/cddt/content/2014－11/01/content_ 9507573. htm？node＝965。

③ 宋艳、黄娟：《成都温江探索生态文明新模式　水循环系统打造“水立方”公园》，人民网，2014 年 10 月 31 日，http：//sc. people. com. cn/n/2014/1030/c345509－22766323. html。

选第二批国家智慧城市试点、著名的科技城绵阳市就紧紧依托了长虹、九洲等企业进行建设。2014 年 6 月，四川长虹电器股份有限公司与加拿大 SMART 科技公司（世界顶级交互式白板软件公司）、神州数码有限公司（中国最大的整合 IT 服务提供商），签署战略合作协议，共同发布新产品①。在智能战略牵引下，长虹公司提出“智慧教育生态圈”，倡导整个行业都参与绿色文化产业，“共建智慧教育生态圈、共同推进中国教育信息化进程”。

（三）注重人文城市建设

人文城市的建设主要是在新型城镇化进程中“充分体现独特的人文资源”②，丰富的人文资源为四川省发展绿色文化产业、加快人文城市建设提供了坚实的基础。

在新型城镇化推进人文城市的建设发展中，绿色文化产业可以明确城市的发展目标，进而从战略指向上引导城市转型发展。以首批国家历史文化名城阆中为例，这座至今保存较为完好的四大古城之一，人文资源极为富饶，并紧紧结合绿色文化产业发展实现自身升级。2013 年 9 月 13 日，阆中古城被国家旅游局正式命名为“5A 级旅游景区”，同月，中国四川国际文化旅游节在阆中举办，这标志着“阆中建设国内一流、国际知名旅游目的地取得了突破性成效”。

新型城镇化要求新的思维、新的理念与新的方法建设城镇，绿色文化产业与人文城市的建筑布局、空间优化可实现充分的衔接。阆中在创建国家 5A 级景区的过程中，大力实施“山水城联创、古城保护提升、旅游功能完善、市民素质教育”等重大工程，新开放了 20 多个特色文化古院落，打造出 16 个文化休闲广场、6 大城市主题公园和丝绸工艺、古玩字画等标志性干道，形成了价值超过 5 亿元的园林生态景观，并新建了一批游客集散广

① 郭新志：《四川长虹携手合作伙伴共建智慧教育生态圈》，《中国证券报》2014 年 6 月 19 日。

② 林湘：《2014 年政府工作报告》，2014 年 1 月 6 日，http：//www.chengdu.gov.cn/GovInfoOpens2/detail_ allpurpose.jsp？id = FUeJalGbaD27CAAUCM3V。

场、生态停车场、旅游标识系统，古城文化内涵更加充实，特色更加鲜明，旅游功能更加完善。

具有创新性的绿色文化产业会催生创意激发的多样产品，成为新型城镇向人文城市发展的根本驱动力。绿色文化产业关联性大、带动性强。以旅游品牌创建和旅游产业跨越发展为引擎，阆中经济社会发展全面提速。把旅游作为产业培育的龙头，三产服务业兴旺蓬勃，涉旅工业迅猛发展，特色农业不断壮大。在阆中的城市发展中，坚持文旅互动，强化创新创意，创造性地成功推出了《阆苑飞歌》等特色休闲旅游产品①，彰显了“千年古城”的历史文化和“阆苑仙境”的独特魅力。同时，绿色文化产业可以充分发挥舆论引导的优势，为人文城市的形象提升注入活动。为了拓展阆中旅游市场，提升阆中古城的知名度，阆中持续在央视等高端媒体开展城市形象的宣传；按照“巩固成渝西、拓展长珠环、开发港澳台”的既定思路，开展客源地的营销；并利用网络、手机等大众媒介开展新的媒体营销。②

积极推动绿色文化产业的发展，有利于突出人文城市这一四川新型城镇化的发展方向，奠定人文城市发展的根基，并在区域发展空间格局中形成新增长极。2013 年，省委十届三次全会做出了“多点多极支撑发展”的战略部署，省委、省政府出台了《加快建设旅游经济强省的意见》，明确提出构建多点多极旅游发展格局。以阆中为代表的川东北旅游，正以生力军的新姿态，加快次级突破，迅速崛起为四川旅游和次级区域发展的新增长极③。

---

① 苟安杰：《阆中古城成功晋级 5A 级风景区》，四川新闻网，2013 年 10 月 19 日。

② 赵鑫：《阆中转型升级抓产业　旅游发展出精品》，四川新闻网，2014 年 7 月 24 日。

③ 苟安杰：《阆中古城成功晋级 5A 级风景区》，四川新闻网，2013 年 10 月 19 日。

B.8

城市工业遗产的创意开发

——以成都“东郊记忆”为例

孙 婧 张成华*

摘 要： 创意已成为促进经济发展的重要刺激因素。作为重要的城市工业遗产文化创意园区，成都“东郊记忆”拥有许多创意特色。对“东郊记忆”的创意进行学理阐释，不仅能凸显其对工业文化记忆和成都形象塑造的重要作用，也可以为我国文化创意产业的发展提供参考借鉴。当然，在实际运行中，“东郊记忆”在展示成都文化特色等方面存在一些不足，还需政府政策进行相关引导。

关键词： 东郊记忆 创意 学理阐释 政策引导 成都

“创意产业”（Creative Industries 或 Creative Economy）是英国创意产业特别工作组在 1998 年对那些依据创造力、技能与才华中获取发展动力的企业，以及通过知识产权创造财富与就业活动所下的定义。它的类别包括建筑、广告、艺术品、古董、时装设计、电影与录像、交互式互动软件、音乐、表演艺术、出版业、软件及计算机服务、电视、旅游、博物馆、美术馆、遗产等。创意产业的核心是创意（个人的创造力），强调创意投入对经济效益产出的支持

* 孙婧，文学博士，复旦大学中国语言文学流动站在站成员，四川省社科院文学所助理研究员，主要研究方向为文学评论和文化研究；张成华，文学博士，华东师范大学中国语言文学流动站在站成员，主要研究方向为澳大利亚马克思主义研究和文化研究。

和推动作用，它显示了在知识经济时代，文化如何通过创意进行生产、传播与消费而实现价值增值。城市工业遗产作为创意产业实现价值的重要载体，不仅为创意产业的发展提供了重要平台和文化元素，更能在创意产业的创造性投入中进行保护性利用，在创造性转变中实现经济产出和发挥文化功能的双重作用。作为全国最早创建的一批文化创意园区之一，成都“东郊记忆”无论在创意上还是在具体实践上都展示出自身独有的特色。以“东郊记忆”为例，对其创意和实践进行学理阐释，对其不足进行追认和反思，一方面可以凸显“东郊记忆”的独特性，另一方面可以为我们开展同类文化创意产业提供参考和借鉴。

一　“东郊记忆”的由来和现状

2011年9月，基于工业遗产保护和文化创意相结合的基本理念，成都传媒集团对原红光电子管厂旧址进行改建，建设成新型文化创意园区“东区音乐公园”。

成都红光电子管厂始建于20世纪50年代，是“一五”期间苏联援建中国的156项重点工程之一。红光电子管厂主要进行电子束器件的生产，是我国显像管行业的母体厂。工厂创建之初，完全依照苏联管理模式，管理人员和技术人员在较为封闭的环境中发挥自己的聪明才智。中国第一支黑白显像管和第一支投影显像管就诞生于此，曾有“北有首钢、南有红光”的美誉。20世纪90年代中期，东郊工业总产值占成都市工业产值的52.4%，占全市国有工业产值的75%，光学玻璃及光电子材料产量、销量居全球第一位，无缝钢管产量居全国第一位，电缆产量居全国第一位，其出产的双燕冰箱、峨眉牌自行车、效力多牙膏，成为中国人家喻户晓的名牌。然而，随着原工厂在历史变革中几经浮沉和成都市“东调”战略工程的实施，到21世纪伊始，曾承载不同生产任务和记忆的东郊工厂已然不能沿着过去工业生产的路子重现荣光。[①]

① 关于“东郊记忆”的一些数据、描述性的概括，参照“东郊记忆”的官方网站，http://www.eastcd.com/www/template_djjy/index.jsp。

红光电子管厂虽然退出了历史的舞台，不过，它原有的工厂构架并没有被完全推倒抹平。2009 年，成都市政府以文化创意产业为基本导向，扶持对原红光电子管厂的创意开发，将原来进行工业生产的工厂建设成现在的文化创意园区。

园区位于成都市东二环外侧，共占地 205 亩，建筑面积约 19 万平方米。创意园区既保留了原红光电子管厂的基本建筑构架，又突破这一构架所负载的意义，对这一构架进行创造性填充，使其在与中国移动（成都）无线音乐、网络文化创意、网络视频等现代内容的结合上焕发出新的活力。正是在这里，诞生了中国第一家主题式音乐公园——“东区音乐公园”。自 2011 年 9 月 29 日开园，仅到 2012 年就实现产值近亿元，获得了“国家音乐产业基地”“国家 AAAA 级旅游景区”“科技与文化融合示范园区”等诸多荣誉称号。园区在建设之初，便以“保留为主、新旧协调、品质至上、创意时尚、注重现实、多样呈现”为总则，在外壳上借用了 20 世纪“三线建设”的苏式建筑风格，在内核上则音乐和传媒等新的文化内容，将其打造成为一个复合型的新兴文化产业园区。

2012 年 11 月 1 日，成都“东区音乐公园”正式升级更名为“东郊记忆”。更名预示着园区定位的重大调整。“东郊记忆”的命名创造了较大的想象空间，园区“多业态”的现实呈现和“多名片”的前进方向，超越具体文化艺术门类的抽象表达，使“东郊记忆”既指明项目区位，又具有人文情怀。最为重要的是，以“东郊记忆”命名喻示了城市的变迁，既能唤起人们东郊时代的历史记忆，又能激发人们对东郊老工业区改造提升的时代激情和未来展望。在经历了运营提升之后，“东郊记忆”成为音乐、传媒产业双向并行的新兴文化产业园区。园区以成都老东郊工业文明的核心差异化为特色，成为集记忆载体、产业基地、展演聚落和特色街区的文化耦合体，拥有成都唯一配套齐全的中小型演艺会展聚落，成为广大市民又一城市休闲和旅游目的地。

将留存的成都工业文明记忆以文化创意的形式展现出来，是“东郊记忆”的一大特色。园区利用原有架空管廊敷设水电等新设管道，利用提升塔开拓酒吧区特色使用空间，利用玻屏做音效灯光装置，利用原厂的滚轴、金属传送网等做建筑立面的部件。园区内已经呈现的东郊记忆元素有原国营锦江电机厂生产的我国第一部测高雷达 B43 雷达，我国第一型批量生产和装备的高亚音速喷气式歼击教练机、浓缩工厂大院食堂元素的餐厅“东郊食堂”，等等。2014 年，原 420 厂的瞭望塔、蓝光厂的碉堡、老东郊情景街等都将与成都市民和国内外游客见面。此外，“东郊记忆馆”还将开放一批老东郊珍贵的历史档案资料，并不定期举办东郊档案解密系列讲座，让游客完整了解和体验成都历史文化的脉络和城市发展的沿革。

园区依托传媒集团自身在传媒产业及创意产业上的优势，全面推进“东郊记忆”在音乐产业基地及传媒文化产业方面的核心地位。伴随着 2013 年 8 月园区演艺中心的建成，东郊记忆全园 18 个各具特色的主题场馆形成了全国规模最大、最具代表性的剧场展馆聚落。园区利用优良的文化展演场地资源，探索社会效益和商业模式相结合的活动管理模式，努力实现园区从活动内容引入到活动内容拥有的转变。目前，园区已与孟京辉工作室、中央戏剧学院、四川音乐学院、四川省歌舞剧院、四川省人民艺术剧院等知名文化院团、高等艺术院校持续合作；今后各类国内外顶尖演出、品牌发布、展览展会将落户“东郊记忆”，全年将推出超过 800 场文化展演活动，平均每天举办 2 场以上，其中有影响力的品牌文化活动将不低于 100 场次。全年入园游客有望超过 700 万人次。

全年不间断的文化展演活动，活跃的文化艺术氛围使“东郊记忆”成为推动成都市文化体制改革，发展文化创意产业，丰富群众文化生活的文化地标。而随着国家音乐产业基地的建设，园区也将吸引了大量的音乐人、音乐企业蜂拥而至，有望成为国内最大的数字音乐企业集聚园区。在中国无线音乐基地音乐产业引擎的带动下，东郊记忆面向数字音乐制作商、广告、出版、展览、演艺、新媒体、设计等文化创意企业，进一步加大产业引入。目前，园区正在洽谈“网络文化创意基地”“网络视频产业基地”“摄影创意产业基地”等多个产业项目。“东郊记忆”和中国移动无线音乐基地的合作也将更为丰富，新歌发布会、独立音乐人商业开发等都将在此一一呈现。截至目前，中国移动（成都）无线音乐基地内容合作伙伴已达到500余家，包括全球四大唱片公司索尼、华纳、百代、环球，互联网销售渠道达280家，其中包括：百度、搜狐、腾讯等。

二 “东郊记忆”创意的学理阐释与分析

“东郊记忆”文化创意园区将城市文化遗产与创意经济进行有效关联，是我国文化创意产业发展的有力明证。“东郊记忆”在与我国其他创意园区的横向比较中，具有一些自己独有的创意特色。

（一）“东郊记忆”以时间为连接轴线的创意突破

创意产业的核心是创意。“东郊记忆”创意的核心是记忆。记忆是对过去的展现，它是历史获得自身价值和展示自身形象的方式；记忆也暗示了现在立场，它是站在现在的立场上，以现在的视角对过去的透视；而对记忆的创意则是一种突破，一种打破原有规则或方向的偏离。因此，“东郊记忆”暗示了过去、现在、未来的时间连接，“源自历史、联系现实、寄语未来”。它是以现在的眼光对过去的回首，是站在现在的立场上对过去的偏离和突破。这种偏离和突破是创意投入对产业产出最重要的手段和意义。对当今社会而言，“创意已经成为当代最过度使用的概念之一”，“从更具革新性、在一定范围内突破规则/改变结局的意义上来说，创意被视为一种特殊的独创能力；它采用的是非线性的，甚至是非‘理性的’思考和工作方式（在传统上与艺术家相关）”。①

当然，除对“东郊记忆”创意进行基本的学理阐释，我们还需对在这一创意指导下的创意实现方式进行推演。

在城市扩张、开发的进程中，城市文化遗迹逐渐淹没于现代化的城市楼宇中，文化记忆被斩断，城市个性被扼杀。一些城市的文化遗产尽管被有幸

① 〔英〕奥康诺：《艺术与创意产业》，王斌、张良丛译，中央编译出版社，2013，第175页。

保存，但其所发挥的功能和现有城市建筑整体布局的割裂，使文化传统不能在现代都市中转换和复活。2011年以来，成都市大力打造城市文化遗产与现代城市经济建设的互动，在“东区音乐公园”的开发建设进程中，探索出一套文化遗产与城市创意经济关联的新生模式。在建设过程中，园区利用原有电子管厂的厂址和设施，对原有构架和设施进行创造性利用，将架空管廊铺设成水电等新设管道，将提升塔的空间转换为焕发特色的酒吧区，利用玻屏做音效灯光装置，利用原厂的滚轴、金属传送网等做建筑立面的部件。在整体构架上沿用20世纪“三线建设”的苏式建筑风格，在内核上则注入新音乐产业与传媒文化产业，将其打造成为一个复合型的新兴文化产业园区。在经历了运营提升之后，成为音乐、传媒产业双向并行的新兴文化产业园区。

“东郊记忆”在对过去展现过程中实现创新，这种创新不仅是理论上的，还具体落实到实践之中。在展示过去的平台上，突破过去构架的藩篱，以一种反讽的形式将现代植根于过去的遗迹上，使现代能获得过去遗迹的滋养，但却并不承受过去的文化负担。

（二）“记忆”与对成都市民文化认同的塑造

“东郊记忆”的创意是以现在为视角透视过去，突破和撕裂现代与过去的联系，凸显现代，寄语未来。从学理上讲，这一创意的指向是塑造成都市民的文化记忆和主体的自我认同。

对于成都市民来说，“东郊记忆”既是展示他们集体记忆的一个切入点，也是实现他们与成都现代化进程进行联系的纽带。

1. 成都市民的文化记忆与对文化工业的认同

以“东郊记忆”命名，更凸显了“记忆”的文化主题。作为对成都老东郊工业遗址进行创造性利用的文化创意园区，它传承了成都老工业文明的遗产。在成都市民眼中它传承的就是成都东郊的文化记忆和那个年代的激情留念。因此“东郊记忆”是成都市民对东郊时代的历史记忆，也在激发着人们对一个城市不同时期文化变迁的认同。

2. 历史“记忆”与成都的现代化进程

“东郊记忆”通过记忆展示了与成都现代化进程的联系，通过这种联系凸显出东郊在成都发展中的地位和作用。从历史上讲，园区内的 B43 雷达、喷气式歼击教练机、工厂大院食堂等都在诉说着成都这个城市对我国工业、军事发展的重要贡献，凸显出东郊老工业基地在成都发展中的重要地位。从对现代的呈现来看，园区依托传媒集团自身在传媒产业及创意产业上的优势，全面推进“东郊记忆”在音乐产业基地及传媒文化产业方面的核心地位。“网络文化创意基地”“网络视频产业基地”“摄影创意产业基地”等多个产业项目的呈现，各具特色的主题场馆的形成等新元素都标示着东郊与成都现代产业化发展的协调与同步，凸显出东郊工业遗迹的现代化创新。

正是通过展示成都人的文化记忆和认同，“东郊记忆”才能发挥其在成都市整体格局中的文化功能。当然，“东郊记忆”创意的推演如果想要落实于具体的实践运行就必须将创意与记忆这一平台进行融合，统筹整个创意园区内部的和谐发展，将对园区的建设与成都市的整体发展和布局相协调。事实证明，“东郊记忆”在具体实践过程中并没有完美地解决这些问题。

（三）“东郊记忆”与游客现代经验的陌生化凸显

尽管整个“东郊记忆”创意园区以原来的红光电子管厂旧址为基本建筑构架，也展示着一些过去的机械、日常用品、标语等，但其最重要的还是在以过去为展示平台，凸显现代。

“东郊记忆”文化创意园区与其说是记忆过去，不如说是将记忆在现代的文化语境中重新阐释，使其在现代文化语境中发挥功能。现代的文化形式被置于过去的框架中，以一种陌生化的形式展示着自身，凸显自身的特色。正如一面墙上的标语：“宁要无线音乐的会员，不要盗版分子的光碟”。它是以过去的句法习惯展示着现代人日常生活的内容和价值观念。而过去的文化形式被提取到现代，作为反思现代生活的一个切入点。我们在“干部警示录”——“终端的问题就是领导的问题，看不出问题就是最大问题，重复出现的问题是作风上的问题，素质低不是你的责任，但是不能提高部下的素质是你的责任”——中看到的不是过去的警戒，而是对现在的反思和现实的反讽式认同。

创意园区以一种陌生化的形式展示着我们现代人的经验，无论是标语式的口号还是创意餐厅、酒吧、音乐，这些我们习以为常的东西都被以一种独特的形式置于过去的构架上，它们是对游客现代经验的凸显和追认。正是在对现代经验的展示中构建了游客与整个创意园区文化交换的平台，通过城市文化遗产市场化的途径，实现文化遗产在现代文化中的流通展示，占据一定的文化市场，形成所谓的创意产业。

创意产业并不能简单凸显创意的投入，它必须在现实运作中检验创意的产出。只有在对“东郊记忆”现实运行的检验中，我们才能确认其成功与否；也只有在对现实运行的反思中，我们才能对“东郊记忆”的创意进行反思。

三　“东郊记忆”凸显成都文化的不足及应有的政府政策引导

“东郊记忆”创意园区通过对城市文化遗产的改造投入吸引了大量的游客，获得了巨大的经济效益，可是，“假如经济增长被看作核心，这就增加了许多困难；它不仅忽略了创意产业自身的文化渴望，而且忽略了那些与经济需要相悖的艺术和文化中的个人的和集体的价值”①。况且，即使单纯从经济的产出来看，“东郊记忆”创意园区也还存在着一些需要进一步改善的地方。总体来讲，“东郊记忆”只是为不同的创意方向提供了一个展示自身的平台，对于这个平台而言，其整体经济效益的成功与否暂且存而不论，仅就创意园区内部的商家利润分布来说，却极为不平等，少数商家的利润比较高，其他大量入驻商家在整个园区的利益所得中所占份额相对较少，只能依靠政府的扶持。另外，如果延续本文对创意园区创意的阐释和

① 〔英〕奥康诺：《艺术与创意产业》，王斌、张良丛译，中央编译出版社，2013，第170页。

其所发挥的文化功能的分析，我们依旧能够看到一些“东郊记忆”创意园区的不足。

（一）“东郊记忆”对文化遗产开发的滞后

对于现在的“东郊记忆”来说，老东郊的遗迹只是单纯的作为一个展示新元素的平台，而这个平台自身并没有在具体实践中获得足够的创意投入。这就造成“东郊记忆”在经济产出和文化功能上的不对等，即是说对于目前的“东郊记忆”文化创意园区而言，它的创意太多的投入到了与经济效益和与社会关注度高的项目，而忽略了对其应该在成都市的整体规划中应该发挥的文化功能的关注。

1. 主体与边缘的错位

从整个创意园区的效果分布情况来看，除了一条中心大道和红光广场比较繁荣和吸引了足够的游客外，其他一些靠近边缘的餐馆、酒吧、创意展厅等地方基本上冷冷淡淡、少有游客驻足。这固然与中心大道和红光广场与出入口连接，比较便利有很大关系，更重要的是与边缘地区的餐饮、酒吧、艺术展厅缺乏足够的创意投入有关。尤其值得注意的是，反而是这些相对边缘的地方更能体现旧时代或成都本地的特征，更能构成整个创意园区发展的平台。对这一平台的忽略只能使得整个创意园区逐渐被经济动力所吞没，进而失去自身的特色。

2. 配套文化产品开发不足

目前整个创意园区中，几乎所有的小饰品、玩具都不具备与“东郊记忆”相关的特色：要么是一些国内外比较知名的动漫形象，要么是一些随处可见的地摊饰品。这些不具特色的配套文化产品不能展示整个文化创意园区的历史特色，相应的也不能促进“东郊记忆”文化功能的发挥。

3. 创意园区对外推广的不力

尽管有政府大力扶持和资金的大量投入，到目前为止，“东郊记忆”依旧没有被接受为代表成都的标志性区域。这尽管与其建成和对外投放的时间较短有很大关系，更重要的是，园区没有充分发挥自身的传媒优势，也缺乏对自身进行恰当的包装和推广。对于一个创意园区来说，除了自身的特色外，还必须对自身的创意进行充分展示和推广，只有这样，才能将创意投入转化为效益的产出。

（二）音乐公园音乐的失落与冷清

音乐作为“东郊记忆”早期文化园区的一个标志性存在，在创意产业的发展过程中，显然缺乏一套完整的运行规则和功能系统。2011 年 9 月 29 日，成都东区音乐公园正式开园，号称“中国第一家主题式音乐公园”“国内唯一的音乐体验主题公园”和“比肩世界的音乐产业聚集园区”，而公园的重点建设项目“中国移动无线音乐基地办公大楼”也已完成建筑改造，“数字音乐产业园区”和“音乐互动体验园区”的设计定位也已完成，一切似乎指日可待。作为音乐公园灵魂的音乐，让观众翘首企盼的原创音乐人、大明星、源源不断的演唱会、签售会，也仅仅在园区最初的实验中完成，本来应该徐徐展开的音乐盛会却慢慢在失落与冷清。

值得注意的是，冷清的一个原因说明，音乐公园音乐产业链的生产、体验、消费、结算等方面的体现，往往因消费而存在，并不因音乐而开始，比如酒吧里的歌手演绎并没有普遍赢得市民的欢迎，对于游客来说，音乐公园的音乐既没有体现老成都的特色，也没有继续唱响“超级女声”的音乐之声。作为成都重要的创意产业项目，音乐公园不以“音乐”胜，节假日中寥寥数人，最后只能转向记忆主题寻求一种新的价值结构和产业秩序。

当然，总结“东郊记忆”诸方面的不足我们可以发现，从整体上看，“东郊记忆”对自己的定位并不明确。

1. 记忆平台展示不足

“东郊记忆”是以过去为平台凸显创意的一个文化创意园区。如果是这样，只有当记忆这个平台能够进行足够的展示时，其突破性的创意才能获得足够凸显；只有将记忆的元素进行多方面展示，才能更好地发挥其文化功能。记忆的元素本身就是“东郊记忆”创意的突破口和经济效益产出的基本文化投入，只有对其进行深入开发才能为创意园区提供新的经济增长点。

2. 记忆平台和音乐创意投入脱节

“东郊记忆”的卖点和投入几乎全都放在展示与无线音乐的合作、各种艺术形式的展出上，而就是因为这样，整个创意园区实际上只是为这些“新事物”的展示提供了一个平台，这一平台只是一个载体，本身并不重要，重要的是所要展示的事物。对比学理的探讨和实际运营过程的现实状况我们可以看出，“东郊记忆”创意园区并没有完全将记忆的平台和音乐创意的投入相融合，更甚而言之，记忆的平台和音乐创意的投入在实际展现中是脱节的，既忽视了记忆平台也使得音乐创意缺乏足够的依托。

（三）政府政策引导“东郊记忆”发展的必要性

尽管我们可以对创意产业的价值进行确认：“创意将是下个世纪社会和经济变革的主要推动力。”① 可本质上，创意产业是个人创造力与文化工业相结合以获得经济效益的方式。“‘创意产业’中的‘产业’部分把个人的禀赋与大规模的、有着组织结构的企业联系在了一起。它将富有想象力的创新看成是财富创造和社会进步的中心。”② 这一方面体现了“创意产业”对个人创造力的确认，但另一方面，对个人创造力的追认又使得这一产业形式要处理的是非功能性的、分散的、未知的、非理性的投入和价值。就像“东郊记忆”文化创意园区中的不同创意：不同创意体现了每个人不同的创造力，可是，一方面，这些创造性投入单从个人的角度很难预期其产生的效果，另一方面，不同的创意也很难形成必要的合力，协调发挥文化功能并彼此支持和相互促进效益的产出。

政府不应该单纯作为创意产业自生自灭的旁观者，更应该对创意产业积极支持和引导，把创意产业看作是必要的文化和经济投资。就“东郊记忆”而言，政府应从以下方面进行积极引导。

---

① 〔澳〕约翰·哈特利主编《创意产业读本》，曹书乐等译，清华大学出版社，2007，第1页。

② 〔澳〕约翰·哈特利主编《创意产业读本》，曹书乐等译，清华大学出版社，2007，第4页。

1. 引导“东郊记忆”文化布局和规划

正如我们前面指出的，“东郊记忆”文化创意产业园区在总体的经济效益上是很可观的，可是，这只是对“东郊记忆”这一平台而言是这样，而其中入驻的诸多商家的经济收入则差异巨大。要使整个创意园区获得整体、持续的发展和繁荣，就需要合理的产业布局和筹划。当然，这并不是要求政府部门进行直接的投资，而是可以通过加强基础设施的创意投入上进行。比如，创意交通：创意园区外围的旧式火车单纯作为一个观赏点并没有新奇之处，如果这个旧式火车能够在外围围绕整个创意园区运转，作为沟通创意园区不同部分的交通工具，则不仅能作为“东郊记忆”一个吸引游客的景观，成为一个新的经济创收点，又能通过设置不同站点沟通创意园区的不同部分，带动不同创意产业的发展。这种基础设施的投资往往很难由个人或企业部门进行，而只能由政府出面。

2. 以相应的政策引导“东郊记忆”不同创意的投入

创意的投入是个人创造力的展示，没有对不同的创意进行事先的规划，导致许多创意行为的分散、价值的不可评估。这样，政府的相关引导就十分必要。例如，政府可以通过政策鼓励一些有助于发挥成都文化功能的项目引导创意的投入，这样，既有利于整个创意园区整体的规划，带动整体的经济发展，又有利于创意园区更好地发挥其基本的文化功能。

个体创造性和市场的相对无序性和盲目性很难通过自身兼顾经济效益的产出和文化功能的发挥，而只有政府部门能够统筹传媒、城市规划、创意导向、经济投入等诸多方面，这并不是要求政府部门的直接参与——政府部门的直接参与很可能会扼杀个人的创造力和阻遏市场的正常运转，而是需要政府部门通过基本的基础设施建设和相关的政策对创意产业进行相应的引导。创意产业尤其是文化创意产业应该成为政府部门文化投资的一个重要方面。“东郊记忆”既是企业主导的市场行为，同时，也是成都城市发展和布局的一个组成部分，政府政策引导无论是对“东郊记忆”自身的发展还是对其在成都市发展和布局中功能的发挥都能起到重要作用。

结 语

工业遗址、城市发展遗迹，毋庸置疑，这些形式本身是一种被展示的文化，将其放置在广阔经济背景下加以分析，其中隐含的既有对身份的展现和经济发展的策略，更呈现了文化产业发展中的互动性关系。回到城市工业遗产的创意开发的研究中来，当大量的城市文化遗产在经济语境中被展示之后，发生改变的不仅是文化的记忆性、文化的商品化和再现，还适用于文化政策、政府决策的变换调整。只有当仔细辨认其中的文化与创意，确认出独具地方特色的元素，利用城市文化遗产打造当代的创意产业经济，突出创意经济当中的文化元素，才能提升创意产业的文化吸引力，从而提升文化与经济的有效黏合。创意开发是经济发展的根本，也是增强政府现代职能转换的重要内容之一。对此，我们需要一种准确的对城市文化遗产创意经济的自我理解和自我认同，创意经济不在于从经济自身去展示，而是要紧紧抓住文化之根，开展文化上的自我审视，从中提炼出城市文化遗产与创意经济的内在逻辑关系。

参考文献

〔英〕奥康诺:《艺术与创意产业》，王斌、张良丛译，中央编译出版社，2013。
〔澳〕约翰·哈特利主编《创意产业读本》，曹书乐等译，清华大学出版社，2007。

B.9

四川古镇旅游开发与传统民俗变迁调查

梁 音*

摘　要：笔者对三个处于旅游开发不同阶段的旅游古镇的传统民俗变迁情况进行实地调查，总结了旅游引起传统民俗干预性变迁的情况，梳理了旅游开发与民俗传承的矛盾统一，探讨了旅游引发民俗干预性变迁的内在机理，重点分析了古镇旅游开发中的概念误解与旅游规划问题，并根据三个古镇的调查实际提出了相应的对策建议。

关键词：旅游古镇　民俗变迁　旅游规划　四川

四川古镇历史悠久，尤其成都周围古镇聚落众多，民俗事项丰富多彩，旅游开发亦是有声有色。随着旅游开发的不断深入，一方面加速推进了这些城郊古镇的城市化进程，提高了古镇居民的现代生活水平；另一方面，古镇过度商品化、古韵渐失的现象亦引起中央媒体的关注。其实，旅游开发引起旅游目的地文化变迁的问题一直都是相关学者们关注的焦点，但对于古镇来说，作为古镇文化精髓的传统民俗在旅游开发后的变迁情况如何还需要更多的实地案例调查。本文通过对成都旅游古镇选点调查对此问题进行了梳理。

鉴于民俗是一个外延无比丰富的概念，本题在调查中尽量对古镇民俗予以全面梳理，大到生产习俗生计方式，小至语言禁忌力求全面完备。但在文本分析中，综合三个古镇的历史文化演变情况和旅游开发前后的变化情况，

* 梁音，硕士，四川省社会科学院民族与宗教研究所助理研究员，研究方向为民俗与旅游。

只集中选取了最贴近古镇居民日常生活、在传统文化中最具代表性、在旅游开发中最易发生变迁的岁时年节、人生仪礼、建筑和饮食作为重点，本次报告对古镇民俗变迁的概述均以此为基础。

本题此次选择的调研点为黄龙溪、洛带和悦来。主要是基于以下几点原因：首先，这三个古镇是成都市公布的十大旅游古镇之三；其次，三个古镇都历史悠久、文化底蕴丰厚；再次，三个古镇都具有旅游开发的区位优势，但旅游开发历程却不尽相同，以黄龙溪开发最久、洛带其次、悦来正待开发。通过梳理这三个处于不同旅游开发阶段的古镇之民俗变迁情况可以探查民俗变迁的一般规律，更可以为深入分析旅游影响民俗变迁的具体情况提供案例依据。

一　旅游古镇民俗变迁调查简述

黄龙溪是一个依山傍水、环境清幽的川西乡土古镇，它曾经是成都南部府河黄金水道上的重要水运码头，20 世纪 90 年代建镇后开始旅游推进工作。洛带是成都东郊一个客家古镇，是清及民国时期成都翻东山入沱江商道上的重镇，90 年代末开始兴起旅游开发。悦来位于成都平原西部，清及民国时期是斜江河沿线、大邑地区最重要的商贸古镇，现在又是通往西岭雪山、花水湾温泉、道教鹤鸣山、佛教雾中山的咽喉要道。截至笔者调查时，大规模的旅游开发尚未全面推开，旅游活动仅有冬至麻羊节，平时主要以散客游览为主。

旅游可以带动经济发展，引发经济基础提升，但旅游不是一个地方经济发展的必要和唯一前提；另外，有些民俗的变迁不仅出现在旅游古镇，在周围没有旅游开发的乡镇也同样存在。由此，旅游古镇发生民俗变迁不能笼统的归因于旅游的介入，必须区别看待。通过将古镇旅游开发前后的民俗传承情况进行对比，本题发现旅游对古镇民俗流变的影响其实比较大，我们将这一类民俗变迁称为旅游开发引起的干预性变迁；同时，与非旅游古镇同时发生的民俗变迁我们称为经济社会发展引发的自然变迁。关于自然变迁，调研发现主要集中在衣食用行逐渐城市化、岁时节日逐渐简单化和人生仪礼逐渐现代化几个方面，考虑到本文主题，自然变迁相关内容另文讨论。民俗变迁的具体内容在不同古镇表现形式稍有不同，变化程度也略有深浅，但从民俗事项分类和变迁动因角度看则属于同一类，因此下文将基于此予以总结陈述，至于细部差异会在分类陈述时以论据形式提及而不再单独论述。

旅游开发引起的干预性变迁主要体现在四个方面：传统民居空间功能的变化、生计方式变化及其延伸影响、古镇历史的重新表述和传统民俗娱乐活动的变化。

（一）传统民居空间功能的变化

出于旅游开发的需要，黄龙溪、洛带古镇上所有临街建筑全部进行了修旧如旧的重新装修，这些原来用于居住、少部分用来经商的传统民居现在绝大部分已改建用作旅游经营：非临街或临街的一些房子被改建成家庭旅馆、餐馆、茶楼、售卖旅游商品的店铺，原来以古镇居民为服务对象的五金日杂、服饰鞋帽、家电通信、药房诊所等则搬至新街区；旅游开发商征用核心景区周边土地，兴建明清风格的新街区，引入高档休闲消费项目；原来土地上的居民搬离传统生活社区，转入半城市化生活；原来在古镇街头巷尾小坝子上举行的婚丧嫁娶、坝坝筵等传统民俗活动不属于旅游开发项目的，出于旅游规划和景区日常管理的需要全部要求移出古镇核心街区，古镇老街居民的民俗传承空间及功能因旅游开发的影响而改变了。

（二）生计方式变化及其延伸影响

旅游开发后，原本居住在古镇的居民有能力从事旅游经营活动的自己当老板；没有能力或出租铺面收益更好的则当房东。从事旅游接待、旅游经营活动，必须按照旅游市场的时间和空间要求来办。岁时节日一般也是古镇旅游接待的高峰期，古镇居民的时间、精力和民居空间大量投入到旅游接待中，传统岁时节日及其民俗活动的时间、空间、人力都被挤占了。同时，无论是自营还是出租，甚至包括那些从事与旅游接待无直接相关行业的古镇人，旅游带给他们的不仅仅是收入的提高，更重要的那些更现代化的市场理念、更强烈的商业意识和竞争意识逐渐深入他们的观念之中。

（三）古镇历史的重新表述

古建筑也好、古民俗也好，一旦被视为旅游资源进行旅游开发，就必然按照旅游市场的规律来进行包装策划，从而赋予其旅游吸引力，吸引游客前来观光、观看。在现代旅游中，单纯的悠久历史并不一定具有足够的旅游吸引力，而必须对其赋予独特性、神奇性、神秘性、想象性、趣味性甚至刺激性。

旅游开发相对成熟的黄龙溪和洛带都有自己的旅游解说，正是这些解说词，赋予了解说对象诱人的吸引力。比如独特的“客家”会馆是什么样子？能镇住古龙的“一街三庙”是何等玄妙？客家凉粉为何能让人“伤心”？“烧火龙”怎么个烧法？“豢龙世家”是何来历？这些解说词从严格的史学角度来考察，有些并非十分严谨，甚至还有待考证：如黄龙溪舞龙起源于南宋一说。即便是从古镇居民的民间记忆历史的角度来考察，这些解说词与很多百姓甚至民间文化人对这些民俗活动之历史的解说也是相去甚远：如黄龙溪舞龙来源于二龙相争之说，民间则说是春节舞龙乃是图吉祥；又如“刘家龙”始祖刘累放龙归水，愧对孔甲帝而为孔甲帝祈福舞龙之说，民间则传说是刘累不慎将龙养死，只好自编草龙隔山舞动骗过孔甲帝，后为庆贺刘邦继位开始舞龙。“历史”在这里被重新表述，也将如此被再次记入“历史”。这样，历史就不是一种，而是有多少阐释就有多少种。

（四）传统民俗娱乐活动的变化

舞龙是黄龙溪、洛带的传统民俗，也是现在这两个古镇旅游开发的重要组成部分，甚至是一种代表性的旅游吸引物。除了对舞龙缘由与历史的重新表述，这种传统上作为村落社区共享共娱的民俗事项因为旅游开发而发生的改变还包括：组织形式、运作模式甚至表演时间、表演形式、表演场地、观演主体等方面的变化。

从组织形式上看，以往黄龙溪和洛带都是以传统的家族、村落为组织基础，现在黄龙溪实行的是有较完善组织架构的俱乐部制，洛带是临时组队的队长负责制。从运作模式上看，以往两镇的舞龙表演都是家族或村子出面组织，薪酬主要由拜年所得红包支付，如今黄龙溪的俱乐部归属景区管理局，接受商业演出，俱乐部雇员有稳定和固定薪酬；洛带的“刘家龙”队归属政府管理，除政府安排的演出外，几乎没有商业演出，薪酬按参演天数由政府支付。从表演时间上看，以往两镇的舞龙都主要集中在春节期间，如今黄龙溪春节期间的“火龙艺术节”是演出活动最集中的时间，接待性演出则由景区管理局安排、商业演出由俱乐部衔接；洛带“客家水龙节”是“刘家龙”表演最繁忙的时段，其他接待性演出由政府安排。从表演形式上看，舞火龙是两镇的传统民俗娱乐节目，都是村镇农民自发传习的一种传统表演；旅游开发后，黄龙溪派龙队亲赴铜梁学习铁水龙表演，现在成为龙队的代表性节目，洛带水龙节上除了男子龙之外，还有女子龙和娃娃龙比较吸引游客。从表演场地上看，以前两镇的舞龙都是穿梭于古镇老街上，一边舞动一边拜年，沿街的住户店家要备好谜题、红包迎接龙队，如今黄龙溪俱乐部有自己的训练和办公场地——民俗演艺中心，洛带水龙节的表演位于古镇五凤楼广场。从观演主体来看，以往二者的观众主要是古镇及周围的居民、村民，现在除了接待性表演的特殊观众外，主要观众为游客。

由上述现象表明，旅游古镇部分民俗变迁与旅游开发有着直接或间接的关联，其变迁由旅游开发干预导致，这些属于旅游开发后对民俗传承的干预性变迁。

与黄龙溪和洛带不同，在悦来，除了“麻羊节”短期内有大量食客涌入，平日里，数量不多的游客以散客形式到悦来观光，旅游对当地人们生活并未产生实质影响，还没有发生有代表性的突变，古镇传统民俗也只是随着经济社会发展自然流变。

二　旅游如何引发民俗干预性变迁

（一）旅游开发与民俗传承的矛盾统一

民俗是特定经济状态、经济水平、经济形式下特定区域和特定时段内的一种生活方式的总结和展示，民俗自然流变也有其自身的规律。旅游开发的根本目标是发展地方经济，吸引游客是其首要目标。为了让古镇的各种潜在旅游资源具有旅游吸引力，就必须按照现代社会的市场规则和要求，对旅游资源进行选择、设计、包装。旅游开发的策划设计者对这些民俗事象的设计、包装虽然要参考其历史传统，但更多的还是要根据旅游开发的一些规范要素来进行改革，因此，旅游开发与传统民俗的内在对抗自然会带来矛盾。总结来看，这种矛盾主要体现在以下几方面。

其一，旅游规划空间与民俗传承空间之争。传统社区的街区与业态的空间布局都是与其经济社会生活相适应的，旅游开发之后，新的空间结构布局依照旅游的功能分区来安排，民居和居民服务业全部迁出古镇老街区，餐饮、特色小吃要尽量统一到一条街，旅游商品尽量统一到一条街。甚至祠堂庙馆等神圣空间也被商业化。这样的空间调整，自然使得原本可以步行几步到祠堂庙馆祈福的婚丧嫁娶、在自家门口街边的坝坝宴等老街内的传统民俗活动被取消或者改变了。

其二，旅游接待时间与民俗传承时间之争。旅游开发前，原本务农或外出务工的古镇居民基本上过着顺应岁时节气、朝出暮归的的生活，传统民俗节日和活动基本上都能休工参加。旅游开发后，从事旅游接待及相关工作的古镇居民每一年、每一天的出工情况基本上要依照游客到达的时间、时长和活动内容决定，几月是旅游高峰、每天几点外出采购货品、营业时间持续到多久等等。于是，迫于旅游接待工作压力的人们自行支配用以参与传统民俗活动的时间大大减少。

其三，旅游解说词与本土历史记忆的话语权之争。古镇人对古镇历史的记忆有自己的传承体系和传承规律，基本上是本土文化人口耳相传的。旅游开发后，旅游解说词更多是在参考一些史书的基础上本着独特、神奇、神秘、趣味甚至刺激的原则进行撰写的，这些撰写原则不是严谨追溯口述历史、文本历史的原则，但依照这种原则重述的古镇历史，传播及影响力却远超于本土口传和正史方志，因为在游客看来，旅游解说词约等于当地历史。

其四，民俗活动运作方式之争。古镇很多传统民俗活动，如龙灯、牛儿灯、清明祭祖、菩萨过生、童子会等都是村落社区在固定的时间由德高望重的老者们牵头组织、社区民众出钱、出力，共同参与、共同享受的。旅游开发后，能作为旅游表演的民俗活动被选择出来以政府或开发商牵头、出资组成长久或临时的表演团队根据旅游接待需要的时间、地点进行展演。

当然，旅游开发与民俗变迁之间的矛盾有着逻辑性的客观基础，但是，另外，二者之间同时也存在着内在的逻辑统一。

首先，民俗是古镇旅游开发的精髓，是古镇旅游开发的首要资源。成为旅游目的地必须有异于游客常居环境的独特吸引物，古镇旅游面向的市场更多还是居住在城市中的人，对于他们来说，古镇最根本的吸引物主要是古建筑、古朴清净的环境和淳朴、传统的古民俗（包括地方特色传统饮食等）。其中，古建部分是古镇之“古”的物性本底，但古镇不是建筑史博物馆，作为旅游开发的优选地，古镇的精髓在于民俗。古镇的古建不同于博物馆展示的建筑单品，它是浸染在特定地区特定传统民俗文化中的一种生活必需品，是与其传统民俗生活紧密相关的，是传统民俗的空间载体，是古镇民俗的一个组成部分，即居住民俗。那些古民居、古庙、古祠堂、古会馆如果只是一座空房子对大众游客来说是非常失望的，而只有当这些物质空间与它们的传统功能一并展示出来的时候才会吸引游客。也就是说，只有当民居有炊烟缭绕、庙里有香火、祠堂会馆里有祭礼有聚会等这些民俗活动，古镇才会让人感觉有生机，这些或清幽或热闹的氛围是最大的旅游吸引物，而这些只有民俗才能提供。

其次，旅游唤醒、光大一些逐渐走向势微的民俗事项。为了旅游的需要，就需要尽可能挖掘古镇传统文化的特别之处，以尽可能丰富旅游吸引物的内容，促进古镇的旅游发展。古镇传统文化，特别是独特之处更多是面向民俗范围去寻找的。在这样的运作逻辑下，一些历史上存在、而近代逐渐走向势微的民俗如果具有旅游吸引力，就很可能被选择出来作为民俗旅游项目重新发扬光大。

再次，旅游经营增加的收入为一些民俗事项的传承提供了经济基础。所有的民俗传承都是需要成本投入的，只是这些成本一般比较隐性。比如作为社区一员，参加民俗祭礼需要付出时间、金钱（购买祭品等），以融入并学习祭礼仪式的流程与禁忌等。许多传统民俗在灾荒、“文化大革命”中的中断一方面是社会导向的问题，另一方面也有经济的原因。旅游开发后，参与旅游经营活动增加了社区居民的经济收入，同时为他们还依旧传承的民俗活动提供了更好的经济基础。比如外出学习交流舞龙技巧、重修祠堂办清明会等。

最后，随着传统民俗成为可吸引游客的项目，相应增加了当地人对本土文化的自豪感。当大量游客因着古镇的民俗文化而纷至沓来的时候，当游客对这些民俗兴趣盎然的时候，特别是当这些民俗展示为古镇人带来经济收益时，其文化自豪感是大幅提升的。

（二）旅游引发民俗干预性变迁的内在机理

从黄龙溪、洛带和悦来的情况来看，不同旅游开发阶段对民俗变迁的影响是不同的。未进行正式的、规模性的旅游开发的古镇，如悦来，游客主要以散客或节庆之临时性食客身份进入古镇，对古镇民俗变迁的影响非常小；进行了正式的、有规模的旅游打造的古镇，如黄龙溪、洛带，古镇风貌统一修旧，旅游节庆活动丰富、景区业态统一、游客大量涌入，对古镇民俗变迁的影响非常大。当然，由于民俗本身内容的丰富性，不同民俗事象的变迁情况又各有不同。

从旅游开发的过程来看，旅游开发时间的长短与民俗变迁之间并非高相关度的正相关关系，旅游引发民俗变迁的关键因素主要是旅游开发规划和旅游经营方式的实践。

不是所有的旅游规划都得到了完全的实施，但实际的旅游开发实践在相当大程度上还是依照旅游规划进行的。因此，旅游规划对古镇的主题定位、规划思路和对民俗的界定、认知及其具体规划很大程度上决定了旅游开发中民俗的变迁方式、变迁程度。规划对于古镇的主题定位十分重要，民俗是否被作为主题定位的关键词，从理论上决定着民俗在旅游开发中的受重视程度。如果是作为关键词，那么规划设计者对“民俗”的理解和界定又从一定程度上决定了民俗在旅游开发中将要发生的改变，如只将传统年节民俗中的舞龙等视为民俗，只是按照一般的市场操作设计成民俗表演节目，使得舞龙成为脱离原有观众基础的商业化的节目表演。这种做法没有从全方位理解民俗、缺少对古镇传统岁时年节民俗的历史和具体情况的了解，没有根据这些民俗合理设计保护与展示的可行性方案，而使得古镇原本悠久丰富的“民俗”显得毫无特色而又十分单薄，这样的“民俗”已经不是古镇的传统民俗。

旅游经营的方式从黄龙溪和洛带的情况来看比较简单，主要是古镇居民自营和出租铺面他人经营。自营的多是有资金进行投资、有经营经验的，经营项目包括：旅店、中餐馆、旅游商品售卖等；铺面出租者则或是因为地段好，租金高，出租比自营收益高，或是怠于打理，或是外出工作、陪读等。

同时，在古镇居民中还普遍存在一种观念，认为，外面的商人更善于经营，他们往往能引进一些古镇原来没有的经营项目，比如：丝绸店、香水精油店、印巴服饰店、葫芦丝乐器店、大锤酥糖果店、特色名小吃店、水吧、咖啡店、小影院、小水族馆等。这种“外人更会经营”的观念的形成正是旅游带来的，这些“专业的”旅游经营者广泛分布于各个旅游古镇，哪个古镇旅游开发了，哪里就能找到他们的身影；古镇居民对他们的认可源于这些店铺总是能在游人如织的古镇上获得较好的经济收益。但事实上，这些店铺经营的产品及其负载的文化与古镇传统文化之间并无紧密关联，游客也觉得他们的广泛大量存在使古镇变得毫无特色。

无论是自营还是出租，这些旅游经营活动都不同于以往的商贸经营，其所面对的客户由古镇居民变成游客、租客，一方面这种经营大幅度提高了古镇居民的经济收入；另一方面也将商业意识、竞争观念等现代市场经济的经济理念带给古镇居民。这从某种意义上说是学习融入现代市场经济，但同时，势如潮水的商业化、利益、竞争等观念强烈冲击了古镇居民世代传承的朴素的处世观。无论如何，旅游经营逐渐通过挤占民俗时间和民俗空间使民俗变迁成为必然。

三　亟待解决的问题

（一）对“民俗”概念的误解

在我们的调查中发现，很多古镇居民、基层官员甚至一些旅游规划者，对民俗的误解相当广泛，其中以下几种观点颇具代表性。

民俗都是写在历史书籍上的，与现实的生活是两码事；

民俗都是那些古老的、以前的东西，现在已经没有什么民俗了；

民俗那些东西只有“懂文化的老师”（民间文化人、阴阳老师、端公先生等）才晓得，普通人可不懂；

民俗是那些被旅游开发后的特定节目，如舞龙；

民俗是旅游古镇的主题之一，但旅游开发最重要的是建筑风貌上修旧如旧，而不是民俗。

这种情况的出现有其缘由，也引发了更多问题。

“文化”知识的普及工作不够：在大多数古镇居民包括一些基层官员的观念中，“传统文化”“民俗”等概念非常模糊，甚至有误解。普通群众对“传统文化”“民俗”的误解一方面源于国民受教育水平有限的大背景，另一方面也显示出基层文化工作还有很大的拓展和上升空间。目前，基层文化站的主要工作大体上以组织各种群众性歌舞活动为主，这反映出将文化活动约等于歌舞活动的趋势，这本身就是对“文化”和“民俗”概念的误解。

事实上，民俗是在广大群众的日常生活中世代传承的文化事象，普通百姓正是民俗传承的主体。因此，古镇居民所认为的民俗是“懂文化的老师”才知晓的观点，无疑是没有意识到自己现在日常生活中所传承和遵循的那些生活模式、岁时年节的各种规矩及庆祝活动、婚丧嫁娶的仪式程序甚至一年四季的吃食都是民俗，而自己正是民俗传承的主体。

由于对“传统文化”“民俗”等概念界定不甚清晰，就无法认识到它们的重要价值，传承保护的必要性和重大意义自然无法深入人心。另外，由于概念界定不清晰，文化保护便失去了明确的对象，保护工作只能限于国家或地方政府下达的非遗保护任务和旅游开发需要的一些民俗事象。

此外，传统文化保护流于形式，还有着理论上和实践中的原因。从理论上讲，民俗不是古老习俗的历史遗存，是一种世代传袭的生活方式和文化，因此即便是过度商业化的民俗也不是传统民俗的消失死亡而是民俗的一种变迁。在这种背景下，保护什么、如何保护就成为一个十分复杂的问题。本题认为，保护传统民俗，不仅仅是保护民俗活动的各种用具、仪式过程，更重要的是维护其传承的环境、氛围，失去社会功能的民俗等于失去了存在的价值，投入再多的资金保护也只能成为一种文化记忆，终将因失去“民”这个基础而成为历史。因此，如春节等民俗的保护，单单通过举办艺术节、庙会是不够的，对于古镇居民来说，如何释放那些被旅游经营活动挤占的传统民俗的时间和空间才是关键。

（二）旅游规划中的“民俗”似有实无

虽然有学者指出，成都旅游古镇存在缺乏科学规划问题，但实际上随着“旅游开发，规划先行”观念的普及，旅游古镇对规划工作已经相当重视，有些还设立了专门部门（规建科）负责此项工作。以黄龙溪为例，据不完全统计，2004～2010 年就制定或修编旅游相关规划 8 部次。古镇旅游相关的各种规划在编制中关涉民俗的主要问题包括以下几个方面。

（1）对古镇历史文化和民俗文化的调查不够深入，主要表现在：调查组对古镇历史和民俗文化的重视程度不够；分配给历史和民俗文化的调查时间有限，导致对历史和民俗文化的了解、挖掘不够；调查资料来源集中于地方志、个别民间文化人，缺乏深度和广度。

（2）主要领导意见在规划编制中占据非常重要地位，规划编制的客观科学性有待提高。

（3）规划普遍将民俗文化定位为古镇旅游的主题，但在具体保护要求和保护措施中却普遍缺乏相关具体内容，泛泛而谈；在旅游项目策划中以市场和经济效益为导向原则，缺乏对非物质的地方文化和民俗变迁影响程度的关注。

（4）规划评审亦缺乏对非物质的地方文化和民俗变迁影响程度的考量。

（5）规划的法律效力有限，规划实施亦没有相关法律法规给予保障。

（6）领导更替对规划编修、实施的影响巨大，“人治”色彩浓厚。

（7）一些古镇政府认为开发商的开发规划做得比古镇的规划好，并成为古镇规划实际上的编制依据，或者干脆直接替代之。

这些问题反映出古镇旅游规划编制还存在很深厚的内在原因。

首先，规划的形成——权力之不平衡。从规划的形成过程看，参与规划编制的主体主要包括：当地政府旅游主管部门、景区管委会（管理局）、投资方（开发商）、规划设计单位（公司）。当地传承民俗的普通百姓在这个过程中是被排除在外的，可能会有个别民间文化人作为规划单位收集当地传统文化的资料来源而被遴选、询问，但关于对以他们传统的民俗文化进行旅游开发，他们的意见、需求和呼声在整个规划过程中没有体现的机会和条件。而且，传统民俗文化被旅游资源化、商品化后，旅游开发对资源所有者——当地俗民群众的补偿，包括占用或借用所有者的文化资源、旅游开发对原有文化资源传承带来的影响和改变等问题更是未被列入考虑范围之内。这些问题的终极原因还是权力的不平衡，由于文化保护意识的不足和文化传承相关知识的欠缺，当地俗民群体虽然是传统民俗文化资源的所有者，但却在以自己文化为对象的规划和开发中处于失语状态。这种状态的结果之一就是旅游开发必然引发民俗的巨大变迁。

政府编制旅游规划的根本目的是发展经济，政府全额出资对古镇进行打造已经不可能，于是就需要投资方的介入。投资方的根本目的是赚取经济利益，其选择和打造的标准都是按照市场潮流需要而定，如果民俗活动可以成为其获利的工具则将被选择予以资金支持或者对其进行包装、打造，进而商业化。一旦经由开发商的规划、设计、打造，民俗发生干预性变迁自然在所难免。

其次，规划的内容——“有形无神”。对古建修旧如旧、新式建筑包穿古式外衣、古镇“古”之风貌修建成为古镇旅游开发的重中之重，一是由于历史的原因而川西平原现存古镇古建多为清代民国风貌，修旧如旧也好、新包装也好，从游览感官上看这些古镇变得整齐划一毫无特色；二是将重点与重心全部集中于古建风貌修复的同时严重忽略了古建所负载的非物质文化的挖掘与展示，沿街铺面全部填充以大同小异的旅游商品，从游览感受上讲完全成为一条古建商业街；三是完全脱离古镇本身历史文化和传承变化，照搬现代旅游开发的理论模式而对古镇进行旅游功能分区，从游览体验上讲完全是一种千篇一律的现代景区；四是四方拼借的所谓特色设计及其解说正在篡改地方历史文化，这种奇怪的融合从文化传承上讲实在是当地文化的一种悲哀。如此种种，古镇一个比一个修的漂亮、富含深厚底蕴和独特地方特色的文化却越来越难以触及。

再次，规划的评审——专家小组。一般来讲，规划的评审程序都按照《旅游规划通则》的要求进行。但是，在这个过程中，有三个问题不容忽视：评审专家一般情况下是评审单位自己邀请；主管领导有一票否决权；评审标准完全不涉及当地传统民俗文化传承保护问题。第一，评审单位自己邀请评审专家比较普遍，因为规划委托方对专家相关信息的掌握情况不尽相同，有时候甚至不知道该请哪些专家。从逻辑上讲，这就可能从很大程度上降低了规划评审的客观性；第二，主管领导对规划的评价在很大程度上决定了规划能否顺利结项，领导意见应该成为规划设计编制的重要参考，但这些意见如果变成一票否决，实际上是对规划评审公正客观性的一种完全摧毁；第三，规划，特别是与地方文化紧密相关的旅游规划、古镇保护规划等，实际上是关系到地方文化传承发展的重大事件，但当地俗民群体完全缺席关涉他们自身文化传承的规划的评审，而且评审标准对规划可能给当地文化传承带来的影响等根本没有涉及。

最后，规划的实施——法律效力缺失与领导个人喜好。从目前的法律体系来看，规划并没有实质的法律约束力，最大的处罚仅限于行政处分，因此，规划的实施只能依靠当地政府。在这个过程中，领导人的个人喜好又扮演了非常重要的角色，他对某一规划的喜好可能决定了这个规划的实施情况，甚至是否实施，或者对规划进行修编，抑或重新编制新的规划。规划实施的保障措施在这样一种背景下变得毫无保障，更有效的保障应该来源于规划法律效力的提升和对领导个人权力约束机制的建立。

四　对策建议

（1）组织民俗学届、法学界专家制定“四川省传统民俗文化保护”的地方性法规。

（2）旅游局对旅游规划或民俗旅游开发项目予以“传承保护影响度”评估、审批；将规划实施的监督权交给上一级旅游主管部门和文化主管部门。

（3）省市文化厅（局）与省市旅游局共同组织开展“地方（或民间）文化传承示范镇”测评，纳入旅游古镇综合评价体系，推进地方政府对地方传统文化的重视。

（4）旅游局协同地方政府开展系列培训。针对地方基层官员的培训：了解文化人类学、民俗学的基本知识和传统文化的概念范畴、传承保护的重要性。针对本地居民的培训：当地传统文化的系统介绍和旅游资源学的基础知识普及，规划参与、监督、旅游从业知识和技能等。提高基层官员和普通百姓的文化保护意识，大家需要知道，古镇古之精髓在于祖辈传承下来的文化。

（5）镇政府、社区通过合适的方式让本地居民愿意留在古镇，控制本地人口的外迁；增加举办针对本地居民的传统民俗活动，政府积极引导、支持恢复一些文化内涵好、群众参与度高的传统民俗活动，增加古镇传统民俗的展示机会。临街居民婚嫁丧葬占用已成为景区街道的，不能盲目禁止，在尽量减少对景区影响的前提下，为其划定相应的区域即可。

（6）引领旅游规划重视传统民俗。振兴“老字号”，适度恢复商贸古镇、码头古镇等传统业态，特别是有代表性的、有特色的店铺。调整、升级古镇旅游接待、旅游商品商家的市场准入标准，严格控制同质化、雷同化经营。新一轮的古镇旅游应该是以体验游为主体的更高层次的旅游形式，旅游者获得的体验质量越高，旅游企业从中得到的经济效益也会随之增加。

（7）尝试采用问卷调查、意见征集、听证会等形式让古镇居民参与旅游发展决策，发表意见，并纳入政府决策。因为研究已证明，旅游地若能充分考虑居民要求并使其受益，居民会表现出支持旅游进一步发展的倾向，并以更积极姿态继续介入，反之相反。

参考文献

邓清南、许虹：《四川民俗旅游的开发问题与发展对策》，《安徽农业科学》2011 年第 8 期。

吕勤、黄敏：《国内古镇旅游研究综述》，《北京第二外国语学院学报》2012 年第 1 期。

罗绍明、张震：《现代性语境中民俗旅游发展道路的探索》，《广西民族研究》2009 年第 4 期。

刘燚：《政府在古镇旅游开发中的角色探析》，《传奇·传记文学选刊》（理论研究）2011 年第 6 期。

宋晨：《中国古镇旅游开发理念创新研究》，《特区经济》2012 年第 2 期。

唐勇、覃建雄、刘妍：《四川十大古镇旅游发展比较研究》，《成都理工大学学报》（社会科学版）2009 年第 4 期。

王杰文：《寻找“民俗的意义”——阿兰·邓迪斯与理查德·鲍曼的学术论争》，《西北民族研究》2011 年第 2 期。

吴晓：《乡村旅游语境中民间艺术的在场与形变——基于湘西德夯苗寨的个案研究》，《广西民族研究》2010 年第 1 期。

汪舟：《日本民俗节庆及其对中国节庆旅游发展的启示》，《特区经济》2012 年第 1 期。

张冬婷、邱扶东：《国内外古镇旅游研究综述》，《旅游学刊》2011 年第 3 期。

陈世松、李映发：《四川客家》，广西师范大学出版社，2005。

彭兆荣：《旅游人类学》，民族出版社，2004。

双流县委宣传部等：《古镇黄龙溪》，巴蜀书社，2006。

陶立藩：《民俗学》，学苑出版社，2003。

乌丙安：《中国民俗学》，辽宁大学出版社，1985。

行 业 报 告

Industrial Reports

B.10

四川老年文化产业发展报告

李 晖　刘天宇*

摘　要：老年文化产业是以满足老年人精神文化需求为目标，为老年人提供文化产品和文化服务，以老年旅游业、老年媒体业、老年教育业、老年演艺业和老年会展业等为主要内容的综合性老龄产业。发展好老年文化产业，有助于满足老年群体多元化需求，有助于拉动内需促进经济增长，有助于维持社会和谐稳定。当前四川老年旅游业、老年媒体业、老年教育业、老年演艺业和老年会展业虽取得一定进展，但仍有较大提升空间。四川老年文化产业应当积极借鉴省外先进经验以促进本省老年文化产业更快发展。

* 李晖，四川省社会科学院新闻传播研究所副研究员、博士，主要研究方向为文化产业、新闻传播。

刘天宇，韩国国立群山大学博士研究生，主要研究方向为体育产业经营与管理。

关键词： 老年文化产业 老年人口 四川

截至 2013 年底，全国老年人口 2.02 亿，老年人口占总人口比重 14.9%。在四川，全省 60 岁以上人口约 1653.3 万，占总人口比重 18.1%，人口老龄化程度明显高于全国。四川省老龄办研究报告《基于第六次全国人口普查结果的四川未来 30 年人口老龄化预测》显示，2027 年，四川省 60 岁及以上老年人口将达总人口四分之一以上；2036 年，四川省 60 岁及以上老年人口将占总人口三分之一以上。如何保障好庞大的老年群体的文化权益，满足他们日益增长的精神需求，将是未来几十年内社会发展的重点。在此背景下，老年文化产业也迎来了重要的发展机遇期。

一 老年文化产业的界定与意义

文化产业作为知识、技术与智力密集型行业，不仅作用于文化领域。而且还对经济领域和社会生活领域产生辐射力、影响力和推动力，老年文化产业同样如此。

（一）老年文化产业的界定

文化产业是社会生产力发展的必然产物，是随着我国社会主义市场经济的逐步完善和现代生产方式的不断进步而发展起来的新兴产业。我国一直都非常重视文化产业的发展，文化产业的发展也取得较大成绩。但是在我国文化产业的整体格局中，老年文化产业一直没有得到应有的重视。根据当前老年文化产业发展状况，可将老年文化产业界定为以满足老年人精神文化需求为目标，为老年人提供文化产品和文化服务，以老年旅游业、老年媒体业、老年教育业、老年演艺业和老年会展业等为主要内容的综合性老龄产业。老年文化产业的核心在于将老年精神文化产品产业化，并根据老年人群的实际需要将老年人休闲、旅游、演艺、收藏等文化活动连接起来，形成具有盈利能力的产业链。

（二）发展老年文化产业的意义

四川老年人数量日益增加以及老年人消费观念的逐渐改变给老年文化产业带来很好的产业前景。发展好老年文化产业，有助于满足老年群体多元化需求，有助于拉动内需促进经济增长，有助于维持社会和谐稳定。

1. 有助于满足老年群体的多元化需求

人有物质生活需求，也有精神生活需求，老年人同样如此。但是当前的文化设施和文化产品却存在对老年人关注不够等问题。很多子女不在身边的老年人“出门一把锁，进门一盏灯”，长期处于一种“空巢”又“空心”的生活状态。积极发展老年文化产业，生产出优秀的老年文化产品，引导最大范围内的老年群体积极参与健康向上的文化活动，可以启迪老年人的心智，满足老年人与日俱增的精神文化需求，让更多的老年人过上老有所学、老有所为、老有所乐的生活。

2. 有助于拉动内需促进经济发展

发展老年文化产业、为老年人群提供多元化的文化产品，可以满足老年群众的不同需求，而且通过老年文化产品的创新开发还能培养并引导老年群众形成良好的文化消费习惯，从这个意义上说，发展老年文化产业发展有助于拉动老年人的消费需求。同时，文化产业作为服务型产业，在创造新的就业机会方面更具有其他产业无法比拟的优势。老年旅游、老年教育、老年体育休闲等老年文化产业的各个部类，都需要大量的就业人员，因此发展老年文化产业将为社会提供大量就业和服务岗位。

3. 有助于维持社会和谐稳定

我国是世界上老年人口最多的国家，老年群体地位的特殊性、分布的多层次性、生活的多变性、影响力的广泛性，几乎渗透到了很多领域的所有形式和层面中，① 这对社会和谐发展具有非常重要的影响。积极发展老年文化

① 许庆玉：《加快老年文化建设 推动社会和谐发展》，《陕西省老年文化与社会和谐研讨会论文集》，2009。

产业，既是推动社会主义文化大发展大繁荣的内在要求，又是构建不分年龄、人人共享的和谐文化的重要任务。让更多的老年人群享有更多更好的文化产品和服务，可以提高农村老年人的文化修养，可以帮助老年人更好地认识新事物、学习新知识，可以增强老年人的道德观念和法制观念进而促进社会的安定团结，这对整个社会的和谐稳定都有着重要的意义。

二　四川老年文化产业发展现状与问题

随着老年人口的增长和老年人对晚年生活质量要求的提高，养老服务已不再停留在过去"吃饱穿暖"的救济性水平上，专门提供以满足老年人特殊需求为目标的商品和服务的老龄产业正在呈现出蓬勃的生命力。聚焦到四川，其文化产业发展主要体现在老年旅游业、老年媒体业、老年教育业、老年演艺业和老年会展业五方面。

（一）老年旅游业

四川省有着非常丰富的旅游资源，旅游市场也较为成熟，这种现状也带动了四川老年旅游业的发展。主要体现在当前四川省内出台的相关政策中已经关注老年旅游业的发展，且四川旅游市场上也已推出多元化的老年旅游产品。

1. 政策支撑发展迅速

《四川省十二五旅游业发展规划》明确提出，要制定实施旅游优惠政策，特别是加强对老年人、残疾人、学生等的优惠政策，鼓励旅行社、旅游景区和酒店等企业联合开发针对性产品，提供优惠、优质服务。在此背景下，各市也开始重视老年旅游。如绵阳市于2013年出台《老年人旅游服务质量管理规范》，该《规范》要求旅行社应当出发前发放《团队联系卡》，并告知参加旅游的老年人旅游目的地气候、民俗习惯以及随团医生信息等。旅游过程中的餐饮要满足老年群体对餐饮的特殊要求，住宿也应当根据"自理老人"和"介助老人"的需求分别安排。旅行社在同一旅游团队且提供同等服务的情况下，不得因旅游者的年龄缘故额外收取其他费用。[①] 2014年9月27日，四川省省长魏宏在全球旅游发展新业态峨眉高峰论坛上对四川旅游业下一步发展做出规划，他提到四川将积极培育人口老龄化时代的旅游新业态，致力于发展银发旅游，将规划建设无障碍旅游设施，制定老年旅游服务规范，推动形成专业化的老年旅游服务体系。相关规划政策的持续健全完善，对老年旅游发展无疑具有很大的促进作用。

2. 旅游产品形态多样

针对老年人出游的热潮，四川省内旅行社也争相推出了一些适合老年人的旅游专线和旅游产品，凉山州彝之旅旅行社便为中老年人量身定做了“爸妈游”系列旅游线路，并已成功组织了近80期（其中包含86岁的老人）；四川省中国国际旅行社在2014年重阳节推出特色旅游线路——“亲情号”旅游专列，带领老年人游览萍乡、黄山、武夷山等著名景点。此外，川内社会机构也与旅行社合作开展旅游项目，如“金秋之家”文化俱乐部与四川省中国青年旅行社联手推出5月烟霞湖过端午，6月西岭雪山休闲游，7月九龙沟避暑疗养，8月桂湖游园赏桂，10月新疆听驼铃，11月海南桂林观光游等不同时令的旅游活动。

（二）老年媒体业

四川传统媒体较早涉入了老年媒体业。随着信息技术的不断普及，老年手机等新媒体也关注老年人并积极介入了老年媒体业。

1. 传统媒体较早介入

此处只论以老年受众为主要目标受众的媒体。纸质媒体以《晚霞报》和《晚霞》杂志为代表。《晚霞报》创办于1985年7月1日，由川渝两省市老龄办联办，该报已从当初的4开4版旬刊、发行仅几千份发展到现在的每周4期4开8版、发行10多万份。《晚霞》杂志是四川省唯一的老年刊

---

① 王海燕：《我市出台〈老年人旅游服务质量规范〉》，绵阳市政府网站，http：//www.my.gov.cn/MYGOV/147211412819673088/20130722/778243.html，2013年7月22日。

物，由四川、云南、贵州、西藏四省区的省（区）委老干部局主办。该刊物“言老人事，表老人志，抒老人情，解老人难”，为老年读者提供丰富、及时的精神食粮。川内老年广播媒体则以宜宾《天下父母》为代表，这是四川省广电媒体中首个专门关注老年群体的对象性栏目，以“和美生活、忠孝家庭、友爱邻里、珍视健康”为宗旨，反映丰富多彩的老年生活，传播科学的健康养生理念，维护老年人的合法权益。

2. 新兴媒体正在普及

除上述传统媒体外，四川老年新媒体也得到了一定程度的发展，体现在老人手机在四川的使用也日趋普及，各营业厅纷纷推出相应的活动推广老人手机，如成都移动曾在一段时间内规定，只要用户加入“移动合家欢”，且预存200元话费，即可以最低0元的价格购买精选老人心机，并免费获赠新入网号码。与此同时，基层政府也在推动老人手机的普及力度，2013年四川青神县为具有该县户籍，年龄在60周岁以上的城乡居民免费发放了老人手机，并为之提供最优惠的通信资费和售后服务。

（三）老年教育业

四川省一直以来都较为重视老年教育，相关政策已经对四川老年教育发展从数量和质量上做出明确规划，带动了城市和农村老年教育业的快速发展。

1. 规划先行形式多样

早在2012年，四川省老龄办、省委老干部局、省教育厅等联合印发《四川省老年教育“十二五”发展规划》，提出力争2015年末四川省老年大学（学校）在现有基础上增加600所，四川省老年大学和老年学校在校老年人占老年人口的比例达到5%，不断扩大老年人受教育面，提高老年教育覆盖率。2014年3月省老龄委印发的《四川省老龄事业发展“十二五”规划2014年实施计划》中明确提出的今年全省要新建100所老年大学（学校）和老年教育覆盖率要达到5%的目标。可见，相关政策对老年教育都提出明确的发展目标。在此背景下，四川老年教育业蓬勃发展，截至2014年

9月，四川省除了老年大学外，还出现了社区文化辅导站、网上远程教育、干部学校或老年大学分校等多种教育形式，满足了不同地域老人们的学习需要。

2. 城市乡村各有侧重

城市老年教育起步较早，且相比较农村老年教育，各类财政支持较多，所以城市老年教育无论是硬件层面抑或是软件层面都较为完善。当前，城市老年教育课程已经涵盖电脑、摄影、英语、养生、书法、乐器等课程，不少学校还配备了电化教学设施。同时，城市老年教育的对象多为具有一定文化水平的离退休干部和工人，他们选择的课程文娱性较强，多为书法绘画、养生保健、声乐舞蹈等。此外，城市老年教育过程中多对全体学员进行规范化管理并定期开课，教师队伍也相对固定。与城市老年教育相比，农村老年学校仍处于横向普及阶段，学习内容也较多地和农村老年群众的生活实践相结合，课程设置更加侧重于实用性、技能性，所开设的主要课程包括卫生保健类，养殖种植类等与农村老年群众生活较为接近的领域。

（四）老年演艺业

四川老年演艺业也较为发达，持续增长的演艺主体数量以及日益多元的演艺项目都在较大程度上提高了老年演艺业发展水平。

1. 演艺主体持续增长

笔者未查到有关四川老年演艺主体的具体统计数据，但是不可否认的是，随着老年人口数量不断增多，各级各类的四川老年演艺团体也快速发展。以老年合唱团体为例，四川省就包括省老年大学合唱团、省老干部艺术团合唱团、巴蜀老年合唱团、泸州市中老年女子合唱团、四川省凉山彝族自治州老年大学合唱团等。老年舞蹈团体也不胜枚举，高新区桂溪老年大学舞蹈队、四川省自贡市歌舞团老年艺术团等都是活跃在四川老年演艺业的重要团体。以上仅是略举几例，老年演艺团体的数量多寡由此可见一斑。

2. 演艺赛事日趋丰富

四川老年演艺赛事较为丰富，包括老年歌唱大赛、舞蹈大赛、老年人健身腰鼓和排舞比赛、老年人秧歌比赛、老年人广场舞大赛等。有的活动举办多次且影响较大，已经形成节目品牌，如“金秋乐”中老年舞蹈展演。该活动是由四川省舞蹈家协会2009年面向全省发起的艺术展演活动，旨在满足和丰富中老年群众的精神文化生活，营造和谐健康的社会环境，为全省中老年舞蹈爱好者搭建一个展示艺术风采的平台。该赛事每年一届，并已在大邑、绵阳、北川和都江堰成功举办多届。[①]

3. 演艺项目层出不穷

四川省老年演艺项目不仅有常见的歌舞类别，而且还涉及其他领域。如老年时装演艺，代表团体有南充“漾年华”时装队、四川省成都市老年大学艺术团时装队、雅安市“雨之韵”老年时装队等；再如老年影视开发，2014年10月，四川本土首部反映空巢老人生活状态的电影《空巢·归鸿》在乐山五通桥开机拍摄，该片旨在呼吁社会各界对空巢老人的关注，拍摄完毕之后将参加2015年第12届数字电影百合奖的评选。

（五）老年会展业

老年会展业能够在短时间内汇聚来自不同地域的商家与顾客，其对于老年文化产业发展的重要性不言而喻。有着丰富会展资源的四川在老年会展业方面也得到了较大发展。

1. 老年会展持续开展

会展业是经济发展的风向标，而且会展对一个产业发展具有重要带动作用。2013年11月28日~12月1日举办的首届中国四川国际老龄产业博览会吸引了来自海南、福建、云南、广东、浙江、四川、贵州等省市区及马来西亚、韩国等国家的100多家企业参展参会。该展会现场成交8216万元，意向成交6.2亿元，其中养老地产版块现场成交5016万元，意向成交4.8亿元；老年用品版块现场成交100万元，意向成交260万元；养老服务设施版块现场成交3000万元，意向成交0.9亿元；养老医疗卫生版块现场成交

① 吴石梅：《“金秋乐”舞动夕阳红》，《四川广播电视报》2013年12月6日。

100 万元，意向成交 4000 万元。① 2014 年 10 月 10～13 日，第二届中国四川国际老龄产业博览会再次顺利召开，展会面积由原先的 6000 平方米扩至 2 万平方米。除此之外，继 2013 第二届中国（都江堰）老年国际文化旅游节后，2014 年第三届中国（康定）老年国际文化旅游节也在四川甘孜州康定县正式举办。这也是老年国际文化旅游节首次尝试在高原藏区举办。

2. 老年会展业与相关行业会展捆绑发展

单一的老年会展业吸引的参会主体和客体都较为单一，为了适当扩大老年会展业的影响力和辐射力，四川老年会展业多与相关行业会展合作开展，如 2013 年中国国际老龄产业博览会就与医疗保健服务展联合举行，2014 年中国国际老龄产业博览会与健康产业博览会联合举行。这种相关行业捆绑式办展的思路可以促进相关产业发展的互融互渗，从而为某类产业发展提供创新发展思路并提升其发展水平。

当然，上述五个方面也可以合作开展，以增加参与老年人群的积极性和广泛性。由四川日报报业集团家庭与生活报社主办、嘉家和健康周刊承办的大型文化活动“春天有约”——2014 成都老年文化活动月活动便综合了老年旅游业，老年演艺业等多种文化产业形态。该活动包括了“记忆中的电影”“川剧名家欣赏”“观摩老年著名书画艺术”“龙泉赏花”“蒲江踏青”“品尝蒙顶新茶”“老年广场音乐会”七大版块，从较大范围调动了老年群众的参与热情。

三　四川老年文化产业发展的制约因素

由上可以看出，四川老年文化产业已有较大发展，与此同时也暴露出个别问题，如当前四川以老年人为主要受众的媒体都带有不同程度的老年歧视

① 佚名：《2014 年第二届成都国际老龄产业博览会十月来袭》，据中国老年展会网，http：//www. laoren. com/zhanhui/359805. shtml，2014 年 9 月 4 日。

主义。[1] 因此，除了电视因其声像俱全，手机因其与家人联络方便更能留住老年受众外，广播和报纸的老年受众数量增长非常缓慢。再如老年旅游项目缺乏精细化处理，表现在很多老年旅行团缺乏医疗照护人员，无法满足突发情况下老年人的健康需求。又如老年教育因其较低的学费与多元化的课程吸引了越来越多老年群众加入，但是受制于场地和师资队伍等客观条件，很多老年学校的计划招生人数达到限额后便停止继续招生。造成上述这些问题的原因包含意识、资金、产品、消费习惯以及人才等多个方面。

（一）老年文化产业发展意识尚不到位

当前很多人依然存在重经济轻文化、把文化当作福利来对待的思想。许多文化行业至今仍被看作福利事业或者意识形态部门，依靠财政补贴维持生存，缺乏自我发展的内在动力。由于老年群体的特殊性，人们对于老年文化更是普遍存在依赖政府和社会推动的思想，而没有产业化的意识。与此同时，大多数老年人较低的文化水平和消费水平，决定了老年文化产业的低偿性。一些有志于开拓老龄产业的企业，没有取得预期收益，其微利乃至亏损的经营现状挫伤了这些企业持续、积极地投入热情。另外，相比其他文化产业形态，老年文化产业开发较晚，目前对于如何发展老年文化产业，理论研究不足，政策相对滞后，老年人的文化消费习惯尚待引导等现状也使老年文化产业的发展受到制约。

（二）对老年文化产业资金投入不足

当今老年文化产业资金投入不足也是其发展的重要制约因素。其成因主要有二，其一是政府“办文化”的观念影响。虽然政府要从“办文化”转向“管文化”喊了很多年，但是落实到基层，观念意识还是停留在原有认识层面。这就导致基层政府不知道如何引入社会资本发展当地的老年文化产

① 张立伟：《积极老龄化的传媒博弈——传统媒体如何“与子偕老”?》，《新闻记者》2013年第2期。

业，一涉及文化发展，始终放不开手脚，其文化投入也长久以来依靠极为有限的政府财政投入。当然也有个别社会资本主动注入，但是资金极为有限，发展壁垒重重，故很难取得较好的效果。其二是税收、捐赠激励等政策措施的不健全使得多元化投入机制还未形成。由于现阶段我国税收、捐赠制度的不健全，使得企业或者第三方看不到参与老年文化产业发展的利益补偿，难以产生其从事老年文化产业的积极性，其结果就是企业、第三部门极少介入老年文化产业发展，更加导致了老年文化产业投入非常单一的现状。

（三）老年人文化产品与服务类型较为单一

当前老年文化产品与服务类型较为单一，导致供给不足与供给无效并存、“短视性”提供与“被迫性”消费并存等问题。究其根底，老年文化产品供给结构、供给制度、供给体制、供给机制等方面的缺陷导致了这些问题。老年群体是一个年龄跨度达 40 岁的群体，以这一群体为目标受众的老年文化产品与服务必须考虑多元化与层次化开发。然而从前述老年旅游业等领域发展现状也可以看出，老年产品开发极为有限，老年群体没有选择的空间。因此，虽然市场上有老年产品与服务，但是始终无法满足老年群体的不同需求。

（四）老年群体文化消费意识不足

影响农村老年人参与文化消费一般有两个因素，一是老年人家庭生活状况，譬如经济收入、家庭是否支持其参与相关活动等，二是社会是否为老年人的文化活动参与提供了必要条件。只有两者皆备，老年人参与文化消费才能更多。然而，很多老年人都面临着这两方面的阻力。一是来自家庭的阻力。很多老年人或迫于生计所需尚需继续劳作，或承担着隔代监护的任务，没有更多时间和精力从事文化消费。二是来自社会的阻力。社会的阻力可分为两个方面。一方面是文化服务系统外的阻力，由于子女生活压力较大，部分老年人主要依靠自己劳动养老，集体养老或社会养老发展缓慢、保障水平很低。这也限制了老年人的文化消费热情。另一方面是文化系统内的阻力，体现在当前有限的文化产品中，适合老年人的活动基本没有或者为数甚少。囿于上述两个因素，大多数老年人的文化消费热情始终不高。

（五）老年文化人才相当匮乏

文化人才是国家或者地方文化的灵魂和支撑。是否具备优秀的人才队伍，是文化生产、经营、管理上是否具有竞争力的关键。然而，很多地方和部门并未把老年文化人才战略提升到应有的高度，个别领导还把老年文化人才队伍建设看成软任务，有无兼可。在这种大背景下，老年文化人才工作机制、人才激励机制、人才培养机制等方面都欠合理。人才工作机制不合理会影响相关工作的顺利开展，人才激励机制不合理会挫伤文化人才的积极性和创造性，人才培养机制不合理影响文化人才的文化发展思路创新与文化活动方式创新。对于老年文化产业而言，有合适的人才已属难得，再面对这样的人才发展机制，让老年文化类人才脱颖而出更是难上加难。

四　四川老年文化产业可资借鉴的发展思路

在老年文化产业蓬勃发展的进程中，如何突出自身优势资源，根据老年人特点设计经营自身老年文化产品；如何融合信息产业与文化产业，创新老年文化活动项目；如何整合自身资源，结合实际情况，发展好老年文化产业都将成为老年文化产业发展中的瓶颈难题。以下几个方面或可为四川老年文化产业发展提供很好的思路借鉴。

（一）适当市场化促多元融资

2013 年 3 月，李克强总理在谈及国家机构改革和职能转变方案时，曾说这次改革方案核心是转变政府职能，当然也是简政放权。如果说机构改革是政府内部权力的优化配置，那么转变职能则是厘清和理顺政府与市场、与社会之间的关系。“说白了，就是市场能办的，多放给市场。社会可以做好的，就交给社会。政府管住、管好它应该管的事。”2014 年 8 月 19 日，李克强总理在国务院常务会议上再次说到，从过去习惯审批“画圈圈”，到不断自我消权，进而创新事中事后监管，这是政府职能转变的一场“自我革命”。今后越向纵深挺进，越要啃“硬骨头”、驱“拦路虎”。必须“痛下决心”，持续协同推进“放权”与“监管”，真正打造现代政府。循此思路，地方政府在发展老年文化产业时，也要思考如何简政放权，适当引入市场化机制，助推当地的老年文化产业发展。美国学者 E. S. 萨瓦斯曾提到政府间协议、合同承包、支援服务、自我服务、政府服务、政府出售、政府补助、凭单制、自由市场、特许经营等几种模式。① 上述模式中的两种模式可以借鉴到老年文化产业中来。一方面是合同出租，该模式主要指政府以合同的形式将公共产品的提供转让给私营企业、非营利机构等，政府则用税收去购买相关服务并依据合同对其进行监管。英国从 20 世纪 80 年代以来，在教育、健康等领域实施了合同化承包。美国的环保署、宇航局等几乎把所有工作都交由承包商来完成。1996 年，美国把能够承包出去的公共项目（100 余种）全部实行合同化。另一方面是凭单制。该模式是指政府部门给予有资格消费某种公共产品的群体发放凭单，这些群体在政府指定的公共服务机构消费凭单，机构用凭单向政府换取现金。凭单制的实质是激励公共产品提供主题市场竞争，正如美国学者威尔逊所言“市场化更有效率的根本原因在于竞争”。美国教育领域便实施了凭单制改革。主要做法就是政府向纳税人提供教育凭单，学生家长则可以用该凭单自由选择在哪所学校就读，而不再局限于本街区的学校，政府按照教育凭单为学校下拨经费，学校之间存在竞争，有助于改善教学质量。这些创新思路有助于将农村老年文化服务从文化系统“内循环”转变为社会“大循环”，从而在很大程度上拓展投入来源，有效解决老年文化产品供给跟不上的问题。

（二）办老年人喜欢的媒体

办老年人喜欢的媒体，或者要制作出老年人喜欢的内容产品，满足老年

① 吴春：《公共服务市场化：困境与出路》，《河北青年管理干部学院学报》2011 年第 1 期。

人的阅读欲、收听欲或观看欲，或者要推出老年人喜欢的活动，满足老年人的参与欲。

前者的代表性媒体有上海 IPTV998 频道和昆明电台 FM105 幸福频道老年广播。先看上海 IPTV998 频道，该频道推出的节目以《花样爷爷》这类中老年栏目、节目以及反映爷爷奶奶辈情感故事的电视剧居多。998 频道的核心宗旨就是利用现代电视技术，让老年人看电视更方便、更有乐趣、获取更有价值的信息。998 频道针对老年人的收视习惯，对电视节目进行分类，建立包括“养生民生”“美食旅游”“综艺”“戏曲”等老年人喜闻乐见的节目板块，将老年群体里中收视和口碑都很好的《阿庆讲故事》《新老娘舅》等节目汇集在一起，使中老年观众可以看到众多同类型节目，省去换台的麻烦。998 频道还将陆续打造电视生活小百科类型的全新版块，希望在关爱老年人的同时，为老年人提供他们关注的生活类百科信息，提高老年人的生活质量。再看昆明电台第四套节目 FM105 幸福频道老年广播，该频道是云南省第一家专门面对老年听众群体的广播频道。昆明电台 FM105 幸福频道老年广播将全天早中晚节目划分为绿色 105、金色 105 和蓝色 105 三个时段，分别主打健康、快乐和温暖陪伴三大节目体系，并在国内首创《幸福读报》《幸福老顽童》和《幸福老歌》等系列幸福概念节目。幸福频道填补了昆明市广播媒体服务老龄化社会的一项空白。①

后者的代表媒体为《快乐老人报》，该报针对退休老人“无组织无纪律无人管”的现状推出系列活动引导中老年群体拓展社交圈。相关活动主要有快乐老人养生学堂、快乐老人慢慢游、快乐老人艺术团、快乐老人大舞台、理财俱乐部、交友俱乐部、快乐老人门球赛、全国诗词书法大赛……这些活动都是在附加值上竞争。但是提供有效的附加值要求分析读者读报之外的“整体消费系统”，以对读者行为的了解为出发点，思考如何丰富读者生活方式，提高生活质量。②

---

① 杨峥：《昆明电台推出西部地区第一家老年人幸福频道》，云南网，http：//picture. yunnan. cn/html/2009－03/25/content_ 301118_ 2. htm，2009 年 3 月 25 日。

② 张立伟：《纸媒逆势增长五大战略》（上篇），《新闻战线》2014 年第 5 期。

（三）推出多元化老年旅游产品

要针对老年受众的兴趣爱好和群体特征推出不同类型的旅游产品供老年人选择，当前已有不少地方推出很多可资借鉴的旅游产品，如老年摄影团，有旅行社便针对刚退休者、60 岁以上年长者等推出四川老年摄影团，摄影地点包括桃坪羌寨、米亚罗、四姑娘山、丹巴、塔公草原、新都桥、康定、稻城亚丁、海螺沟等，并明确规定纯玩不购物。还有老年火车团，有旅行社推出专属中老年定制线路，考虑到老年人身体条件，乘坐火车时，明确承诺只为老年人提供中铺或者下铺。还有豪华邮轮团，有的旅行社便推出千名老人下江南，南京进武汉出的邮轮旅游路线。邮轮上还有随船保健医生提供护理服务，同时为了丰富老年人的船上生活，船上还将举办生日晚会、有奖猜谜、保健讲座、象棋比赛、麻将比赛、书法比赛等娱乐活动。船上的餐饮也将包括有名的江南特色菜肴：南京御鸭宴、无锡三白宴、苏州风味餐、杭州特色宴、上海本帮菜。另外，还有候鸟旅游团。该产品将度假、休闲、文化、养身、保健相结合，产品时长一个月到四个月不等。考虑到老人在外休养时间较长，旅行社还举办了短期的舞蹈班、音乐班、书画班等，愉悦老年人的身心。这样，老年人既能学到东西，又能交到朋友，在不同层面上满足了老年人的需求。考虑到老年人经济水平有所差异，这项旅游业务还细分了产品类型，如针对经济不太宽裕的老年人设计了家庭旅馆式度假，室内提供做饭的器具，可以自助型居住，针对疗养、旅游等不同目的的老年人也安排了不同的旅游日程。四川具有多元化的地理和气候条件，应当积极借鉴这些省外经验，打造并提升多种层次的老年旅游产品。

B.11

四川文化主题餐饮发展报告

喻子千　宋洁*

摘　要：受西方主题餐饮的影响，中国大陆在20世纪90年代出现了以某一文化主题为概念的主题餐厅、主题咖啡厅等等。随后在四川兴起大量不同类型的主题文化餐饮，而与餐饮业的发展密切相关的酒店业，在21世纪之初受旅游业的蓬勃发展的影响，在吸取国外主题酒店的经营模式的基础上，打造代表本土文化特色的主题文化酒店，并经营酒店专属主题文化餐饮。主题文化在四川的发展既丰富了四川餐饮业的种类，也在不断地发展中发现自身的问题并进行完善。

关键词：四川　文化主题　餐饮　酒店

一　文化主题餐饮概述

（一）餐饮的文化内涵

我国传统文化十分注重从饮食角度理解生命与世界。中华民族五千年的深厚文明历史，造就了举世闻名的中华美食，加入世贸组织之后，我国餐饮业与国外同行的竞争日渐激烈，而且都已经向一个更高的层次迈进——文化竞争。今日的中餐已经成为我国的一项重要商业资源和旅游资源，吸引着世

* 喻子千，四川省社会科学院文学所，研究方向为文艺学－当代文艺思潮；宋洁，四川省社会科学院文学所，研究方向为文艺学－当代文艺思潮。

界各地的投资者和旅游者。

毫无疑问，文化内涵和文化主题是餐饮行业的核心。无论中餐还是西餐，在漫长的历史发展过程中都负载着丰富的文化内容，如中餐里的川、鲁、湘、粤、京、沪、淮扬等等这些地方菜系的形成和发展，往往都是与一定的历史典故、传说故事和民间风俗有关联的。当一个餐厅在经营时注入一种或多种文化特色、文化内涵，就要从餐厅的装潢设计、用餐氛围、菜肴制作、销售服务等各环节来体现这种特定的文化主题。这种以“文化主题”为经营模式的餐饮店，我们称之为“主题餐厅”。

（二）“文化主题餐厅”的定义

“文化主题餐饮”的概念大约兴起于20世纪五六十年代的欧美地区，中国大陆出现这种文化主题餐饮的形式大概是在90年代。所谓主题餐饮即将某种既定的概念或者文化要素与饮食服务结合起来，使主题成为顾客最容易识别的空间特征，使得消费者通过观察和联想，能够身临其境的进入这一餐厅为他们打造的文化氛围当中，从而使就餐的过程变成一种全新的文化体验。主题餐厅需在各个方面紧贴主题，从装修、陈设、色彩、灯光、菜品、服务人员以及主题活动上，都需要与餐厅所要传达的文化主题息息相关，从而使文化主题成为顾客容易识别餐厅的特征和产生消费行为的刺激物。

“民以食为天”，在日常的生活中，饮食与民众密切相关。然而，随着社会的发展、市场的转型、大众消费观念的转变和商务活动的需求，逐渐兴起了五花八门的文化主题餐饮业。由此可见，人们在经历过从吃饱到吃好的过程之后，进入餐厅寻求文化认同、文化浸染的行为，已经成为民众进行餐饮消费的又一个多样化目的。

二　四川文化主题餐饮业现状

（一）四川文化主题餐饮店的分类

四川省一向以自然环境优越，历史积淀深厚，人文风俗多彩而著称，尤其是成都，更是以“休闲之都”而享誉全国。会吃、会玩、品味新潮、眼光独到的成都人，在“主题文化”大潮的传播和影响下，也逐渐向极具特色的文化主题餐饮业进军。但由于主题餐饮在中国的起步较晚，目前仍然处于并不成熟的发展探索阶段，因此有许多主题与非主题之间界限模糊的餐饮门店。以下，将针对在四川（主要是成都地区）具有一定名气和消费群体的热门主题餐饮店的情况，进行分类概述。

1. 蜀文化主题

蜀文化主题餐饮的代表是皇城老妈火锅店。1986 年皇城老妈于成都古皇城坝开设第一家火锅店，而开店的廖华英又被熟客尊称为“老妈”，于是就有了“皇城老妈”的字号。皇城老妈火锅的口味可以说是深得成都火锅的精髓妙处，重在温补滋养，并不燥火，不仅有四川火锅传统的红汤锅、鸳鸯锅，还有他家独创的滋补锅系列，提供的食材皆是来自于四川境内各地的山珍河鲜，例如松茸、竹荪、牛肝菌等四川山区的野生菌类，还有青衣江的雅鱼，沱江的鲢鱼，岷江的黄辣丁、石爬子等四川特有鱼种。值得一提的是，皇城老妈的建筑装修和店内装饰十分用心，高耸的建筑外墙上刻有体现老成都市井生活的大型镂刻浮雕，充分展现了蜀地特有的民俗风情和质朴浑厚的三星堆文化。皇城老妈目前已在全国各大城市开设了多家分店，可谓是成都火锅的代表之作。

其他代表还有巴蜀大宅门、蜀九香等火锅店，成都映像、诚信食府等川菜馆。

作为四川地区的本土文化，蜀文化主题的餐厅在中餐馆，尤其是川菜馆、火锅店中数量众多。这一类的主题餐馆客流量大，受众遍布社会的每个阶层，特点是亲民的价格、特色的美食和鲜明的文化主题。因此蜀文化主题餐馆不仅受到了本地人的追捧，同时还是外来观光客的必到之处，可以说是四川旅游业持续发展的重要美食资源与文化资源。

2. 动漫主题

动漫主题餐饮的代表是自由之翼主题餐厅。自由之翼主题餐厅以 Cosplay（动漫角色扮演）为主题，是成都第一家正式的 ACG（日本动漫游戏）主题餐厅，店内的装饰、摆设，以及服务人员的服饰都有着浓厚的日本动漫主题特色。餐厅主要经营动漫产业相关的餐饮，同时也提供漫画书租借、桌游等娱乐服务。以独具动漫特色的餐点、饮料、氛围为主打，给ACG爱好者提供了一个聚会、休闲、用餐的场所。

其他代表还有以宫崎骏动画为主题的首度火锅、以女仆咖啡馆为主题的KonaKona-MaidCafe和True Tears，还有以Hello Kitty为主题的田吓二甜品。

近年来随着外国动漫文化在我国的传播，主打日本、欧美动漫主题的餐厅、咖啡厅、甜品店也日益增加，动漫主题餐厅以其新奇的动漫文化、可爱的装修风格和身着动漫服饰的服务人员，而深受年轻人的追捧和欢迎。但由于年轻人的新鲜感消退得较快，再加上餐厅本身没有很好地把动漫文化与美食结合起来，因此导致了营业额迅速下滑，所以这一类型的主题餐厅基本都无法长久地经营下去。

3. 素食主题

素食主题餐饮的代表是维根素食。维根素食是成都最具特色的素食餐厅，将藏传佛教文化和素食文化完美地融合为一体。餐厅环境总体体现了藏传佛教的文化特色，小庭院、阁楼、挑高大堂、佛像，还有四处弥漫着的檀香香味。在这样清幽的环境中享用美味的全素食品和仿荤食品，可以让人在享受美味食物的同时，得到身心的松弛与舒缓，并向每一位顾客传递出了健康、生态、清净、纯和的餐饮理念。

其他代表还有耕缘蔬食主题餐厅和向日葵爸爸素食小屋。

素食主题餐厅近年来在我国的崛起，既受外国生态文化的影响，也有对本土佛教茹素的承续。这类餐厅的经营特点是菜品精致、装修风格品味较好，同时价格也偏高，因此受到一部分中上层高雅人士的青睐；但也正是由于这些原因，素食主题餐厅的消费群体往往会受到限制，普通人选择素食也只是一时兴起。在美食市场竞争如此激烈的四川，素食主题餐厅还是要专注于新菜品的研发、价格的调整和餐厅的宣传推广才能占有一席之地。

4. 怀旧主题

怀旧主题餐饮的代表是田园印象。田园印象以中国传统的农耕文化为主题，环境设计中体现的农家田园风味非常浓厚，服务员穿着布衣长衫，房梁上挂着丰收的稻穗、辣椒、玉米，在爬满了裂痕的泥土墙上还挂着蓑衣、斗笠、农具，而顾客感觉自己就像是刚刚从田间劳作归来，等待着丰盛饭食的农民。田园印象不论是从店铺装潢、菜式甚至店员的打扮都体现了传统社会的农耕文化，同时也具有地道的川味。

其他代表还有以金庸、梁羽生小说的武侠文化为主题的侠骨柔情小酒铺，以传统中式庭园私房菜为主题的子非、九一堂、花间、喻家厨房，以红色革命情怀为主题的佬革命火锅，和以绵竹年画为主题的东意轩酒楼、四汇斋年画主题食府。

每个人都有一种怀旧的情怀，不论是朴实勤恳、晨起昏息的农耕文化，还是快意江湖、侠骨柔肠的武侠文化，不论是热火朝天的红色革命主题火锅，还是高雅古朴的中式庭园私房菜，甚至是独具一格的地方传统手工艺——这些各有特色的“怀旧”文化都能在现代都市的主题餐饮业中找到自己合适的定位。具有怀旧主题的餐厅虽然不可能一夜之间爆红，但从长远来看是属于发展较为持久的那一类，其消费群体遍布市民群体的各个阶层，可以说是群众基础最好的主题餐厅，因此消费力十分坚挺。

5. 异域风情主题

异域风情主题餐饮的代表是 Peter's 彼德西餐厅。Peter's 彼德西餐厅是墨西哥 & 美国德克萨斯主题的西餐厅，可以说是成都最具人气、开店历史最长的异域风情主题餐厅了，Peter's 一贯秉承的是传统墨西哥菜肴的口味和制作方法，店堂装修舒适而且极富墨西哥风情，是非常不错的异域餐厅之一。Peter's 目前在成都已具有七家分店，但其中最著名的当属位于科华北路四川大学西门旁的第一家分店，这家餐厅分为上下两层，一楼门外还有个小小的露台，餐厅内部的装修是色彩温暖的墨西哥风格，采用全木质结构，墙上镶嵌有七彩缤纷的琉璃砖碎片，摆放着各式墨西哥风情的人偶、雕刻和彩旗等等，整个环境安静随意而且充满田园风情。Peter's 的菜系以 Fajita、Taco 等墨西哥特色菜为主，辅以美国德克萨斯的地方菜。需要注意的是这里的菜肴分量十分大，因此餐厅还贴心地提供了“半份”的点菜方式，供胃口小的女士选择。

其他代表还有以美国西部牛仔文化为主题的猫头鹰餐厅，以中东阿拉伯文化为主题的沙漠之旅迪拜餐吧，以印度文化为主题的印度菜菜，以德国文化为主题的德斯堡，以日本大和文化为主题的粹屋料理，以泰国文化为主题的泰国鱼翅馆，和以越南文化为主题的华越楼、阿玉莲西贡餐吧。

自中国加入世贸组织之后，四川作为中国西南部大省，而省会成都又是中国西部地区的政治、文化和国际交流中心，这座富有强大包容性的国际化都市，理所应当成为外国企业、外国人士落户定居的优先选择，因此各国的餐饮文化也争相大规模地进入四川、进入成都。这些极具异域风情的外国文化主题餐厅，不仅满足了定居四川的外国友人的需求，同时也充实了本地群众对于异域美食、异域文化的好奇和喜爱，因此不论从营业额还是群众覆盖面上来看，异域风情主题餐饮都可谓是四川文化主题餐厅中最具竞争力的主题类型之一了。

6. 动物主题

动物主题餐饮的代表是墙墙猫咖啡店。墙墙猫咖啡店是成都最早的一家以猫咪为主题的咖啡馆，在年轻人中人气十分火爆。这家咖啡馆最重要的招徕顾客的手段就是那十多只品种各异、温顺可爱的猫咪，这种以宠物为卖点的咖啡厅、餐馆在国外已经风行多年，但在成都确实是新鲜事物，而这家墙墙猫咖啡店不论从店铺规模还是服务质量来说都可以算是个中翘楚。店内分为上下两层，木质结构，装修风格温馨可爱，摆放有各种猫爬架、猫秋千、猫罐头和猫咪主题的油画等等，客人在品尝可口的甜点、醇香的咖啡的同时，也可以享受猫咪在你身边徜徉、打盹儿、亲昵的萌态。这种将餐饮与动物相结合的经营模式充分地为现代都市人排解了生活工作的抑郁与压力，因而大受欢迎也是在意料之中。

其他代表还有同样以宠物猫狗为主题的精灵咖啡、轻声喵语、荒石公园咖啡馆，和以野生动物雕塑为主题的 Zoo Coffee。

动物主题餐厅能够把美食、饮品和动物结合起来，吸引了一大批热爱动物的人群，能在就餐、聊天的同时与动物玩耍，使得这类餐厅广受欢迎并迅速发展开来。现代都市中饲养宠物的人群越来越庞大，但是大部分的餐饮店是禁止宠物入内的，这种禁令不仅阻断了餐厅的一部分消费来源，也给宠物饲主和动物爱好者造成了苦恼。而此时有聪明的商家从困境中看到了无限商机，因此国外尤其是日本在很早的时候就已经开设了宠物主题的咖啡店，不仅主人可以带自己的宠物进去坐坐，餐厅内也会饲养很多可爱的动物，以此为噱头招徕客人。

7. 另类主题

另类主题餐饮以鲸鱼肚微光餐厅体验馆为代表。鲸鱼肚微光餐厅体验馆是以黑暗微光（荧光）为主题的西餐厅，这家餐厅主要以黑暗荧光环境为卖点，让顾客在视觉效果不太清晰的环境下，能够更为专注地感受美食的口感和味道。鲸鱼肚微光餐厅的室内布置是它的一大亮点，整个餐厅处于一片黑暗的环境下，地板是全透明的玻璃，玻璃之下是美丽的沙滩和逼真的海星，墙上用蓝黄相间的荧光材质画有手绘风格的各种可爱图案，如鲸鱼、海浪、雪花、爱心等，房顶画着的十二星座图与晶莹剔透的圆形吊灯交相辉映，整个布置看上去就像是从海洋深处仰头眺望星空一般唯美。除了一楼的大堂之外，二楼还设有私密包间，环境力求浪漫安静，是十分适合情侣之间美好约会的场所。

其他代表还有以清新田园为主题的 momoko 美树花园，以厕所文化为主题的便所欢乐主题餐厅，以户外旅行为主题的雅米与苏格旅行主题西餐厅、一号营地户外旅行主题餐厅，以水果（草莓）为主题的 Strawberry forever①，和以麻将为主题的斑专美食火锅串串。②

另类主题餐厅以特色鲜明的个性文化主题为招牌，吸引某些特定的受众群体，例如，想满足猎奇心理的人，可以前往便所主题餐厅；想体验在如同深海世界般的黑暗荧光环境下进食的人，可以前往微光餐厅；户外旅行爱好者或者某种特定水果的爱好者，也有了自己最满意的选择。我们可以推断出，另类主题餐厅是消费针对性最强的一类文化主题餐厅，但同时也是发展

① 位于成都市锦江区红星路 IFS 国际金融中心。

② 位于成都市武侯区棕竹街。

空间受到最多限制的一类，因其在招揽一小部分特定消费者的时候，也就默认放弃了剩余的更大一部分潜在消费者。由此看来，拓展餐厅的文化定位从而招揽更多的消费受众，便是另类主题餐厅得以长久生存的必要措施。

（二）四川文化主题餐饮业的优劣势

1. 四川文化主题餐饮业的优势

四川文化主题餐饮店的种类十分多样，可谓是百花齐放，能够迎合了各个阶层、不同群体的消费者的喜好；同时它的发展势头也较为良好，可以预见将来会有更加广阔的消费市场。

（1）文化主题餐厅是优秀的营销手段，能在短时间内打出该餐厅名气，提高其在行业中的竞争力。

一个餐厅最能吸引消费者的中心特质就是这个餐饮店的文化主题内涵。不仅如此，文化主题还是餐厅重要的知识产权组成部分，因为餐饮店的菜品设计、环境装修和服务概念只要获得了国家专利注册或者公证之后，那么在餐饮业同行的竞争中就具有了排他性和专一性。这种彰显文化主题的餐饮经营方式不仅在商业活动中表现出了独特的创意性，而且也会由于符合消费者的心理预期而令他们产生移情效果，进而在他们的心中占据独一无二的地位。近几年来在四川各地纷纷出现的，诸如动漫主题餐厅、宠物咖啡厅、民族风情餐厅、异域文化餐厅等等主题餐饮店，都以其别具一格的文化主题经营概念吸引了一大群追求文化氛围的消费者，这正说明了餐饮业的主题化经营在同行业竞争中具备的强大优势，能使其在激烈的市场竞争之中牢牢占据不败之地。

（2）餐厅的主题化经营能够满足消费者的特殊需求，体现出餐厅对文化品位的追求。

一个普通的餐饮店只要借助了文化主题的经营模式，就有了满足顾客对餐饮丰富性以及身心愉快的根本要求，就不可避免地要在经营活动中融入个性化、多样性的文化主题内容，以此体现出用文化主题来创造市场价值的特殊功能。文化主题餐饮店的潜在消费对象是经过精心筛选后的目标顾客群，他们的内在需求与餐饮业经营者的经营诉求有着高度的一致性，同时也使得餐饮企业的资源能更集中地运用于满足目标顾客的需求中。而四川人特有的求新、求异、轻松欢乐的生活方式，正是很好地为文化主题餐饮的经营打下了坚实的价值观基础。餐饮店一旦进入了主题化经营的模式，便要表现出人性化服务的特色，并且要根据每一个顾客的不同要求，提供具有文化特色的菜肴以及服务项目。例如，位于成都双楠的柔情侠骨小酒铺就提取了武侠小说、武侠影视剧中的特有元素为菜品命名——“笑傲江湖”“黑木崖烤鱼”“七公手撕鸡”“含笑半步癫”“合欢散”等等，这些别具特色的菜名令顾客体会到了浓浓的“江湖味”，收到了颇佳的反响。

（3）文化主题餐饮将美食与空间环境相互关联了起来，使餐饮业的经营效益不再仅仅取决于餐厅的地段位置、菜肴的口味品种，以及服务的项目、质量等等，而是在很大程度上强化了餐厅所营造的空间环境与内部氛围的重要作用。主题餐厅意图通过店名、装潢布置、菜品设计、服务员着装的“主题化”统一，来围绕着特定的文化主题营造出一种独具一格的用餐氛围，使顾客能在品尝美味的同时也感受到客观环境烘托出的气氛，因此具有很高的商业价值和生命力。例如，依靠装修环境来营造主题气氛的鲸鱼肚微光餐厅，黑暗的环境、造型别致的荧光灯和独特的饰品营造出了一片美丽沉静的深海世界，使得顾客们能够尽情体验在黑暗的荧光环境下进食的新奇感受。

2. 四川文化主题餐饮业的劣势

（1）主题化经营的消费对象具有局限性。

主题化经营往往是针对某一特定的消费者群体为客源的，因此，相对于面向普通大众的消费市场，文化主题餐饮的经营具有专业性、排他性的显著特征，因此文化主题餐饮店过于细分或者说是狭小的市场客源，同时也阻断甚至屏蔽了其他的消费群体。造成这种排他性的两个主要原因分别是：第一，文化主题排斥。存在文化认同，就必然存在文化排斥，这两者是一个矛盾对立的统一体，因此，文化主题餐饮的经营便只能获得对该文化主题持认同态度的那部分消费者群体。第二，高价排斥。从决定消费价格的产品要素方面来看，主题经营的产品是多种要素相结合的组合性产品，组成的要素越多样，生产过程就越细腻，同时服务水准也就越专业，因此在文化主题餐饮店消费的价格也就相对较高，而较高的价格对于一些低消费水平的顾客来说，就只能望而却步了。

（2）文化主题餐饮的生命周期较为短暂。

文化主题餐饮经营通常能够通过各种营销手段，在极短的时间内打出名气，但是这种爆红一时的效应往往来得快、去得也快，最初开业时客人们或许能够秉承着好奇的心态前来光顾，因此餐厅的生意就会红火一阵子，但随着时间的流逝这种新鲜感也终将退去，餐厅的经营便很有可能会陷入每况愈下的境地。因此我们可以断定，经营一个文化主题餐饮店并非难事，最难的是始终让消费者对餐厅的文化主题保持新鲜感。因此，经营者要想方设法延长餐饮店的生命周期，使顾客的好奇心保持长久不衰，才是主题餐饮店经营管理的核心问题之一。

（3）经营者过于注重文化主题而造成的经营策略偏差。

在充满着模仿和竞争的餐饮市场中，主题经营是现代餐饮业新发展的重要战略与策略，极具商业价值和应用价值。可惜主题餐饮店的经营者有时会在策略的制定上出现误差，例如将注意力过多地放在了餐厅的装饰设计等外在因素上，却往往忽视了餐饮行业最核心的功能——为消费者供应美味佳肴。有一部分顾客反映过此类文化主题餐厅的菜品味同嚼蜡，毫无美味可言，这也就致使菜品的质量无法与餐厅的整体文化氛围相匹配，硬生生地降低了文化主题餐厅的格调。

（4）在四川，不同文化主题的餐饮店发展得并不均衡，外国料理店、非本土文化主题的餐厅的数量明显多于传统文化主题和本土文化主题的餐厅。

探究其原因有三：首先，外来文化主题餐厅的快节奏和创新精神，正是迎合了时下年轻人追求新鲜事物的消费理念；同时由于这类餐厅的定价普遍较为亲民，也使得普通收入的消费者能够承担得起。其次，传统文化主题的餐厅比外来文化主题更难做好，更难体现文化主题的精髓，也更难得到大众的广泛认可与好评，因为一旦经营者对传统文化的理解不够深入、对餐厅细节的把握不够恰当的话，就容易把餐厅搞得不伦不类、贻笑大方。最后，目前市场上较为优秀的传统文化主题餐厅，很多都被经营者定位成了装修奢华、菜品精致、消费高昂的高端私房菜或者会所、酒楼，人均消费水准之高令普通阶层的人们望而却步，这些本土传统文化餐厅的经营者如果不考虑“自降身价”的话，在不远的将来就会很难再与外来文化主题的餐厅争夺消费者和市场额了。

三　四川文化主题酒店现状

酒店作为餐饮业的一个分支，在四川省的餐饮业受到全球主题文化的影响之下，四川省的酒店也随着社会趋势融入一定的主题文化，以适应当下主题文化的发展，因此而逐渐兴起了以某种特定文化主题，并把这种主题元素融入酒店方方面面的主题酒店。在国外，主题酒店仅仅是独特概念酒店（Unique Concept Hotels）中的一种。在国内，主题酒店、特色酒店以及主题文化酒店三者往往混为一谈。而所谓主题酒店，是指在当地的历史文化的基础上，寻求某一特定的主题，围绕这一主题对酒店的建筑风格、装饰艺术、后台服务等多方面进行设计改造，使酒店无论在整体上还是在局部都具有鲜明的主题特征，并通过打造专属主题，来吸引更多的顾客，以求达到利润的最大化。

（一）四川主题酒店的兴起

我国旅游资源十分丰富，改革开放之前并未得到很好的开发利用，继改革开放之后，中国的旅游业开始蓬勃发展，产业领域不断扩大、产业结构不断完善，整体上变得日趋成熟。四川的旅游资源十分丰富，旅游业发展的速度也很快，而旅游业的高速发展推动了酒店的发展。在国外主题酒店兴起之前，传统的酒店一直占据主要地位，随着社会的转型，人们需求的多元化使传统酒店的道路越走越窄，通过对国外主题酒店的学习借鉴，四川立足本土文化，将文化、顾客的体验和酒店的发展结合起来，逐渐兴起了许多与主题文化相关的酒店。其中最为代表的是1997年开业的青城山鹤翔山庄、2002年开业的京川宾馆、2002年重新设计开业的西藏饭店等。

（二）四川主题酒店餐饮类型

就目前来看，四川主题酒店大体可以分为两种类型。

1. 本土特色主题文化酒店餐饮

（1）道家文化主题酒店。代表是青城山鹤翔山庄。鹤翔山庄以道家文化概念为中心不断改善形成浓郁的道家文化氛围，从中国名宴“鹤翔长生宴”、员工的穿着到道家的养生活动，大大提高了顾客的体验性，将鹤翔山庄的道家主题融入酒店的各个层面。

（2）三国文化主题酒店。代表京川宾馆。京川宾馆是以三国文化为主题，酒店根据三国文化推出了“丞相府”“将军府”等特色套房，同时员工的穿着和行为也体现着三国文化的主题。同时，京川宾馆根据三国文化主题推出了“三国宴”“蜀公乐宴”等特色餐饮，将酒店的主题深入到酒店的各个层面。

（3）芙蓉文化主题酒店。代表成都芙蓉丽庭酒店。成都芙蓉丽庭酒店是以芙蓉文化为主题，集住宿、餐饮、商务、娱乐为一体的现代综合型饭店。在餐饮方面，酒店专门设有醉芙蓉宴中餐厅、丹蕊芙露西餐厅，体现出酒店的芙蓉文化主题。

（4）茶文化主题酒店。代表有雅安西康大酒店。雅安西康大酒店以茶文化为主题，将酒店分为西康之味、西康之家、西康茶馆、西康会议、西康手工坊五个部分。除此之外，西康酒店最具特色的是拥有自己的手工坊，它的茶之韵牌藏茶工艺品是将国饮藏茶之极品与中国国粹文化有机结合，使其具备观赏性、医疗性、适用性、再循环使用性，其“西康物语屋”成为四川省4A级旅游商品定点购物单位，展示了酒店独家创作的“茶之韵”牌藏茶系列工艺品。

（5）熊猫文化主题酒店。四川是熊猫的故乡，因此熊猫文化成为许多酒店的立足点，代表有：峨眉好多熊猫酒店、熊猫驿站主题酒店、崇州熊猫主题酒店。峨眉好多熊猫酒店是全球首家熊猫文化主题酒店，是集熊猫主题客房、熊猫主题餐厅、熊猫茶道、熊猫小酒馆、熊猫文化体验为一体的院落式精品酒店。酒店整体无论从庭院景观、美神、雕塑还是过道墙画、房间全部体现了熊猫文化主题，并且房间里的每一样物品都与熊猫有关。好多熊猫主题餐厅、茶道和酒吧的布局都随处可见熊猫文化，并且其将食物也做成熊猫的造型，十分可爱，引人注意。

（6）藏文化主题酒店。代表有西藏饭店。饭店有“西藏的窗口”之称，在现代感中融合了藏族特色，是一个以藏文化为主题的酒店。西藏饭店将藏文化元素以形状、色彩、图案、服饰、藏香、设施和活动等方面来体现。同时饭店还为顾客提供了藏文化的购物长廊，使饭店的文化主题更加突出并且完备。

2. 其他新兴主题文化

随着人们生活方式的多元化，精神需求的扩大化，随之兴起了许多这种满足特殊人群喜好的主题酒店。比如：蜜月主题，以 Sweet 蜜月主题酒店、我的蜜月主题酒店公寓为代表，专门针对情侣推出的甜蜜主题，营造出暖暖的爱情氛围；佛教主题，以圆和圆佛禅客栈、朴院禅文化精品酒店为代表，针对佛教徒或者对佛教感兴趣的人群，将酒店打造成以禅宗意境为主结合中国传统审美的主题文化酒店，凸显整个酒店安宁、古色古香的氛围。个性主题，以果然 Hotel 为代表，针对个性需求较强的客人。这种个性鲜明的主题酒店的受众大多是青年人。

（三）四川主题酒店餐饮特点

就目前四川主题酒店的发展来看有如下几个特点。

（1）消费人群针对中高收入人群。无论是在立足本土文化上成长起来的主题酒店还是新兴满足人们猎奇需求的主题酒店，在收费上都比同类型的商务酒店高出很多。

（2）以本土文化为依托的酒店发展态势良好且平稳。以本土文化为主题的酒店，比如京川宾馆、西藏饭店等都是四星级、五星级的酒店。长期的发展使其具备优良的顾客资源和口碑，发展势头良好。

（3）依据本土文化建设的主题酒店发展模式完备，生命力强。无论是以熊猫文化、藏文化还是以三国文化而建成的这类精品酒店，从建筑外观、客房设计、餐厅饮食搭配、服务到酒店延伸产品都与该酒店的文化主题息息相关，使其具备自己的特色，保持旺盛的生命力。

（4）名不副实。由于当下人们的需求变得多元化，主题酒店的类型分类可以大大满足人们的这种猎奇心理。因此主题酒店在目前看来似乎有着很大的发展空间和经济效益，正因为如此出现了许多为了获取经济效益而只在装修方面略微凸显特色而割裂主题文化与酒店直接关系的酒店。

（5）主题酒店存在跟风现象，独特性差。这种现象大多存在于新兴的主题酒店中。目前有很多酒店打出情侣、爱情的主题，比如，成都的天使之恋主题酒店、全球热恋情侣主题酒店、成都薇爱情侣主题酒店公寓等。大规模同等主题的出现，一方面有助于优胜劣汰，留住精品的主题酒店，另一方面却降低了人们对这种主题的好奇心理，削弱了主题酒店的竞争力。

四 四川文化主题餐饮业发展建议

（一）坚持文化主题的创新，延长餐厅的经营周期

在激烈的市场竞争中，市场产品的有效生命周期往往从一面世开始就不断地飞速缩短，各种经营理念和经营方式也在紧跟着推陈出新，“新颖独特”的文化主题经营如果不时常调整和更新，很快会由于新颖度和关注度的流失而被挤出市场，因此，创新和提高就是主题化经营的常青法宝。众所周知，餐饮服务的对象是消费者，所以创新和提高的关键就是在于为消费者提供不断“更新”的新奇感受。因此在制作新的菜品时，要充分考虑到消费者的性别、年龄、喜好等多方面的因素，对症下药，针对不同消费者的需求，推出不同的口味、品种、样式等，以此来满足顾客的多样化需要。此外，也可以适当地在价格、服务项目、营销手段、餐厅装饰等策略环节进行

个体或者组合的调整更新，并且在提高和完善的过程中，不断扩大文化主题经营的影响力，拓展出更广阔的创新发展空间。

（二）紧扣文化主题，改进经营策略

主题经营最忌讳的就是脱离主题的空洞的形式主义，而文化主题作为主题餐厅经营的核心部分，充分体现了经营者对餐厅品位与质量的追求。在竞争越是激烈的情况下，餐饮业就越要紧扣着文化主题进行经营，依据当地的本土文化和当前的流行趋势来瞄准消费群体、选定主题。文化主题的选择必须建立在对市场的客观分析和科学预测的前提下，符合目标群体的潜在需求和他们的消费水准，因此不论是任何文化主题的餐厅，都必须在形式上表现出消费与文化的结合、利益与情感的和谐。文化主题酒店也是同样的，打造主题酒店的第一步，也是最重要的一步，就是需要明确酒店的主题是什么，主题的选择最好依据本土的文化，这样才能够具有持久发展的根基保障。而主题酒店在自己的文化主题确定之后，同时需要有优秀的设计师将这种概念融入酒店的外观修建与室内设计之中来，并且也要注重主题酒店内各个功能区的协调，例如大堂、客房、餐厅等各个区域的设计，都要充分地体现出酒店的文化主题。同时，餐厅的餐饮菜色推出也需要融入主题设计的考虑当中来，并且对于主题酒店的服务员来说，他们的服饰与仪态也需与文化主题相符合。

（三）降低消费档次，尽量走亲民化路线

在成都市内，有一些经营高档私房菜的中式庭园餐厅，虽然不论从菜品还是装修上都是古色古香，充满了浓郁的传统文化氛围，但是这种庭院式酒楼的高昂定价却令普通人望而却步。因此经营者不要让中国的传统文化与四川的本土文化高高地浮在云端，而是要让它进入普通老百姓的生活当中，打造物美价廉、性价比高的本土文化主题餐厅。从这一点上来看四川的火锅店是做得最为出色，四川火锅以其亲民的价格、热辣的美味和深厚的文化内涵风靡全国，甚至远播海外。因此我们可以预见，价格适宜而且极具传统文化

特色的主题餐厅将是未来最具前景的餐饮市场，亟待广大餐饮业经营者的占领。

（四）大力发展以本土文化为主题的餐饮与酒店

在上述诸多的主题酒店之中，与四川本土文化联系紧密的主题酒店起步早、发展速度快并具有长久发展的优势，这类主题酒店内部结构完善，从客房到餐饮到服务，无一缺漏。而新兴的主题文化酒店则无法顾及所有方面，只能在客房的设计形式上凸显酒店的主题文化，其在餐饮甚至酒店的延伸产品上都涉及不深。因此，四川主题酒店的发展需要放眼长远，在立足本土文化的同时满足消费者的各种需求，使主题酒店的发展更加完善。

在这个经济、文化全球化的时代中，餐饮业与酒店业的竞争都异常激烈。我们不仅要承受外来文化主题餐厅和主题酒店大规模进入的猛烈冲击，同时也要努力促进以本土文化和传统文化为主题的餐厅、酒店的对外出口。在向全世界推广我们的本土文化、传统文化餐饮业、酒店业的同时，其实也是在提高四川的文化竞争软实力，打一场没有硝烟的“文化战争”。

B.12
四川乡村旅游发展报告

张 婷*

摘 要: 四川拥有丰富的乡村文化资源和鲜明的地域特色，乡村旅游文化产业底蕴深厚，目前初步形成了各具特色的产业发展雏形，在局部地区、一些重点领域发展势头良好。农家乐发展迅猛，成为示范性产业；特色村寨与古镇旅游蓬勃兴起，特色鲜明；民间工艺品加工业、民族演艺业快速发展，逐渐凸显品牌效应。但是与城市蓬勃发展的文化产业相比，整体发展水平不高。需要更进一步结合实际，以生态、文化与科技为支撑，提档升级，创新开发模式；突出特色，打造品牌；把握乡村文化特性，深挖民俗文化内涵；加快乡村文化产业人才队伍建设，建立特色鲜明的乡村旅游文化产业体系，实现社会、经济、生态效益最大化。

关键词: 乡村旅游 文化产业 发展 四川

四川是农业大省，悠久的农业历史孕育了丰富的农耕文化，拥有丰富的极具特色的乡村文化资源，乡村旅游文化产业底蕴深厚，初步形成一批在国内具有影响的文化品牌，如郫县农科村、三圣乡“五朵金花”、绵竹年画等，极大地促进了当地农民生产和生活方式的转变。然而与城市蓬勃发展的文化产业相比，整体发展水平不高，产业化、市场化和规模化水平较低，与

* 张婷，博士，四川省社会科学院哲学与文化研究所助理研究员，主要研究方向为文化产业。

四川省丰富的乡村文化资源不相称。如何更进一步结合四川省实际，坚持科技支撑、生态优先、文化彰显，不断创新，建立特色鲜明的乡村旅游文化产业体系，实现社会、经济、生态效益最大化，是四川省乡村旅游文化产业发展需要积极思考的问题。

一　发展概况

四川古称“天府之国”。农业历史悠久、资源丰富、品质优异。目前登记国家地理标志农产品数已达123个，位居全国第二、西部第一。[①] 美丽的田园风光、浓郁的乡土文化、独特的民俗风情、多彩的民族特色，使乡村旅游文化产业魅力无穷。四川省政府高度重视，把发展乡村旅游纳入社会主义新农村建设的总体部署中，积极引导。在发展之初，高标准、严要求，根据各地自身特色，因地制宜制定整体发展规划，合理安排产业布局，分阶段确立发展目标，组织项目落地实施。2012年以省政府名义率先在全国出台《关于加快发展休闲农业与乡村旅游的意见》。2013年9月，率先在全国推行农业产业基地“景区化”建设战略，在全省加快建成一批产业特色鲜明、表现形式多样、农耕文化浓郁的农业景区，实现产区变景区、田园变公园、产品变礼品。成都市出台了《农家乐开业基本条件》《农家乐旅游服务质量等级的划分及其评定》《成都市农家乐旅游服务暂行规定》《乡村酒店旅游服务质量等级划分及其评定》等系列地方标准，从不同侧面指导乡村旅游的规范发展，促进了乡村旅游的提档升级。在发展过程中，政府从政策、资金、技术等方面提供便利，推进乡村基础设施建设和整体环境打造提升，引导鼓励企业投资建设示范性乡村旅游景点、景区，积极举办相关节庆活动，逐步形成两大全省性的乡村旅游节庆活动——“年度乡村旅游启动仪式”和“农家乐文化旅游节”，每个月都有相应的主题节庆活动，聚集人气，招徕客源，为乡村旅游发展营造了活跃的气氛。

---

① 许静：《“川字号”地标农产品数居全国第二》，《四川日报》2014年9月23日。

四川乡村旅游文化产业从20世纪80年代中期起步，发展至今，规模从无到有，产业档次从低到高，业态从少到多，形成了以成都为中心，延伸到周边县市的乡村旅游文化产业圈层，建立了环城市天府农家、川西藏羌风情、川东北苏区新貌、川南古村古镇和攀西阳光生态5大发展板块，构建了"以8个全国休闲农业与乡村旅游示范县、15个全国休闲农业与乡村旅游示范点、28个全国农业旅游示范点、11个全国特色景观旅游名镇（村）、48个省级乡村旅游示范县（市、区）、562个省级乡村旅游示范乡（镇）村、3000家星级农家乐/乡村酒店为主体的乡村旅游产品和服务体系。"① 乡村旅游产品和服务体系不断完善，一批具有影响力和特色优势的景点和景区，成为当地经济新的增长点。2013年，四川省实现乡村旅游收入1044.9亿元，占全省旅游总收入的27%。全省农民从旅游发展中得到人均纯收入621.9元，比上年人均纯收入增加80.6元，增长14.9%。乡村旅游规模和效益跃居全国第一位。②

《四川省"十二五"旅游业发展规划》明确提出，"到2015年，四川省将结合新村建设、统筹城乡发展，创新乡村旅游开发模式，重点建设1000个特色民族村寨、100个特色观光农业园、10个城郊型乡村旅游产业带，培育十大国际性的乡村旅游节庆活动。发挥其示范和引领作用，促进四川省乡村旅游产业化发展，推动农村产业结构调整优化。"③ 随着国家政策的倾斜和扶持，四川省建设文化强省战略目标的确定，乡村旅游文化产业发展将步入快车道。

二 重点领域

目前四川省乡村旅游已经走上了产业化发展的道路，在产业化过程中，组

---

① 阮蓓：《四川乡村旅游成农民增收重要渠道》，《农民日报》2014年9月9日第001版。

② 张跃明：《四川省召开现代农业产业基地景区化建设培训会》，《四川科技报》2014年7月25日。

③ 刘星：《统筹城乡发展 深化产业融合——乡村旅游的"四川典范"》，《四川日报》2012年4月24日。

织经营方式逐步提升，过去以家庭、村组为单位的“前店后厂”作坊式生产，逐渐转向规模经营、连片发展，形成了一批具有四川省特色的产业化模式。

（一）农家乐

1987 年，成都市郫县友爱乡农科村花木种植户在接待交易客商的基础上搞起了特色餐饮，针对成都市民开辟了观光、游览、休闲等项目，形成了“农家乐”旅游的雏形，并迅速发展开来。1992 年，省委副书记冯元蔚在郫县视察工作，专程来到开展“农家乐”经营活动最早的徐纪元家。当他看到城市居民在徐家大院品茗赏花、看书下棋，其乐融融，欣然提笔写下“农家乐”三个大字。郫县县委、县政府及时总结，因势利导，从政策和基础设施等方面给予支持和帮助，使参与旅游接待服务的农户不断增加，规模不断扩大，逐步发展成为一种利用农业资源开展旅游活动的新形式——“农家乐”。

在农科村的带动下，周边的双流、温江、都江堰通过发展“乡村旅游”，走出了一条具有本地特色的城乡统筹发展之路。成都近郊三圣乡的“五朵金花”更是形成了以农家乐、乡村酒店、国家农业旅游示范区、旅游古镇等为主体的乡村旅游发展业态，成为四川乃至全国发展乡村旅游、推进城乡统筹的样板。2006 年，国家旅游局将成都认定为我国“农家乐”的发源地。2013 年，经四川旅游标准评定委员会研究，认定郫县徐家大院等 8 家为四川省五星级农家乐、乡村酒店，龙缘山庄等 478 家为星级农家乐、乡村酒店。近两年又将生态、文化、科技与休闲农业的开发相结合，提档升级，创新发展模式。产业类型丰富多样，发展方式逐步转变，效益不断上升，在增加农民收入，带动传统农业转型升级，建设社会主义新农村，促进城乡统筹发展等方面发挥着日益重要的作用。如温江区建设的成都市首家以玫瑰为主题的乡村乐园“五月玫瑰”于 2014 年 5 月 1 日开园，是世界三大玫瑰庭苑之一，中国唯一博物馆式玫瑰庭苑。江油市新安镇的“果语花溪”农业公园，截至目前，已引进业主 27 家，建成以猕猴桃、早熟梨、葡萄、柠檬、花卉苗木、水产为主的面积达 2. 31 万亩、覆盖 8 个村的连片产业区，具备了集住、娱、购、医、通信等为一体的新型村民安居工程，形成了以生态旅游为主的观光区。

（二）特色村寨与古镇旅游

四川省是全国唯一的羌族聚集区，最大的彝族聚集区、康藏核心区，世居少数民族多达14个。少数民族歌舞、服饰、饮食、建筑吸引了众多游客，成为乡村旅游的一道亮丽风景线。如阿坝藏族羌族自治州的桃坪羌寨、甘孜藏族自治州的丹巴碉楼群、凉山彝族自治州的普格彝家新寨等。依托原始粗犷的自然风光、异彩纷呈的民族风情、多彩灿烂的民俗文化，当地农牧民大力发展乡村旅游，大批"藏家乐"、"羌家乐"、"彝家乐"蓬勃兴起。丹巴甲居藏寨，2005年被评为"中国最美丽的乡村"，2012年接待游客34.19万人次，入境游客7668人次，实现门票收入172.103万元，旅游综合收入22223.89万元。松潘县上磨村通过发展民居旅游，建设成集住宿、餐饮、休闲、会议和人文体验为一体的综合性乡村旅游宾馆，游客既可以亲近高原阳光，也能够深入体验韵味深厚、风味淳朴的藏民族文化。2011年喜获"四川最美丽乡村——熊猫奖"。

据统计，蜀地的古镇数量已经达到1400个，其中有上千年历史的就占了相当比重，如成都的黄龙溪和广元的昭化都有1700多年的历史，邛崃的平乐古镇有2100多年的历史，乐山西坝的历史更是可以上溯到秦惠王十四年（公元前311年）。而且这些古镇具有很高的文化品位，如遂宁龙凤古镇的观音文化、蓬安县周子古镇的码头文化、三台县郪江古城的崖墓文化，德阳孝泉古镇的德孝文化，古镇已经成为四川的符号，悠久的历史、古老的建筑、深厚的文化内涵、人民的智慧以及生活方式都可以在其中寻觅得到。古色古香的老街，建筑斗拱飞檐、雕梁画栋，修竹繁花，潺潺小溪，自然清新之中又散发出浓浓的民俗风情和幽幽的历史韵味。阆中古城、山西平遥、云南丽江和安徽歙县并称为"保存最为完好的四大古城"。2013全年，阆中成功创建国家级5A级旅游景区，接待了国内外游客共计512万人次，旅游综合收入达到44亿元。

（三）民间工艺品加工业

四川省民间工艺品在全国乃至世界范围具有较大的文化影响力，绵竹年画、自贡龚扇、彝族漆器、瓷胎竹编、蜀绣蜀锦，不胜枚举。在众多的民间工艺品加工业中，绵竹年画在商业的带动下发展处于前列，生产和经营实现了市场化和产业化。绵竹年画起源于北宋，兴盛于明清，与天津杨柳青年画、山东潍坊杨家埠木版年画、苏州桃花坞木版年画齐名，并称为“中国四大年画”。2002 年 2 月，文化部正式公布绵竹年画为首批国家非物质文化遗产。绵竹市和对口支援的苏州市借鉴苏州桃花坞发展的成功经验，从当地长远发展的角度出发，充分考虑将年画产业与乡村旅游融合发展，把传统年画发源地射箭台村、石墙村与大乘村合并，改称“年画村”。并且结合农房改造，让年画之花盛开在农户的房前屋后的墙壁上，为新农村文化建设增添了文化底蕴。

同时，还建起了年画展示销售中心、年画及刺绣培训教室以及年画传习所。开发了几大产品系列，如体现历史传统的“经典作品”，精美创新的“馈赠精品”，传统文化与时尚结合的“年画服饰”，古色与现代结合的“装饰品”“纪念品”。绵竹贾氏三姐妹开的三彩画坊更是将年画艺术与日常生活用品相结合，出品一系列独具特色的年画产品，如年画腰垫、年画 T 恤，年画木镜、年画筷子。目前，“全村共有年画绘制家庭作坊 100 多户，从事年画产业的人员达 500 多人，全村年画销售收入超过 4000 万元，产品远销印度、日本、美国、东南亚等国家和地区。2013 年人均纯收入达到 14000 多元。”① 2011 年，年画村被评为“国家 4A 级旅游景区”。年画村因此成为“生产发展，生活宽裕，乡风文明，村容整洁，管理民主”的社会主义新农村建设的亮点。

（四）民族演艺业

四川是一个多民族大省，世居少数民族 14 个，据第六次全国人口普查

① 钟华林：《画中花里年画村》，《经济日报》2014 年 6 月 7 日。

结果，少数民族人口总数已达490.8万人，民族地区面积占全省的62.9%。各民族歌舞交相辉映、绚丽多彩。“会说话就会唱歌，会走路就会跳舞”，藏族的锅庄、弦子、热巴、踢踏、藏戏、格萨尔说唱，彝族的踢踏舞、芦笙舞、口弦，羌族的莎朗舞、羊皮鼓舞、释比史诗说唱，白马人的跳曹盖，若尔盖的金冠舞、神兵舞、巴渝舞和巴象鼓等，古朴奔放，极富感染力。在民族地区乡村旅游业的带动下，涌现了一大批体制新、机制活的经营性演艺企业，以容中尔甲、高原红等为代表的演艺品牌在国内声名鹊起，用精彩的表演为当地旅游业发展服务，实现了社会效益和经济效益双丰收。

九寨沟演艺产业群，2006年5月被文化部命名为第二批文化产业示范基地。目前，营业演出团体已发展到12家，包括九寨沟《藏迷》大剧院、九寨天堂艺术团等，可同时接待游客8800多人，2012年实现演出产值1.35亿元。由藏族著名歌手容中尔甲与舞蹈家杨丽萍共同打造的藏族原生态歌舞《藏谜》经文化部和国家旅游局组织专家评审进入《国家文化旅游重点项目名录——旅游演出类》第一批名录。神奇九寨大剧院《藏谜》，甲藩古城大剧院《梦幻之旅》成为演艺市场上的领头羊，远赴美国、日本、韩国、中国台湾等地访问演出，载誉而归。游客赞誉“九寨沟的早晨是鸟儿唤醒的，九寨沟的白天是画山绣水相伴的，九寨沟的夜幕是藏羌歌舞拉开的。”在四川的文化演出市场，到处可以看到民族歌舞的身影。大型风情歌舞《康定情歌的故乡》2004年在韩国首届“世界文化开放发展大会”上，获最高奖“世界和平奖”。2006年，大型彝族音乐歌舞剧《火图腾》隆重登场，民族歌舞构成了四川乡村旅游文化产业的亮丽风景线。

三　存在的主要问题

虽然四川省乡村旅游文化产业取得了一定的经济和社会效益，但是产业发育程度偏低，整体发展水平不高，经营方式单一，文化品牌少，整个产业呈“大规模扩张，低水平发展”的失衡格局。

乡村旅游开发者和经营者对“乡村旅游”的认识浅薄，乡村旅游文化产业多数停留在休闲旅游、民族歌舞表演，民间工艺品制作等传统行业。乡村旅游目的地基础设施落后，交通、通信、住宿、餐饮、卫生等硬件设施欠缺，呈现出“小、散、乱、脏”的格局。旅游产品的开发、包装、策划、经营能力不足，旅游六要素之间的配套衔接程度低，没有合理的旅游线路和产品体系，更没有形成相对完整的旅游供应链。资源、文化、历史等传统元素难以与现代的科技、信息、管理要素深度融合与高效配置，未能有效开发富有地方特色的文化产品。乡村餐饮文化的城市化、便捷化趋势明显。特色小吃的文化背景、历史渊源、轶事传说等严重失真或流失；农家大兴土木，修起了高楼、饭店，民居古宅被贴上了瓷砖；乡村资源在景区化的过程中照搬城市景区的经营模式，未能实现“乡村化”，缺乏地域特色；一些地区仍停留在“杂货店、小卖铺”等零售店水平，具有当地特色的农副产品停留于个体经营，没有能够和城市农副产品市场挂钩。大部分地区照抄照搬城市娱乐活动，棋牌麻将 + 卡拉 OK，田园生活、农事活动和农耕文化没有被有效地融入娱乐环节之中。为了迎合游客的猎奇心理，乡村文化特色的东西被任意移植仿照，甚至传统的节庆民俗活动逐渐趋向于表演化和庸俗化，而没有展现当地真实的乡村文化。

旅游从业者追逐眼前利益，服务意识淡薄，服务水平低，服务手段落后，无序竞争、经营效益低下；一些地区急功近利，无规划或规划脱离实际，盲目开发，对生态环境和农业旅游资源造成不良影响，同时，市场定位与细分远不到位，散乱经营、重复建设、低水平的同质化恶性竞争严重，农户之间的利益冲突明显，组织协调程度差。农家乐之间，农家乐与景区饭店之间的不正当竞争非常突出，同行业之间彼此割裂，缺少专业的分工协作体系，没有形成产业集聚优势，整体竞争力无法凸显。

四　发展展望

在未来的发展中，如何更进一步结合四川省实际，坚持科技支撑、生态优先、文化彰显，不断创新，建立特色鲜明的乡村旅游文化产业体系，实现社会、经济、生态效益最大化，是四川省乡村旅游文化产业发展需要积极思考的问题。

（一）提档升级，创新开发模式

乡村旅游因其美丽的田园风光、独特的民俗风情和农事体验活动，吸引了越来越多的都市人到乡村度假。然而在经历了最初的新奇之后，到乡村度假休闲的旅游者已经不满足原始状态的看花、摘果、钓鱼、玩棋牌、打麻将，他们希望在繁杂的都市生活的间隙得到更高层次的心灵憩息。未来的乡村旅游文化产业无疑会更加丰富和更加多元化。从国内外乡村旅游文化产业发展的情形看，通过创意有机结合农业技术、农副产品和农耕活动、文化艺术活动，形成彼此良性互动的产业价值体系，可以实现产业价值最大化。

1. 创新开发模式

围绕乡村生产、生活、生态资源，将生态、文化、科技概念与乡村旅游的开发相结合，进行资源与要素整合，通过整合规划设计、开发建设，以夯实现代农业产业为基础，因地制宜地将休闲内容纳入其中，最大限度地将农业的休闲游憩功能、生态功能挖掘出来、发挥出来。

2. 形成完整的产业链

以农业为载体，以具体项目为基准，完善产品谱系，丰富产品类型，使“农家乐”进一步向集休闲、观光、度假、体验、教育、娱乐于一体的综合性乡村文化旅游方向发展，各环节联结为完整的产业链。如“以观花采果和品尝美食为主题的参与型乡村旅游，以健身疗养和休闲娱乐为主题的康乐型乡村旅游；以绿色景观和田园风光为主题的观光型乡村旅游，以增长见识和拓宽视野为主题的教育型乡村旅游，以民俗风情和传统文化为主题的民俗文化乡村旅游。”[①] 游客既可参加农业生产，体会“谁知盘中餐，粒粒皆辛苦”的滋味，又可加入花卉与果实采摘，享受“采菊东篱下，悠然见南山”

---

① 隋春花：《乡村旅游：21世纪旅游新趋势初探》，《韶光大学学报》（社会科学版）2000年第5期。

的意境，还可以亲自动手，参与产品的深加工。针对儿童市场，可以开设以家庭亲子教育为主题的项目；针对青少年市场，可以开设以乡村拓展体验为主题的项目；针对成人市场，可以开设以养身健康为主题的项目。充分发挥科技创新和文化创意双引擎的作用，以自然农业生态为依托，以高效的农业生产为基础，以提高人居生活品质为目标，满足人们多样化、多层次的观光休闲文化需求，形成产业与文化协同发力、合作共推、相互支持、相互促进的融合发展机制。

（二）突出特色，打造品牌

随着四川省乡村旅游文化产业的蓬勃发展，乡村旅游目的地之间的竞争日益剧烈，乡村旅游产品同质化现象越来越严重，品牌作为引导顾客识别旅游目的地服务和产品特征的途径，能使顾客在选择乡村旅游目的地时做出有效的判断，同时也降低了决策风险。因此，要树立品牌意识，以四川省自然人文资源为载体，开发丰富多样、体现四川特色的品牌产品，从而提升四川乡村旅游文化产业的知名度与美誉度。

1. 找准品牌定位

每一个品牌都应确定自己的定位，为自己的品牌塑造一个最能打动潜在顾客心理的形象，其目的是在顾客心中占领一个有利的位置。准确、鲜明的品牌定位是乡村旅游文化产业品牌战略的首要任务，在保持乡村文化本真性的同时，依托现代数字技术和网络传播，将乡村文化与现代视觉设计传达相结合，提取品牌符号，唤醒顾客内心的需求，形成品牌定位。

2. 注重营销推广

飞速发展的信息技术使得“大数据”离我们越来越近，当我们的消费者热衷于在论坛、微信、微博等网络社区谈论品牌和产品时，通过实时监测或者追踪消费者在互联网上的海量行为，进行目标人群定向，利用数字化的信息和网络媒体的交互性来辅助营销，为旅游者量身定制创意旅游产品，从而激发其消费欲望，促进其购买行为。建立并完善四川乡村旅游门户网和微博、微信平台，实时更新文字、图片、视频等信息。线下线上相结合，不仅使用平面媒体、电视媒体、户外广告等传统广告形式，还可以通过微博、微信，推出旅游话题讨论，二维码扫码活动，旅游达人互动小游戏，使消费者和网络达到充分的互动。

3. 建立区域性的乡村旅游文化产业品牌管理委员会

在品牌管理委员会的积极引导下，制定政策、规划，进行基础设施建设投入，维护成员利益，规范成员行为，以乡村旅游地品牌为主导和核心，打造系列产品品牌和企业品牌，使政府、行业协会、生产机构形成合力，整体联合推进，做强做大品牌和规模效应，实现乡村旅游文化产业的可持续发展。

（三）把握乡村文化特性，深挖民俗文化内涵

“乡村文化就是人类与乡村自然相互作用过程中所创造出来的所有事物和现象的综合。”① 清新、秀丽的田园风光，古朴厚重的民居建筑文化，自然健康的饮食文化，丰富多彩的民俗文化，具有浓郁乡土特征的演艺文化，保存着中国农业文明的文化因子，赋予了乡村旅游产品独特的文化品位和罕见的艺术格调。

乡村旅游文化产业应挖掘乡村文化中丰富的内涵，提取优质文化因素，拓展乡村文化服务内容，充分结合乡村旅游的经营理念和运营过程，根据自身特点开发和设计富有特色的乡村旅游产品，形成文化品牌。

（1）梳理分析本地区的历史发展沿革。从乡村生活习惯的演变、民俗风情的沿革入手，探寻乡村发展的文脉，深入发掘乡村旅游的文化内涵和积淀、改善并充实文化品位，开展乡村历史文化展览，开辟乡村文化教育基地，生动系统地反映农耕文化的特色和历史。

（2）保持并营造清新自然的田园风光、保持并深入挖掘传统的乡村聚落形态、保留和恢复乡村建筑，突出乡村农耕文化意向、突出基础设施的乡土气息等措施，营造出乡村文化整体环境意向。

① 张艳、张勇：《乡村文化与现场旅游开发》，《经济地理》2007 年第 27 卷第 3 期。

川西林盘中人、田、宅、林、水相互依赖，和谐共存；古镇上田园风情、市井风情和风味特色小吃，弥漫着民俗民风和传统文化氛围。一片砖瓦、一条老街或者一颗老树、一口老井都是乡村的历史记忆，通过乡村饮食文化的开发、挖掘和保护乡村手工艺文化、展现丰富多彩的乡村精神文化，塑造乡村文化内涵意向。

（3）通过多样化的主题活动充分展现乡村文化的魅力。把旅游服务作为发展的舞台，提供农舍居住服务、农村饮食服务、种植技术培训服务、田园出租服务，组织乡村耕织、乡村喂养、乡村歌舞、乡村竞技、乡村婚俗等表演和竞赛活动，使旅游者充分参与其中，在满足市场需求的同时，既为村民提供一个多途径增加收入的新路径，也增强和复兴乡村社区的自豪感，激发村民自觉保护生态环境和传承乡村传统文化。

（四）加快乡村文化产业人才队伍的建设

在乡村旅游文化产业的发展中，政府应该充分认识到人才培养对整个产业的支撑作用，重视民族文化传承人的培养，加大人才培养力度，培养符合乡村旅游文化产业需要的各级各类复合型人才。

（1）政府部门要建立健全民族文化传承机制，设立民族民间文化传承人专项发展基金，加大对传承人扶持的广度和力度。对已经认定的民间文化传承人的传承活动采取必要的方式予以支持，有计划地征集并保管传承人的代表作品，建立代表性传承人的档案。在社会地位、经济保障等方面给予传承人政策支持和制度保障。通过举办民族民间文化保护成果展览，民族民间文化艺术展演，民族民间文化节等活动，利用多种传播途径和灵活多样的手段，对民族传统文化进行广泛、深入的宣传，激发人们对本民族的文化认同感和归属感，从而自觉自愿地传承民族文化。

（2）举办各种民族文化学习班。与科研院所、高等学校合作，形成包含短期培训、学历教育、高级人才培训、产学研一体化基地的立体化培训体系，开展乡村旅游发展从业人员、管理人员和专业技术人员的培训。根据实际需要，加大力度培训乡村服务人员，提高其综合素质。重点扶持既了解熟悉本地文化资源，又掌握现代文化产业经营方法的乡村旅游经纪人，提高企业经营管理水平。建设成一支素质较高、服务优良的从业人员队伍，一支善于经营、精于管理的管理队伍，一支深谙当地实际、具有国际战略眼光的营销队伍，在有条件的区县还可建立乡村旅游文化产业人才培训基地，为乡村旅游文化产业注入新鲜血液。采取“请进来、走出去”相结合的办法，组织人员到先进地区交流学习，开阔视野，邀请专家学者、特色项目负责人前来传经送宝。不断完善人才激励机制，拓宽人才选拔途径，创造优秀人才脱颖而出的环境，吸引有相关专业背景热爱文化产业的本科生、研究生加入到乡村旅游文化产业中，直接服务于乡村旅游文化产业的发展。

800 年前，著名诗人陆游曾以诗赞美四川农家“农家乐复乐，不比市朝争夺恶。”今天，以“农家乐”为代表的乡村旅游文化产业在发挥农业多功能效益，完善农业产业结构，实现农业生产增产增收、帮助农民脱贫致富，推进城乡一体化方面起到了积极的作用。今后，我们仍将围绕全面建设西部强省战略目标，坚持社会主义先进文化前进方向，以改革创新为动力，以生产组织方式变革为突破口，探索乡村文化产业发展道路，推动乡村文化产业资源向市场化、专业化、产业化、规模化发展，培育一批实力强、效益好的市场主体，形成繁荣的乡村旅游文化产品生产体系及统一开放、竞争有序的市场体系，使乡村旅游文化产业成为新的经济增长点。

B.13

四川新兴媒体发展报告

蹇莉　刘彦仕*

摘　要：随着新媒体技术的快速发展，新媒体文化产业的产值不断提升，规模不断扩大。四川新媒体文化产业在发展中呈现出新的特点和趋势，本文分析了四川新媒体文化产业的发展现状，指出其存在的问题，并提出了推进其加快发展的路径和策略。

关键词：四川　新媒体文化产业　发展

随着互联网技术的飞速发展和智能手机的大众普及，我国网民和手机网民数量快速增长，新媒体文化产业也得到高速发展，动漫产业、网络广告、网络游戏、手机游戏、网络视频等产业的产值不断提升，产业规模不断扩大。在移动互联网和大数据技术的推动下，四川新媒体文化产业呈现出新的发展特点和趋势，同时也面临发展困境和新的发展机遇。

一　四川新媒体文化产业发展现状

（一）四川新媒体文化产业优势

1. 互联网普及程度加深，手机应用快速增长

据2013年四川省互联网络发展状况报告显示，截至2013年12月，四

---

* 蹇莉，四川省社会科学院新闻传播研究所副研究员；刘彦仕，四川文理学院副教授。

川网民规模达2780万人，整体保持稳定的增长趋势。其中19~30岁的四川网民合计占比达到48.9%，是互联网络的主要参与者和消费者。而且，四川网民教育程度整体较高，拥有大学本专科及以上学历的比例高达83.5%。2013年，四川网民人均月度访问天数平均为14.1天，全年增势平稳；人均月度访问次数平均为237.3次，全年保持稳定增长趋势，网民人均月度有效浏览时长平均为16.3小时，全年增长不明显。总体看，四川网民网络黏性处于比较稳定的状态。四川网民使用的主要网络服务中，排名前五位的分别是搜索服务、在线视频、新闻资讯、社区交友和电子商务，基本覆盖了工作、生活和娱乐的方方面面，互联网发展重心已从"广泛"转向"深入"。2013年，四川移动电话用户规模达6283万户，移动电话用户规模在过去的3年中继续保持增长趋势，增长率均超14%。手机作为第一大上网终端设备的地位更加巩固，移动互联网带动了整体互联网各类应用发展。这一切都为四川新媒体文化产业发展奠定了扎实的技术和用户基础。

2. 电子信息产业提供强劲支撑

电子信息产业和文化产业融合发展，为四川新媒体文化产业发展提供了强劲的产业支撑。以成都市为例，2012年，成都电子信息产业增加值突破3000亿元，规模仅次于北京、上海、广州，对成都GDP的贡献超过1/3。目前，成都正加快推动以新一代信息技术产业为重点的电子信息产业快速发展。其中，移动互联网产业纳入重点发展的新兴产业，聚集了超过200家的移动互联网应用服务企业。[①] 2013年四川IPv4地址数量为930.6万个，占全国IPv4地址比例为2.8%；四川域名总量为340263个，CN域名总量为92170个，较2012年增长29.2%。[②] 四川在电子信息产业以及互联网技术方面的优势，为新媒体文化产业的发展提供了有力的产业和技术支持。

3. 媒体和文化教育资源夯实发展基础

四川是全国第一家都市报《华西都市报》的诞生地，拥有《成都商报》

---

① 创新驱动融合成都发展新媒体产业有优势，《成都日报》2013年12月1日。

② 2013年四川省互联网络发展状况报告摘要，http：//www.scjg.com.cn/Information/article/3516.html。

等一系列优质媒体资源，自20世纪90年代中期以来就是国内报业竞争最为激烈的区域，四川报业一直处于国内发展的领先位置。近年来，四川传统媒体紧跟新媒体发展特点，不断加大媒体融合的力度，推出了门户网站、全媒体、手机报、移动客户端等一系列新媒体产品，为四川发展新媒体文化产业夯实了媒体基础。同时，四川还拥有电子科技大学、四川大学、西南交通大学等一批知名高校，储备并培养了大量优秀的IT科技人才，这都为四川发展新媒体文化产业提供了优越的人才环境。

（二）重点行业发展较快

与之相对应，四川新媒体文化产业发展速度较快，质量不断提升，重点行业如门户网站、手机报、IPTV、移动电视等发展较快。

1. 门户网站

四川拥有一批优质门户网站，如四川新闻网、四川在线、成都全搜索等。四川新闻网开办于1999年，是全国各省、市、自治区中最早成立的新闻网站之一，是四川省省级重点文化传媒产业集团——四川新闻网传媒（集团）股份有限公司旗下的主营版块，先后被中央确定为全国六大地方重点新闻网站。四川新闻网拥有全国最早的正规网络记者队伍，在2000年底整合四川全省102家媒体上网，2001年9月又依托四川新闻网平台开通的中国西部网，整合了西部10家新闻网站及上百家报纸的新闻，其拥有信息量在全国处于领先位置，此外，四川新闻网还积极开办外语频道，用中、英、法、德、日、俄6个语种发布新闻。2004年，四川新闻网正式开办了通过信息网络向公众传播广播电影电视类节目的业务，其开通的“视频”频道将四川各市、州形象宣传片及有特色的旅游宣传片率先传上网，并申办了影视制作机构许可证，成为西部第一家拥有拍摄和传播新闻类、社教类、综艺类、军事类等电视节目的新闻网站。

四川在线是由四川日报报业集团和中国电信四川公用信息产业有限责任公司共同创办的综合性专业新闻网站。在充分整合四川日报报业集团资源，对集团下属各报自采新闻进行统一的二次开发和利用，发布新闻完成宣传任务之外，四川在线还面向中小企业，政府机构、事业单位等客户提供互联网基础应用服务，可针对客户需求进行网络直播、独家专访、电子杂志制作等，并已在网站设计及推广、程序开发上积累了丰富的经验，为一大批行业用户、专业媒体、政府机关、企事业单位及其他合作单位提供互联网推介、电子商务平台搭建等服务。

成都全搜索隶属成都传媒集团，由《成都商报》2006年组建，旨在成为成都地区最大的社区生活门户网站。成都全搜索成立伊始，就依托成都商报等优质媒体资源，坚持市场化运作，致力于成为可持续发展的国内一流网络企业。2010年1月1日成都全搜索全新改版，网站沿袭独有的网上血拼购物、电影院线、婚庆婚嫁、母婴亲子、旅游出行、房产购房、汽车等专业团购活动，努力打造成为成都市消费门户网站。2014年9月5日，成都全搜索再次改版，整合了成都市20余家高品质的亲子活动平台、20余家有机农庄、40多家星级酒店、上百家知名餐饮企业、上百家房地产企业和汽车经销商，融合线下资源，利用互联网平台改造传统行业，为本地市民提供更多物美价廉的优质服务。

2. 数字出版

近年来，国内数字出版产业发展较快，据2013年7月发布的《2012～2013年度中国数字出版产业报告》显示，过去的一年，数字报纸、电子书均保持了高速增长势头，增长幅度均超过30%。其中四川文轩在线电子商务有限公司是四川数字出版最有代表性的企业。

四川文轩在线电子商务有限公司成立于1998年，系新华文轩出版传媒股份有限公司控股子公司，是国内最早从事电子商务运营、国内首批获得网络出版许可证的专业网络企业之一，致力于电子商务、数字阅读等电子网络领域业务的发展。2008年四川文轩在线电子商务有限公司开通了文轩网、九月网等图书电商平台。

目前，九月网与150余家内容生产商建立合作关系，其中传统出版机构超过百家。九月网在线可阅读数字内容超过20万种，从出版机构获得传统出版物正版授权的有6万余种。同时，九月网进一步扩大数字图书馆的应用范围。截至2013年底，九月网数字图书馆已在四川省100多家学校投入使用。

值得一提的是，为了适应移动互联网发展的需要，九月网推出了九月网APP，并于2013年初升级了“九月读书”APP的iPhone版、iPad版、安卓版，使九月网APP从阅读客户端升级为购买客户端，新增支付、订单交易、新书试读和推荐等功能，让客户在体验手机阅读的同时，享受手机购书的乐趣。截至2013年底，四川文轩在线销售额达到4.5亿元，成为继当当网、亚马逊、京东网之后国内排名第四位的图书电商企业，被商务部、国家新闻出版广电总局授予“电子商务示范企业”等荣誉称号。①

3. 手机报

手机报是四川发展较快的一大新媒体产品，主要有《四川手机报》和华西手机报。2009年9月，四川手机报由四川新闻网和中国移动四川公司合作推出，由四川新闻网组织集中四川21个地市强势新闻媒体作为内容提供方，提供四川各地特色化新闻资讯，并承担四川地震灾后重建权威发布和对外宣传任务，截至2013年底，四川手机报已发展成为一个以互联网传播为主要形式的新型“全媒体”，建立了与电信、移动、联通三大运营商分工负责、协作共建的“1+3”合作模式，现拥有1360多万用户，2013年底用户数有望突破2000万。②

2005年9月1日，《华西都市报》联合四川移动正式推出华西手机报，成为中国第一批手机报、西部第一张手机报。2009年华西手机报正式相对独立运行以来，华西手机报的收入利润连年迭创新高，目前的收入已实现上千万元，其收入和利润都实现了大幅的增长。2012年，面对智能手机的普及和3G网络的覆盖，华西手机报通过超链接的方式，将彩信产品演变成一个移动互联网的入口平台，这一产品创新成功实现了华西手机报单一版本百万级用户的历史性突破。

4. IPTV

IPTV即交互式网络电视，是一种利用宽带网，集互联网、多媒体、通

---

① 苟德培：《新华书店：在互联网希望的田野上耕耘——“文轩在线”崛起路径探析》，《出版发行研究》2014年第6期。

② 《国家互联网信息办公室推广》，四川手机报，http://news.xinhuanet.com/politics/2013-07/31/c_116762538.htm。

讯等技术于一体，向家庭用户提供包括数字电视在内的多种交互式服务的新媒体产业。近年来，四川 IPTV 发展较快。2012 年 4 月 9 日，四川广播电视台联手四川电信打造的 IPTV 业务正式推出。目前，四川 IPTV 已有近百套直播频道、3000 部影视剧，并提供时移、回看功能。四川的 IPTV 业务标准资费由功能使用费 + 安装调试费构成。据公开数据显示，2013 年以来，四川多方筹措资金 38 亿元进行光网改造，提升网络基础能力，目前光网端口能力达到 1000 万个，覆盖 1600 万户家庭，全省所有城区及一二类场镇实现 95% 光纤覆盖，截至 2014 年 7 月，光纤用户达 450 万户，光网用户占比超过 50%，预计到 2014 年底光纤用户将超过 600 万户。同时，在光网优势上，四川 IPTV 业务得到大力发展，目前全省 IPTV 用户达到 310 万户，并保持快速增长，预计 2014 年底将达 450 万用户。①

5. 数字移动电视

为了进一步加快数字移动电视的发展，四川广播电视台出资成立了四川广电星空数字移动电视有限公司，它是四川省政府确定的文化产业首批影视类骨干文化企业，也是集广播电视节目制作经营、新媒体运营服务及传媒相关业务于一体的大型文化骨干企业，制作播出了星空移动电视、星空城市电视、卫视手机电视共 3 套节目，创建了公共交通、数字电视机顶盒、CMMB 手机电视 3 个播出平台。

作为四川省最大的户外电视媒体，星空移动电视节目于 2006 年 9 月 29 日正式开播，节目全面涵盖综艺娱乐、新闻资讯、生活服务，节目采用我国自主的 DTTB 地面数字电视国家标准，通过四川广播电视塔发射信号，与遍布全省的发射站点同频播出，构建覆盖全省的数字移动电视覆盖网，节目通过遍布省会成都市和省内经济发达的二级城市的公交车、出租车、连锁超市和长途汽车站等人流密集场所的移动电视终端播出，方便人们随时随地看电视。

星空城市电视节目从 2011 年 3 月开始通过家庭数字机顶盒播出，是成

① 《四川 IPTV 用户达 310 万，年底将达 450 万》，http://www.gddvb.com/news/show-21742.html。

都市第一个定位于休闲娱乐的都市生活数字电视节目。

卫视手机电视节目，以卫视新闻、娱乐节目为龙骨，同时汇集了四川广播电视台各个频道的精品节目。节目以 CMMB 手机电视为平台覆盖全川，全天 19 个小时不间断播出。除新闻外，每档节目根据手机电视受众的收视习惯设置为 10 分钟左右，短小精悍。

（三）重点项目发展突出

四川新媒体文化产业重点项目发展突出，有些项目在西部乃至全国都处于领先地位。

1. 动漫游戏

近年来，四川大力扶持原创动漫、网络游戏及衍生产品开发，积极构建集创意、研发、生产、营销为一体的动漫游戏产业研发运营体系，依托“国家网络游戏动漫产业发展基地”“国家数字媒体技术产业化基地”“国家动漫游戏产业振兴基地”的优势，培育一大批本土动漫游戏企业。2012 年，四川动漫游戏总产值达 188 亿元，其中，新增原创网络游戏产品 41 款，腾讯、盛大、金山、趣游、育碧等国内外知名动漫游戏企业纷纷落户四川成都，博瑞梦工厂、魔方、锦天、数字天空、尼毕鲁、谛听、铁皮人等一批本土动漫游戏企业快速成长，已在全球游戏市场崭露头角。目前，四川动漫游戏相关企业和开发团队超过 300 家，动漫游戏相关从业人员达到 2 万人，动漫游戏企业年销售收入超过 30 亿元。四川网络游戏行业规模目前位居全国第五、西部第一。①

2. 手机游戏

手机游戏产业是四川新媒体文化产业发展的一大亮点，2012 年以来，四川移动游戏发展可谓风生水起，成都目前已经发展成为国内手机游戏的一线城市。2013 年 3 月 22 日，在知名应用商店市场数据分析服务提供商发布

① 刘彦武、刘佳：《四川省文化产业发展的科技支撑机制、路径研究》，《四川行政学院学报》2014 年第 3 期。

的2012年全球App开发商收入上榜52强名单，中国区2家上榜企业均来自成都，高新区数字天空和尼毕鲁分列全球第48和第52位，引起多方关注。[①] 尼毕鲁凭借旗下四款主打国际市场的帝国系列iOS网游，实现年收入近3亿元。此外，金山网游荣获2013年度中国网络文化优秀品牌奖，截至2013年底，四川省成都市高新南部园区已聚集了约600家手机游戏为主的移动互联网企业及创业团队，游戏开发从业人员近3万人，年产值超过130亿元。[②] 这里还诞生出银河帝国、Camera360、“好照片”等蜚声全球的知名游戏及应用，孵化和引进一大批游戏领域的领军企业，出现了《浩天奇缘》《拇指西游》《疯狂赛马》的开发者等手游新星。

3. 数字音乐

成都是闻名全国的休闲城市，有着浓郁的休闲娱乐氛围。2012年底，国家新闻出版总署（现国家新闻出版广电总局）正式批准同意四川省建成成都国家音乐产业基地。最终，该产业基地落户东郊记忆。这也是继北京、上海、广州之后，中国第四个音乐产业基地，并且是已呈现的中国最大规模的国家音乐产业基地。将来，包括国家音乐版权认证交易中心、中国原创音乐发展基金、中国数字音乐科技创新孵化园等项目，都将在成都国家音乐产业基地中实现。中国移动无线音乐基地还将在东郊记忆建成国内最大的数字音乐企业集聚园区和全球第一个音乐领域的平台开发商。

（四）产业园区初步建立

近年来，四川抓住科技文化创新示范基地建设的重要契机，建立了一批文化要素和高新技术深度融合的新媒体文化产业集聚区，各类工业设计园、动漫产业园和创意设计园蓬勃发展。

1. 天府软件园

四川目前已建成的成都天府软件园，是中国十大软件产业基地之一，也

---

① 《第七届四川互联网大会21日举行》，http：//roll. sohu. com/20130418/n373166647. shtml。

② 《成都手游年产值超130亿》，http：//www. ocn. com. cn/info/201405/shouyou190913. shtml。

是国家软件出口创新基地、国家服务外包基地城市示范园区。

作为成都发展软件与服务外包产业的重要载体，天府软件园已成为成都软件与服务外包产业的核心聚集区。自2005年正式投入运营以来，天府软件园吸引了包括IBM、SAP、NEC、GE、新电、华为、阿里巴巴、马士基、西门子、爱立信、腾讯等近250家国内外知名企业入驻，其中外资企业占比40%，25家世界500强落户，园区人员35000人。园区已形成行业软件、ITO、数娱、通信，以及BPO/后台服务中心等几大产业集群。四川新媒体文化产业的重点项目如动漫游戏、手机游戏等大多聚集在此研发、生产。

2. 红星路35号

2008年12月28日，“红星路35号”正式开园运营，该项目由文创投资发展有限公司斥资，对位于成都市红星路一段35号的原军区7234印刷厂厂房进行改造，以空间折点为理念，打造出的中国西部首个文化创意产业园。红星路35号以“立足西部，推动文化创意产业发展”为己任，以有效整合并聚集全球创意力量，服务西部地区，为助推西部产业结构调整和经济发展方式的转变为目标，设定了工业设计产业、数字娱乐产业、设计广告产业三大主力产业集群。工业设计作为园区核心产业，现已吸引洛可可设计公司、浪尖工业设计公司、嘉兰图设计公司，艾玛设计公司等国内一流工业设计公司入驻园区，形成了创新设计产业聚集发展的良好态势。2010年底实现招商率达100%，解决就业1000余人，创造年产值过亿元。①

3. 成都东区数字音乐产业园

成都东区数字音乐产业园是中国移动在四川打造的无线音乐产品创新基地，是目前“国内唯一的音乐体验主题公园”和“比肩世界的音乐产业聚集园区”。该项目是以数字新媒体技术为主导，构建包括数字音乐版权交易、数字音乐产品销售、演艺经纪、艺人培训、终端产品经营及软件开发在内的产业体系，打造具有时尚消费和文化旅游功能的复合型文化创意产业园区。2011年9月29日开园以来，累计接待游客1309万人次，举办各类文化

① 红星路35号官方网站，http://www.35redstar.com/about.php。

活动近 700 场，获得了“国家音乐产业基地”“国家 AAAA 级旅游景区”“科技与文化融合示范园区”等诸多荣誉称号，目前已有 103 家企业入驻，2012 年实现产值近亿元。[①]

（五）发展存在的问题

不可否认，四川新媒体文化产业抓住互联网尤其是移动互联网所带来的发展机遇，取得了一定的成绩，但我们也必须看到，四川新媒体文化产业发展还存在许多的问题。

1. 全国知名的互联网企业较少

目前，国内知名的有实力的互联网企业都集聚于北京、上海、深圳、广州、杭州等地（见表 1）。

表 1　知名互联网企业

城市	知名互联网企业
北京	百度、搜狐、新浪、当当、优酷、搜房、焦点房地产、雅虎中国、新华网、中华网、和讯网、天极网、人民网、硅谷动力、中国万网、大洋网、榕树下、ChinaByte、中商网、慧聪网、中关村在线、IT168、拉手网、兰亭集势、凡客诚品、豆瓣网、58 同城网、赶集网、去哪儿网、csdn
上海	盛大、土豆网、点评网、易趣、前程无忧、九城、久游网、51 博客、新蛋、巨人网络、携程网、中国搜索营销网、百姓网、篱笆网、博客大巴、开心农场、摩尔庄园、淘米网、凯英网络、VeryCD、一号店、易讯、安居客
深圳	腾讯、迅雷、芒果网、珍爱网、本地宝、深圳之窗、互联在线、黎明网络
广州	网易、39 健康网、56、梦芭莎、尚透社、广州妈妈网、4399、3G 门户、唯品会、太平洋网络、多玩、酷狗、UC 手机浏览器
杭州	阿里巴巴、19 楼
南京	中国制造网、途牛科技、西祠胡同、爱西柚网络科技、育儿网、米库、百阅、house365
成都	彩程设计、camera360、捉鱼、囧记单词

相比北京的百度、搜狐、新浪，上海的盛大、土豆、携程，深圳的腾讯，广州的网易，杭州的阿里巴巴来说，四川互联网知名企业数量少，实力相对弱小。

① 东郊记忆官方网站，http://www.eastcd.com/www/template_djjy/index.jsp?action=aboutUs。

2. 未打造知名新媒体文化产品

知名文化品牌是提升新媒体文化产业整体实力的突破口，如百度搜索、腾讯 QQ、微信、新浪微博、盛大网游、巨人网络开发的征服游戏等等，都是新媒体文化产业的知名品牌，有着极强的市场号召力和影响力。但反观四川新媒体产业，目前尚无一种全国知名，有着巨大的市场潜力和吸引力的产品，无法带动四川新媒体文化产业整体实力的提升。

3. 新媒体文化产业发展不够均衡

四川在数字出版、手机游戏、数字音乐等方面有了一定的突破，但是在网络广告、网络视频等方面实力弱小，表现欠佳。以互联网广告产业为例，我国主要互联网媒体的广告收入保持高速增长态势，据艾瑞咨询数据显示，2013 年我国互联网广告收入高达 1100 亿元，同比增长 46.1%。百度广告收入突破 300 亿元，超过央视成为我国第一大广告媒体，奇虎 360、搜狐等广告增长也很迅猛。相比之下，四川互联网广告份额较低，增长缓慢。四川新闻网、四川在线、成都全搜索等四川知名的门户网站，主要承接的是正面宣传和对外宣传任务，虽然也搭建了一些市场化的电商平台和网络视频平台，但由于操作理念和技巧等原因，市场吸引力较弱，对互联网广告的吸纳能力不强。如 2013 年四川主要区域门户网站广告收入排行中，四川在线以 3097.5 万元排名第一，新浪四川省和腾讯大成分别以 2083.7 万元、1977.5 万元排名第二、第三，[①] 总体来讲，四川互联网广告在全国互联网广告市场所占份额较低，市场竞争力较低。

二　四川新媒体文化产业发展的机遇

（一）顺应文化产业发展新形势

文化产业在提升区域经济“硬实力”和文化“软实力”中的巨大作用

① 2013 年四川省互联网络发展状况报告摘要，http：//www.scjg.com.cn/Information/article/3516.html。

与潜力正在不断彰显。国家“十二五”规划明确提出推动文化产业成为国民经济支柱产业；四川省委进一步提出，通过深化文化体制改革，建设与西部经济发展高地相适应的文化强省；成都市委在《关于深化文化体制改革加快文化强市的意见》中，把发展文化产业作为促进城市经济社会发展、提升城市品位、增强城市软实力的重要手段。国内外文化产业蓬勃发展的形势和鼓励文化产业发展的政策导向，为四川大力发展新媒体文化产业带来了重大战略机遇。

（二）文化消费需求迅速增长

国际经验表明，人均 GDP 达到 3000 美元时，居民消费进入物质消费和精神文化消费并重时期；超过 5000 美元时，居民消费将进入精神文化需求的旺盛时期。2013 年，中国人均 GDP 达到了 6629 美元，也就是说，我国将进入精神文化需求的旺盛时期。四川自古以来就盛行休闲娱乐，有着强大的文化消费能力，伴随着地区经济的发展，四川将吸引更多的高端人才驻留，居民文化消费能力和对文化产品的支付意愿也将达到新的高度，需要文化产品从数量和质量上进一步升级。这种经济形态和消费结构变化，为四川新媒体文化产业发展创造了广阔的市场空间。

（三）高新技术发展提供有力支撑

近年来，4G 技术、高速互联网技术、高清数字电视技术等数字新媒体技术领域日益成熟，与传统产业的融合交互不断深化，给四川发展以新媒体产业为代表的文化产业带来强大的技术支撑。四川具有发达的电子信息产业，先进的计算机网络、IP 宽带网、移动通信等资源。为发展以科技为支撑的新媒体文化产业提供了优越的技术环境和技术支撑。

三　四川新媒体文化产业发展路径

加快四川新媒体文化产业发展，要有国际视野，遵循新媒体发展规律，在中央部署和要求指导下，结合四川本身的实际情况和资源禀赋，加强顶层设计，强化政策引领和带动，选择优势领域重点突破，加强四川新媒体文化产业的系统推进和协调发展，不断提升四川新媒体文化产品吸引力、传播力、影响力，着力打造突出时代特色四川特色的新媒体文化品牌。

（一）制定发展政策促进落地实施

新媒体文化产业既是一种全新的产业形态，也是文化产业与其他产业特别是与科技融合发展的。2014 年 3 月，国务院发布了关于推进文化创意和设计服务与相关产业融合发展的若干意见，意见要求大力推动传统文化单位发展互联网新媒体，推动传统媒体和新兴媒体融合发展，提升先进文化互联网传播吸引力，表明文化创意和设计服务与相关产业融合发展已经上升为国家战略，新媒体文化产业发展的重要意义得到进一步彰显。四川要抓住新媒体文化产业发展的机遇，加大政府对新媒体文化产业的重视和投入，及时制定一系列加快新媒体文化产业发展的政策措施，包括投融资、工商税收、土地划拨、人才培养、企业市场准入等系列特殊扶持政策。不仅要制定扶持政策，还要促进政策落地实施，要建立一系列工作机制，包括政府与新媒体文化企业的日常联系沟通机制、新媒体文化企业对政府政策的反馈和评价机制、政府对扶持政策的追踪以及评估调节机制等，以确保政府对新媒体文化产业扶持政策的有力推行和有效实施。

（二）优化产业结构增强竞争力

发展不够均衡是制约四川新媒体文化产业壮大的一块短板，因此优化企业组织结构，促进大中小型企业共同发展，是加快当前四川新媒体产业的重要举措。要积极发挥四川新闻网传媒（集团）股份有限公司、成都传媒集团、新华文轩出版传媒股份有限公司、腾讯科技（成都）有限公司、成都金山数字娱乐科技有限公司等四川大型媒体企业的带动作用，积极培育和扶持新媒体中小型企业发展，逐步形成在国内有竞争力的产业集群和产业链。努力引进在全球、全国有影响力的大型知名新媒体企业，带动四川新媒体行业向产业链高端发展。积极引进在专项市场中有影响力的中型新媒体文化企业，引导和培育小型企业成长为产品特色鲜明的中型企业。鼓励小型企业在产业链中找准定位，提升专业化水平，为大中型企业提供高质量的配套服务。鼓励大中型企业以投资、控股、参股、并购、重组、项目合作等多种方式，实施横向一体化战略，提高资源运行效率。扶持四川新媒体行业协会对行业发展提供服务，促进行业交流，优化行业发展秩序，加强行业自律，推进行业评优工作。鼓励和扶持行业协会牵头实施纵向一体化战略，整合产业链前端和后端环节的资源，打通营销渠道，搭建融资平台，增强行业整体营销和融资能力。

（三）完善战略布局促进集聚发展

新媒体文化产业是以高科技为显著特征的产业形态，是智力密集型产业，集聚发展是新媒体文化产业发展的最佳途径。因此，必须完善四川新媒体文化产业的战略布局，将新媒体文化产业作为四川新兴文化产业发展的重要方向，新媒体数字技术发展日新月异，必须加快科技创新成果应用，挖掘新媒体产业延伸和拓展的潜力，拉长四川新媒体文化产业链，探索多元化盈利模式。以天府软件园、移动互联网产业园、红星路35号、东郊记忆等为重点园区，推动新媒体文化产业集聚发展，建设新媒体专业特色楼宇，定期举办交流沟通活动，促进企业间的交流合作，为形成在国内有影响力的新媒体文化产业集群创造优良的空间条件。

（四）树立精品意识形成产业亮点

四川目前尚未形成全国知名的新媒体文化品牌，针对这种情况，应树立精品意思，实施精品战略。从四川新媒体文化产业发展的实际情况出发，积极引导四川新媒体文化企业坚持正确的创作生产方向，继承弘扬民族传统文化、吸收四川特色文化、借鉴世界优秀文化，创作深受市场欢迎的新媒体文化精品。鼓励四川数字出版、动漫游戏、手机游戏、数字音乐等企业不断提高产品研发和原创能力，开发具有自主知识产权和文化内涵丰厚的文化产品，着力提升产品内涵、质量、艺术和技术水平，形成在全国知名度较高的产品品牌。紧抓移动互联网崛起的发展契机，借鉴创新工厂的孵化模式，吸引创业团队，大力培育本地专注于新媒体文化产业的新型企业。加强合作，构建技术上有支撑、市场上有渠道、创新上有比较的移动互联网产业发展生态。重点支持一批移动互联网运营平台类项目，抢占移动互联网运营的先机，鼓励一批应用开发企业，打造一批“明星”产品，形成四川新媒体文化产业发展的亮点。

（五）搭建服务平台优化发展环境

人才平台。搭建人才引进平台，鼓励和扶持行业协会在全球范围内，积极发现并引进从业经验丰富的优秀人才，重点引进擅长整体策划、内容创造、推广营销的人才，对引进人才提供优越的工作、生活条件。搭建人才培育平台，充分借助四川省教育科研资源的优势，鼓励和扶持行业协会推进新媒体企业发展，与电子科技大学、四川大学、西南交通大学、成都东软学院等高等院校、职业学校、研究机构的合作，引导教育机构根据市场需求设立新媒体教学专业，引导企业为动漫游戏专业学生提供实习机会，促进企业和研究机构开展人才交流。

技术平台。针对企业对相关技术的共性需求，通过技术转移引进、与高等院校和科研机构合作等方式，建立四川新媒体文化产业技术共享平台，降低企业成本。引进国际先进技术，面向中小型企业提供质优价廉的服务，鼓励进行具有自主知识产权的新媒体技术开发，优化发展环境。

信息平台。搭建四川新媒体文化产业行业内部信息交流平台，引导和鼓励新媒体行业协会创建行业沙龙，传播国际国内行业前沿信息，促进新媒体企业开展产品创意交流、人才交流、技术交流、运营模式交流等。搭建对外信息交流平台，积极组织新媒体企业参与国内、国际组织的行业活动，推动新媒体企业与国际国内先进企业开展内容创作、产品研发、知识产权保护等专业交流。创办在国内有影响力的新媒体产业论坛、展览、研讨会、创意节或创作大赛、论坛、展览。

营销平台。引导四川新媒体企业形成营销战略联盟，拓展营销渠道。引导企业组团与国内知名新媒体运营商、渠道商开展长期合作，确保产品销售渠道畅通。依托四川省在电子商务、电子信息方面的优势，为新媒体企业按照类别，统一建设门户网站和移动客户端，逐步提升四川新媒体文化产品在全国的知名度，帮助四川新媒体企业及时发布和推广新产品。努力促成新媒体企业与传统主流媒体的合作，促进四川优秀新媒体文化产品的推广。

融资平台。引导和扶持行业协会组织企业与担保机构、银行开展深入合作，设立专业机构，与专业融资咨询机构合作，重点开展投融资专项服务工作，联合各种金融机构、投资机构、担保机构、评估机构等专业机构共同组建多层次、多元化的资本服务平台，帮助企业明确盈利模式，为新媒体企业提供信息、资源和增值服务。帮助企业拓展融资渠道，使企业能享受天使投资、风险投资、产业投资基金、银行投资和政府资助等融资方式。

区域报告

Regional Reports

B.14 成都："财富之城、成功之都"的文化支撑

邓立新　陈永正　冯 婵*

摘　要： 在全国文化产业发展进入新的周期和实质性拐点背景下，成都大力实施"文化强市"战略，实现了新发展。面对机遇和挑战，成都文化发展不仅需要有"首位城市"的担当，更需要有切实的思想解放、坚定的自信和坚决的行动，立足"大文化"解放思想，推动文化支持转型升级，深化文化体制改革，进一步释放和发展文化活力，创新文化服务方式，完善城市区域文化体系，继续推动文化产业项目建设，完善

* 邓立新，成都市人民政府研究室副巡视员，研究领域为成都文化产业、成都文化事业及其相关政策分析；陈永正，四川大学教授、博导，研究领域为政治经济学、产权理论与国企改革、经济发展与农村问题及成都文化产业等；冯婵，成都市社会科学院历史文化所副研究员、博士，研究领域为古代文学、成都历史文化及文化产业相关问题。

政策措施保障，切实加快“中西部最具影响力、全国一流、国际知名的文化之都”建设进程。

关键词： 文化体制改革 城市转型升级 解放思想 文化之都

2011 年文化成为强国战略载入史册①；2012 年文化列入国家“五位一体”发展战略总体布局开启新篇，② 在中国经济进入转型升级新阶段，文化融合创新成为国家推动转型发展的重要力量，文化产业作为国民经济支撑地位受到高度重视。走向“财富之城、成功之都”的成都，融合文化要素、激发文化活力、发展文化产业，发挥文化助推城市转型升级发展支撑作用，成为成都建设西部经济核心增长极和现代化国际化大都市的重要选择和现实需要。

一 文化产业发展新格局

在全国文化产业发展进入新的周期和实质性拐点背景下，③ 成都大力实施“文化强市”战略，推进文化产业在“十二五”重要一年取得新进步，实现新发展。

2012 年，成都市文化产业实现主营业务收入 1484.88 亿元，比 2011 年增长 17.75%，占四川全省 44.59%；实现增加值 403.95 亿元，比 2011 年增长 25.12%，占全省的 48.12%；文化产业创造增加值占 GDP 的比重由 2011 年的 4.65% 上升到 4.96%，比 2011 年提高 0.31 个百分点，比全省高

① 2011 年 10 月 18 日，中共十七届六中全会专题研究文化发展，并做出《关于深化文化体制改革推进社会主义文化大发展大繁荣若干重大问题的决定》，提出建设文化强国目标。

② 2012 年 11 月，中共十八大召开，十八大报告提出加快经济建设、政治建设、文化建设、社会建设、生态文明建设“五位一体”总体战略布局任务。

③ 张晓明、王家新、章建刚主编《中国文化产业发展报告（2012～2013）》，社会科学文献出版社，第 1 页，“总报告：转变发展方式，迎接新的发展周期”。

1.44个百分点。2012年文化产业及相关产业法人单位数5974个，比2011年增加794个，占全省文化及相关产业法人单位的25.78%；从业人员平均人数为16.77万人，占全省的36.41%；总资产2399.23亿元，比2011年增长1.35倍，占全省的48.16%。[①] 文化产业及相关产业增加值和占GDP比重、法人单位个数、从业人员、总资产、主营业务收入等均居全省第一位，成都作为全省"文化首位城市"地位进一步凸显。

（一）文化产业重点行业新发展

2012年，在国家和省市文化政策支持下，成都文化产业七大重点行业均有了不同程度的发展。

传媒业实施精品特色战略图发展。成都传媒通过精品栏（节）目提升品牌影响力；发挥全媒体集群作战效应，全方位争夺市场份额，实现市场拓展经营业务收入增长。成都传媒集团在连续六年营业收入年均增速17.6%的基础上，2012年实现营业收入37亿元，盈利3.86亿元。主业经营以16.3%的平均增速超过全国传统媒体约14%的平均水平。在新闻出版总署系统，集团报业板块综合经济实力在全国报业集团中名列第一；广播影视产业收入达28.89亿元（含广播电视广告10.07亿元、网络收入12.96亿元、电影票房5.86亿元），同比增长23.57%。

文博旅游围绕三大品牌做出亮色。文博旅游业围绕做亮三大文博品牌、做响非遗节品牌两个方面推动产业发展，效果明显。2012年，武侯祠博物馆、杜甫草堂博物馆、金沙遗址博物馆三个国家一级博物馆的门票和产业收入均实现了历史新高。全市旅游实现总收入1050.78亿元，同比增长30.53%；接待旅游总人数1.22亿人次，同比增长26.59%，其中，接待入境旅游人数158.13万人次，同比增长30.32%。成都市旅游总收入和接待旅游总人数均占全省的1/3，接待入境旅游人数占全省的69.56%。

创意设计形成集聚初具规模。成都大多数工业企业已具备设计能力，设

① 数据由成都市统计局提供，《成都统计简报》2013年第90期。

计范围涵盖机械装备、消费家电、家具制造、服装家纺等多个领域。同时专业的工业设计企业也不断壮大，目前已拥有拓成、朴素堂、丙火设计、浪尖、嘉兰图、洛可可、意町等国内工业设计行业龙头企业，还拥有一大批各类工业产品及技术研究开发机构。截至2012年底，全市已拥有国家级企业技术中心18户，省级企业技术中心144户，市级企业技术中心185户。其中包括成都飞机设计研究院、中国核动力研究设计院、四川省机械研究设计院等14所国家级、省级研发机构，初步形成了以独立设计公司和工业企业内部设计机构为主体，工业设计工作室、自由设计师为补充的多层次发展格局。锦江区"红星路35号"创意设计产业园和武侯区"西部智谷"工业设计之都两个工业设计产业聚集园区建设已初见成效。

演艺娱乐推陈出新取得成绩。2012年6月30日，撤销了市属国有文艺院团建制，组建了"成都艺术剧院有限责任公司"，完成了公司工商登记注册，注册资金1500万元。演艺娱乐业创作成果丰硕，先后推出了川剧《黎明十二桥》、特色旅游剧《川剧秀》，曲艺剧《车耀先》、木偶皮影音乐剧《马可波罗的中国情歌》、京剧《薛涛》以及民族音乐作品"三星遗梦"等。新创木偶皮影剧《马可波罗与大熊猫》获得第7届全国儿童剧优秀剧目展演一等奖，首次问鼎木偶皮影剧种国家级大赛一等奖；川剧《红梅记》获得2012年法国中国戏剧节塞纳大奖；京剧《魂系油气田》获得第6届中国京剧节二等奖和第12届中国戏剧节优秀剧目奖；卡通动漫儿童剧《巨人的城堡》《寻找大熊猫》获得文化部组织的首届动漫奖最佳动漫舞台剧奖和国家动漫精品工程奖；话剧《情满玉树》、京剧《魂系油气田》、歌曲《四川欢迎你》获得四川省第十二届"五个一工程"奖最佳作品奖；成都市非物质文化遗产研究院任萍获得中国曲艺界最高奖——牡丹奖。

促进文学原创收获成果。文学原创是文化产业的先导和源头产业。一是推出本土文学新人。2011～2013年，《青年作家》杂志共发表全国各地一千余名作家作品近300万字，推出了一大批本土文学新人。二是创作员队伍扩大。2012年，成都文学院从来自全国各地的41位作家的43部申报作品中，经认真筛选和严格评审，最终聘请骆平、廖富香、彭宗卫、曹蓉、李君、李永松六人为签约作家。三是收获文学作品原创。据不完全统计，2011~2013年，全市共出版文学原创长篇小说56部，纪实文学33部，儿童文学27部，散文集23部，诗集42部。四是启动成都作家群"大地民生"文学写作行动。2011~2012年，市文联组织14位作家深入全市统筹城乡一线60余个点位体验生活，共出版长篇小说4部、长篇报告文学1部、中篇小说集1部、中篇报告文学集1部。截至2013年6月，成都文学原创业获得国家、省市各类大奖10多个，其中，"五个一工程"奖中宣部奖1个，四川奖1个；国家科技进步二等奖1个；第七届四川文学奖3个；成都市第八届精神文明建设"五个一工程"文艺类图书别奖1个，优秀作品奖3个；获得意大利Ceppo Pistoia国际文化奖1个。

艺术作品原创势头良好。成都画院利用自身艺术资源优势，组织举办了各类展览和讲座，搭建了艺术品原创交流沟通的平台，促进了成都市艺术品原创业的发展。作为2012德国"中国文化年"交流项目的重要展览——《燃烧的冰淇淋与流淌的红宝石——王民平（中）艾尔玛（德）油画作品国际联展》于2012年10月登陆德国，吸引了来自世界各地的游客、当地民众观展，是成都市艺术品原创业走出国门的一次有益尝试。民间艺术品创作也取得较好成果。成都蓝顶创意产业园区聚集了由艺术、建筑、设计、教育、文学、音乐以及娱乐行业组成的有效人群。2013年5月25日，首届成都蓝顶艺术节在成都蓝顶艺术区盛大开幕。成为西南首个、成都市首个以艺术品原创业为主的重大节会活动，将助推成都国际形象和文化软实力的提升，充分引领和带动艺术品原创业的发展。

动漫游戏业地位提升规模初具。2012年，动漫游戏产业在全国地位提升。突出公共技术平台建设，强化动漫游戏业园区集聚发展。一是搭建成都游戏联盟网站——http：//www. cdgames. cn，为企业提供了解最新行业动态、政策法规以及供需交流的信息平台。二是动漫园区企业增加。截止到2012年12月，网站注册会员企业400余家，其中2012年新引进动漫游戏类企业9家，包括摩奇卡卡科技、优聚软件、酷嘟嘟网络科技、乐动信息技术、聚游尚品科技、浩丰信息技术、玉米树科技等，产品涉及电脑动漫动画研发与制作及基于 IOS 和安卓平台的动漫游戏开发等多个动漫游戏领域。三是天府新谷项目全面推进。扩展数字新媒体产业载体规模 1 万平方米，打造数字新媒体产业基地。四是数字娱乐软件园取得进展。扩展数字娱乐项目办公场地近 3 万平方米，新引进数字娱乐企业 20 家。五是移动互联网大厦建设加快。2012 年以来，共引进企业 40 余家，其中包括已入驻移动互联网大厦的 9 家数字娱乐企业，以及另外由创新中心入库备案，先期于天府软件园创业场进行孵化的 15 家数字娱乐企业。

出版发行业保持稳步增长。全市共有各类新闻出版单位 4226 家，其中出版业单位 32 家，印刷业单位 2438 家，发行业单位 1756 家。截至 2012 年底，市属出版业总收入 13.35 亿元，同比增长 6.8%；印刷企业实现年工业总产值 167.99 亿元，同比增长 24.9%；发行业销售总额 5.05 亿元，同比增长 2.4%。

（二）网络新媒体等新兴业态助推文化产业新发展

成都网络文化前卫城市地位初现。我们已进入网络和大数据时代。对成都文化产业来说，网络正在刷新成都文化发展格局。2012 年网络文化取得成果。7 月 29 日首届四川暨成都网络文化嘉年华在成都闭幕，这是四川省迄今举办的最高规格最大规模的网络文化大型活动。8 月 1 日中国国际广播电台国际在线主办的“2012 中国城市榜·全球网民推荐的最中国创意名城”网络互动活动的投票环节结束。来自全球各地的网民通过网络投票、短信投票的方式选出心目中最具创意的中国名城——“十大中国创意名城”，成都名列其中：深圳、成都、北京、上海、广州、苏州、无锡、普洱、银川和九江。8 月 7 日在北京召开的“中国城市网络形象排行榜”发布会暨城市网络形象研讨会上，正式发布中国首份《2011～2012 年度中国城市网络形象研究报告》，并公布 2011～2012 年度“中国城市网络形象排行榜”。在“中国网络形象十佳城市”排行榜中，成都市排第四位。成都市还获得“城市政务微博平台建设示范奖”。8 月 16 日～18 日，中国电子第一大展——“2012 中国（成都）电子展”在蓉举行。11 月 24 日结束的第七届中国网上零售年会上，中心城区锦里、宽窄巷子、财富又一城、优品天地 4 条具有示范代表性的商业街（区）作为全市首批移动电子商务应用示范街区正式启动。成都建设移动电子商务应用示范街（区），在全国也属首创。这一系列网络展演及全国评选活动，成都或为举办地，或榜上有名，均表明成都在全国网络文化中的前卫地位作用明显。

网络、微博、微信等新媒体兴盛运用，为成都文化产业找到新的提升途径。2012 年，借助网络新媒体力量，文化产业传播面和影响力成功扩大案例突出。一是成都图片库正式上线试运行。2012 年 1 月 4 日，成都市文联主办的成都图片库（www. cdphoto. com. cn）正式上线试运行。该图片库网站分"成都图库、摄影画廊、在线影展、在线画册、全民摄影、名家风采"六大板块，定位为"公益、全景、专业"，旨在为区（市）县和市级部门和社会公众搭建一个可以免费使用公益图片和展示成都风采的网络平台。二是西南首家"掌上博物馆"在成都诞生。2012 年 12 月 6 日，一款基于移动互联网的手机软件"掌上博物馆"，由四川博物院与中国移动四川成都分公司联合开发成功。使用四川博物院手机客户端，广大市民足不出户就能浏览四川博物院所有场馆、文物、活动、展览的文字、图片、语音、视频信息等，一睹珍贵文物的风采。三是旅游香港运营中心举办成都华文名博活动。2012 年 11 月末，成都旅游香港运营中心举办主题为"从成都文化旅游发现城市软实力"的 2012 第二届全球华文名博对话系列活动。邀请中国台湾陈念萱、中国香港王冠绪、美国杨恒均以及来自上海的沈亚川等知名华人博主参与，通过参观游览成都安仁镇、平乐镇等地，充分发挥名人博客、微博及其他网络媒体的力量，扩大成都文化旅游的世界声誉。四是政务微博取得成效。成都 5 个政务微博获评 2012 四川十大优秀政务微博。除"成都发布"、"微成都"两市级微博外，获奖的还有"武侯发布"、"给力都江堰"、"成都共青团"。成都市还获得"城市政务微博平台建设示范奖"。

网络新媒体研发取得进展，网络新媒体与文化产业融合创新发展。2012 年 1 月 15 日，成都高新区管委会宣布与中国领先在线媒体及增值资讯服务提供商新浪公司签署投资合作协议，新浪将在成都高新区设立外商独资企业并成立新浪无线成都研发中心，开展基于手机微博和移动互联网产品和应用研发业务。这必将为成都未来的发展提供重要的科技支撑。

基于网络的教育文化产业基地奠基温江，一个文化产业新兴行业有望兴起。2012年，由四川文化产业园区由四川新华发行集团投资建设项目——“四川文化产业园区”落户温江，一个新兴文化产业有可能兴起。总占地面积1200亩，项目一期350亩用地指标在2012年3月经省政府批准，温江区政府全力推进。一期计划投资15亿元（目前已支付款项近2亿元），建筑面积近30万平方米，2013年9月中下旬开工，2014年底前完成基本建设，2015年全面投入运营。项目建成后，预计5年内实现年产值超过40亿元。截至目前，四川新华发行集团、四川广电网络集团、四川党建期刊集团、四川出版集团总部入驻以及美国瑞期教育集团与新华发行集团全资子公司已签订入驻园区协议。该项目的发展目标是成为提升全省产业质量的动力基地；为全省提供文化产业公共服务的大型平台；催生四川文化新业态、新产业的重要平台；推动四川文化产业资源整合，探索发展新机制、新体制的重要平台；成为多业态、复合型、互动式、特点鲜明的文化产业聚集区，成为国内一流、具有国际影响力的国家级文化产业示范基地。

（三）文化对外交流合作步伐加快成为亮点

配合成都国际化大都市战略实施，文化产业的国际化交流进程加快，取得进展，文化对外开放、交流等成为一抹亮色。2012年，成都在体育、休闲、时尚、艺术等领域对外交流合作频繁。

文化艺术作品国际交流活动频繁增强互惠。2012年艺术、作品等国际交流活动增加，通过活动实现互惠互利。2012年5月27日~6月2日，被誉为“艺术界奥运会”的第21届国际木偶联会大会暨国际木偶节在成都举办。这是国际木偶界最大规模、最高水平的艺术盛会首次来到中国。共有65个国家和地区的200多名代表以及101个木偶艺术团、1300多名中外艺术家参加，期间举行了1200多场次木偶艺术剧目和节目演出，近100万市民和游客参与了各项节会活动。2012世界斯诺克国际锦标赛、第三届（2012）中国新津国际名校赛艇挑战赛、世界模特嘉年华·中国（成都）国际时尚周T台秀、第四届中国成都国际体育舞蹈公开赛等国际性文化盛会也在成都成功举办。2012年1月3日，著名的奥地利维也纳施特劳斯管弦乐团首次来华巡演选择成都，在新年之际为成都观众奉献了原汁原味的奥地利音乐。同月，成都代表团也参加了悉尼市中国年庆典活动巡游，以《精彩成都欢乐之夜》为主题的成都专场文艺演出在悉尼市政厅举行，精彩的变脸，俏美的花旦，让人热血沸腾的藏羌彝舞等精彩演出，赢得了悉尼观众的热烈欢呼和持续不断的掌声。2012年11月1日，全球最受欢迎和最具影响力的英国企鹅出版集团（中国），在成都大熊猫繁育研究基地举行了由该集团完成的大型图书 *Giant Pandas*：*Born Survivors*《大熊猫：生·存》（新）书发布会，该书出版将大大推动我市大熊猫文化品牌在国际上的影响力，进一步树立成都"熊猫故乡"形象。2012年2月15日，中国首部以川菜为主题，90%的戏在成都取景拍摄，由林永健、宋丹丹、李琦等著名演员出演的电视连续剧《林师傅在首尔》在北京卫视举行开播发布会。该剧的热播，不仅是对川菜这一重要成都元素的大力弘扬，也立体呈现了成都现代化优美城市形象。

文化旅游国际合作开发增多。2012年8月3日，成都格林利安房地产开发有限公司与世界500强美国温德姆集团下属的国际酒店管理集团就"溪岭雪"项目举行盛大签约仪式，双方联合打造、管理中国虹口世界级标准的度假胜地，为虹口带来全球顶尖的五星级酒店管理与服务。都江堰市精心打造"都江堰—青城山—新虹口"三足鼎立、三位一体的国际旅游新格局框架正式形成。2012年9月4日，成都市旅游局与日本山梨县观光部签订了旅游交流合作备忘录，双方就加强旅游交流合作，利用温泉资源开展旅游开发等达成了合作意向。下一步成都龙门山温泉资源开发将借力日本富士山温泉模式。2012年12月13日，韩国旅游发展局成都办事处正式挂牌成立，其管辖范围包括四川省、重庆市、贵州省、云南省4省市，辐射的人口数量达2亿。成都办事处是韩国旅游发展局在中国西部设立的第一家办事处，这将极大促进韩中两国旅游文化发展和加强两国旅游交流与合作的互利双赢。同年12月27日，由成都市旅游局、成都旅游协会和成都文旅集团联合主办的"成都冬季旅游产品东南亚（泰国）推介会"在泰国曼谷国家会议中心召开。“成都旅游产品东南亚营销合作联盟”也在泰国成立。通过这一合作及互动机制，进一步打开了成都文化旅游业的东南亚市场，促进了成都入境游客的稳步增长。2012 年 10 月 12 日，世界旅游组织“旅游可持续发展成都观测点”揭牌仪式在都江堰市青城山游客中心举行。这是落户成都的首个联合国世界旅游组织官方机构，它填补了没有国际旅游组织在蓉设立机构的空白。联合国世界旅游组织旅游相关专家表示，选择在成都建立观测点是“希望让世界学习成都人悠闲幸福的秘诀”。2012 年 11 月 28 日，青城山－都江堰旅游景区与爱尔兰巍雅国际正式签署合作协议，爱尔兰巍雅国际成为都江堰旅游在欧洲市场的战略合作伙伴，将利用其在欧洲市场的资源，向欧洲游客宣传推介都江堰的品牌形象及相关旅游线路，有助于成都文化旅游在欧洲市场的推广促进。

（四）文化基础设施建设丰富成都文化元素

文化重在建设。2012 年成都文化基础设施建设取得新进展，现代化、上档次、创品牌成为重要年度特征，为文化产业发展奠定了坚实的物质基础和社会基础。

博物馆事业取得新进展。一是博物馆建设增量提质。2012 年 3 月，四川根雕艺术家、书法家、收藏家高凯创办的青城山道源博物馆在都江堰市青城山大观园青雨路 40 号正式开馆。这是继华希昆虫博物馆、乌木艺术博物馆、皮影博物馆等之后，都江堰市青城山博物馆村落又一家民办博物馆宣告落户。2012 年我市博物馆事业取得阶段性成果，新增民办博物馆 5 座，民办博物馆数量已达到 67 座，国有和行业博物馆数量达到 36 座，全市博物馆数量共计达到 103 座，突破“100”大关，居中西部之首，全国前列。二是博物馆数字化升级。以武侯祠博物馆、杜甫草堂博物馆、成都博物馆、金沙博物馆、建川博物馆聚落等为重点，提高展陈技术的数字化、信息化水平，延伸文博旅游产业链，提升文博旅游品牌影响力。

文化艺术超市等设施建设取得成效。4 月 26 日，成都艺术超市在东区音乐公园内开幕。成都艺术超市展场面积 7000 平方米，已吸纳 7 家西南美术院校、6 家精品画廊入驻，每年能够为市民免费提供上百场优秀艺术作品展。11 月 19 日，总投资 1.8 亿元平乐其乐坊初步建成。11 月 29 日，西南最大 IMAX 银幕在东郊记忆（原成都东区音乐公园）启用营业。12 月，西南首家"掌上博物馆"在成都诞生。由四川博物院与中国移动四川成都分公司联合开发。12 月，巴蜀画派会馆（宝墩艺术馆）开馆仪式暨 2012 巴蜀画派美术名家作品展，在成都大邑安仁镇巴蜀画派会馆举行。

传统文化品牌打造再出新意。金沙古蜀文化、三国历史文化、杜甫诗歌文化、大熊猫文化、古镇文化、川菜文化等极富地域特色和影响力的成都传统文化元素通过内容创新、表现方式创新、结构组合创新，实现老传统富新意。2012 年 1 月 16 日在宽窄巷子启动的以"美好天府，'潮'拜新春"为主题的第五届"中国味·成都年"活动，联合宽窄巷子、平乐古镇、安仁古镇、西来古镇、街子古镇、黄龙溪古镇、武侯祠锦里、杜甫草堂、西岭雪山、青城山、都江堰、天台山、国色天乡乐园、海昌极地海洋世界、东区音乐公园、成都国际熊猫灯会、金沙遗址博物馆等 19 个最富成都特色的景区，在为期一个月的时间里，开展了宽窄巷子"潮"拜新春游园会、第 12 届南国国际冰雪节、第 44 届成都国际熊猫灯会、第四届金沙太阳节、2012 成都大庙会、第三届"成都诗圣文化节"等多项大型节庆活动，实现了丰富节庆、和谐社会、创收文旅、快乐百姓多重目标。据统计，仅 2012 年春节黄金周期间，成都市共接待游客 815.1 万人次，同比增长 16.1%，旅游总收入 28.73 亿元，同比增长 21.9%。在一年一度的"都江堰清明放水节"基础上，都江堰景区新打造的灌县古城区与城隍庙区域连成一片，不再收取景区门票，成为文化与广大市民生活、各地游客参观、祈福、登山、健身的文化旅游综合体。2012 年，成都市文化局、成都市旅游局、成都文旅集团邀请中央美术学院、中国美术家协会联合主办的叶毓中《国画·汉魂·全图三国》的高端展览，国画大师叶毓中老先生以《三国演义》为脉络，以工笔重彩手法历时 40 年创作了 360 幅鸿篇巨制。这一精品力作相继在台湾地区、韩国首尔巡回展出，加快了成都三国文化旅游的国际营销步伐。

古镇古村在保存历史记忆中丰富文化元素。成都文化产业继续保持对古镇村的关注。在保护原生态的基础上，努力结合产业形成新优势，充分利用资源，发掘潜力、提升档次。2012 年 1 月 11 日，成都文旅集团与崇州市签订框架合作协议，整体开发街子古镇。协议约定，双方用三至五年时间，以“国际品牌、成都名片”为原则，将古镇街子打造为“西部第一、全国一流、国际知名”的国家 5A 级景区和国际旅游目的地的目标。在龙泉驿区，洛带古镇与四川旅游发展集团 1 月 19 日在四川成都锦江宾馆举行战略合作签约仪式，双方将以投资约 100 亿元的“成都国际汽车博览新城产业基地”和投资约 50 亿元的“洛带古镇综合开发”两个重点项目为依托，推进国际汽车博览新城产业基地和洛带古镇综合开发项目。2012 年，总投资 1.8 亿元的邛崃市平乐古镇其乐坊项目也已初步建成，以川西民居建筑风格为主的仿古商业街区，为景区又增添了一个新亮点。邛崃市平乐镇花楸村因历史文化资源丰富、古建筑保存完好、生态环境优美而一举成为中国传统村落，2012 年 12 月 20 日，该村荣登由住建部、文化部、财政部公布的第一批中国传统村落名单。

（五）文化产业圈层递减分布特征显现

近年来，成都文化在全市区域内均衡发展的同时，2012 年文化产业向中心城区聚集趋势更加明显。[①] 中心五城区占据全市文化高地。文化要素的城市集聚，特别是向人气最旺的市区中心集中是文化产业发展的空间特征和规律使然。

中心城区完成增加值突出。全市 20 个区（市）县（含高新区）中，2012 年文化及相关产业法人单位增加值在 10 亿元以上的集中在中心城区。在包括高新区在内的 20 个区（市）县中，文化产业增加值前 10 位中，中心城区占据 6 席，其中，锦江区 95.10 亿元，武侯区 79.65 亿元，青羊区 50.35 亿元，金牛区 43.88 亿元，高新区 26.44 亿元，双流县 19.20 亿元，成华区 15.63 亿元，郫县 13.80 亿元。

① 成都市统计局：《成都市文化产业向中心城区聚集效应进一步增强》，《统计简报》2013 年第 103 期。

中心城区文化增加值占比突出。其文化及相关产业法人单位增加值达到311.05亿元，占全市的77.0%。与2011年相比，2012年中心城区文化及相关产业法人单位增加值增加了92.31亿元，占全市比重比2011年提高了9.25个百分点。

中心城区文化增加值对国民经济贡献突出。从增加值占GDP比重看：2012年文化及相关产业法人单位增加值占GDP比重高于全市平均水平的区（市）县有锦江区、武侯区、青羊区、金牛区和大邑县，分别为15.68%、12.42%、7.31%、6.32%和5.88%，中心城区4个城区在全市平均水平之上。

全市文化产业增加值呈圈层递减分布。以中心城区为中心，成都包括高新区在内的20个区市县呈三大圈层。2012年中心城区所在一圈层与近郊二圈层、远郊三圈层区（市）县的文化及相关产业法人单位增加值分别为311.05亿元、54.73亿元和38.17亿元，分别占全市文化及相关产业法人单位增加值的77.00%、13.55%和9.45%，分别占各自圈层GDP的比重为7.65%、2.05%和2.89%。其中，一圈层（中心城区）文化及相关产业法人单位增加值总量及其占比都比2011年有所提高。

表1　2012年区（市）县文化及相关产业法人单位增加值及占GDP比重

单位：亿元，%

区(市)县	文化及相关产业法人单位增加值	占GDP比重	区(市)县	文化及相关产业法人单位增加值	占GDP比重
一圈层	311.05	7.65	双流县	19.20	2.83
锦江区	95.10	15.68	郫县	13.80	4.24
青羊区	50.35	7.31	三圈层	38.17	2.89
金牛区	43.88	6.32	金堂县	0.76	0.38
武侯区	79.65	12.42	大邑县	7.81	5.88
成华区	15.63	2.81	蒲江县	2.01	2.52
高新区	26.44	3.01	新津县	6.51	3.83
二圈层	54.73	2.05	都江堰市	8.74	4.20
龙泉区	2.67	0.42	彭州市	2.65	1.24
青白江区	3.48	1.26	邛崃市	6.32	4.20
新都区	7.88	1.73	崇州市	3.37	2.06
温江区	7.70	2.55			

资料来源：成都市统计局。

（六）文化体制改革和经营模式创新取得进展

艺术院团转制改革取得进展。按照改革部署要求，2012 年成功将涉及改革的成都市川剧院、成都艺术剧院院部及所属的歌舞团、话剧团、杂技团、曲艺团、木偶团、民乐团、交响乐团、京剧团等 9 个改制院团改革为“一司、三院、两中心”，即：成都艺术剧院有限责任公司、成都市川剧研究院、成都市京剧研究院、成都市非物质文化遗产研究院、成都市非物质文化遗产保护中心和成都市艺术人才中心。共计 1056 名人员进行科学分类和实名划转，其中转企改制人员 555 名，划转人员 501 名，全面完成了中央关于国有文艺院团的体制改革任务。在国有文艺院团改革过程中，成都积极探索创新，工作成绩突出，被中共中央宣传部、文化部、国家广播电影电视总局、新闻出版总署联合表彰为“全国文化体制改革工作先进地区”；被文化部通报表扬为“国有文艺院团体制改革工作突出贡献地区”。

蓝顶艺术村——成都文化产业经营新模式。蓝顶艺术村曾于 2009 年在锦江区开发了占地 40 亩核心区一期，16 户当代艺术家形成集聚。近年，在双流县新兴镇形成核心区二期，占地 80 亩，建成当代艺术家工作室 80 多户；三期有 60 多户，已预订 60%。形成中国西部最负盛名的当代艺术原创作者聚集区；并于 7 月在二期新址的蓝顶艺术交易场成功兴办了蓝顶艺术节活动。蓝顶艺术村的快速发展，根本上走出了一条产业化投资发展道路：通过公司化运作，实现民间资本与当代艺术家及其产品的产业化结合，走出一条当代艺术家及其作品的产业化之路。这个公司就是成都蓝顶创意产业有限公司。2009 年，公司由民间有意投资艺术产业的投资合伙人 15 家公司合作成立，自公司成立之日起，一是成为组合民间资本的战略投资实体；二是成为投资建设蓝顶当代艺术基地主体；三是成为专门服务周春芽等蓝顶当代艺术家的经营企业；四是实现了投资资本与艺术家作品经营的成功分离。这是多年来成都文化产业发展在战略投资实体和产业经营实体方面缺失的重要突破，对成都文化艺术的产业化发展将产生重要而深远的影响。蓝顶艺术村的形成与发展，使成都的当代油画原创艺术家集聚数仅次于北京。成都蓝顶艺术村二期为我们揭开了蓝顶艺术村的快速发展秘密，为成都文化产业加快发展提供了产业化投资经营经验借鉴。

二　存在问题与机遇挑战

作为历史文化名城、四川"首位城市"和中西部特大中心城市，成都经济总量位居中西部前列，但文化短板、引领作用不大、文化软实力不强问题依然存在，在文化强国战略和"五位一体"总体布局新态势下，成都文化发展面临机遇与挑战并存，文化产业结构优化的任务艰巨。

（一）存在问题

行业发展不平衡。成都基本形成门类齐全文化产业发展格局。但综合来看，行业发展不平衡，一些传统优势产业面临挑战。七大重点行业发展不平衡，有的行业明显后劲不足。一些传统优势行业受到新的内容文化和传播方式的影响，个别产业面临困境。在互联网发达、网络新媒体兴起的同时，成都传统媒体面临前所未有的挑战：平面媒体面临消费群体的竞争和内容与形式的创新挑战，广播影视新闻出版工作面临市场化、数字化传播环境带来的挑战，报纸杂志行业普遍感到前所未有的压力；在网络电影、电视等国际国内新兴文化娱乐等网上文化内容冲击下，传统的广播影视业务受到前所未有的竞争压力。推进文化产业结构调整任务艰巨。发展壮大出版发行、影视制作、印刷、广告、演艺、娱乐、会展等传统文化产业，又要加快发展文化创意、数字出版、移动多媒体、动漫游戏等新兴文化产业，[①] 从产业角度看，成都尚未构建起结构合理、门类齐全、科技含量高、富有自主创意和核心竞争力强的现代文化产业体系。产业结构体系尚未真正形成，新兴行业发展困境犹存。

① 《中共中央关于深化文化体制改革　推动社会主义文化大发展大繁荣若干重大问题的决定》，2012 年。

企业规模小竞争力不强。总体看，成都市文化企业数量众多，但存在规模小、市场竞争力不强的问题，具有独立创意和知识产权、核心技术文化企业不多，具有品牌优势企业甚少；新媒体运营模式有待完善，工业设计创意产业还处于起步阶段。新兴行业整体规模较小，产业链不完整，产业后端薄弱，产业发展的载体和公共服务不完善，专业园区和楼宇不多，成果展示、信息交流、公共技术、人才培训不足，供需对接服务缺乏。成都数字出版产业基地获得国家级批复的难度较大，成都版权交易中心无独立场所和资金投资，且受多次迁址、距中心城区较远等问题的困扰，严重制约了版权交易中心业务开展。

文化转制企业生存困难。成都作为文化体制改革试点城市，较早进行了国有文化单位向企业转制改革，但改革的步伐与四川文化首位城市和国家改革试点城市的要求还有差距，与周边的重庆、西安等城市相比差距更加明显。以成都艺术剧院有限责任公司为例，调查发现，一是作为国有文艺院团改制企业，该集团之下的演艺公司如成都曲艺团、成都话剧团等院团，至目前尚处于无排练场地、无演出场地境地，靠临时搭建的棚户排练，靠四处租用场地演出。国家提出的对改制企业，政府要保障其场地政策承诺，在成都演艺公司等改制企业落实目前看仍有相当困难，需要各方合力支持。二是留不住人才。由于场地等政策不落实，转制企业演艺人才难留。

文化企业经营模式创新不足。成都近年产生了民营蓝顶艺术村经营新模式，但类似这样的新模式还不多。艺术家创作与文化艺术市场结合；艺术家原创个性化特征，与产业资本的有机结合；艺术家个体分散生产与联合共同面对文化市场，即文化艺术品生产与文化艺术产品经营的有机结合等，如何将蓝顶艺术村借鉴推广，成为推动成都文化产业走向健康可持续发展的关键，值得深入研究。与此相适应，成都文化产业和文化企业经营模式创新不足，也反映出成都文化产业发展体制机制不健全、综合经营管理人才缺乏等根本性、核心问题的存在。

空间布局需要规划落实。成都文化产业“十二五”规划提出，“十二五”期间，将以资源整合、突出特色、聚集发展为导向，构筑“一极七区多园"的文化产业空间发展格局。"一极"即着力推进基础设施建设，创新工作机制，加大招商力度，重点发展传媒、影音娱乐、文博艺术、创意设计等行业，打造具有独特魅力的文化创意新城，培育文化创意产业增长极。"七区"即推进产业七区聚集，按照成都高新区以文化科技为主，锦江区以创意设计为主，成华区以数字音乐为主，双流县以动漫为主，青羊区、都江堰市、大邑县以体现各自历史文化特色的文博旅游为主，着力推进文化产业集聚发展。"多园"即建设一批特色文化产业园。依托各地历史文化街区、天府古镇、非物质文化遗产、地方特色文化等文化资源，打造各具特色的文化产业园。但至目前，仍需要在科学规划的基础上狠抓落实工作，用完善的制度来保障计划的顺利执行。

"东村"项目变数增加文化影响。规划占地 41 平方公里的"成都东村"文化产业集聚发展区，是成都文化产业"十二五"规划的头号产业化重大项目，是完成"十二五"规划的重要增量，其发展影响传媒、创意、新媒体等多个文化产业行业的发展目标实现。由于多种原因，目前"东村"建设除部分项目外，一些项目仍不落实，个别招商引资主体项目定位脱离了"十二五"规划的定位定向目标，其中"成都东村传媒文化中心""东村国际文化创意港""东村新媒体产业园"等文化产业具体项目由于客观情况变化出现了投资主体变化、资金来源变化、建设主体不确定等诸多变数。

（二）发展机遇

发展良机——文化建设列为"五位一体"总体战略。当中国经济总量跃升到世界第二位的时候，增强文化软实力提上国家日程，加强文化建设，建设文化强国成为国家目标。2011 年，党的十七届六中全会通过《关于深化文化体制改革推动社会主义文化大发展大繁荣若干重大问题的决定》；2012 年党的十八大把文化建设纳入经济、政治、文化、社会、生态文明"五位一体"总体布局。2013 年 11 月，十八届三中全会做出全面深化改革决定。三年内，国家层面的文化发展宏观政策连续出台，为文化大发展大繁荣提供环境利好和难得发展机遇。

改革红利——全面深化改革决定为文化产业发展提供长期利好。“深化文化体制改革”列入党的十八届三中全会全面深化改革《决定》，成为一个重要方面，在60条中占据4条，全面理解《决定》意义重大。文化产业成为国家未来改革“红利”富集领域。一是市场在资源配置中起决定性作用的改革红利。十八届三中全会决定强化市场取向改革，其重要创新突破之一就是用“市场在资源配置中起决定性作用”取代了“发挥市场在资源配置中的基础性作用”，“建立健全现代文化市场体系。完善文化市场准入和退出机制，鼓励各类市场主体公平竞争、优胜劣汰，促进文化资源在全国范围内流动。”① 这将十分有利于打破文化资源的条块分割，推动文化产业的全国资源优化配置，为文化企业和文化产业发展带来重大改革利好。二是发展非公有制经济改革红利。文化产业，以中小微企业为主，以民间资本投资为主。《决定》明确“支持非公有制经济健康发展。”“鼓励非公有制文化企业发展，降低社会资本进入门槛，允许参与对外出版、网络出版，允许以控股形式参与国有影视制作机构、文艺院团改制经营。支持各种形式小微文化企业发展”等，这无疑为民间和个体为主、中小微文化企业为主的文化产业摆脱所有制束缚和不公平待遇，实现大发展提供重大机遇。三是完善文化要素市场改革红利。《决定》明确，“建立多层次文化产品和要素市场，鼓励金融资本、社会资本、文化资源相结合。”这将有助于破解文化企业融资难，有助于改善文化产业融资环境，有助于文化企业的社会融资、上市融资等，从而为文化资源合理开发和融资转型发展提供契机；四是完善文化经济政策红利。“完善文化经济政策，扩大政府文化资助和文化采购，加强版权保护。健全文化产品评价体系，改革评奖制度，推出更多文化精品。”长期以来，文化产业政策存在不系统问题，加之意识形态属性、资源要素约束和体制机制影响，文化产业在重视GDP考核背景下，其发展的社会与经济效

① 《中共中央关于全面深化改革若干重大问题的决定》，2013年11月13日中共中央十八届中央委员会第三次全体会议通过。

益并重特征被看轻。十八届三中全会《决定》将改变这种状况，并可预期会带来整体、宏观、长效的改革利好。

世界关注的新未来机遇。21 世纪被称为中国的世纪。国家连续实施西部大开发战略、向西开放和沿边开放战略，以及习近平总书记提出建设新丝绸之路经济带等①，使西部成为中国经济新增长地区，并成为进入 21 世纪第二个十年后全球共同关注的发展战略聚焦地区。成都地处中国地理中心。多年发展，成都已成为中国西部综合交通通信枢纽，特别是蓉（渝）兰新欧亚大陆桥开通、双流国际机场第二跑道建成投入使用、成都第二机场选址落定，成都成为世界进入中国内陆和中国中西部走向世界的地理中心窗口城市。2013 成都《财富》全球论坛和世界华商大会相继在成都召开，成都更成为世界关注中国西部未来的战略高地，成都文化发展机遇与中国未来和世界未来形成契合。2013 成都《财富》全球论坛尽显成都西部发展战略高地。2013 年 6 月 6 ~ 8 日，作为具有全球经济发展风向标意义第 12 届 2013 成都《财富》全球论坛在成都如期举行，习近平总书记发来贺信，李克强总理在京会见出席财富论坛的企业家代表，俞正声主席和张高丽副总理分别出席华商大会和财富论坛并作主旨演讲。世界华商大会展现成都中国西部经济核心增长极优势。2013 年 9 月 24 日开幕的世界华商大会，英国前首相布莱尔等 5 名外国前政要、622 名嘉宾以及 300 余家世界 500 强企业和国际知名企业的代表出席财富论坛，105 个国家（地区）3000 多名代表参加华商大会，现场共签约重大项目 121 个、投资总额 1413.5 亿元。《财富》全球论坛和世界华商大会相继在成都召开，表明成都在中国未来尤其是西部发展中的核心增长地位明显，也为成都的文化发展超越时空、走向国际提供了可能机遇和发展空间。两次会议，超过 200 家境内外媒体来蓉采访报道，有力推动了让世界了解成都、让成都走向世界，论坛后续效应不断显现。②

---

① 新丝绸之路经济带规划有望落地，9 月 7 日国家主席习近平，在哈萨克斯坦纳扎尔巴耶夫大学发表演讲时提出，中国可以与欧亚各国用创新的合作模式，共同建设"丝绸之路经济带"。朱锋《中国提出"新丝绸之路经济带"构想》，《今日中国》2013 年 10 月 15 日。

② 葛红林：《政府工作报告》2014 年 1 月 8 日。

（三）面临挑战

进入21世纪，随着经济全球化和区域经济一体化进程加快，特别是资源与环境制约的进一步加剧，使地区和城市发展面临的挑战将是前所未有和全方位的，成都及其文化产业的发展也不例外。

市场决定下的文化资源要素自由流动带来挑战。十八届三中全会进一步确立的市场取向改革，特别是资源要素配置的市场决定，将进一步释放市场活力，最突出的是促进资源要素的自由流动，实现其配置的最优化。文化产业的资源要素的突出特征是文化性，文化性的基本内核是其知识性，知识性突出表现在知识、技术、艺术等方面，最根本在需要拥有这些元素的文化人。因此，一方面，国家支持发展混合所有制经济。将带来新一轮国有文化企业的兼并重组和国有文化资产和文化资源的集中，这对地处西部内陆的成都的文化发展既是机遇，也是挑战。机遇来自成都做好准备强健文化平台参与竞争，挑战来自没有准备失去自己的资源和人才。另一方面，是允许文化资源要素国内自由流动。构建全国统一市场，允许文化资源自由流动，将更多体现为文化人的自由流动。可以预料，在全国统一文化市场条件下，对文化人的自由流动将带来文化人活力的充分释放，同时，也对地区和城市的文化人才争夺提出挑战，有可能打破原有平衡，出现文化非均衡发展新格局，一些地区和城市会成为文化人的选择，成为文化资源要素集聚高地；有的则可能成为文化人放弃之地，失去文化人才资源要素等原有优势，而被别的城市所赶超。这对成都来说，一切皆有可能，或者说，文化资源要素的新的争夺，对成都的文化发展服务环境质量提出了更高的要求。

国内城市竞争与国际竞争并存格局形成挑战。文化资源和要素的城市集中取向规律，使城市成都成为未来文化竞争主战场。经济全球化和中国作为世贸组织成员条件下，使城市的文化争夺战将更加激烈，并呈国内城市竞争和国际城市文化竞争并存格局。近几年来，抓住文化强国战略实施机遇，北京、上海、广州、深圳等城市已经占据中国文化发展第一方阵。最新资料，杭州市进一步提出推进全国文化创意中心建设改革意见，包括实施“名人、名园、名企、名品、名牌"建设工程，培育发展动漫、游戏、影视、设计等优势产业，成为国家级的文化与科技、与旅游、与工艺等结合的试验示范基地等；厦门市提出建立多层次文化产品和要素市场，鼓励非公有文化企业发展，推动国有文化资源整合等改革意见；青岛市提出健全现代公共文化服务体系和现代文化市场体系的改革，特别是加强文化产权、版权、技术、产品市场建设；西安市在大唐芙蓉等文化项目引领下，正抓住国家规划新丝绸之路经济带，推动文化与经济融合发展更上新台阶。国内城市竞争与发达国家城市在国家支持下的对全球文化市场的争夺将成为一种不可阻碍趋势，应对国内国际城市包括文化人才、社会资本在内的文化资源要素的双重挑战，是成都文化发展必须面对的基本态势。

文化消费市场繁荣下的市场竞争挑战。中国人均经济总量超过万美元，达到被认为的居民文化消费快速增长阶段。节假日游以及节庆文化活动成为中国文化消费的突出亮点热点。一方面，城市争夺节假日消费群体成为城市经济的重要领域。另一方面，城乡文化消费存在差异成为中国特色。据调查显示，我国城镇居民的文化消费水平是农村居民文化消费的 3.4 倍。[①] 对成都而言，自统筹城乡以来，文化资源要素的城乡均衡配置，使城乡公共文化服务体系基本完善，城乡在享有公共文化服务方面差距缩小；与此同时，根本在于，日益增多由成都生产的丰富文化产品的格局并没有出现，其土壤培育尚未形成，成都艺术文化人的集聚和创作活力的充分释放，文化产品的生产与满足城乡居民日益增长的文化生活需求之间还有相当的差距，传统的形式正在给人们带来审美疲劳，一个突出的表现就是节假日成都对周边吸引力正在受到挑战：国内人国际游，本地人外地游，年轻人网上游，如此等等。如何创新更多更有吸引力、有生命力、可持续的节庆活动内容和方式，推出更多有艺术价值和生命力的文艺演出，产生更有市场吸引力和读者群体的文学作品等，以满足城乡居民文化消费需求，成都从内容到形式都还有广阔空间，也面临挑战。

① 文化部文化产业司和中国人民大学联合发布《中国文化消费指数（2013）》报告。

城市转型升级对文化创新提出挑战。中国经济到了危险的时候：发展不平衡、不协调、不可持续。随着全球气候变化、极端天气增多，中国区域、城市经济进入资源环境全面紧约束。转变发展方式成为中国面临的最大挑战。经济包括文化产业的发展，并不是简单的量的放大和外延式的增长，而是要有质的提升，走向内涵式的增长。① 依靠文化与科技融合创新发展、推动文化与经济社会融合升级，是城市转型升级实现可持续发展和参与国际国内竞争的重要内容和必然选择。地处成都平原的内陆中心城市，成都建设用土地资源空间局限已十分明显；水资源紧缺，成都已是严重缺水城市；环境承载力已十分有限，是“严重生态赤字区”。② 城市发展的唯一途径在于城市转型、经济发展转变。文化在城市转型发展中当承担重要的责任。

三 “文化之都”思考建议

面对难得全面改革机遇和日益增强的竞争挑战，成都文化发展不仅需要有“首位城市”担当，更需要有切实的思想解放、坚定的自信和坚决的行动，切实提升文化建设和文化产业发展的总体战略地位，切实加快“中西部最具影响力、全国一流、国际知名的文化之都”建设进程，使文化发展在打造“财富之城、成功之都”过程中发挥好重要战略支撑促进作用。

（一）立足“大文化”解放思想，推动文化支持转型升级

立足“大文化”解放思想，成为转型期新一轮改革发展的新特征和新要求。文化是一个民族存在与发展的灵魂。我们已经进入“大文化”时代：文化竞争成为新世纪各国战略竞争的制高点，成为建设强国战略的重要内

① 张晓明等：《转变发展方式，迎接新的发展周期》，《中国文化产业发展报告》总报告。

② 黄新初：《以全面深化改革为统领谱写成都发展转型升级新篇章——在政协第十四次成都市委员会第二次会议闭幕时的讲话》，2014 年 1 月 12 日。

容；文化的知识属性，使文化成为最具创新的原动力；文化的融合功能，使文化成为民族凝聚力和产业经济增长新元素；文化的经济属性，使文化产业成为国民经济的重要支柱。因此，文化是转型期不同于传统增长方式的创新发展、转型发展的重要内生因素。是否将文化置于地区或城市发展总体战略地位，关系是否真正认识到资源环境约束的严峻性，关系是否真正要依靠知识和科技创新求发展，关系是否真正充分认识到城市转型和发展方式转变具有紧迫性。新一轮解放思想的到位，就是对文化的特有属性和文化对城市转型发展重要性认识的到位，更重要的是文化促进经济社会转型意识的进一步确立。

提高文化总体战略定位，推动文化与城市经济社会的全面融合。这是立足“大文化”解放思想的重要内容和具体要求。一个城市的转型发展、可持续发展，关键在使文化对经济特别是产业经济的融合程度。作为资源环境约束加剧的内陆城市，成都更具有紧迫性，更需要行动。当前的重点或突破方向，一是加强文化与科技融合。使文化成为科技与经济最重要的融合催化剂，成为依靠科技创新发展的重要内生动力。当前，应优先扶植文化与科技型融合发展的企业，以数字出版、数字媒体、影视数字特效等为重点，培育一批在国内外具有一定影响力的文化科技创新型企业。以龙头来带动和增强成都文化产业的自主创新能力。引导成都市文化企业与国内外高等院校、科研院所合作，建立产学研战略联盟，增强文化创新的核心动力。二是推动文化与经济（产业）融合。一方面是文化服务经济，用文化提升经济增长质量和产品品位；另一方面是经济及产品富有成都文化特色，使产品充满文化韵味，增加附加值。包括赋予成都现代服务业、现代工业和都市现代农业文化元素，推动文化产业与旅游、体育、信息、物流、建筑等产业融合发展，增加相关产业文化含量，延伸文化产业链，提高附加值。① 使“文化之都”的经济与社会效益有机统一。三是文化与建设融合。即文化影响和作用于成都的城市建设、新一轮城镇化和社会主义新农村建设，成为城乡建设形态和

---

① 《中共中央关于深化文化体制改革推动社会主义文化大发展大繁荣若干重大问题的决定》。

历史文化有机统一、相得益彰的新型宜人城乡文态提升过程。四是文化与社会融合。社会主义核心价值观需要用文化的艺术的形式来演绎；传统的美德需要用现代的手段、艺术形式加以升华让人喜闻乐见；社会共识（社会最大公约数）需要用有说服力的艺术形式加以表达和文化再现，凡此等等，使文化的使命与构建和谐社会、实现中国梦有机结合，并在这一过程中实现文化的大发展大繁荣。五是文化与生态文明融合。这是生态建设与造美活动的结合：水与文化、山与文化、草木与文化、环境与文化结合。真正把建设长江上游生态屏障的国家责任与打造美丽成都、宜人成都、文化成都有机结合起来。

（二）深化文化体制改革，进一步释放和发展文化活力

文化对“成功之都”的支撑作用，关键在改革释放文化活力，发展文化生产力。这是成都抓住机遇应对挑战、增强“成功之都”文化支撑的必然选择。我国进入全面深化改革的年代，文化或成为深水区、关键领域。成都的文化改革决心、行动和力度，将影响和决定成都“文化之都”建设，进而影响和决定“成功之都”的文化支撑。

完善文化市场体系。构建全国统一文化市场条件下的成都的公平文化市场环境体系，是构建成都文化支撑和文化体制改革的重要任务和发展需要。完善市场决定资源要素配置的文化市场体系。进一步完善文化市场规则，开放成都文化市场准入，构建文化资源和要素价格市场决定、向成都集聚、能自由流动的文化市场体系。加快推进文化产品交易平台、文化资本市场、文化产权市场建设。

培育壮大文化市场主体。文化市场主体是构建文化支撑的重点。深化文化产业管理体制机制改革，进一步推进国有经营性文化单位转企改制，努力创造条件，促进转制企业尽快建立现代企业制度，尽快成长为参与市场竞争主体；推动文化企业兼并重组，培育壮大文化市场主体。鼓励非公有制文化企业发展，壮大成都文化企业市场主体总体规模、市场竞争能力。支持成都文化企业参与全国、全省文化企业兼并重组、资源整合和要素流动，发展成

都的文化混合骨干企业。

优化文化资源配置。全面落实市场在资源要素配置中起决定性作用原则，是改革的基本方向，也是构建成都文化支撑的关键环节。完善政府公共文化资源要素配置管理规则体制机制，完善政府支持文化发展体制机制，形成市场决定、相关部门组织、专家学者参与、对外公开社会监督的政府支持文化发展的体制机制。改进政府对文化企业、文化成果的支持方式，加大市场机制作用。重点加大对市场认可的文化艺术项目的支持，加大对文化原创成果的支持，加大对影视剧、艺术演出市场项目的支持。

配套文化产业政策。加快文化产业投融资服务体系建设，扩大政府文化资助和文化采购。加快文化产业与其他产业融合，鼓励文化创意产业发展。积极培育文化出口重点企业、重点项目和出口基地，提高成都文化走出去水平。

（三）创新文化服务方式，落实“文化之都”近期行动

1. 完善城市区域文化体系

落实文化重在建设，在旧城改造和新区建设中始终坚持“有机更新”，注重传承城市历史记忆和文化基因，大力推进巴金文化博物馆、成都图书馆（新馆）、成都大剧院、华西坝片区、东郊工业片区等城市文态重点项目建设，加快构建“一环一轴一廊十二片百点”的空间文态系统，加大对历史街区、文化廊道和天府古镇群等历史文化遗址遗迹、历史文化元素的保护与利用力度，努力把成都建设成为中西部最具影响力、全国一流和国际知名的“文化之都”。

2. 做好中央省市力量整合资源加快发展

整合中央和省上文化产业要素资源。这是成都四川省省会和首位城市优势所在，是成都文化产业加快发展优势和现实选择。一是建议把发挥成都作为四川省会和中央及四川文化资源要素集聚“首位城市”优势，作为成都加快文化产业发展、推动城市经济战略转型和发展方式转变的重要内容和战略选择。二是把勇于和善于整合中央省市文化资源要素和上下力量于文化产业发展作为的

重要手段和途径，组织力量研究办法形成意见，抓好落实。成都是全国首批历史文化名城，是国内公认有深厚文化底蕴和文化产业发展资源优势的文化休闲城市。利用中央和省市文化资源要素发展文化产业，既是成都文化产业发展的需要，也是发展的重要手段，更是对成都推进转型发展的智慧能力的考验。

3. 继续推动文化产业项目建设

项目工作是完成文化产业“十二五”规划的重要抓手和现实路径。结合“十二五”成都文化产业规划项目推进工作，近期一是做好促进“东村”建设按规划目标内容推进落实。二是提供条件尽快促成一批新增项目。对需要创造一定条件就能在“十二五”规划期间部分完成的文化产业重大项目，建议组织力量进行专题研究，尽可能创造条件促其开工建设，在业态已获得市场认可、存量初具规模、品牌效应显现的一些项目上，形成有效增量。比如，锦里拓展区项目，建议在调规基础上，创造条件争取上马部分综合性项目，实现部分规划目标；宽窄巷子拓展区项目，建议在调规基础上争取实现部分开工建设。三是开发补充重大新项目。根据文化产业发展新情况和现实需要，建议将新发现的、条件成熟的、对文化产业发展具有战略性支撑意义的文化产业项目及时补充进“十二五”规划，以便得到有关各方面的高度重视和全力支持，促进其尽快形成产业增量，为完成“十二五”规划目标提供有力支撑。如，文旅集团“蜀城”项目；文旅集团“体育活力中心”项目；温江区奇石博物馆“国色坊”（暂定名）文化旅游景区项目等。

4. 进一步完善政策措施保障

一是制定适合成都文化产业发展需要的文化人才政策。文化产业的知识性与经济性融合特征，使人才居于核心、骨干、关键地位，“核心人才、专业人才、知识劳力合理有机统一，永远是企业实力、品牌、市场的高位要素。”① 制定出台适合成都文化产业发展需要的文化人才政策更具有现实意义和实效性。建议重点推出：一是吸引文化原创人才包括文学大师、艺术大师优惠政策；二是激励和支持文化企业经营人才政策；三是支持和激励文化

① 沈望舒：《谋划中国文化产业的“升级版”》，《瞭望》2013 年第 33 期。

产业战略投资经营管理人才和团队政策；四是吸引把文化成果产品化、把艺术作品产业化的文化品推广、营销人才政策等。研究上述人才的创业激励政策、融资政策、土地政策等，努力为人才的脱颖而出创造良好生产、生活、经营环境。二是用活文化产业专项资金。加快完善成都市文化产业发展专项资金使用相关政策措施，使其进一步发挥好产业杠杆作用。完善产业发展专项资金的激励政策，使专项资金进一步起到产业杠杆作用；进一步完善专项资金的使用方式，改变过去过度集中使用的状况；进一步完善专项资金使用管理制度规范，加强专项资金使用效率考核评估，确保有限的专项资金真正用在刀刃上。

B.15
泸州：构建“酒+N”的多元文化产业发展新格局

鞠 丽*

摘 要： 泸州市2011年出台《关于加快文化建设的意见》，提出“酒+N”的文化发展思路。坚持把文化产业作为经济发展的新动力、新引擎、新路径，采取有力措施强力推进。当前，泸州正在全力建设川滇黔渝结合部区域中心城市，为文化产业的加快发展提供了广阔空间。本报告总结近年泸州文化产业发展成就，研究存在的问题，提出加快发展的七条建议：深化体制改革、培育龙头企业、加大产业融合、深挖文化资源、延伸产业链条、加强项目挖掘、强化区域合作。

关键词： 文化产业 新格局 区域中心城市 泸州

文化产业是朝阳产业、绿色产业、黄金产业，对于调结构、稳增长、促转型具有积极作用。党的十八大提出“文化实力和竞争力是国家富强、民族振兴的重要标志。要……推动文化事业全面繁荣、文化产业快速发展”。十八届三中全会对全面深化文化体制改革做出了具体部署。如何抢抓新一轮文化发展机遇，加快文化产业发展，推进泸州建设川滇黔渝结合部区域中心城市建设，是我们面临的重大课题。

---

* 鞠丽，中共泸州市委常委、宣传部部长，主要研究方向为经济学、思想政治学。

一　泸州市文化产业发展情况

文化产业发展水平是衡量国家和地区“文化软实力”的主要标志之一。泸州市委、市政府坚持把文化产业作为经济发展的新动力、新引擎、新路径，采取有力措施强力推进，目前总体实力处于全省前列。

（一）党委政府主导格局初步形成

一是顶层设计初步成型。在深入开展文化大调研和考察学习的基础上，市委召开全会专题研究文化建设，于2011年在全省率先出台了《关于加快文化建设的意见》，响亮提出“酒+N”的文化发展思路，形成了16条加快文化建设的战略举措。近年又出台《泸州市文化发展第十二个五年规划》，规划了成长性好、带动性强的21个重大项目，涉及投资近100亿元，提出到2015年，力争建成川滇黔渝结合部文化强市，文化产业增加值占全市GDP的比重达到5%、2020年达到8%以上的奋斗目标。二是产业体系初步构建。《泸州市人民政府关于加快文化产业发展的意见》，规划发展“4+3”的产业体系，即重点发展印刷复制、文化旅游、演艺娱乐、影视传媒等传统文化产业，积极发展文化创意、广告会展、动漫游戏等新兴产业，进一步明确了文化产业发展的目标、任务、重点等。三是考核体系初步建立。将文化产业发展纳入目标考核，与区县和部门“一把手”签订了文化建设目标责任书，并出台了考核细则，将在年底进行重点考核。

（二）相关配套扶持政策接踵出台

为保障文化产业的发展，近年来泸州市委、市政府相继出台一系列支持文化产业发展的优惠政策。一是出台《泸州市人民政府关于加快文化产业发展的意见》，从财税、土地、人才等八方面制定了20条实实在在的举措。二是出台《市级文化产业发展专项资金管理办法》《市级文化产业发展专项资金绩效奖励办法》，设立文化产业发展专项资金1000万元，对重点项目建设、企业发展上台阶、优秀原创作品创作等予以支持和奖励。三是出台《关于金融支持深化文化体制改革加快文化强市建设的实施意见》，不断加大金融支持力度，要求金融重点支持文化产业重点项目建设、企业发展、品牌打造等，促进社会资金更多地投向文化产业。

（三）文化人才培育力度不断加大

泸州市历来重视文化人才的培养，目前全市有文艺类协会11个，各门类文艺家2938人，其中国家级会员88人、省级会员389人。一是连续三年评选表彰“四个一批”人才共30人，着力构建市级文化荣誉制度。二是加大文化创意、文化经营等方面优秀人才的培养和引进力度，引进的高端人才享受泸州市相关政策待遇；对自带项目并对产业发展产生显著带动作用的，提供工作场所及一定的项目资金补助或贷款贴息。三是对从事演艺娱乐、文化传承等方面的传承人才和特殊人才，采取“一事一议”的方式给予扶持。四是加强教育培训，选派文化人才到国内外发达地区培训深造；与高职院校、科研院所开展“订单式”合作，定向培养文化产业急需人才，对文化产业人才培训予以支持。

（四）深化文化体制改革成效明显

一是文化行政部门加快整合。完成文化广电部门机构整合，文化市场综合执法建设成效显著，政府与市场关系进一步分开，下放文化部门审批权限7项。二是已改革单位发展迅速。泸州广播电视报社出版有限公司发展较快，旗下14个微博号、3个微信号及1个APP，掌上泸州微信公众服务号目前订阅量已超过10万。非遗传习所通过推出精品剧目，向政府提供公共文化服务，探索市场化道路，成功参与《天赐泸州》《蒋兆和》《醉美泸州河》三台大戏的打造。三是新一轮改革不断深入。深入贯彻落实中央和省市新一轮深化改革要求，推进广电网络机关事业人员安置和身份转换，成立网络安全和信息化领导小组，即将出台《泸州市深化文化体制改革实施方案》。

（五）文化产业发展规模初见雏形

围绕“酒+N”文化发展思路，积极发展文化旅游产业、包装印刷产业、演艺娱乐产业、广播影视产业等文化产业，已初步形成了传统文化产业蓬勃发展、新兴文化产业不断发展的态势。一是文化旅游方面，2013年全市旅游景点共接待人数2111万人，总收入达143.3亿元；2014年，仅生态文化旅游，就实现人数1396.4万人次，旅游产值44.95亿元。二是包装印刷产业方面，成功培育双鑫印务、天泰包装等龙头企业4个，包装印刷业成为文化产业“一号产业”，2013年主营业务收入占全行业的32.2%。三是演艺娱乐产业方面，泸县农民演艺中心成为全国公共文化服务体系示范项目，带动全市民间演艺团队组织演出1.1万余场，创收突破1亿元，服务群众逾200万人次。四是广播影视产业方面，泸州天星影视艺术学院自编自导、独立制作发行电影作品10部，5部作品被中央电视台买断放映，3部作品在全国电影院线上映，《双截棍》获德国科隆电影节最高奖项“组委会大奖”，票房收入突破1000万元。

（六）文化产业体制机制逐步完善

为确保文化产业发展各项任务得到落实，泸州市立足当前文化产业发展需要，建立完善了一批机制制度。一是在全省率先创新建立文化产业月报制度，每月对全市文化产业发展情况进行统计和分析，对文化产业成长性企业进行跟踪统计。二是建立泸州市重点文化产业项目动态跟踪、运行分析、督查通报等一系列制度措施，着力构建健全完善、推动有力的文化产业项目制度体系。目前，泸州市已建成省级文化产业示范基地2个、市级文化产业示范基地7个，“泸县农民演艺网”入选首批全国公共文化服务体系建设示范项目创建资格。2012年，泸州市文化产业法人单位实现增加值31.88亿元，比上年增长57.0%，增加值总量居全省第五位；占GDP比重为3.09%，居全省第五位。

二　泸州市文化产业发展的优势

泸州是著名的国家历史文化名城，历史文化积淀丰厚，文化资源特色鲜明，文化产业的发展有着独特的区位优势和资源优势。

（一）发展机遇难得

党的十七届六中全会将文化建设提高到国家战略高度，党的十八届四中全会决定的全面深化改革，文化体制改革是重要内容之一，特别是 2014 年 10 月 15 日习近平总书记在全国文艺工作座谈会上，对文艺创作提出了明确要求。四川也提出了建设文化强省的目标，泸州市近年来也高度重视文化产业发展工作，有政策支撑、基金支持、金融保障。当前，泸州正在推动建设川滇黔渝结合部区域中心城市，规划建设面积 100 平方公里、人口 100 万人的沱江新城、长江生态湿地新城的“两江新城”，力争 2020 年建成“双两百”大城市，为文化产业的加快发展提供了广阔空间。

（二）资源天赋异禀

泸州是首批国家历史文化名城，文化资源特别丰富，酒文化独具魅力、历史文化源远流长、红色文化弥足珍贵、生态文化得天独厚、民间民俗文化丰富多彩、奇石文化相得益彰，据不完全统计，全市现有县级以上不可移动文物 900 余处，国家级文物保护单位 5 处，革命遗迹遗址 1200 余处，非物质文化遗产资源项目 218 项，国家级非物质文化遗产项目 4 项，4A 级景区 5 个，等等。资源优势就是发展优势，如何将这些难得的固有资源转化为发展资源，将资源优势转化为发展优势，是泸州市文化产业长期而艰巨的任务。

（三）融合空间无限

北京、上海、广东等省市文化产业增加值占 GDP 比重已超过 5%，广东、北京、江苏、山东、浙江等省市文化产业增加值已突破千亿元。与之相比，一方面泸州市文化产业发展差距还比较大，截至2012年，全市文化产业营业收入达到138.84亿元，增加值达到31.88亿元，占GDP比重为3.08%，离文化产业成为全市国民经济支柱性产业的目标还比较远。但从另一个方面来说，差距意味着潜力。当前，在加快文化产业向“高精尖”发展、延长文化产业发展链、推进文化产业与其他产业融合发展、吸引民间资本进入文化产业领域等方面还可以大做“文章”，发展的潜力无穷，上升空间还比较大。

（四）品牌逐步建立

近年来，泸州通过内强素质、外树形象，加快文化品牌培育和打造，加强对外交流与合作，逐步建立起了一批具有“泸州、酒城”元素的文化品牌。“中国酒城·醉美泸州”的城市名片全国闻名。泸县农民演艺网成功创建为国家首批公共文化体系示范项目，泸州印务园区是全省首个印刷示范基地，纳溪蝴蝶画、分水油纸伞等特色文化产品走向全国。这些都是泸州文化产业发展的无形资产，对引进大型企业来泸、吸引民间资本投资产业、促进全市文化产业发展将产生“虹吸效应”。

（五）园区不断集聚

园区是文化产业发展的“航母”。泸州高度重视文化园区的打造，泸州印务园区是全省重点打造的三个印务园区之一、全省首个印刷示范基地，2013年已入驻企业40余家，年产值超过20亿元。2014年，泸州将启动“一区县一园区”打造计划，力争到2016年底，每个区县都要建成1~2个市级文化产业园区，泸县包装印刷产业园、古蔺红色文化产业园等园区正在建设。随着一批园区的建设、投产，将为全市文化产业发展进一步集聚各方面要素，整合资源、延长产业链条。

三　泸州市文化产业发展存在的不足

近年来，虽然泸州市文化产业发展有了新的进展，也取得了一些可喜的成绩，但不可否认还存在诸多问题。

（一）发展势头良好但处于初级阶段

近年来，泸州市委、市政府高度重视文化建设工作，虽然出台了一系列推进文件，成立了领导小组，建立了专门工作机构，充实了工作力量，文化产业发展势头良好，但尚处于起步阶段，组织化、市场化和集约化程度不高，不能形成产业集群，经济效益差，占 GDP 比重低。

（二）文化资源丰富但挖掘整合不够

酒文化、历史文化、民间民俗文化等文化丰富多彩、相得益彰，这些都是文化产业发展的优势资源，但资源开发能力弱，资源综合利用不够，开发各自为战，缺乏有效整合，资源优势还不能真正转化为发展优势。比如文化资源与旅游资源如何相融互动、共同发展，将尧坝古镇、佛宝古镇、太平古镇等历史文化资源转变为文化产业发展的优势，实现文化与旅游相融互动、共赢发展，还需进一步探索和下大力气。同时，文化产业市场不健全，文化消费水平低，市场容量有限，也制约了文化产业发展。

（三）企业数量较多但缺乏龙头带动

目前，泸州市已建成泸州印务园区、泸县龙城演艺中心等 9 个省市级产业示范基地，但和具有 6 个国家文化产业示范基地、9 个省级文化产业示范基地的成都市等一线城市相比，总数显然偏少。确定的泸州市 16 户首批成长型文化企业，不但主要分布在传统型产业，而且企业规模不大、实力不强，仍处于“自我发展”阶段，其示范带动作用没有得到有效发挥，未能形成“鲶鱼效应”辐射带动作用，不能有效带动同行业、同领域的产业共同蓬勃发展。

（四）产业种类齐全但高端特色匮乏

泸州市的文化产业经营主要集中在网吧经营、印刷复制、电影放映、图书发行、书报刊和音像制品零售出租、娱乐场所经营等传统领域，缺乏影视制作、动漫生产、游戏开发运营、创意策划等高端文化产业，如从 2013 年全市文化产业统计情况来看，分行业营业收入中，印刷出版等传统文化产业占的比重在30%以上，其他文化创意类产业占的比例小于5%。文化产品也多处于粗放型经营，缺乏创意和创新，缺少能够体现泸州地域特色和人文风情的文化精品。

（五）各行各业全面发展但总体不平衡

一方面地域间不平衡。各区县、各部门已充分认识到加快文化产业发展的重要性，都下大力气抓文化产业，但由于起点不一、条件有别、地域差异等因素，区县与区县之间极不平衡。从2013年全市文化产业统计情况看，江阳区文化产业营业收入完成占全市比重的32.2%，而叙永县仅占5.6%。另一方面产业结构不合理。主要体现在城市消费发展较快，农村消费相对滞后；群众消费需求增长较快，多样化、多层次的服务设施和产品的增长相对滞后。

四　加快泸州市文化产业发展的建议

全面提升泸州市文化产业综合实力，需做好7篇文章，即深化体制改革、培育龙头骨干、加大产业融合、深挖文化资源、延伸产业链条、加强项目挖掘、强化区域合作。

（一）深化文化体制改革，增强文化产业内生力

体制顺管理才能顺。我们要按照党的十八届三中全会对文化体制改革做出的具体部署，通过深化文化体制改革，理顺政府与企业、政府与市场的关系，充分激发文化产业发展的全部力量，促进泸州文化产业发展的提速换挡。

一是坚持公益性文化事业政府主办、经营性文化单位市场主导原则，深化文化单位体制改革。推动政府由办文化向管文化、由直接管向间接管、由单一行政方式向多种管理方式转变，进一步明确文化行政部门的职责，理顺

党政部门与所属文化单位管理，合理解决“越位”“缺位”问题，赋予文化企事业单位更多的法人自主权，建立调控适度、运行有序，管理、管事、管资产相结合的文化管理体制。

二是按照文化体制改革解放文化生产力，改出活力、改出动力、改出效益的要求，做好文化体制改革后续工作。充分利用好国家、省、市各级政策和资源，创新发展思路，加大对新成立的“泸州广播电视报社出版有限公司”“中国酒城演艺公司”的指导和扶持力度，使改制后企业顺利运转，积极为泸州市文化事业建设和文化产业发展做出贡献。

三是站在全局的高度，坚定改革方向不动摇，加强泸州市的公共文化建设。特别是要在创新文化管理体制上，推进公共文化服务标准化、均等化上，提高文化产业规模化、集约化、专业化水平上下足功夫，用改革凝聚人心，用改革激发干劲，用改革解决发展中的问题。

（二）培育龙头骨干，做大做强文化企业

文化产业要成为支柱产业，既要有铺天盖地的中小企业，又要有顶天立地的大企业。对泸州市各类文化企业要有重点、有阶段、有针对地予以扶持。

一是加快培育壮大一批龙头企业。龙头企业具有行业领先优势，对整个文化产业发展有很强的带动作用。泸州市有 6 家企业列入全省重点文化企业名录，有 16 家企业确立为市级文化成长型企业，这些企业是泸州市目前文化产业的排头兵，总体上看居于各个行业前列。培育壮大这一批龙头企业，就是要充分发挥龙头企业的资金、规模和技术等优势，打造一批具有较强国内省内甚至国际竞争力的“文化旗舰企业”。

二是积极支持民营文化企业和中小文化企业发展。从泸州市文化企业实际状况来看，民营文化企业和中小企业占了文化企业的大多数。要认真落实国务院关于非公有资本进入文化产业、鼓励和引导民间投资健康发展的有关规定，鼓励各类中小文化企业向“专、精、特、新”方向发展。

三是大力引进一批文化企业。按照“政府引导、企业主体、市场化运

作”的原则，强化招商引资力度，大力引进一批具有国际国内竞争力的大型文化企业，提高自身文化产业的知名度和品牌效应，增强文化企业的核心竞争力。

（三）加大产业融合，提高文化产品附加值

一是推动文化与金融融合。二是推动文化与旅游融合。以“长江经济带建设”为契机，加快泸州长江国际黄金旅游带、中国“白酒金三角”酒文化体验旅游目的地、中国酒城（泸州）区域旅游集散中心、长江生态湿地公园、乌蒙山区民俗乡村旅游体验区综合开发、乌蒙山“鸡鸣三省”赤水河流域旅游综合开发、方山旅游区等项目的包装策划和招商引资；加快红军四渡赤水太平渡纪念地红色旅游开发项目、玉蟾温泉国际度假区、尧坝古镇创4A级景区等项目建设进度。加强驻场演出剧《天赐泸州》、山水实景演出剧《黄荆·三百里》等文化精品的打造提升。三是推动文化与现代信息产业融合。

（四）深挖文化资源，拓展文化发展空间

根据泸州市文化资源分布的实际，整合各种文化资源，如酒文化、民间民俗文化、生态文化、红色文化等资源可进行整合，将文化资源与经济相融合，充分挖掘、收集整理和开发利用现有各类文化资源所蕴含的科学文化内涵，以文化为魂、以各行业文化产业为载体，促进文化与各行业文化产业的联姻，为文化产业发展注入新鲜元素。

一是深度挖掘酒文化内涵，坚持“酒+N”文化建设思路，围绕酒文化“做文章”，大力发展与酒文化相关的印刷复制、包装装潢、创意设计产业，提升文化产业的酒文化附加值。以泸州老窖、郎酒集团两大龙头企业为引领，以规模企业、“小巨人”企业为补充，带动全市酒业企业共同建设泸州酒文化。

二是深层次挖掘丰富旅游资源，形成融红色文化、历史文化、生态文化、休闲文化为一体的旅游圈，打造特色餐饮服务、旅游服务、会展服务等

多种文化产业发展模式。在搞好原有旅游景点建设的同时，新建一批有代表性的景观，吸引游客，以变单纯的观光旅游为观光、休闲旅游，使泸州成为令人神往、让人陶醉的美好乐园。

三是深层次挖掘非遗文化资源，构建非遗保护四级名录，完善全市非遗保护体系，组织开展各类非遗文化节庆、会展和交流活动，推动非遗资源的合理开发和利用，打造非遗文化产业品牌。特别是注重泸县雨坛彩龙、泸州老窖传统酿造技艺酒神舞、纳溪牛儿灯、水潦彝族鼓舞、泸州中河调清音、古蔺花灯、合江民歌等多个融入泸州非遗元素节目的包装。

（五）延伸产业链条，加快文化要素市场建设

近年来，泸州市文化产业快速发展，开发了一批具有影响力的文化产品，但是还没有形成完整的文化产业链条。

一方面，延伸文化产业链条，必须加快文化要素市场建设。文化要素市场的完整性可以更好地发挥产业的规模效应。进一步打破条块分割、地区封锁、城乡分离的市场格局，重点发展图书报刊、电子音像制品、演出娱乐、影视剧、动漫游戏等产品市场，进一步完善文化产业博览会等综合交易平台，加快培育产权、版权、技术、信息等要素市场。另一方面，降低办文化企业的门槛，进一步开放市场，允许更多的资本、更多的投资者进入文化产业。

（六）加强项目挖掘，加大文化产业项目招商引资力度

项目是文化产业发展的关键。抓项目就是抓发展，抓发展必须抓项目，重点是抓好文化产业项目的生成、储备、包装、推介与落地。

一是抢抓政策机遇。抓住实施新一轮西部大开发战略机遇，把握泸州作为国家资源枯竭城市转型发展、乌蒙山区扶贫开发、中国白酒金三角等政策叠加优势，抢抓泸州作为长江经济带和丝绸之路经济带上的交汇节点城市、国家长江经济带规划布局中的重要节点城市契机，精心筛选文化产业招商引资项目。

二是加强策划包装。全力加大对泸州市文化产业项目的投入，形成特色

效应，提升文化产业项目的核心吸引力。对《泸州市文化产业重点项目库》中涉及的公共文化服务体系类33个、文化保护类37个、文化产业类28个、文化精品创作类3个、其他类33个项目，搞好项目的策划和包装，提高项目的吸引力。

三是拓宽招商渠道。大力开展网上推介、媒体推介、会展推介以及组团招商、专题招商、定向招商等多种形式的招商活动。充分利用中国西部国际博览会、中国（深圳）国际文化产业博览交易会、中国国际酒业博览会和中国（四川）国际电视节等重大展会平台，开展文化产业招商引资。

（七）强化区域合作，推动川南文化旅游一体化

在合作中谋发展，在一体化中加快发展。川南经济区是四川省推动长江经济带的战略腹地和实施多点多极支撑发展战略的重要一极。川南文化旅游资源丰富、特色鲜明、发展良好，主动融入川南文旅一体化大格局，将大有可为。

一是在线路规划上下功夫。立足川南旅游资源，实施“串珠成链”战略，和川南其他三市共同规划打造好世界级的名酒文化旅游线、世界级龙文化旅游线、长江生态文化旅游线、川滇黔渝结合部山地文化生态旅游线、红色文化旅游线等五条精品线路，着力将川南城市群打造为世界白酒文化旅游目的地、世界龙文化旅游目的地、全国多中心城市群文旅一体化发展示范区、长江上游生态旅游示范区。

二是产品开发上下功夫。结合城市的主题文化，开发出新的产品，提升城市文化内涵和品位。推动川南四市围绕“万里长江第一城”“千年盐都”“中国酒城”“大千世界”等城市文化名片，大力开发各类体验性、观赏性、游乐性等文化旅游拳头产品，高水准打造演艺精品，开发文旅互动体验带，让文化为旅游“点睛”“吸金”。导入视觉识别系统，让旅游者能够产生“游走”川南每一座城市的冲动与欲望。

三是在市场一体化上下功夫。推动开发建设统一的“数字文旅川南”信息平台和移动客户端，推出一批“智慧景区”“智慧旅行社”“智慧餐

饮”，不断满足大数据时代游客个性化、多样化、即时性信息消费需求。推动构建“普惠文旅川南”，对本市的政策，同样适用于其他三市的旅游企业，实现政策、市场准入的统一，打破行政壁垒，坚决杜绝地方保护主义与恶性竞争。创新开展“川南旅游推广年”活动，共同开展市场营销。

四是在制度建设上下功夫。推动省级层面制定出台《关于推进川南文化旅游产业一体化发展的意见》。推动省级层面牵头组建一体化议事协调机构，建立紧密型、多层次的对话合作机制，探索建立年会制度，建立区域内无区域差别政策，建立文旅投诉违规案件协查协办机制、旅游质量规范运行监督检查协作机制、旅游安全应急救援联动机制等多项合作机制，解决川南四市在推进文旅一体化进程中遇到的共性问题与瓶颈问题，着力破除区域内可能存在的地方保护主义及行政性壁垒，最终实现一体化发展。

B.16

南充：四大主题文化与文化强市

滕明鹏　张明伟　文毅　孙靖　何英*

摘　要：依托丝绸文化、三国文化、红色文化、嘉陵江文化“四大主题文化”，南充建设文化强市取得了丰硕成果。本报告总结了近年南充文化产业发展成就，研究存在的问题，分析提出文化进一步发展的路径：加快推进公共文化基础设施建设，大力发展文化支柱产业，深入实施重点文化民生工程，努力提供公共文化服务产品，促进文化事业、文化产业协同发展，凸显文化的社会效应、经济效应和惠民效应。

关键词：文化强市　文化事业　文化产业　文化民生　南充

南充地处嘉陵江中游、四川盆地东北部，辖区面积1.25万平方公里，辖3区（顺庆、高坪、嘉陵）5县（南部、西充、营山、蓬安、仪陇）1市（阆中），有394个乡（镇）、28个街道办事处，人口760万，是四川省第二人口大市。近年来，全市上下按照“文化强市”的战略部署，以创建“国

* 滕明鹏，中共南充市委政研室主任、四川省社科院南充市分院常务副院长，研究方向为综合改革与区域经济发展。
张明伟，中共南充市委政研室副主任、四川省社会科学院南充市分院副院长，研究方向为区域经济和文化创意产业。
文毅，中共南充市委政研室、四川省社会科学院南充市分院社会事业科副科长，研究方向为社会事业改革与发展。
孙靖，中共南充市委宣传部办公室主任，研究方向为基层宣传思想文化。
何英，中共南充市委宣传部办公室干部、九级职员，研究方向为文化服务与地方经济社会发展。

家公共文化服务体系示范区”为载体，加快推进公共文化基础设施建设，深入实施重点文化民生工程，大力发展文化支柱产业，努力提供公共文化服务产品，文化事业、文化产业协同发展，文化的社会效应、经济效应、惠民效应日益显现，开创了文化大繁荣大发展的生动局面。

一　得天独厚的文化禀赋

（一）城市历史源远流长

南充历史悠久，底蕴厚重，是四川著名历史文化名城，迄今已有2300多年的建城史。早在新石器时代，境内就有先民生息。尧舜以前，境内为“有果氏之国”，夏朝为古梁州之域，商朝属巴人之国，周朝为巴子国地，汉时始建县“安汉”，有唐以来历为郡、州、府、道、署治所，自古为川北重镇。境内阆中市（国家历史文化名城，中国四大古城之一，县级市）在战国后期曾是巴国别都，清兵入川时曾为四川临时省会十余年。土地革命战争时期，南充是川陕革命根据地的重要组成部分，建国初期为川北行政公署（省级行政机构，胡耀邦同志任主任）驻地。新中国成立以来，先后设立南充专区、南充地区革委会、南充地区行政公署等。1993年撤地建市至今。南充是中国优秀旅游城市、国家园林城市、全国清洁能源示范城市，有“千年绸都”和“果城”之美誉。

（二）文化根基牢固深厚

1. 区位优越，文化中心日益彰显

南充东邻广安，南连重庆，西通成都，北接广元，处于国家交通“五纵七横”的重要节点，是国家规划的成渝经济区北部中心城市，全省9大区域中心城市之一，川东北交通通信枢纽、商贸中心、科教中心和金融中心，航空、铁路、高速公路和水运四通八达，市场辐射周边3000多万人口。南充高坪机场已开通北京、上海、广州、深圳、昆明、西安、三亚等航线。

国道212线、318线贯穿全境，已建成成（都）南（充）、南（充）渝（重庆）、南（充）广（安）、成（都）德（阳）南（充）、南（充）巴（中）、广（元）南（充）、南（充）大（竹）梁（平）等高速公路，巴（中）南（充）广（安）、遂（宁）西（充）、南（充）绵（阳）等9条高速公路正在建设中，全市高速公路通车里程位居全省第二、川东北第一，实现与成渝、周边各市及县县高速通达。已建成的达（州）成（都）铁路横贯东西，正加快建设的兰（州）渝（重庆）铁路纵贯南北，已规划汉（中）巴（中）南（充）铁路及成（都）遂（宁）南（充）达（州）万（州）等城际铁路。南充港五星级旅游码头投入使用，集装箱码头即将建成，嘉陵江高等级航道和南充港口群建成后，千吨级船舶可经南充港直达上海。2013年底，主城区建成区面积已达109平方公里，人口106万，位列四川省（除成都外）首批3个双百特大城市之一。

2. 经济发展，文化需求持续增长

“仓廪实而知礼节，衣食足而知荣辱”。南充作为川东北大市，近年来经济社会快速发展，为文化的繁荣提供了坚实的物质保障。2013年，全市GDP总量跃居全省第5位、川东北首位，实现地区生产总值1328.6亿元、地方公共财政预算收入65.6亿元，人均GDP2.11万元，三次产业对经济增长的贡献率分别为6.5%、67.5%和26%，全市居民消费正由生存型、温饱型向小康型、享受型转变，人民群众精神文化需求日益增长，文化权益日益成为人民看重和追求的重要权益。市委五届七次全会提出，到2017年全市地区生产总值将达到2500亿元，届时文化产业发展将呈“井喷”之势爆发增长，南充文化将迈入新的“发展黄金期”。

3. 人口密集，文化高地优势明显

南充是仅次于省内成都的教育大市、人口大市、文化大市，是川东北区域科教文化中心。全市现有西南石油大学、西华师范大学、川北医学院、西南交大希望学院、南充职业技术学院等高校6所，普通本（专）科在校生6.66万人；研究生培养单位2个，在校生2832人；幼儿园、中小学和中职学校2595所，专任教师6.7万人，在校学生106.68万人。南充从基础教育

到高等教育，从普通教育到职业教育，从学前教育到成人继续教育，整个国民教育体系相对完备，基本形成了大、中、小、幼相互衔接，普教、职教、成教协调发展，政府办学和社会力量办学相互促进的办学体系。全市有文化系统内艺术表演团体 6 个，艺术表演场所 5 个，文化馆 10 个，文化站 421 个，公共图书馆 8 个，博物馆 5 个，档案馆 11 个（其中国家综合档案馆 10 个）。文物保护管理机构 10 个，广播电视台 7 座，中短波发射台和转播台 7 座。广播综合覆盖率达 98.9%，电视综合覆盖率达 98.6%，有线电视用户 94.15 万户。2013 年全年出版地方报纸 10 种，出版量 3190 万份；出版期刊 15 种，出版量 22 万册；出版图书 250 种，出版量 40 万册；出版音像制品 52 种，电子出版物 11 种。

（三）文化特色别具一格

1. 丝绸文化纵贯千年

南充是丝绸文化的重要发祥地之一，栽桑养蚕史 5000 余年，自古盛产丝绸，夏周享有盛名，秦汉建成丝锦名邦，唐宋发展鼎盛，明清货源延伸南方丝绸之路。1915 年巴拿马万国博览会上，南充丝绸与贵州茅台酒荣获金奖，攀上世界丝绸业巅峰。市内有中国存续时间最长的丝绸名企六合集团，尚存丝绸文化主题公园等文化景区，2005 年中西部地区的唯一“中国绸都”国字号品牌落户南充，目前正积极打造丝绸文化产业创意园，在四川乃至全国形成了独树一帜的丝绸文化。

2. 三国文化亮点纷呈

南充是“三国文化发祥地”和联合国世界三国文化研讨会永久会址，《三国志》作者陈寿诞生之地，张飞镇守阆中八年，马忠、程畿生于阆中，有迄今保存完好的桓侯祠、王平墓、诸葛寺、诸葛寺石刻、赵云操兵演阵的将军碑、瓦口关古战场等遗迹遗址，拓展延伸的三国故事、三国浮雕、三国景区、三国人物等三国品牌文化声名远扬，“三国遗迹寻踪游”精品旅行线上，南充独占“三国文化源头”。

3. 红色文化影响深远

南充是革命老区，是朱德元帅、罗瑞卿大将、张澜副主席的故乡，是川陕革命根据地的重要组成部分，有5万多南充儿女参加红军，红四方面军、红九军在南充转战数年，留下了众多革命遗址遗迹。境内有朱德故居纪念园、朱德纪念馆、罗瑞卿故居纪念馆、张澜纪念馆、张思德陈列室、顺泸起义纪念室、阆中红军纪念馆等红色旅游文化资源，是全国、全省爱国主义和革命传统教育基地，仪陇县还纳入了全国红色旅游精品线路。

4. 嘉陵江文化魅力独有

嘉陵江300公里最美身段留在南充，形成了“嘉陵江第一江山”“嘉陵江第一桑梓”“嘉陵江第一曲流”等自然奇观，孕育了天文学家落下闳、辞赋家司马相如、大汉忠义将军纪信等众多历史文化名人，繁衍了以生态、春节、风水、宗教、民俗、客家、历史名人、名城古镇为主要元素的嘉陵江流域文化。市内拥有阆中、安汉、龙门、南门坝等名城名镇名街，篆刻、书法、雕塑、民歌、民舞、灯会、傩戏、火龙、水龙、草龙、巴渝舞、翻山铰子、婚嫁等别具一格，民俗文化在全国具有一定的代表性和影响力。

（四）文化遗产丰富多彩

1. 物质文化遗产众多

南充境内以人文风景名胜为代表的物质文化遗产丰富，有国家历史文化名城阆中古城和省级历史文化名城南充、蓬安，有以三国文化为主线的陈寿万卷楼、汉桓侯祠等，有省级风景名胜区锦屏山、西山、白云寨、升钟湖等，还有朱德故居、张澜故居、罗瑞卿故居等，集历史文化、民俗文化、红色文化为一体。全市拥有全国和省、市、县三级重点文物保护单位200多个，4A级景区6个，旅游景点60余处。2013年，全市接待旅游人数2553.9万人次，其中接待入境旅游人数2.26万人次；旅游总收入210.23亿元人民币，其中旅游外汇收入895.6万美元。

2. 非物质文化遗产丰富

全市有非物质文化遗产项目300多个，涵盖传统音乐、传统戏剧、传统舞蹈、传统美术、传统技艺、曲艺等六个大类，其中国家级非物质文化遗产保护项目4个、代表性传承人3个，省级非物质文化遗产保护项目24个、代表性传承人16个，南充市川剧团等被列入四川省首批非物质文化遗产传习基地。川北大木偶、川北灯戏、川北皮影、川北剪纸“四朵金花”享誉全球，多次出访欧美、东南亚、中国的港澳台50多个国家和地区，川北皮影迈进了世界音乐之都维也纳；川北大木偶连续参加了在荷兰、印度、韩国、墨西哥举行的国际木偶艺术节并获得“金奖”、“国外表演团队最佳奖”、“团队表演一等奖”，在世界艺坛上被誉为“东方艺术的冠冕”。2008年，南充被文化部命名为“中国民间艺术之乡”。

二 南充文化发展现状及评价

2011年12月22日，南充市委五届二次全会做出“加快文化体制改革建设文化强市”的决定以来，南充从解决思想观念问题到狠抓落实，出台了一系列加快文化事业和文化产业发展的政策措施，覆盖城乡的公共文化服务体系日趋完善，人民群众基本文化权益得到有效保障，文化产业发展的体制性障碍逐步破除，文化自觉程度有了新提升，初步出现百舸争流的文化发展态势。

（一）公共文化事业日益繁荣发展

一是政府支持力度加大。党政重视程度空前。2010年以来，市、县（市、区）文化、旅游、广播影视、体育等资源有效整合，全市各级发改、旅游、财政、规划等部门，大力支持文化项目申报、建设和管理，“大文化”网络初现雏形。专项规划竞相出台。9县（市、区）和市级相关部门制定了“十二五”文化改革发展规划，编制了创建国家公共文化服务体系示范区建设规划和实施方案，配套出台了建设文化强市的意见和国家公共文化服务体系示范区建设支持政策，提出了与经济社会发展相适应的文化发展目标和定位，明确了文化建设的指导思想、发展目标、基本原则和重点工作，文化大繁荣的宏伟蓝图业已绘就。政策保障日趋完善。探索制定财政资金购买公共文化惠民服务管理办法，各地相继在规划、投入、税收、融资、用地、用水、用电等方面出台了支持文化发展的优惠政策，出台考核评估体系，多元经费投入保持快速增长。2012 年起，市、县两级财政每年预算安排文化产业发展专项资金，全市年均投入文化事业资金达 3.2 亿元，占全市财政收入 5.4%，其中用于支持精品艺术创作资金占 6%；2013 年全市向省上争取省级公共文化服务体系建设资金 9810 万元、占全省总投入 9.81%，位居全省市（州）首位；全市文化事业年均公共财政支出 4.71 亿元，是五年前的 4 倍，加快推进的龙门古镇、川东北文化传媒中心等 36 个文化产业项目投资超过 18.5 亿元。

二是教育科研成果丰硕。教育质量连年提升。高考 5 年连创历史新高，本科上线率每年递增 1 个百分点左右，本科上线人数每年增长 100 人左右，北大清华上线人数保持在 15 人左右。素质教育创造经验。全市 5 所中小学校获评首批“四川省阳光体育示范校”，校园文化建设、高效课堂改革、艺体教育等先进经验在全省全国产生广泛影响。学术科研卓有成效。近年来，高校申报国省科研项目 40 多项，其中 6 项课题立为省级重点规划资助金项目，入选《国家哲学社会科学优秀成果文库》2 篇；2012—2013 年获省政府社科评奖成果达 24 项、省政府普教教学成果评奖 14 项；组织参加省级学科论文、教学案例评选活动，获省优秀论文一等奖 14 篇。

三是公共文化服务体系完备健全。加快国家级公共文化服务示范区创建，专项安排省级文化事业建设经费 115 万元用于全市 17 个“幸福美丽新村（社区）文化院坝”建设试点，目前，顺庆区小西街社区、高坪区嘉龙社区、嘉陵区任家桥社区 3 个试点建设成效明显。近三年来，共投入资金 100 多亿元，深入实施重点文化民生工程，大力推进公共文化基础设施建设，覆盖城乡的公共文化服务体系日趋完善。市、县两级公共文化场馆初具规模，基本实现县县有图书、文化“两馆”目标，394 个乡镇、28 个街道办事处综合文化站基本覆盖，436 个社区文化活动中心建成运行，5321 个村民委员会“农家书屋”图书配置率达 100%，市、县、乡、村四级公共文化服务网络建立健全，艺术表演团体、公共图书馆、文化馆、文化站等指标总量名列全省前列、保持川东北地区绝对领先优势。

四是文化遗产保护硕果累累。积极推进“非遗”申报及传承工作，近三年全市共投入450万元，推动皮影民俗文化园建设，改善省大木偶剧院、川北灯戏团等国家级非物质文化遗产保护项目传承单位的场所基础设施，并将其列入事业单位机构编制管理。大力开展挖掘整理工作，对非物质文化遗产进行收录、收集、保存、整理，共收集保存实物5000多件，整理资料1万多份，出版专著5部。大力开展传承活动，出台《非物质文化遗产代表性传承人（民间老艺人）补贴实施暂行办法》，通过师傅口传身授、建立传承培训基地、兴办培训班、联合艺术院校培养等方式，近5年共培养传承人15000多名。加强非物质文化遗产宣传和推介，积极利用“中国（南充）嘉陵江灯戏艺术节”等活动进行宣传展示，川北灯戏参加全国非物质文化遗产珍稀剧种展演获文化部“文化遗产日奖”、“优秀展演奖”，川北大木偶应邀赴智利、乌拉圭演出引起巨大轰动，川北灯戏省级传承人胡瑜斌参加2011年全国第二十五届“梅花奖”大赛获中国戏剧最高荣誉“梅花奖”；阆中皮影戏参加2010年全国第三届“金狮奖”大赛获得最高奖“个人表演金狮奖”和“发展贡献团体奖”。

五是群众文化活动蓬勃发展。将“培育和践行社会主义核心价值观”“实现伟大中国梦”“改革开放”等时代主题贯穿于文化活动之中，引导群众积极参与公共文化活动。城镇社区、农村村社组建了300余支群众文化活动队伍，社会团体成立20余种文化协会组织，群众自发开展的健身操、坝坝舞、艺术展、节庆活动、广场演出、民俗表演、社区腰鼓等繁荣活跃，文明新风在南充街头小巷处处绽放异彩。

（二）文化产业整体实力不断增强

一是绘就产业发展蓝图。邀请文化部、清华大学、省创意产业协会等相关单位、组织的专家论证策划，提出了“一核心、两板块、十基地（园区）”的文化产业发展思路和目标，即建设以主城区为中心的文化产业核心区，大力发展以文化娱乐、出版发行、文化旅游、包装印务、文艺演出等为代表的传统文化产业板块，加快发展以文化创意、数字出版为代表的新兴文化产业板块，市区联动打造以川东北印务中心、川东北文化传媒中心和广播影视中心为重点的传媒印刷基地，以万卷楼景区、安汉故城为重点的三国文化基地，以凌云山景区等为重点的民俗文化基地，以丝绸文化产业创意园和相关企业、产品等为重点的丝绸文化基地，六县（市）各自依托特色文化重点打造相应的文化基地，培育1～2个优势文化产业，形成独具特色、优势互补的区域特色文化产业发展格局。

二是产业项目强力推进。把文化产业项目纳入市政府重点项目建设和招商引资范畴。2013年全市争取国家和省项目199个、资金51亿元，招引大型文化项目1个、资金60亿元、到位资金6.98亿元。目前，总投资近7亿元的阆中“熊猫乐园”完成一期工程并投入运营；投资过3亿元的川东北文化传媒中心、投资近5亿元的南充影视中心和高坪区龙门古镇“川北特色民居”等36个文化产业项目正有序推进；县级数字影院建设项目全面启动，建成四星级城市影院3个，西充县被列为中国微电影拍摄基地。

三是市场主体发展壮大。从财税、金融等政策上加大对文化项目的扶持力度，放宽市场准入，鼓励和支持工商资本和社会资本以多种形式投入文化产业，全市文化产业市场主体规模不断扩大。支持文化企业技改扩能，高坪宏瑞印务公司拥有全省最先进的CTP印刷设备，在印刷工艺、承印能力等方面达到了全国领先水平；成功整合市本级四大文艺院团优势资源，成立南充市文化艺术演艺（集团）有限责任公司；推进广电网络整合，省网络公司南充分公司成立挂牌运营。“十二五”期间，文化市场主体较“十一五”末增长近2倍；截至2013年底，全市登记各类文化市场主体3427户，注册资本达到95亿元；全市拥有三国文化产业园、江南文化产业园、王皮影文化产业园等投资过千万的规模以上文化企业41家。

四是文化产业实现集聚发展。依托丝绸文化、三国文化、红色文化、嘉陵江文化等“四大主题文化”，坚持文化产业发展与景区建设相结合，以产业基地（园区）建设为带动，使文化资源优势向文化产业优势转变。目前，“十大文化产业基地（园区）”已入住企业41家。其中，高坪凌云山民俗宗教文化旅游产业园、西山三国文化旅游产业园、阆中春节文化旅游产业园、阆中天宫风水文化旅游产业园等园区已成雏形，高坪凌云山民俗宗教文化旅游产业园被评为省级文化产业示范基地。2013年，全市文化产业总资产达115亿元，增加值达35亿元，占全市GDP总量的2.9%，基本形成了以文化娱乐业、文化旅游业、影视影像业、新闻出版业、文艺演出业门类齐全、布局合理的文化产业发展格局。此外，我市还提出了打造百里特色文化走廊计划，力争用5年左右时间，实现走廊沿线主要乡镇文化基础设施基本完备、文化旅游产业初具规模、文化的经济效益和社会效益明显提高。目前可行性论证、规划制定等前期工作已全部完成，年内将全面启动实施。

（三）文化体制机制改革逐步破题

一是文化行政体制改革顺利实施。着力推进文化行政机构改革，对文化体育和广电部门进行机构整合，成立南充市文化广播影视体育局，理顺了工作关系，实现了文化行政主管部门由办文化向管文化、服务文化的转变。扎实推进文化综合执法改革，全面整合文化（文物）、广电、体育、新闻出版、“扫黄打非”执法职能，严厉打击网吧“接未”、歌城扰民、电玩涉赌、侵权盗版等违法违规经营行为，大力扫除淫秽色情出版物和不良信息，进一步规范和净化文化、新闻出版物市场，努力营造了良好的文化发展环境和规范的文化市场秩序。

二是国有文艺院团改革稳步推进。按照政企分开、政事分开、管办分离的原则，深入推进市、县两级国有文艺院团和经营性文化单位转企改制工作，市本级4个国有文艺院团事业编制已全部核销，并注销了事业单位法人资格，顺利完成人员分流及国有资产处置工作。组建成立“南充市文化艺术演艺（集团）有限责任公司”，建立了现代企业法人治理结构，完成了全体职工聘用工作。市场化运作模式的引入，现代化企业管理制度的建立，在突出社会效益的同时，实现了经济效益最大化。

（四）文化特色品牌打造亮点凸显

一是“嘉陵江文化”品牌闻名全国。围绕嘉陵江流域地方文化特色，策划、举办了嘉陵江大讲堂、嘉陵江合唱艺术节、嘉陵江灯戏艺术节、国际木偶艺术周等嘉陵江系列文化活动300余次，非物质文化遗产项目多次出访欧美、东南亚、中国港澳台50多个国家和地区。其中，“嘉陵江合唱艺术节”从地方性文化品牌跃升为区域性、全国性文化品牌，成为黄河大合唱之后的第二个全国性合唱艺术节，《人民日报》评赞为“中国最负盛名文化艺术节”，被四川省文化厅评为“优秀群众文化”品牌，现已被文化部纳入全国性文化活动项目库，是西部地区仅有的专业化、高水平合唱艺术节。在2014年第四届合唱艺术节上，有来自北京、广东、福建、云南、内蒙古、海南等14个省（市）30支队伍1500余人参赛，文化部及省厅领导出席了艺术节，中国合唱协会副理事长智颖文评价说：“南充作为西部地区二级城市，能够大手笔、高规格、高水平、持续不断的举办这样全国性的合唱艺术盛会是许多一线城市都难以做到的”。嘉陵江合唱艺术节已成为宣传南充、展示南充、推介南充的重要平台、文化窗口和靓丽名片。此外，川北杂技多次在北京景区演出，川北大木偶成功入驻峨眉山演出基地，演出门票年收入突破1亿元大关，我市演艺公司在旅游景区的驻点演出经验在全省推广。省文化厅厅长郑晓幸评价道：“通过近几年持续不断地打造，南充文化建设在全省已处于领先水平，是其他市（州）无法比拟的”。通过一批批文化品牌的打造，南充市城市影响力和知名度不断提升。

二是“一县一品”战略初见成效。扎实推进“一县一品”建设，扩大品牌覆盖面，以阆中“西部民歌会”、南部“升钟湖钓鱼节”、蓬安“相如长歌”、高坪“身边的感动”、嘉陵“元宵蛤蟆节”等为代表的一批地方品牌活动得到蓬勃发展，阆中风水文化获得国际广泛赞誉，升钟湖钓鱼节与潍坊风筝节、环青海湖自行车赛并称全国非奥运项目三大赛事，已成为重要的国际文化体育活动品牌。

三是互动交流助力发展。深入实施品牌推动战略，采取“走出去”与

“请进来”相结合，有力推动南充对外开放进程与国际交流合作。川北大木偶被商务部、文化部等四部委确定为“全国文化出口重点项目”、“文化部对外文化交流精品项目”，早在2012年，我市就申请到第21届国际木偶联合大会暨国际木偶节主题会场，这是国际木联成立以来第一次在中国、第二次在亚洲举办的大规模、高水平的盛大国际活动，新华社、人民日报、中央电视台等20多家境内外媒体对此作了全方位报道。2014年，南充市成功举办首届中国南充国际木偶艺术周，吸引到20个国家和地区及国内11个省（市）700余名艺术家参加，直接观众30多万人。国际木联主席达地亲自为南充授牌“中国（南充）亚太国际木偶皮影展演基地”，中国南充国际木偶艺术周永久性落户南充，被列入联合国教科文组织国际木联定期举办活动目录。受益于南充在亚太国际木偶界中的地位，南充市与国际木联总部所在地法国香槟—阿登大区沙勒维尔市结缘，并展开了一系列文化经济交流与合作：2012年两市签署《关于开展友好合作交流的协议》；2013年形成互访，法国香槟—阿登大区副主席、沙勒维尔－梅济耶尔市市长巴拉特女士先后两次到我市考察访问洽谈合作事宜，我市主要领导率团访问法国，参加了由沙勒维尔－梅济耶尔市举办的“国际木偶艺术节”及“国际木偶友好城市联合大会”活动，当年“中法兰波诗会主题文艺晚会”在我市顺利举行，两市正式结成国际友好城市关系。2014年，南充市成功举办“四川（南充）·法国周”活动，并初步达成兰斯大学与西华师范大学校际合作项目、巴泽尔职业技术学院与南充职业技术学院合作项目、法国高端疗养院集团投资项目、旅游合作框架协议、合作培养规划人才项目、中法文化创意产业园项目等六大合作项目，开启南充市与法国香槟—阿登大区文化、教育、旅游、商贸等多领域的深度合作。

四是文化创作量质双升。近五年来，文学艺术作品创作呈上升趋势，创作生产各类文艺作品800余部，同比上一个五年计划翻了一番，文化艺术亮点纷呈。先后涌现出戏曲作品《幸福崔大贵》、音乐作品《我和幺妹挨到来》等一批集思想性、艺术性和观赏性相统一的精品力作，《蜀道》《相如长歌》《头等大事》等65件作品得到了表彰奖励，《彩蝶的神话》获得国际大奖，《龙门传说》在首届国际木偶艺术节上受到国内外木偶艺术家、社会各界一致好评，摘获“最佳剧目奖”，并被推荐进京参加新中国成立65周年庆典文艺调演和世界商演，比利时、荷兰、墨西哥等地刮起了“川北大木偶旋风”，与美国时代华纳签订10年协议并拿到北美区域和美国5～10次演出入场券；四川新华文轩出版传媒股份有限公司依据该剧目计划开发《龙门传说》连环画、动漫和玩偶等系列文化产品。《长绸舞》《千里共婵娟》等上百部大型木偶剧和传统剧被国际木联在全球推广，在20多个国家和地区及国内巡回演出2000多场次。南充文化不断走出四川、走向全国并成功进入国际市场，被誉为“独特的南充文化现象”。

纵观全市文化建设，虽然近年取得了长足发展，但与先进地区相比，文化事业和文化产业仍是低水平上的高增长。资料显示，南充居民文教娱乐服务小康实现程度为48.3%，文化产业增加值小康进程为38.2%、低于全省22.4个百分点，实现和保障人民群众基本文化权益的任务仍然十分艰巨。

——品牌与产业培育滞后。一是文艺创作与文化活动不足。有影响力的作品、活动少，不能满足群众需求。文化艺术作品质量不高，文艺精品、经典之作不多，尤其反映现实题材的优秀作品少。群众性文艺活动的组织管理水平有待提高，各类文艺活动数量不少，但深入挖掘不够、品牌意识不强，缺乏有影响力、高层次的群众性文艺活动。二是文化产业发展较慢。文化产业发展政策滞后，各县（市、区）还缺乏科学的文化产业发展规划、相应的投入机制和地方性扶持政策。个别地方甚至没有将文化产业上升到政府行为，文化产业结构不合理，创意文化破题难。文化企业规模小，竞争力不强。据测算，南充文化产业法人单位增加值每增长1个百分点，将带动GDP增长近15亿元。然而资料显示，近年南充文化产业法人单位增加值占GDP比重仅1.7%，全市文化企业年末资产、主营业收入等指标落后于川东北部分城市。规模大、实力雄厚的大企业、大项目少之又少。三是文化品牌培育不够。文化资源缺乏有效整合，宣传、开发、包装水平低，文化资源挖掘力度不足。文化偏重于社会效益，产业品牌培育主体主要是政府部门，缺乏市场有效参与，一些文化产业品牌发展规划很难经得起市场考验。品牌打造、项目资金缺乏造成运作不够力度，达不到预期效果，文化品牌与产业的关联度较低。

——区域差距明显。一是县域差距明显。受制于经济发展和文化资源不平衡，县域文化发展差异性有拉大趋势。在9县（市、区）中，阆中“一枝独秀”，成功创建为国家5A级旅游城市，拥有20多处国、省文物保护重点单位和“世界千年古县”“中国春节文化之乡”多项桂冠，其文化发展力、竞争力和影响力远远走在8县（区）前列。其余部分县（区）产业发展势头千差万别，乡镇文化站、社区文化中心尚未健全，广电村村通覆盖率部分地方仅达到60%～80%。二是城乡分割严重。从文化需求看，全市近400万农村人口分布在7000平方公里的丘陵地区、贫困山区、边远地区，留守老人、留守儿童对文化需求不高，98%以上的农村文化活动停留在广播、电视、麻将等低级阶段，一些封建迷信活动、非法宗教活动蔓延滋生，形成了鲜明的城乡文化形态。从管理服务看，多数县、乡文化工作者对农村文化工作思路、对策、办法和举措不清，多数“农家书屋”有名无实，农村文化资源浪费现象严重。从发展重点看，全市大型的文化馆、图书馆、博物馆等公共文化设施基本集中于城市和景区景点，开展的文化活动90%以上集中于城市和大型集镇，农村地区成为“真空地带”。

——体制改革有待深化。一是文化体制改革阵痛尚未消除。国有文艺院团和非时政类报刊社、经营性文化事业单位转企改制后，部分改制单位仍未摆脱旧体制下的思维定式，对行政部门、行政资源过度依赖，在市场竞争、经费保障、人才储备等方面，等靠要思想严重，市场竞争力不强。二是文化考核激励机制略显疲软。从市、县（市、区）目标考核分值权重比例来看，考核分值仅占3%。同时，全市对文化产业发展、文化活动开展等方面还没有建立配套的督促机制，导致文化与经济工作“两张皮”“两个样”。三是县、乡文化管理体制亟待创新。目前全市乡镇（街道）文化站实行“编制隶属乡镇、业务隶属主管部门”的双重管理模式，与之相对应的管理机制尚未健全，文化经费、场地、设施挪用等现象客观存在，文化站“一方不愿管、一方管不了”。四是公共文化服务管理严重滞后。全市公共文化服务重建设轻运行、重配备轻管理、重形式轻内容的现象突出，尤其是“农家书屋”图书实现100%标准化配置，但谁管书、谁看书、如何流通等问题客观存在。

——保障措施有待强化。一是基础建设滞后。在国有博物馆、乡镇综合文化站、文化信息资源共享工程等公共文化基础设施建设中，由于各级政策不完全配套和经费到位不及时，导致建设进度不够快，公共文化基础设施长期落后的局面没有得到根本改变。以乡镇文化站建设为例，由于地方财政资金压力较大，政府投入难以达到标准化建设要求，90%以上的乡镇把站点归并到闲置的国有资产房中，面积、设施等不达标、不配套、不完善。经费投入缺乏制约了设施设备的完善，而设施设备不足则制约了公共文化服务活动的有效开展。二是人才队伍薄弱。文化领军人才少，四大院团组织大型活动，舞美、编剧、导演大多依靠外聘，民俗文化骨干人才青黄不接、后继乏人；缺乏优秀人才脱颖而出和吸引人才发展的激励机制，文化作品创作能力不足，叫得响、有影响的精品力作较少。文化骨干少，文化机构中高以上职称人员仅占14%，初级以下人员占86%，多年来没有大的变化；全市非物质文化遗产项目国家级、省级代表性传承人不足20人。大部分文化干部由社会事业服务中心人员兼任，“门外汉”现象制约了农村文化活动发展。同时，由于文化事业单位人员待遇长期偏低，优秀人才流失严重。

三　南充文化发展的对策建议

当前，作为四川优先发展的大城市和区域中心城市，南充文化发展正迎来一个新的春天。随着文化强国战略的实施，国家从顶层设计上制定了一系列财政、土地、金融、税收、社保等支持政策；国家加快成渝经济区建设，也为南充优化资源配置、实现文化事业整体发展提供了更为有利的现实机遇。中央和省委提出，抓公共文化服务体系建设要“反弹琵琶”，从边远贫困地区抓起，把更多文化资源、更多财力物力向农村和贫困地区倾斜。南充是革命老区，全市有4个国贫县、113万多农村扶贫对象，文化后发赶超动力足、前景广。同时，南充人均GDP已超过3000美元，逐步进入物质文化和精神文化消费的快速增长期，文化发展市场潜力巨大、规模庞大，尤其是成功列为四川第二个国家公共文化服务体系创建示范区，国家每年新增千万元以上资金投入，必将对全市公共文化设施、公共文化服务体系产生巨大而深远的推动作用。南充应把握难得的政策机遇，加速推动文化大繁荣大发展。

（一）坚持顶层设计，科学制定发展路径

一是健全文化领导体制。在全市各级党委政府牢固树立抓文化就是抓发展、抓文化就是惠民生、抓文化就是聚人心、抓文化就是兴未来的理念，把促进文化发展作为重要的政治责任。建立健全党委统一领导、政府组织实施、宣传部门协调指导、文化行政主管部门具体落实、各有关部门密切配合、社会各方面共同参与的文化工作体制和机制。尤其在文化产业方面，要建立文化产业建设领导小组并强化其机构职能。可借鉴上海、深圳等地做法，在全市文化产业资源整合、要素配置、体制机制建立和协调等事关全局问题上，文化产业领导小组要有强势地位和强势职能。

二是编制专项发展规划。抓住文化发展历史机遇，聘请专业团队，高起点制定全市文化发展“十三五”规划和各专项中长期规划，确立战略目标、任务和发展重点，明确行业布局、产业定位、实施对策和保障措施等相关安排，使南充文化事业和文化产业尽快纳入国民经济发展的总体规划并给予重点支持。力争通过 10 年左右努力，使文化产业成为我市国民经济支柱性产业，产业创造的增加值占 GDP 比重达到 6% 以上。

三是建立政策支撑体系。各级政府应将公共文化服务体系纳入公共财政保障范围，明确各级财政对文化的投入不能少于当年财政总支出的 1%；设立文化事业发展专项资金，资助重点文化项目建设，奖励文化产品及文化创新成果；鼓励各类公共文化服务单位采取“以文养文、以文补文、以文促文”的方式，利用文化经营收入补助公共文化服务活动的不足，形成公共文化投入的良性循环。加大文化产业的财政支持力度，建立文化产业政府支持资金。对文化产业基地、园区和集中发展区（带、片）建设发展具有重大影响并对地方财政具有重大贡献的项目，要单独制定扶持政策。

（二）转变政府职能，充分释放发展活力

一是深化体制机制改革。推动政府部门由办文化向管文化转变，进一步理顺党政部门与其所属文化企事业单位关系。建立健全党委和政府监管国有文化资产的管理机构，实现管人管事管资产管导向相统一。深入推进经营性文化事业单位改革，积极兑现各项扶持政策，设立奖励基金，制定激励政策，在市场竞争、市场运作等方面给予指导和支持，进一步激发改制院团活力。在坚持出版权、播出权特许经营前提下，允许制作和出版、制作和播出分开。搭建政府购买公共文化服务平台，将供养机构和人员、开展大型文艺活动的财政资金用于购买公共文化惠民服务。深化公益性文化事业单位改革，正确区分其经营性资产和非经营性资产。

二是改进管理服务办法。规范文化行政审批事项及流程，加强业务学习培训以提升行政审批人员履职能力，严格依法行政规范审批工作，健全行政审批文书和案卷管理，完善行政审批信息公开制度，加强具体行政审批行为的监督检查。探索建立现代文化市场体系，建立健全文化市场准入和退出机制，依法规范文化市场秩序，提高市场监管水平。健全文化产品评价体系，形成科学的文化产品评价标准，加强和改进文化评奖工作，在着力加强文艺理论建设和文艺评论工作的同时，切实加大优秀文化作品推广力度，加大知识产权保护力度。

（三）强化产品供给，着力完善服务体系

一是加强阵地建设。进一步强化现代公共文化服务体系建设。扎实推进市县两级图书馆、文化馆、博物馆、体育场馆等公共文化基础设施建设。创新文体场馆管理运行机制，提升现有场馆利用率。整合基层宣传文化、党员远程教育、体育健身等设施，推广“幸福美丽新村（社区）文化院坝”建设，建设一批农民工文化驿站、留守儿童之家，力争 2015 年国家公共文化服务体系示范区创建成功。加大政府购买公共文化服务力度，构建覆盖城乡的市、县、乡、村四级公共文化服务网络，促进基本公共文化服务标准化、均等化。

二是壮大人才队伍。充分发挥市场在人才资源配置中的基础性作用，创新人才工作机制，完善人才选拔、培养、使用和引进、流动、分配等机制。改革收入分配制度，把知识、技术等纳入生产要素参与分配，充分激发文化发展活力。把对南充文化发展的贡献和服务基层人民群众的实绩作为评价人才的重要标准，体现在表彰奖励、职称评定、岗位聘任等方面，进一步优化人才发展环境。采取市培训专干、县（市、区）培训骨干、乡（镇、街道）培训积极分子、村（社区）培训普通群众的方式，加强从业人员业务培训和管理培训。采取多种方式吸收各类优秀文化人才充实专职文化队伍，发现和培养一批热爱公共文化服务工作的人员作为兼职人员，鼓励民间成立各种形式的业余文艺团队，积极发展文化志愿者和文化义工队伍。

三是开展惠民行动。实施"百姓舞台 · 文化南充""千年古城 · 万家书屋""文化惠民乐万家"等文化惠民工程，按照政府主导、社会参与、媒体助推的方式，在全市形成每天有活动、每周有集会、每月有赛事、每季有晚会、全年有节庆的生动局面，不断满足城乡群众多样性的公共文化需求。建立政府实施和购买服务机制，采取面向市场招标采购等方式，不断扩大公共文化服务产品的数量和质量。

（四）突出产业联动，精心打造文化旗舰

一是做大做强文化产业。用好用足有关支持文化体制改革和文化产业发展的各种优惠政策，建立市级文化产业发展专项资金，以贴息、奖励等方式带动社会资本投资文化产业。坚持"政府主导、企业主体、市场运作、社会参与"的基本思路，重点发展文化旅游业、网络文化业、文艺展演业、影视音像业、文化娱乐业、新闻出版业、艺术培训业七大产业。力争到2020年文化产业实现年利税5亿元以上，从业人员达10万人以上。精心打造"中法文化创意产业园"等十大文化产业园区，分别在9县（市、区）和市本级至少建成1个以上文化产业园区或产业基地。力争到"十二五"末，有3个以上文化产业基地（园区）创建为省级文化产业示范区（基地），年产值5亿元以上的文化旗舰企业达到5家以上，年产值1亿元以上

的文化龙头企业达到20家以上。

二是培育塑造文化品牌。依托特色文化和历史传统文化优势资源，打造四大特色文化品牌。重点打造国际性的“中国·南充嘉陵江大讲堂”“中国·南充嘉陵江合唱艺术节”“中国·南充嘉陵江灯戏艺术节”“中国南充国际木偶艺术周”“升钟湖国际钓鱼文化节”等精品文化体育平台，全市性的“国家舞台精品艺术进南充”“新年音乐会”“滨江阳光大舞台”“文化体育大拜年”等系列文化活动，一县一品的“西部民歌阆中会”“相如长歌”“绥山大舞台”“蜀水欢歌”嘉陵区“元宵蛤蟆节”等群众文化活动。实施文化艺术精品工程，创作一批名著名戏，打造一批精品剧（节）目，编撰一批反映南充文化特色的文化丛书，创作一批在全省乃至全国都有影响力的小说、诗歌等。重点策划和创排大型神话剧《古蜀传奇》、大型川剧《母亲葛来凤》等剧目。

三是繁荣发展文化市场。按照“统筹规划、突出重点、分步实施、逐步完善”的思路和“控制总量、合理布局、优化结构”的原则，制定和实施《文化新闻出版市场“十三五”发展规划》。坚持以市场为导向，降低社会资本准入门槛，鼓励骨干文化企业兼并重组，积极推进网络文化市场、演出市场、文化娱乐市场、音像出版市场、印刷发行市场、艺术品市场等文化新闻出版市场健康发展。力争到2020年在全市培育互联网上网服务营业场所连锁经营公司2个，网吧总数达到700家，14.3%以上的网吧实现连锁化经营，游艺娱乐场所达到5家。力争“十三五”期间全市图书销售年增长率超过10%，年销售总额达到2亿元；新闻出版业在出书能力、印刷工艺、发行销售等方面达到全省先进水平。

四是保护开发文化遗产。抓好文物保护及合理开发利用。坚持“保护为主、抢救第一”的方针，重点抓好市博物馆和各县（市、区）文管所办公用房、文物库房、陈列展览室等文物保护基础设施设备建设；对综合价值高、合理利用前景好的国、省、市级不可移文物进行保护维修，研制、生产富有特色的旅游文化系列产品。抓好“非遗”传承和开发利用。加强非物质文化遗产的普查、管理和申报工作；加大对以传统技艺和民间绝技为代表的非物质文化遗产保护传承力度，出台非物质文化遗产传承人扶持办法等政策措施；建立完善各级“非遗”保护中心，创建档案和信息数据库；鼓励支持民间文化遗产博物馆建设；设立项目扶助经费，建立科学有效的传承保护机制；筹建“非遗”展示中心，推进文物保护单位免费开放，促进非物质文化遗产传承人开展技艺传授、展演和传习工作；开发“非遗”文化产品，发展“非遗”生态保护区，形成良性的“非遗”保护和利用机制。

（五）增进交流合作，推动文化多元发展

一是开放文化市场，形成多元发展格局。鼓励社会力量参与文化建设。放宽公益性文化体育事业准入政策，鼓励和支持社会资本和民间资金投资、参股文化事业和文化产业项目，鼓励社会资本对文化事业的公益性捐赠。鼓励投资主体多元化，形成一批具有竞争优势的品牌文化企业和企业集团。支持和促进多种所有制的公益性文化体育单位发展，对符合条件的转制文化企业提供一定的税收优惠政策，免征企业所得税；自用房产免征房产税，党报、党刊发行收入和印刷收入免征增值税。建立文化投融资信用担保制度，鼓励金融机构探索适合文化体育产业发展的信贷产品和贷款模式，探索扩大文化体育企业收益权质押贷款的适用范围。

二是扩大对外交流，增强文化影响力。实施“走出去”战略，拓展文化交流的内容形式。积极参加国内外有影响的大型展会，积极推介南充文化产品和服务；加强友好城市间的文化交流，主动开展对外文化合作。做强川北大木偶、皮影、灯戏、歌舞、杂技等文化品牌，重点扶持丝绸、皮影、剪纸、竹编、根雕等具有地域特色的文化艺术商品的出口，对出口的文化产品实行增值税零税率。鼓励人民团体、民间组织、民营企业和个人从事对外文化交流。扩大商业性展演、展映和文化产品销售，文化企业（文艺表演团体）在境外演出取得的收入免征营业税；结合营业税改征增值税改革试点，逐步将文化服务行业纳入“营改增”试点范围。积极发展从事演出展览、广播影视、新闻出版等业务的对外文化中介机构。支持文化企业与国内外知名演艺、展览、电影、出版中介机构或经纪人开展合作，向规模化、品牌化方向发展。

B.17

甘孜、阿坝、凉山：民族文化资源转化与“藏羌彝文化产业走廊”建设

俞运宏*

摘　要：四川省民族地区主要集中在甘孜藏族自治州、阿坝藏族羌族自治州、凉山彝族自治州三个地区，而这三个自治州恰好是全国“藏羌彝文化产业走廊”的核心区域，在国家大力开发“藏羌彝文化产业走廊”的历史机遇面前，甘孜、阿坝、凉山作为四川省主要的民族地区，都做出了相应地努力，甘孜州着力于开发与推介藏族文化产业项目、阿坝州致力于地震灾后重建中藏羌文化资源的保护传承与开发、凉山州大力打造彝族文化产业品牌。目前，三州的民族文化产业发展取得了巨大的进步，但尚存在一些问题，本报告针对这些问题给出相应的对策和建议。

关键词：藏羌彝文化产业走廊　四川民族地区　民族文化资源　文化产业

四川省是一个多民族省份，是全国第二大藏区、最大的彝族聚居区和唯

* 俞运宏，中国人民大学博士，西南民族大学教师，主要研究方向为新闻传播实务、媒介经营管理。

一的羌族聚居区。四川省民族地区主要集中于甘孜藏族自治州、阿坝藏族羌族自治州、凉山彝族自治州三个地区，而这三个自治州恰好是全国“藏羌彝文化产业走廊”的核心区域，因而这三州的文化产业开发对于四川省和全国文化产业的开发都有着重要意义。

一 藏羌彝文化产业走廊

著名民族学家、社会学家费孝通先生在1980年首次提出“藏彝走廊”这个历史—民族区域概念，“藏彝走廊”主要指现在的四川、云南、西藏三省（区）毗邻地区，就行政区域而言，“藏彝走廊”主要包括四川省的甘孜藏族自治州、阿坝藏族羌族自治州、凉山彝族自治州三州，云南省的迪庆藏族自治州、怒江傈僳族自治州和丽江市，西藏的昌都地区等地。① 在汶川特大地震的灾后文化重建过程中，文化部立足于藏、羌民族文化的保护传承，专门设立了国家羌族生态保护区，对羌族人民原生态的文化进行了有效的保护。在建立羌族文化保护区的基础上，文化部又逐渐展开了对毗邻地区藏彝民族文化的保护与传承，于是由费孝通先生最先提出的“藏彝走廊”这个历史—民族区域概念，成为文化部近年来建设以‘藏羌彝文化产业走廊’为核心的民族文化产业带的创意基础。

“藏羌彝文化产业走廊”② 涉及川、黔、滇、藏、陕、甘、青7个省或自治区，覆盖面积约68万平方公里，其核心区域内藏、羌、彝族等少数民族人口超过760万，文化部在此区域逐步开始实施一批具有带动性、示范作用的文化产业项目，旨在用发展文化产业的方式为西部地区经济、社会发展及民族团结提供坚实的文化基础和物质条件，并力图以此来实现少数民族地区跨越式发展。

---

① 李绍明：《费孝通论藏彝走廊》，《西藏民族学院学报》（哲学社会科学版）2006年第27卷第1期。

② 苏丹丹：《文化部、财政部发布〈藏羌彝文化产业走廊总体规划〉》，《中国文化报》2014年3月7日。

2012年2月文化部发布的《文化部“十二五”时期文化产业倍增计划》正式把“藏羌彝文化产业走廊”列为9个重大文化产业项目之一，拟在“十二五”期间全力推动实施，其项目建设总投资预算大约为110亿元。[①]

目前，打造“藏羌彝文化产业走廊”已经上升为国家层面的区域文化产业发展专项规划——为落实《国家“十二五”时期文化改革发展规划纲要》实施重大文化产业项目、发展特色文化产业等战略部署，加快建设具备引领示范效应的特色文化产业带，进一步促进西部地区、民族地区特色文化产业发展，把文化产业培育成为区域经济支柱性产业，同时也达到保护生态文化、传承民族文化、增强国家认同、促进民族团结等多重目的，2014年3月5日文化部、财政部联合印发了《藏羌彝文化产业走廊总体规划》（期限为2014～2020年），该规划中提出了近期（2014～2016年）和中期（2017～2020年）发展目标：2014～2016年“藏羌彝文化产业走廊”要引导实施一批有效保护文化资源并将文化资源转化为文化产业的项目、支持建设一批重点文化产业生产基地，在文化产品生产和品牌推广两方面要取得明显成效——基本形成立足国内、面向世界的文化旅游目的地；2017～2020年“藏羌彝文化产业走廊”要在建成一批具有重要影响力的文化产业示范项目基础之上，形成完善的文化旅游产品生产体系和旺盛的文化消费市场，使相关区域的文化产业普遍成为本区域经济发展的支柱性产业，将整个“藏羌彝文化产业走廊”区域打造成为世界级精品旅游区和我国文化产业发展新亮点。2014年4月15～16日，由文化部文化产业司和财政部主办，川、藏、陕等7省区及31个核心区、覆盖区市州文化、财政等部门负责人参加的全国“藏羌彝文化产业走廊”规划解读研讨会在四川省凉山州西昌市召开，标志着“藏羌彝文化产业走廊”规划实施已正式启动。[②]

四川省是全国唯一一个包含藏、羌、彝三个民族聚集区的省份，处于“藏羌彝文化产业走廊”核心区域，它包括甘孜藏族自治州、阿坝藏族羌族

① 梁娜：《聚焦藏羌彝文化产业走廊建设》，http：//www.sccnt.gov.cn/whcy/dtxxwhcy/201210/t20121029_10391.html，2012年10月29日。

② 苏丹丹：《藏羌彝文化产业走廊规划解读研讨会举办》，《中国文化报》2014年4月16日。

自治州、凉山彝族自治州全境以及相关辐射地区，该区域内拥有313处重要文化遗产。守着丰富藏羌彝的民族文化资源，如何将这些资源转变成文化产业，四川省先后采取了一系列举措。

从2011年起，四川省文化厅启动了对“藏羌彝文化产业走廊”四川区域内重点文化企业和文化项目系统摸底的调查工作，同时联合省内外文化产业方面的专家，加强对该区域文化产业发展的研究；随后，四川省委、省政府又先后发布了《关于深化文化体制改革加快建设文化强省的决定》和《四川省人民政府关于加快推进文化产业发展的意见》，专门提出打造以省内“藏羌彝文化产业走廊”为核心区域的民族文化产业带，将其建设成为全省文化产业特色发展区。在这些决策的具体实施过程中，四川省主要以“藏羌彝”民族地区文化资源产业转化为基础，以文化产业项目为支撑，以特色民族乡镇村为载体来推进“藏羌彝文化产业走廊”的建设。①

2013年7月，“藏羌彝文化产业走廊（四川区域）”发展规划专家评审会在四川省成都市召开，确认以甘孜州、阿坝州、凉山州（包括其辐射区域）作为“藏羌彝文化产业走廊”核心区域的发展规划。该规划提出，要把“藏羌彝文化产业走廊（四川区域）”建设成为世界级文化旅游目的地、国家级文化与旅游融合发展实验区和中国文化产业新的增长点，力争通过文化资源的优化配置，构建“3+2”空间布局，即海螺沟生产性保护基地、西昌彝族文化产业体验区和茂县羌族文化产业体验区这三个非遗生产性保护基地以及两个文化产业带——以“藏羌彝文化产业走廊”为核心区域的民族文化产业带和以汶川灾后恢复重建区为依托的重建文化产业带。该规划还提出“藏羌彝文化产业走廊（四川区域）”要以文化旅游业为主导产业，同时也要大力发展民族工艺美术业、民族服饰设计业、民族演艺娱乐业、民族新闻出版与影视制作等文化产业。②

---

① 参见四川省人民政府发［2012］14号文件《四川省人民政府关于加快推进文化产业发展的意见》。

② 张东：《藏羌彝文化产业走廊四川区域规划通过评审》，《中国质量报》2013年8月16日第4版。

四川省甘孜、阿坝、凉山三州正好位于“藏羌彝文化产业走廊”的核心区域，面对这难得的发展机遇，相关地区的各级政府都意识到充分开发利用本地区特色民族文化资源、打造多元化的民族文化产业品牌对于提升自身文化软实力、推动四川民族地区经济与社会发展具有重大现实意义。近几年来，甘孜、阿坝、凉山三个自治州区域经济的快速发展、交通网络的日益完善，给“藏羌彝文化产业走廊”的建设打下了坚实的物质基础，四川区域“藏羌彝文化产业走廊”的建设开始初见成效。尤其值得一提的是，在汶川地震灾后重建过程中，一大批文化产业重点项目在甘孜藏族自治州、阿坝藏族羌族自治州等地应运而生，形成了以九寨沟环线为中心，香格里拉文化生态旅游区、羌族文化生态保护实验区等民族文化产业集聚区，将民族文化展示与体验、旅游度假和休闲融为一体，这有效地促进了当地经济和社会发展。

二　甘孜、阿坝、凉山三州民族文化产业发展特点

甘孜、阿坝、凉山三州既有丰富的民族历史文化资源，又有着优质的自然地理资源，在面临国家、四川省双重层面的“藏羌彝文化产业走廊”发展机遇面前，这三地都立足于自身的自然与人文条件去努力打造各自独具特色的民族文化产业。自然、历史文化资源和文化产业之间是“原料供给”和“产品输出”的关系。这三州的历史文化资源和自然地理资源既可以为当地民族文化产业提供原料又可以因为文化产品的开发及文化产业的发展而得到更好地保护与传承。

（一）甘孜州民族文化产业特点

甘孜藏族自治州（简称甘孜州）是四川省西部的一个地级自治州，同时也是我国的第二大藏区，彝族、藏族、羌族、苗族、回族、蒙古族、土家族、傈僳族、满族、瑶族、侗族、纳西族、布依族、白族、壮族、傣族等25个民族约90万人口聚居于此，其中，藏族人口占78.4%。甘孜州自古以

来就是各民族迁徙、交流、融合的走廊，被誉为“自然生态博物馆和社会学宝库”，它拥有独特的历史地理与人文资源：康巴文化和康定情歌、民间英雄格萨尔王的故里和“嘉绒”藏族文化[①]的中心，香格里拉核心区和“茶马古道”（即古代南方丝绸之路）的主线路都属于这里；各种历史文物、民族文物、革命文物、宗教文物等遍布全州各地，全州现有国家重点文物保护单位2处、省级重点文物保护单位15处、州级重点文物保护单位54处；甘孜州的民间艺术品种富集，民族舞蹈巴塘弦子、甘孜踢踏、石渠真达锅庄享誉中外，“康巴藏戏”、“德格藏戏”“色达藏戏”“木雅藏戏”“嘉绒藏戏”等代表戏目深受全国藏族群众喜爱。[②]

除了这些独特的历史人文资源外，甘孜州还拥有贡嘎山、察青松多、海子山、亚丁、长沙贡玛等国家级自然保护区。同时，甘孜州北部地区围绕德格印经院和格萨尔故里形成了自然景观与康巴文化相融合的独特旅游文化资源。[③]

目前，甘孜州立足丰富的历史文化与自然资源，民族文化产业蓬勃发展，据统计，仅2013年一年，该州的民族文化产业主营业务收入就高达9.16亿元，实现增加值3.77亿元，比2012年增长18.13%。[④]

甘孜州民族文化产业的发展形成以下特点：

1. 对历史文化资源的保护与传承

（1）格萨尔王文化遗产的保护与传承。

甘孜州是最早将《格萨尔王传》介绍给国内外的地区，全州各地分布着大量格萨尔历史遗迹，格萨尔王故乡——“德格阿须”已经被正式确定为格萨尔文化遗产保护区。

---

① “嘉绒文化”展示了以丹巴为中心，包括道孚、康定、泸定部分地区群众的生产生活、衣食住行、婚丧嫁娶、宗教信仰和民风习俗。新石器时代晚期文物遗址——丹巴中路文化遗址就是大渡河流域众多史前文化的集中体现。

② 参考百度百科，“甘孜藏族自治州”词条，http：//baike. baidu. com/view/31685. htm。

③ 同①。

④ 尹志力、张亚蓉：《藏羌彝文化产业走廊四川区域成绩斐然》，《中国文化报》2014年6月25日第6版。

（2）对藏文文献典籍的保护与传承。

甘孜州藏博馆所收藏的各类文物总数为1290件，其中国家一、二级文物32件。被称为“雪域文化宝库”的德格印经院是我国藏区目前保存藏文文献典籍最多的地方，藏量约达整个藏族文献典籍的70%。

（3）对红军长征文化的保护与传承。

1935年5月~1937年7月，中国工农红军第一、二、四方面军在长征途中先后进入甘孜州，途径甘孜州16个县，历时15个月，开创了泸定岚安、康定金汤、丹巴、道孚、炉霍、甘孜、新龙等革命根据地，在泸定发动了举世闻名的“飞夺泸定桥”战役，举行了红二、四方面军的“甘孜胜利会师”。以这些历史事迹为代表的红色文化被甘孜州永久地保留在了泸定桥历史博物馆、格达活佛与朱德纪念馆里。①

2. 扶持开发一系列“惠民性”文化产业项目

当“藏羌彝文化产业走廊”建设带来新发展机遇时，甘孜州的一系列“惠民性”文化产业项目陆续上马，在甘孜州及各县政府的推动下，一系列文化产业项目已经开始启动并持续创造着经济和社会双重效益。

（1）建设六大文化产业园区。

甘孜州正在建设六所产业园区，分别为：康定情歌文化园区、丹巴碉楼与村寨文化园区、德格康巴文化园区、泸定红色文化园区、德格－白玉－石渠－色达－甘孜－新龙格萨尔文化园区、巴塘－理塘－稻城－新龙香格里拉文化园区。目前，已经建成并投入使用的泸定天宏、雅江木雅及经典演艺中心、藏地漫步等一批集演出、娱乐、休闲为一体的中小型文化娱乐演艺中心，既有效地吸引了大量州外资金，又拉动了当地经济的发展，还带动了当地文化旅游市场的繁荣发展，取得了明显的社会效益和经济效益。

（2）培育六大产业实体。

甘孜州正在培育六个产业实体，分别为：康巴文化演艺集团、康巴唐卡

① 戴刚：《论培育和壮大甘孜州民族文化产业的重要性问题》，《康定民族师范高等专科学校学报》2007年第1期。

绘制与展销公司、白玉河坡藏族手工艺开发公司、德格南派藏医药研发集团、甘孜州格萨尔文化开发有限公司和中国德格雕版印刷博览馆。这些文化产业实体都是依托甘孜州的县镇乡村来开发。目前，道孚县立足本地民居装饰的优势，开发了木雕版画等工艺品；炉霍县成立了唐卡协会，在保护的同时挖掘资源，开发多种唐卡的制作与销售渠道；甘孜县开发甘孜丸、骨饰品等具有民族特点的文化旅游产品；白玉县借助于河坡手工艺品的品牌优势，同时对河坡民族手工艺的技术进行改进，开发了藏式十二生肖等多个品种；新龙县开发了格萨尔面具、酒壶、传统手工藏香等；其他县也积极开发了木雅藏刀、藏式背鼓等工艺品；一些负责康藏文化传播的文化企业也积极开发了石刻系列等多种文化旅游纪念品。① 这些民族手工艺品在文化产业的推动下焕发了新的活力，既能拓宽当地居民增收的渠道，又成为文化传播的名片。

此外，甘孜州政府还依托“藏羌彝文化产业走廊”建设，大力支持公路沿线的农牧民发展具有民族特色的农（牧）家乐，鼓励当地年轻人从事民族歌舞演艺行业，同时组织非物质文化遗产传承人研发了“噶玛噶孜”唐卡、药泥面具、阿西土陶、河坡民族手工艺品等一批富有民族特色的文化产品。

3. 以政策性金融扶持文化旅游项目

2013 年 5 月，由成都世纪城新国际会展中心有限公司开发的“政策性金融推动藏区旅游文化国际化试验区”——“康定溜溜城”项目在甘孜落地，随后，按此模式推进了丹巴旅游资源开发、康定“香巴拉文化园”项目旅游资源开发、巴康措普沟旅游资源开发等项目。从此，由银行负责推介从事旅游开发的优质企业、政府推介旅游项目，以项目为引擎的文化产业集群式发展开始在甘孜孵化，这其中就包括 2014 年 6 月入选为文化部“藏羌彝文化产业走廊”的 36 个重点项目之一的康定县“灌顶雪泉 · 康定之珠”旅游文化产业园项目。

---

① 参考《甘孜州文化产业发展情况》，文化厅产业处发布，http：//www. sccnt. gov. cn/whcy/dtxxwhcy/201104/t20110410_ 2138. html，2008 年 5 月 23 日。

4. 民族文化产业“走出去”的初见成效

借助每年一届的“中国西博会”，甘孜州开始向全国大力推介自身的民族文化资源并将《康定情歌》《梦幻康巴》等优秀精品剧目推向市场。随着康巴文化影响力的不断加大，甘孜州的文艺演出群体在外地的市场份额不断扩大，甘孜州歌舞团先后到陕西、河南、山西以及四川城市群等地进行商演，借此既成功展示了本州民族文化的独特魅力，同时又探索了发展民族文化产业的新渠道。在对本土民族文化的国际化推广中，甘孜州也取得了突破——2008 年 8 月色达格萨尔藏剧团对英国进行了文化访问，带去了格萨尔藏戏片段和藏族歌舞，除了演出外，代表团还与当地喜爱藏族文化的人士和旅居英国的藏族同胞们进行了艺术交流和文化研讨，赢得了英国观众的好评。①

（二）阿坝藏族羌族自治州民族文化产业特点

阿坝藏族羌族自治州位于四川省西北部，紧邻成都平原，北部与青海、甘肃两省相邻，东南西三面分别与成都、绵阳、德阳、雅安、甘孜等市州接壤，具有相对较好的地理优势。②

举世闻名的九寨沟风景名胜区、黄龙风景名胜区和四川大熊猫栖息地都在阿坝州，阿坝有九寨沟、黄龙、四姑娘山等世界级旅游资源，还有世界最大的卧龙大熊猫野生种群和圈养种群自然生态基地。卡斯达温、羌笛演奏及制作技艺、羌族瓦尔俄足节是阿坝州特有的民族文化资源。

近年来，阿坝州政府立足于自身的自然资源和民族文化资源，紧扣“藏羌彝文化产业走廊”建设的历史机遇，开始着力推动一系列具有本州文化产业特色的规划项目建设。

阿坝州民族文化产业发展特点如下：

---

① 参考《甘孜州文化产业发展情况》，文化厅产业处发布，http：//www. sccnt. gov. cn/whcy/dtxxwhcy/201104/t20110410_ 2138. html，2008 年 5 月 23 日。

② 参考百度百科·“阿坝藏族羌族自治州”词条 http：//baike. baidu. com/view/86416. htm。

1. “一线”、“五片”①规划民族文化产业建设

“一线”是指构建以汶川“禹帝祭坛”为起点，以中壤塘觉囊文化中心为终点的“藏羌文化产业走廊”这条线。这条线是连接东西南北和全州旅游的一个关键节点，由桃坪羌寨、无忧城、古尔沟、马尔康等九个文化旅游景点组成。“五片”指构建九寨沟－黄龙、马背文化、羌文化、大熊猫文化、嘉绒藏族文化五个片区。九寨沟－黄龙文化区依托九寨沟、黄龙这两个世界自然遗产，兼容藏羌文化、唐蕃古道文化和红军长征文化；马背文化区以藏族马背文化和牦牛文化为主，同时兼容藏传佛教文化和红军长征文化；羌文化区，以茂县为核心区域，将羌族释比文化、大禹文化和茶马古道文化融合在一起；大熊猫文化区，以卧龙、四姑娘山为核心区，依托中华大熊猫国际生态保护区的天然基地；嘉绒藏族文化区依托大渡河和岷江大峡谷自然风光，以嘉绒藏族农耕文化和碉楼文化为主打，兼容嘉绒藏族风情、土司文化和红军文化。目前，阿坝围绕“藏羌彝文化产业走廊”推进的“一线”“五片”文化产业建设已经初步见成效：九寨沟文化产业园、松潘古城文化产业园、映秀东村文化创意园、羌城文化产业园、西部旅游牧场草原部落文化产业园、觉囊文化产业园等构成了“藏羌文化产业走廊”四川区域各节点的支撑项目。

文化与旅游相辅相成，阿坝州围绕“藏羌彝文化产业走廊”推进的本地文化旅游产业品牌正在逐步建成②：一大批红色旅游线路，例如，若尔盖县巴西会议会址、马尔康县卓克基会议旧址、红原县红原瓦切红军长征纪念遗址、小金县两河口会议旧址、松潘县红军长征纪念碑园等得以启动；一大批民族风情文化产品，例如九寨沟的藏羌民族风情晚会、天堂金色歌舞剧院和白马藏族风情园等得以开发；“营盘山古文化遗址”“甲蕃古城”“川西高原藏羌古碉群”等一大批古城遗址得以展示；九寨天堂歌舞剧和若干个演

① 参见庄春辉《论藏羌文化与阿坝州“一线五片”文化产业总体发展布局》，《阿坝师范高等专科学校学报》2007年第4期。

② 参考张东升：《阿坝州文化旅游产业发展战略研究》，http://www.abazhou.gov.cn/ztjs/dyysk/201210/t20121013_670177.html。

艺中心及艺术团在推广民族歌舞和促进文化旅游方面取得了良好的经济与社会效益；白马藏族风情园、桃坪羌寨和各个牧（农）家乐都带来了文化惠民、富民安居的喜悦。

阿坝围绕“藏羌彝文化产业走廊”推进的“一线”“五片”文化产业建设在逐年取得良好经济效益：2013 年，阿坝州文化产业实现总产值 4.5 亿元，较上年同期增加 0.4 亿元，增长率为 9.7%。①

2. 羌族民族文化产业品牌建设②

在汶川特大地震的灾后文化重建过程中，阿坝州开始将对羌族文化的保护与传承逐步转化为对羌族文化产业品牌的建设与推广。

羌绣是留存至今最为鲜活的羌族文化遗产，阿坝州也采取了一系列举措将羌绣打造为羌族文化产业中的一个重要品牌。羌绣在 2008 年 6 月被列入《第二批国家级非物质文化遗产目录》。“5·12”汶川特大地震后，四川省文化厅联合阿坝州政府推行“以羌绣帮扶就业计划”，帮助阿坝妇女以羌绣谋生，在羌绣就业帮扶中心的指导下，灾区妇女参加技能培训，然后操作上岗，绣制的作品通过公司外销国内外，这既提高了羌绣的知名度，又大大增加了绣女们的收入。

阿坝州通过组建“阿坝民羌建筑保护研究有限公司”等企业，逐渐将羌族民居文化资源转化为另一类特色文化产品。在地震重灾区汶川县映秀镇建立的主题文化创意园集合地震纪念和温情回顾于一体，也形成了特色文化产品。

（三）凉山州民族文化产业特点

凉山彝族自治州位于四川省西南部川滇交界处，东北毗邻宜宾、乐山两市，北连雅安、甘孜两地区，南与攀枝花市接壤，东、南、西还与云南省相连接，全州辖区面积共 6.04 万平方公里，总人口达 473.04 万人，境内有汉、彝、藏、蒙古、纳西等 10 多个世居民族。凉山彝族自治州首府西昌市

① 阿坝州政府信息公开工作办公室：《2013 年阿坝州文化产业总产值达 4.5 亿元》，http://www.abazhou.gov.cn/ztjs/zdxm/cyfz/201403/t20140306_945497.html。

② 尹志力、张亚蓉：《藏羌彝文化产业走廊四川区域成绩斐然》，《中国文化报》2014年6月25日。

位于成昆铁路中段，历来就是通往云南和东南亚的“南方丝绸之路”的重镇。凉山彝族自治州是全国最大的彝族聚居地区，中国彝族文化的生态园，也是“藏羌彝文化产业走廊”的重要组成部分。①

凉山州的历史人文资源深厚，木里大寺、泸山寺庙群、灵山寺等佛教、道教古建筑保存完好；全国四大地震碑林之一的西昌地震碑林保存了许多地震碑记和遗迹。凉山至今保留着红军将领刘伯承与彝族首领小叶丹结盟的遗址、红军抢渡金沙江的会理皎平渡旧址、红军长征路线等革命遗迹。凉山州有全国唯一展示彝族历史文化的凉山彝族奴隶社会博物馆，有国家级历史文化名城会理和省级历史文化名城西昌以及盐源泸沽湖母系氏族文化活化石——摩梭人聚居地。凉山州举世闻名的彝族漆器工艺主要出自彝族聚居县——喜德县，该县素有“凉山彝族工艺世家”之称的吉伍家族在此从事彝族漆器工艺已经16代人，他们还指导昭觉县、云南宁蒗县办起民族漆器工艺厂。目前，喜德县已经将彝族漆器制作工艺成功申报为国家级非物质文化遗产名录，而吉伍家族的当代手艺传人吉伍巫且为该项目代表性传承人。这些独特的历史人文资源为凉山州打造原生态民族文化旅游产业打下了坚实的基础。②

2014年4月，在凉山州首府西昌市召开了全国“藏羌彝文化产业走廊规划解读研讨会”，该研讨会由文化部文化产业司、财政部文资办主办，川、藏、陕等7省区及31个核心区、覆盖区市州的文化、财政等部门负责人参加。凉山州随之制定了《藏羌彝文化产业走廊凉山州区域文化产业发展专项规划》，将彝族漆器、彝族服饰、摩梭人母系氏族习俗旅游、民族演艺等项目都列入未来几年州内的文化产业重点发展之中。③

凉山州近年来一方面注重对彝族文化资源的开发与保护，一方面努力将

---

① 参考百度百科·“凉山彝族自治州”词条 http://baike.baidu.com/link?url=UMbZip0QhWZo1HDXbTcHWACqwnenCb6Nwv0X1ocA23CyG0m28sQPWjg0KI9x9tRtaTUAraoLyuXoBGtyYMIROa。

② 王美英、许巧云：《凉山旅游发展现状及对策研究》，《西南民族大学学报》（人文社会科学版）2010年第7期。

③ 尹志力、张亚蓉：《藏羌彝文化产业走廊四川区域成绩斐然》，《中国文化报》2014年6月25日。

这些民族文化资源开发为民族文化产业品牌，并努力将其发展为富民惠民的“民生产业”和对外交流的“窗口产业”，尽量实现社会效益、经济效益、文化效益的最佳结合。

目前凉山州民族文化产业发展特点如下：

1. 打造“彝族火把节”和彝族服饰品牌

“彝族火把节”现在已经成为全国十大民俗节庆之一。从 1984 年第一届凉山彝族国际火把节举办至今，“彝族火把节”已经成为凉山州文化产业的一个著名品牌和一张重要名片。凉山州将文化创意与节庆旅游相结合，在每年节庆期间推出《风情凉山》、《火图腾》、《烟雨月城》等大型原生态歌舞，将篝火晚会、美食、民族歌舞、传统竞技体育等与火把节、彝历新年相结合，吸引了无数国内外游客，这既带动了当地旅游经济的发展和群众创收，又使凉山的民族文化风情得以广泛传播。①

凉山州对彝族服饰产业的开发既能保护传统的文化手工技艺，又能拉动凉山经济发展，带动民族群众致富。凉山州彝族服饰产业创意园区被文化部发布的《2014 中国文化产业重点项目手册》列为重点文化项目，成为凉山州入选国家级文化产业示范基地的唯一项目。② 目前，彝族服饰产业已经渐成气候，以前彝族服饰仅仅是在演出和婚丧嫁娶时使用，但伴随着凉山旅游产业的发展和彝族服饰产业的开发，外地人逐渐了解彝族服饰文化，进而喜爱上彝族服饰，使得彝族服饰有了更大的需求和市场。凉山州昭觉县被称为中国彝族服饰文化之乡，其彝族服饰文化是整个凉山彝族服饰文化的典型代表，该县成立了彝族服饰研究所、月光民族服饰产品制作公司、彝族服饰文化表演艺术团和彝族服饰展厅，并从 2004 年起先后举办过多次彝族服饰文化节。现在，该县彝族服饰文化的保存和推广已经走上了产业化之路，在 2011 年第二届彝族服饰文化节期间，仅月光公司一家的彝族服饰销售额就

① 熊金银、刘宇翔：《四川凉山文化创意产业与旅游发展》，《全国商情：经济理论研究》2009 年第 3 期。

② 钱栩：《我州彝族服饰产业创意园区入选国家文化产业示范基地》，《凉山日报（汉）》2014 年 6 月 22 日。

达40余万元。[①]

2. 以大众平台推介展示“非遗”项目

凉山州苦心经营的阿斯牛牛彝族风情餐厅为重要的彝族“非遗”项目提供了推介展示平台。这家餐厅致力于将大凉山彝族的非物质文化遗产项目对游客进行展示和推介，彝族克智（民间文学类）、口弦（传统音乐类）、甲错（传统舞蹈类）、彝族漆器（传统技艺类）、彝族年（民俗类）等8项国家级非物质文化遗产和彝族阿都高腔、朵洛荷、彝族马布音乐、彝文书法等17项省级非物质文化遗产在这里都得到了很好的宣传。这家餐厅因为具有浓郁的彝族文化风情而对外来游客很有吸引力，从而取得了很好的经济效益。[②]

三 四川民族地区文化产业发展的问题与对策建议

（一）存在的问题

1. 发展民族地区文化产业需政府扶持

四川省民族地区大都处于交通不便、经济文化发展较为落后的地区，在这些地区若要将民族文化资源转化为民族文化产业，就需要调动大量资金、人力、物力来完善各种配套措施，例如，若要在甘孜、阿坝、凉山等地发展民族特色旅游业，就需要修筑公路、修建一定数量的酒店和客栈以及需要一批既掌握当地少数民族语言又通晓汉语、英语等语言的导游人员。如果要在这些民族地区大力发展民族文化产业，就要自上而下转变观念，需要各级政府足够重视发展文化产业在推动当地经济和社会发展中的积极重要作用，在政策、资金、管理等方面给予扶持和牵线搭桥。

2. 民族地区文化产业缺乏规模经营

目前，四川省民族地区文化产业的开发尚处于低层次的阶段，缺乏整体

① 张丹平：《昭觉：彝族服饰产业化步入快车道》，《中国民族报》2014年1月17日。

② 张亚蓉：《四川多方协力　共推非遗传承》，《中国文化报》2014年6月24日。

规划和立体网状层面的布局，短期内还无法达到规模经济的能级。文化产业是创意产业，需要随时随地在原有的文化资源基础上进行创意翻新。四川省民族地区的原生态民族文化资源固然丰富，但如果当地只有几部民族歌舞剧以及其他形式老套的娱乐表演，不注意开发新的文化内涵、缺乏文化创新能力的话，文化产业的发展会极大地受限。而文化创意产业需要大量人才，四川省民族地区目前亟须既懂民族文化发展与保护规律又懂得文化产业经营管理的人才，相应的人才培养机制也不到位，这大大制约着当地民族文化产业走向规模经营。

3. 民族地区文化产业需加大外宣推介

四川省的民族地区有着得天独厚的自然风景资源，又有着独特的民族文化资源和各种历史人文资源，但因为缺乏长期有力度的对外宣传，所以问津此地的国内外游客数量远远比不上国内外著名文化旅游胜地的游客数量。

（二）对策建议

四川省民族地区正好位于“藏羌彝文化产业走廊”的核心区域，面对这难得的发展机遇，各方力量可以进行如下努力。

1. 政府的重视与扶持

四川省民族地区的州、县政府应该对开发本地民族文化产业引起足够的重视，在每年工作部署中注意合理地开发利用本地民族特色文化资源，努力探索民族文化在与产业和市场的结合中实现有效的传承和保护、努力培育出各具特色的民族文化产业品牌；开辟多种渠道去有效推动本民族地区的文化产业成为区域经济支柱性产业，为本民族地区乃至整个西部区域的振兴繁荣提供强大动力。四川省民族地区各级政府应该凝聚各方力量，努力将各种配套设施落实到位，尽全力改善当地的软硬件条件，设法给国内外游客提供交通、住宿、餐饮、娱乐等一条龙的优质服务。

2. 寻求智库支持和培养相关人才

四川省各级政府可以邀请国内外、四川省内高校和研究院所的专家学者们提供智力支持，共同探寻如何让四川民族地区文化产业走上规模经营和创新之路的有效措施。在短期内，四川省各级政府可以将民族地区文化单位现有的工作人员送到高校和研究院所进行文化产业经营管理方面的培训；在较长一段时期内，政府可以联合高校和其他培训机构培养相关的文化创意人才与文化产业经营管理人才。

3. 注重项目的创新和加大推介力度

甘孜、阿坝、凉山等民族地区应该立足于本土优厚的民族文化与历史自然资源，注重对文化产品不断地推陈出新，有意识地研发新的项目。这些地区的各级政府和职能部门应该设法推进文化与生态、旅游的融合发展，舍得花财力、人力、精力进行旅游文化产品的推介与宣传，这样才可能把本区域内的“藏羌彝文化产业走廊”建设成为世界级文化旅游区。

参考文献

陆铭宁：《彝家新寨建设与民族文化产业化途径探讨》，《人民论坛》2012 年第 32 期。

王美英、许巧云：《凉山旅游发展现状及对策研究》，《西南民族大学学报》（人文社会科学版）2010 年第 7 期。

熊金银、刘宇翔：《四川凉山文化创意产业与旅游发展》，《全国商情：经济理论研究》2009 年第 3 期。

曹丽娟：《论四川民族文化产业的主要着力点》，《四川行政学院学报》2008 年第 2 期。

严荔：《四川文化资源产业化开发研究》，经济科学出版社，2010。

贾银忠：《中国少数民族文化产业发展概论》，民族出版社，2012。

雷长兴、李俊霞、刘新田：《西部文化资源产业可持续发展研究》，甘肃民族出版社，2010。

孟航：《中国文化产业的西部模式》，云南大学出版社，2011。

附　录

Appendix

B.18
2014年四川文化产业大事记

邱明丰　闫现磊*

1月5日　由中国旅游协会和中国旅游报社共同主办的“第三届中国旅游产业发展年会”在北京举办，其发布的“2013年中国旅游风云榜”，四川可谓是“满载而归”。广元市昭化区获得十佳旅游县（区）称号，绵阳市北川羌族自治县曲山镇石椅村获评为十佳旅游镇（村）之一，“大熊猫之旅”被选为十佳旅游主题线路之一，建川博物馆馆长樊建川入选影响力人物TOP10，Tsichuan全新四川旅游资讯网入选公共服务创新TOP10，体验营销《两天一夜》入选营销创新TOP10，新都桥318自驾游营地入选自驾游营地TOP10，四川省旅游局营销办入选宣传影响力机构TOP10。

1月8日　首批省级文化产业示范（试验）园区和第四批省级文化产业

* 邱明丰，文学博士，四川文化产业职业学院科研处处长，四川文化产业发展研究中心办公室主任，副研究员，研究方向为文化研究；闫现磊，文学硕士，四川文化产业职业学院、四川文化产业发展研究中心助理研究员，研究方向为当代艺术理论与批评研究。

示范基地命名名单正式公布。16 家单位榜上有名，安仁（中国）博物馆小镇、广元蜀汉文化产业园和遂宁观音文化产业园被命名为首批省级文化产业示范园区，中国（自贡）彩灯文化产业园和锦江区文化创意产业园成为首批省级文化产业试验园区。成都蓝顶创意产业有限公司、北川绣娘文化产业开发有限公司等 11 家企业被命名为第四批省级文化产业示范基地。

1 月 12 日　以“冰雪世界·童话九寨”为主题的 2014 中国九寨沟第九届国际冰瀑旅游节在九寨沟景区珍珠滩瀑布隆重开幕。

1 月 13 日　全省宣传部长暨文化工作会议在成都召开。省委常委、宣传部长吴靖平出席会议并作重要讲话，副省长黄彦蓉主持会议并作总结讲话。会议传达了省委书记王东明在省委常委会上的重要指示精神，表彰了四川省第十二届“五个一工程”获奖单位和作者，通报表扬了文华奖、群星奖和中国政府出版奖获奖单位及个人。

1 月 13 ~ 17 日　为更好地推进西部地区非物质文化遗产保护工作，增强非遗保护工作者的能力，提升文化干部队伍的素质，由文化部人事司、非遗司，四川省文化厅共同主办，四川艺术职业学院承办的以非遗生产性保护为主题的“西部非遗保护干部培训班”在成都成功举办。

1 月 24 日　全省文物工作会议在成都召开。

1 月 24 日　省文化厅在成都召开全省文化局长会议。

1 月 25 日　四川省非物质文化遗产保护协会会员代表大会（暨四川省非物质文化遗产保护协会成立大会）在成都召开，标志着省非遗保护协会正式成立。

2 月 27 日　四川省旅游工作会议日前在成都召开。四川省省长魏宏、副省长黄彦蓉出席会议。会议提出，今年四川将力争实现旅游总收入 4600 亿元，在去年基础上增长 20%。围绕上述目标，四川将制定并实施《旅游业改革行动计划》，重点在整合各类资源、转变发展方式、建立完善体制机制、激发市场活力等方面研究并实施一系列改革举措，并支持各地“先行先试”；将坚持以科学规划引领产品创新，以重点区域推动率先突破，以“智慧旅游”提升管理和服务，以招商引资推动大项目实施，以标准化实施旅游精品工程，以完善配套项目提升旅游服务。

3 月 18 日 省新闻出版局召开全省出版工作座谈会。会议传达了全国新闻出版工作会议、全国出版管理处长会议以及全省新闻出版工作座谈会议精神；会议认真总结了 2013 年全省图书、音像电子出版工作取得的成绩及存在的问题，全面部署了 2014 年出版工作。

3 月 18 ~ 19 日 四川省艺术研究院艺术委员会成立大会在成都召开。四川艺术研究院艺术委员会特邀康式昭、赵季平、魏明伦、敖昌群、严福昌为特邀艺术顾问，阿来、卢奇、李丹阳等十一人为特邀艺术指导，苏宁、蔡尚伟等二十六人为艺术委员，聚集了四川省内的知名的艺术专业高端人才。

3 月 27 日 四川省人民政府与西藏自治区人民政府在成都签署共同促进两省区旅游业发展合作协议。四川省人民政府省长魏宏和西藏自治区人民政府主席洛桑江村出席签字仪式并致辞。

3 月 28 日 《成都商报·社区电商周刊》正式亮相。《成都商报·社区电商周刊》基于移动互联网，以二维码为纽带，打通了纸媒与电子商务的界限，尽可能缩短媒体上展示商品转化成实际商品的时间。当读者对周刊展示的任何物品产生兴趣，只需“看到”“拍下”这两步，马上即可通过二维码订制自己的购物生活。简而言之，这是一张用手机扫码购物的“纸上电商”。

4 月 9 日 “2014 博鳌·四川之夜”在博鳌亚洲论坛国际会议中心万泉文化广场举行，吸引了众多境内外嘉宾，成为本届博鳌亚洲论坛的一大亮点。

4 月 25 日 以“智慧乡村游、美丽巴中行”为主题，以“游山、玩水、赏花、观景”为主线的四川省第五届乡村文化旅游节在平昌县正式拉开帷幕。

5 月 10 日 首届四川省印刷行业职业技能大赛“新财杯”决赛暨 2014 年中国技能大赛——第四届全国印刷行业职业技能大赛四川选拔赛在四川工商职业技术学院隆重开幕。

5 月 15 日 第十届中国（深圳）国际文化产业博览交易会开幕，四川展团的创意设计、新闻出版、影视动漫、非物质文化遗产、书画艺术、文化旅游、文化科技等重点文化产业项目亮相文博会。

5 月 15 日　《2014 中国文化产业重点项目手册》发布会暨重点项目招商推介合作签约仪式在深圳会展中心举行，藏羌彝文化产业走廊项目亮相第十届中国（深圳）国际文化产业博览交易会，四川省代表团第一个亮相，在大会上推介了“藏羌彝文化产业走廊四川区域”其中的 9 个项目：雅安大熊猫文化产业园、荥经黑砂文化博览苑项目、彝族火把节、芦山县根雕艺术城、茂县“中国古羌城”、康定溜溜的城（“灌顶雪泉、康定之珠”旅游文化产业园项目）、东坡宋城、苴却砚“千砚工程”，以及四川南溪文化创意动漫产业园。

5 月 19 日　第十届中国（深圳）国际文化产业博览交易会闭幕，四川展团获得优秀展示奖和优秀组织奖两个奖项。

5 月 20 日　我省 4 家非遗企业入选文化部近日公布的第二批国家级非物质文化遗产生产性保护示范基地。加上首批的 3 家企业，我省国家级非遗生产性保护示范基地已达 7 家，是数量最多的省份。

5 月 23 日　纪念毛泽东同志《在延安文艺座谈会上的讲话》发表 72 周年暨戏剧批评研讨会在成都召开，本次座谈会由四川省剧目工作室发起，来自省文化厅艺术处、四川艺术研究院、四川传媒学院等单位的艺术创作人士共聚一堂，集中讨论在新的社会环境下，专业文艺创作人士如何更好地利用讲话精神，促进文艺创作发展等问题，同时就戏剧评论这一文艺创作中的难点问题进行了集中讨论，共同探讨在实际工作中的解决办法。

5 月 24 日　由国家旅游局、浙江省政府主办的第六届中国国际旅游商品博览会在浙江义乌盛大开幕。精心布置的四川展馆以全新姿态在博览会上精彩亮相，简洁大气的展馆形象设计、原创原产的旅游商品吸引了大量参观者驻足欣赏，成为展会一道的靓丽风景线。

5 月 26 日　经教育部批准，四川音乐学院绵阳艺术学院转设为四川文化艺术学院。

6 月 15 日　文化部发布《2014 中国文化产业重点项目手册》，我省共 59 个项目入选，总数居全国第五位。此次我省入选的 59 个项目中，安仁·中国博物馆小镇、东坡宋城等 49 个项目被列为一般重点文化产业项目；茂县羌族民俗文化演艺街区、彝族服饰产业创意园区等 8 个项目被列为藏羌彝文化产业走廊重点文化项目；中国（绵竹）木版年画产业发展基地、御楼兰地毯产业基地两个项目被列为特色文化产业重点项目。

6 月 15 日 ~6 月 21 日 由文化部人事司、非遗司主办，四川省文化厅承办，四川艺术职业学院协办的全国文化厅（局）长非物质文化遗产保护高级研修班在川举办。全国各省（区、市）文化厅（局）及各计划单列市文化局主管非物质文化遗产保护工作的厅（局）长、全省各市州文化局分管局长参加了研修班。

6 月 16 日 由省委宣传部、省文化厅主管，四川新闻网传媒集团、四川省非遗保护中心主办的“记忆四川——非遗主题网站” （http：//www. scview. cn/）正式开通。

6 月 18 日 为支持全省文化产业发展，推进全省稳增长促改革调结构惠民生的有关政策落实，省财政下达 2014 年省级文化产业发展专项资金 1. 28 亿元，重点对促进文化产发展的平台建设、文化创意生产、数字化升级改造等项目进行支持，并向市县区域、特色文化产业及新兴文化业态倾斜。

6 月 23 日 四川省人民政府公布了第四批四川省非物质文化遗产项目（共 36 项）和第一、二、三批四川省非物质文化遗产扩展项目（共 26 项）。博葩（民间文学）、傈僳族高腔（传统音乐）、笮山锅庄（传统舞蹈）、羌族释比戏（传统戏剧）、彝族克格（曲艺）、藏棋（传统游艺、杂技与竞技）、藏族尔苏图画文字（传统美术）、彝族泥染（传统技艺）、峨眉伤科疗法（传统医药）、安巴节（民俗）、九寨沟县非物质文化遗产涂墨节等一批具有突出历史价值、文化价值和科学价值，体现四川地方文化特色的非遗代表性项目列入省级非遗名录。

6 月 26 日 以“美丽中国、剑门蜀道”为主题的“2014 中国四川国际文化旅游节”在广元市剑门关景区隆重举行。

6 月 28 日 省政府发布《关于加快发展对外文化贸易的实施意见》（简称《意见》），推出 7 项保障政策（包括加大财税支持、强化金融保障和减少行政审批三大方向)，力争到2020年，努力将我省建成西部内陆开放型文化产业发展高地。

7月15日 第四届中国诗歌节在绵阳开幕。

7月21日 由四川省旅游局、四川省交通运输厅、四川省社会地理信息局、《中国国家地理》杂志社联合出品的《发现四川》一书在全球发行，书中推出了四川100个最美观景拍摄地，从一个全新的角度重新串联起了四川各地的景观。

7月28日 隶属于四川省歌舞剧院有限责任公司的四川现代舞蹈团在成都成立。

8月1~4日 由国家新闻出版广电总局和贵州省人民政府共同举办的“第24届全国图书交易博览会”在贵州省举行，贵州省共27家图书出版发行单位（其中民营发行单位8家）在贵阳市主会场参展。本届书博会上，贵州省共设四川代表团展位26个、民营发行企业展位8个，共展出近两年出版的各类图书10828种，全面展示了贵州省的最新出版成果，吸引了众多客商和读者对四川展区的关注，现场销售和征订各类图书43万余册，其中销售码洋5.4万元、订货码洋1692万元。

8月6日 省文化体制改革和发展领导小组办公室和省社会科学规划办公室担任招标单位，2014年四川省社科规划文化产业专项课题重大项目招标活动启动。重大招标项目共设置6个研究选题“四川省文化产业发展规划前瞻性研究”“四川文化产业发展报告（蓝皮书）”“四川文化消费指数及消费者调查（季度/半年度/年度发展报告）”“四川媒体融合与文化产业转型创新研究”“四川民营文化产业发展报告（蓝皮书）”“大数据与四川文化产品信息服务平台建设”，资助经费为每项10万元。同时，省社会科学规划办公室还启动了2014年四川省社科规划文化产业专项课题的申报工作。

8月21日 由四川省林业厅、四川省旅游局主办，四川省生态旅游协会、广元市林业和园林局、广元市旅游局和朝天区共同承办的“2014四川花卉（果类）生态旅游节暨第二届四川·朝天核桃文化旅游节”在广元市朝天区拉开帷幕。

9 月 4 日 四川省文化厅市场处发布《四川省文化厅关于做好港澳台投资者在内地投资设立演出场所经营单位的行政许可工作的通知》。

9 月 11 日 推动四川文化走出去座谈会在成都召开。四川的文化资源优势如何转化为产业优势、文化企业如何做大做强等成为与会代表关注焦点。会议强调，要坚持政府主导、企业主体、市场运作、社会参与，推动四川文化走出去。

9 月 13 日 第十三届精神文明建设“五个一工程”（2012～2014）获奖名单公布，我省共有 7 部作品获奖，分别是：电影《天上的菊美》《兰辉》，电视剧《历史转折中的邓小平》，话剧《活在阳光下》，广播剧《父亲》，歌曲《老井》，图书《让兰辉告诉世界》。

9 月 15～19 日 由国家新闻出版广电总局、国家版权局和四川省人民政府主办、四川省版权局和成都市人民政府承办的第五届中国国际版权博览会在成都世纪城新国际会展中心举办。据统计，本届版博会实现版权交易金额达 23 亿多元，创下历史新高。

9 月 16 日 省委召开常委会议，传达学习习近平总书记在全国人民代表大会成立 60 周年大会上的重要讲话，审议通过了《深化国有文艺院团改革专项方案》。

9 月 17 日 四川省文化厅、中国人民银行成都分行、四川省财政厅发布《关于落实〈文化部、中国人民银行、财政部关于深入推进文化金融合作的意见〉的实施意见》。

9 月 17 日 第二届全球旅游网络营运商合作交流会在四川省绵阳市北川县举办，全球知名旅游网络营运商和相关企业代表围绕“智慧旅游，联结未来”主题进行讨论。

9 月 18～21 日 2014 中国（武汉）期刊交易博览会在湖北省武汉市国际会展中心举行。四川代表团由省委宣传部朱丹枫副部长、省新闻出版广电局黎万恒副局长、成都市委宣传部曾义副部长率省内期刊出版单位 60 多人参加了本届刊博会。本届博览会，四川代表团推出参展期刊 81 种约 5000

册，四川期刊展馆占地面积约110平方米，采用特装方式亮相刊博会。

9月24日 四川25个项目入选《2014年度中央文化产业发展专项资金拟支持项目》名录。

9月26～28日 以“乡村大舞台·幸福新农村”为主题的第四届全国新农村文化艺术展演和四川省首届农民艺术节暨民间艺术节在达州市拉开帷幕。本届艺术节全面展示了改革开放36年来四川新农村文化建设的显著成就。

9月27日 首届四川国际旅游交易博览会在乐山峨眉山市水晶广场隆重开幕。省委副书记、省长魏宏，国家旅游局副局长王志发以及国际旅游组织代表等出席开幕式，开幕式由黄彦蓉副省长主持。首届旅博会的召开，还吸引了来自境外37个国家和地区的400多位旅游产品采购商，以及国内20个省（区、市）的旅游业界代表参会。

9月27日 四川省旅游项目招商推介会暨交易集中签约仪式在乐山峨眉山市举行。四川省委副书记、四川省人民政府省长魏宏，四川省政府副省长黄彦蓉等领导见证签约。

9月27日 由亚太旅游协会、乐山市人民政府、四川省旅游局、四川博览事务局共同主办的全球旅游发展新业态峨眉高峰论坛在乐山峨眉山市举行。本次高峰论坛围绕“解析全球旅游业态新趋势、资源整合创新发展”的主题，深入分析旅游产业融合与新业态发展的驱动因素、发展形态、发展现状，共同探讨推进旅游业转型升级、可持续发展的新路径新举措。

9月28日 首届中国智慧之旅（大峨眉）发展论坛在峨眉山市举行。论坛围绕四川大峨眉山旅游圈如何让更多的人用好互联网、物联网、移动互联网建设智慧之旅及大峨眉智慧旅游发展等方面进行了探索与展望，嘉宾们各抒己见为智慧旅游建设献计献策。

10月8日 省政府办公厅印发《关于推进城区老工业区搬迁改造的实施意见》（简称《意见》），提出到2022年，基本完成全省城区老工业区搬迁改造工作，实现城区老工业区发展活力和公共服务水平显著提高，支持发展文化创意产业，成为区域经济发展的重要增长点。

10 月 10 日 第四届全国新农村文化艺术展演和四川省首届农民艺术节暨民间艺术节在达州开幕。

10 月 10 ~12 日 由省文化厅、成都创意设计周组委会指导，成都市工商联多家直属商会联合主办的四川首届文化产业项目交易会在成都举行，蜀绣、旅游、地产、动漫、酒类、金融、保险等十余个领域的 40 多家企业，跨行业齐聚一堂。通过该平台旨在为四川文化产业打造一个公平、透明、便捷的交易平台，促进四川省文化产业与金融、地产、旅游、服装等行业的融合与发展。

10 月 10 ~13 日 由国家文化部、山东省委、山东省人民政府主办的第三届中国非物质文化遗产博览会在济南举办，四川省参展的各项非遗（“羌笛演奏及制作技艺”“羌族传统手工艺刺绣”“羌族多声部民歌”、绵阳“北川草编”、蜀绣、南充仪陇剪纸等项目）在博览会上大受欢迎，不仅各类衍生品和实物销售一空，还与全国各地 20 余家企业进行合作洽谈，部分项目签订千万元以上合作协议。

10 月 11 日 2014 成都创意设计周——成都创意设计产业展览会开幕。开幕式上，《成都市文化创意和设计服务与相关产业融合发展行动计划（2014 ~2020）》发布。

10 月 12 日 成都（西部）文化艺术品保税仓库暨“成都国际文化艺术品交流中心”在成都东湖公园正式揭牌。标志着我国西部第一个专门的国际性艺术品保税交易平台正式对外开展，这也是继北京、上海、厦门后，我国第四座同类型保税仓库挂牌成立。

10 月 13 日 首届四川国际旅游交易博览会新闻通气会在四川省旅游局召开，四川省旅游局副局长宋铭，中共乐山市委常委、常务副市长田文介绍了旅博会相关情况。据悉，本届旅博会，四川省共签约旅游产业投资项目 200 个，签约总额 1318. 5 亿元，其中乐山市签约 613. 8 亿元，其他市（州）签约 704. 7 亿元，此次旅游项目签约数量、金额均创历史新高，充分展示了四川旅游正在成为众多企业竞相投资的热点。

10 月 15 日 习近平总书记在京主持召开文艺工作座谈会并发表重要讲

话，深刻分析了文艺在社会主义现代化事业中的重要作用，精辟阐述了文艺“以人民为中心”的根本方向，明确提出了文艺弘扬“中国精神”的历史使命，在新的时代条件下为文艺工作划定了基本遵循、为文艺工作者标注了价值航标。10 月 16 日，四川宣传文化系统迅速掀起学习贯彻习总书记重要讲话精神的热潮。

10 月 17 日 《四川省深化文化体制改革实施方案》正式印发。《方案》从 9 个部分对全省 2014～2020 年文化体制改革工作作出系统安排，明确了 19 个方面的重要改革举措及 88 项具体工作，涉及深化文化宏观管理体制改革、构建现代公共文化服务体系、现代文化市场体系和优秀传统文化传承体系等多个方面。

10 月 21 日起 川报全媒体集群联合省文化厅启动“行走‘藏羌彝’大型体验式专题报道”，以实地探访、现场实录、深度发掘等形式，通过四川日报、四川在线、四川日报官方微博微信、川报观察客户端微信等媒体平台，带领大家探秘文化底蕴深厚的藏羌彝文化产业走廊。

10 月 24～26 日 西部地区全面开发开放的重要窗口——第十五届中国西部国际博览会开幕式暨第七届中国西部国际合作论坛，在成都成功举办。

10 月 24 日 作为第十五届西博会的重要内容之一，由文化部产业司、四川省文化厅、香港世界旅游文化总会、香港国际华商联合会主办的“藏羌彝文化产业走廊：四川－香港文化产业项目投资洽谈会”成功举办。

10 月 25 日 四川社会科学重点研究基地——文化产业发展研究中心 2014 年学术研讨会顺利召开来自全省研究机构、高校、企业的 200 余名知名专家、学者围绕“产业融合视域下文化产业发展”主题展开了深入研讨。

10 月 29 日 以“聚发文化企业，构筑文创高地，豪情书写‘中国梦’”为主题的 2014 首届四川文化企业发展论坛正式启幕。首届四川文化企业评选以“建设与西部经济发展高地相适应的文化高地”为目标，旨在打造和谐行业关系，创造更多文化品牌企业，引领并促进四川文化产业创意与服务蓬勃发展。

11 月 5 日 俄罗斯四川旅游文化周暨四川旅游产品推介会在莫斯科举

行。

11月13日 《芦山地震灾区生态文明示范区建设规划（2014～2020年）》近日通过由国家、省相关科研、高校等机构（单位）组成的专家组评审。我省力争用5年时间，把芦山地震灾区建成全国生态文明示范区的样板工程——构筑最好最优的生态环境、发展循环低碳的生态产业、打造宜居最美的城乡人居、培育特色和谐的生态文化，探索建立以生态产品和生态文化供给为主的西部生态脆弱地区生态文明建设模式。

11月17日 国家版权局正式复函同意建立成都国际版权交易中心，这是国家版权局批准的西南地区首个国家级版权交易中心。

11月18日 成都市创意文化产业商会成立。在成立大会暨“惊艳天府——成都前沿创意榜”启动仪式上，商会特别推出了“创意银行、汇智天府——前沿创意榜、创客荟”“创意改变生活”智库活动等社会各界可积极参与互动的创意活动，并与进出口商会、服装设计协会等机构签订了创意服务合作协议，全力开启商会平台服务产业的实践行动，为正在转型的创意文化产业提供了崭新的思考。

12月1日 成都市政府印发了《成都市实体书店扶持奖励办法（试行）》，明确从2014年起，对成都市行政区域内从事图书、期刊等出版物发行为主营业务的实体书店，从新店开办、贷款贴息、举办阅读活动、参加书展、开展版权贸易、外地品牌书店落户、特色书店经营、业态拓展等八个方面实施扶持奖励。以推动成都市实体书店和出版物发行业转型升级、持续发展，在全市形成良好的发行业态和全民阅读氛围。

12月1日 我省11所高校图书馆向市民开放。从12月1日起，成都市民可凭本人身份证件在四川大学、电子科技大学、西南交通大学等11所在蓉高校图书馆免费办理借阅证，使用高校图书馆信息资源及相关服务。

12月3日 国务院公布第四批国家级非物质文化遗产代表性项目名录和国家级非物质文化遗产代表性项目名录扩展项目名录，我省有19个项目上榜。至此，我省国家级非遗代表性项目已达137项。

12月10日 成都高新区宣布启动国内首个企业孵化大市场。“梯形融资模式，旨在为不同成长阶段的企业提供融资组合，解决融资难。作为梯形融资服务体系的升级版，企业孵化大市场更侧重于解决目前更为突出的融资贵问题。”成都高新区新闻发言人、金融学博士汤继强介绍，企业孵化大市场是探索股权转让、交易、众筹、标准化金融合约交易等金融服务创新，促成资本和产业高效对接，降低金融交易成本和提高交易透明度。

12月12日 四川省川茶品牌促进会在成都成立。

12月15日 经国家知识产权局批准同意，在成都高新区设立国家知识产权服务业集聚发展试验区，这标志着成都高新区实施知识产权战略，促进知识产权服务业创新发展取得新突破，成都高新区也由此成为西部首个国家知识产权服务业集聚发展实验区。

12月18日 四川旅游推介会在京举行，100余家国内知名投资商、旅行商参会。推介会上推出了60个招商旅游大项目，涉及旅游业各个方面。2014年，是四川的“旅游投资促进年”。四川旅游产业在本年内有较大发展，成为四川最具活力的经济增长点之一。据统计，今年四川省在建旅游项目共计630个，投资总额5283亿元。

12月18日 为了加强对旅行社行业发展趋势的研究，不断完善旅行社管理体制和运行机制，促进旅行社业健康、规范发展，省旅游局与四川师范大学签署了共建四川省旅行社发展研究基地合作备忘录，共同推进全面合作的序幕。

12月19日 文化部公布了2014～2016年度442个“中国民间文化艺术之乡”名单，我省27个县（市、区）、乡镇（街道）榜上有名，上榜数量位居全国第三、西部第一。

12月21日 由省社科院和省茶叶行业协会共同主办的首届中国名茶核心示范区建设暨有机茶文化产业发展论坛在成都举行。来自全国各地的数十位专家、学者和企业代表深入探讨了建设中国名茶核心示范区的发展思路与实现路径。

12月26日 成都市天府新区文化创意产业行业协会第一次会员代表大会暨成立大会在四川文化产业职业学院圆满召开。

Abstract

Abstract: The *Sichuan Culture Industry Development Report*, *2015* integrated the power of the academic research institutions and culture administrative department. It is the combination of yearbook and research, which involves not only the facts and data of yearbook, but also the theory and intellectual support of study. It stands on the basis of Sichuan and takes a broad view at the world, both summarizes the development of cultural industry in Sichuan, and has a unique study on the forefront problem in global culture industry.

This report includes six parts: Part One is the general report, which analyzes how new urbanization reshape the new map of Sichuan cultural industry. Part Two is the development frontier, which analyzes the wide media construction, large network industry, regional radio and television, the development of private cultural industry in Sichuan etc. Part Three focus on urbanization, which analyzes the correlation of new urbanization and cultural industry in Sichuan, new urbanization and Green culture industry, creative development of city industrial heritage, Sichuan Ancient town tourism development and the survey of traditional folk custom changes, etc. Part Four is the industrial report, which analyzes Sichuan old cultural industry, cultural theme restaurants, rural tourism, development of new media, etc. Part Five is the regional report, which analyzes the cultural industry development in Chengdu, Luzhou, Nanchong, Ganzi, Ngawa and Liangshan regions, etc. Part Six is the appendix. Sichuan cultural industry memorabilia in 2014. Above six parts, with overall and respective analysis, crisscrossed, will contribute for readers to understand the overall situation and the latest changes of Sichuan culture industry development, recognizes existing problems and difficulties, and then strive to sublimates from the empirical explore to the grasp the regularity.

Contents

ℬ I General Report

Abstract: This report includes three parts: one is the analysis of new opportunities for the development of Sichuan culture industry from the macro and micro perspective. Including the central decision-making draw blueprint of the cultural industry, emphasis and direction of Sichuan specified towns, new opportunities for the development of cultural industry and city development of the rural cultural industry. The two is to start from the four big city group perspective, analysis of multi point multipole " strategy of Sichuan culture industry development" . Carding and described the new pattern of culture industry in Chengdu plain city group, southern Sichuan city group, climbing four big city west city in Northeast Sichuan city group and other groups to form the group. The three is from the point of view of " new four modernizations" synchronous perspective, analysis incremental space Sichuan culture industry. Put forward to want to play "culture industry penetration, inclusive, leading, linkage" role, and promote joint development of new industrialization, culture industry and the four big city group information, agricultural modernization, realize the double transformation Sichuan culture industry and urbanization.

Keywords: New Urbanization; Four Big City Group; New Four Modernizations Synchronization

B Ⅱ Development Frontier

Abstract: The media industry in Sichuan integrate the two elements of the old and new media. The four aspects as content of design, product configuration, publish channels and the profit pattern are changed and innovated. The omnimedia media development is suitable for the rapid technology demand and resource allocation optimization gradually. Based on the analysis of Sichuan omnimedia media development pattern and trend, the report also put forward the relevant countermeasures.

Keywords: Sichuan; Omnimedia Media; Development Pattern; Analysis of Trend

Abstract: In recent years, with the popularization of the Internet network, a swept trend with rapid development of various regions of the network industry has occurred throughout Sichuan province. After the province's and the whole country's propaganda and ideological work meeting, Sichuan has endeavored to build a vast network system. Based on analyzing the current situation of industrial development, this research has delved into the problems of development, and has provided tactical and professional advice to the industrial development of Sichuan networks.

Keywords: Sichuan; Network Industry; Suggestion and Advice

B. 4 Sichuan Regional Radio and Television Development Report

Yang Biao / 071

Abstract: First emphasis of the new urbanization in our country is to development small and medium-sized cities, especially in more than 2000 counties (county-level cities) and 34000 villages and towns. The public services for the newly increased urban population which transfer from agriculture population become an important and lasting work of regional radio and TV transmission. Facing the intricate serious situation of multiple background and public opinion field in mass media, regional radio and television must throw itself in the process of service local new urbanization; produce the attraction, infection and radiation ability through the media agenda setting and provid mimicry environment; promote idea renewal and environmental improvement; continuously expand their "field" effect; so as to accurately choose development way suitable for their own, and grow together with China's new urbanization.

Keywords: Radio and Television; New Urbanization; Public Opinion Field; Regional Effect

B. 5 Sichuan Private Cultural Industry Development Report

Zhang Jianhua, Li Xieli and Xia Hong / 086

Abstract: Although the international economic declined, growth rate of domestic economic slowed down and production costs rose up and other unfavorable factors existed objectively in 2013, the private cultural industry in Sichuan Province actively developed with the industrial policy support from both central and local government, and made a great contribution to the culture industry development composite index of Sichuan Province reached the national top ten and ranked the first in the Midwest area this year. Especially, the animation game industry, the museum industry and cultural creative fields have achieved national remarkable results, and these new industry trends of amalgamation, transformation and upgrading also fetched attention. Meanwhile, due to historical and practical reasons, the private cultural industry in Sichuan Province still faces some development difficulties at present and deeply hopes the relevant government departments can help to solve, so as to make more contribution to construct Sichuan Province as a Cultural Province corresponding to the status of economic highland in Western China.

Keywords: The Private Culture Industry in SiChuan Province; Development

B Ⅲ Focus on Urbanization

Abstract: In Sichuan, both the new-type urbanization and the cultural industry have the common purpose to "promote the development of people", aiming to achieve multi-win result through interactive development. By driving the development of industrial and commercial towns and specialized townships, promoting industrial upgrading of industrial cities, and accelerating the transformation of resource-exhausted cities, cultural industry has become the main power of economic development in Sichuan's cities and towns. On the other hand, through working as a platform to promote integration development, culture urbanization and supply of public cultural services, the new-type urbanization gives additional power to cultural industry. In this paper, based on analytic hierarchy process and statistical analysis, it proofs the truth that "new-type urbanization is highly correlated with cultural industry in Sichuan". More interestingly, it shows higher correlation and closer relationship between new-type urbanization and cultural industry nationally compared with that of Sichuan.

Keywords: Sichuan; New-Type Urbanization; Cultural Industry; Correlation

B.7 Sichuan New Urbanization and Green Culture Industry Development

Luo Zixin, *Guo Yimeng* / 140

Abstract: With the development of new media technologies, green cultural industry has become internationally recognized sunrise industry. Based on the development of green cultural industries in Sichuan, the article were analyzed that the new style of urbanization needs green Culture industries. Green park gathering as a unit of cultural industry is an important carrier of the new spatial layout of urban construction. Science and technology are supporting the Green Culture industrial innovation, the development of science and technology are important drivers of new urbanization. Meanwhile, the green culture industry has brought new opportunities of urbanization, not only to enhance the urban basic public services, establish the urban agglomeration development coordination mechanism, strengthen urban industrial employment support, and strengthen the system of ecological and environmental protection needs, but also to promote the practice of new urbanization in Sichuan to help "speed up the construction of a green city, promoting urban construction of the wisdom city, and focusing on humane city" goals.

Keywords: Green Cultural Industries; New Style of Urbanization; Sichuan

B.8 Creative Development of City Industrial Heritage

Sun Jing, *Zhang Chenghua* / 155

Abstract: Creativity has become an important stimulating factor for economic development. As an important creative cultural park of city industrial heritage, Eastern Suburb Memory of Chengdu has some its own characteristics. Taking Eastern Suburb Memory as an example to explain its creativity not only can highlights its important role for the arousal of industrial and cultural memory and enhance the image of Chengdu, but also can afford important reference for the development of cultural and creative industries of our country. Of course, Eastern Suburb Memory has Some shortcomings for display the Chengdu's culture characteristic in actual operation, this requires the involvement of government policy guidance.

Keywords: Eastern Suburb Memory; Creativity; Academic Explanation; Policy Guidance.

Abstract: This is an investigation about the changes of folkways in three tourism towns, which are in different stages of tourism development. Firstly, the report stated the situation changes in these tourism towns, then it explored the internal mechanism of the changes, especially discusses the two problems in the development of tourism town: conceptual misunderstanding and tourism planning, Finally, according to the actual situation of the investigation, some suggestions are given.

Keywords: Tourism Town; The Changes of Folkways; Tourism Planning

BⅣ Industrial Reports

Abstract: The elderly culture industry is comprehensive elderly industry, the aim of which is to meet the spiritual and cultural needs of the old people and to provide the cultural products and services for the elderly, the content of which is the elderly tourism industry, the elderly media industry, the elderly education industry and the elderly entertainment industry and the elderly exhibition industry. The development of elderly culture industry helps to meet the diversified needs of the elderly population, to boost domestic demand and promote economic growth, and to maintain social harmony and stability. The elderly tourism industry, the elderly media industry, the elderly education industry and the elderly entertainment industry and the elderly exhibition industry in Sichuan have made some progress, but there are still development spaces. It should actively learn from foreign advanced experience and promote the development of the elderly culture industry of Sichuan.

Keywords: The Elderly Culture Industry; Elderly; Sichuan

B. 11 Sichuan Cultural Theme Restaurants Development Report

Yu Ziqian, Song Jie / 198

Abstract: Influenced by the western Themed restrauant, China, appeared in the concept to a theme culture as the theme of the restaurant in twentieth Century 90 yearstime. The subsequent rise of a large number of different types of theme restaurant in Sichuan, and the hotel industry affected by tourism industry at the beginning of twenty-first Century. On the basis of learning foreign theme hotel business model, to create the local theme hotel, and refer to the exclusive hotel cultural theme restaurant. The theme restrauant developed in Sichuan, not only enriched the types of the Hospitality and Catering Industry in Sichuan, but also in constant development to find their own problems.

Keywords: Sichuan; Cultural Theme; Catering Services; Hotel

B. 12 Sichuan Rural Tourism Development Report *Zhang Ting* / 214

Abstract: Sichuan is rich in rural cultural resources and distinct regional characteristic. Now rural tourism cultural industry has been initially formed, has good development momentum in some key areas, local area: Agritainment is growing rapidly, became a demonstration industry; The characteristics of village and town tourism is booming, has distinctive features; The rural arts and crafts industry and National Performing Arts Industry have the brand effect. But compared with urban cultural industry, the overall development level is low, development level is not high. We need to be further combined with reality, Support by ecology, culture and science and technology, continue to innovate, build brand, dig the folk custom culture connotation, speed up the construction of talents team.

Keywords: Rural Tourism; Culture Industry; Development

Abstract: The value of output of the new media culture industry rises and the scale of it expands with the rapid development of new media technology. The new media culture industry of Sichuan has some new characteristics and trends in its development. This paper analyzes the current development of the new media culture industry in Sichuan, points out the existing problems, and put forward to the path and strategy of rapid growth.

Keywords: Sichuan; The New Media Culture Industry; Development

B V Regional Reports

Abstract: Under the national cultural industry development background, Chengdu had made progress in the Culture City strategy. Faced with the opportunities and challenges, Chengdu cultural development requires not only the "first city" of self-confidence, but also needs to have a realistic idea of liberation and resolute action. On the basis of ideological emancipation, Chengdu need to support cultural transformation and upgrading, at the same time, Chengdu innovate culture services, improve the urban cultural system, continue to promote the cultural projects, and improve the policy indemnification.

Keywords: Cultural System Reform; City Transformation and Upgrading; Ideological Emancipation; The City of Culture

B. 15 Luzhou: Building "Wine + N" Multicultural Industry Development New Pattern

Ju Li / 270

Abstract: In 2011, Luzhou unveiled "opinions about to speed up the cultural construction", put forward culture development ideas of "Wine +N". It adhere to take the cultural industry as new power, new engine and new path of economic development, and take strong measures to strongly push forward its development. At present, Luzhou commit to construct itself as the regional central cities in integration of Sichuan, Yunnan, Guizhou and Chongqing, so as to provide a broad space for speeding up the development of cultural industry. This report summarizes the development achievements of Luzhou culture industry in recent years, researches the existing problems, puts seven suggestions to accelerate the development: deepening the system reform, developing leading enterprise and key enterprise, increasing the industrial convergence, digging culture resources, extension of industry chain, enhancing discover project, strengthening the regional cooperation.

Keywords: Cultural Industry; The New Pattern; Regional Central Cities

B. 16 Nanchong: Four Themes Culture and Cultural Strong City

Teng Mingpeng, Zhang Mingwei, Wen Yi, Sun Jing and He Ying / 283

Abstract: Relying on four themes culture—Silk Culture, Culture of Three Kingdoms, Red Culture, Jialing River Culture—Nanchong obtain fruitful results in constructing cultural strong city. This report summarize the culture industry development achievements of Nanchong in recent years, research the existing problems, analysis the paths for the culture further development: to accelerate the public cultural infrastructure construction, strive to develop the culture pillar industry, thoroughly implement the key cultural livelihood projects, make great efforts to provide the public cultural service products, promote the coordinated development of cultural undertakings and cultural industries, to highlight the social effect, economic effect and effect of benefit the people of culture.

Keywords: Cultural Strong City; Cultural Undertakings; Cultural Industry; Cultural People's livelihood

Abstract: Ethnic areas in Sichuan Province are mainly concentrated in Ganzi Tibetan Autonomous Prefecture, Aba Tibetan and Qiang Autonomous Prefecture, Liangshan Yi Autonomous Prefecture, three areas, and the three autonomous prefecture is the core of the national "CangQiang yi culture industry corridor" area, in the country to vigorously develop "CangQiang yi culture industry corridor", before the historic opportunity of Ganzi, Aba and Liangshan, as the main ethnic areas in sichuan province, they have made accordingly efforts, Ganzi focus on the development and promotion of Tibetan cultural industry project, ABA is committed to the reconstruction after the earthquake in the inheritance and development of Tibetan and Qiang culture resources, protection of Liangshan state to create the culture industry Yi brand. However, the current state of the three national cultural industry development still exists some questions. The paper gives the corresponding countermeasures and suggestions to solve these problems.

Keywords: Cang-Qiang-yi Culture Industry Corridor

B Ⅵ Appendix

皮书起源

“皮书”起源于十七、十八世纪的英国，主要指官方或社会组织正式发表的重要文件或报告，多以“白皮书”命名。在中国，“皮书”这一概念被社会广泛接受，并被成功运作、发展成为一种全新的出版型态，则源于中国社会科学院社会科学文献出版社。

皮书定义

皮书是对中国与世界发展状况和热点问题进行年度监测，以专业的角度、专家的视野和实证研究方法，针对某一领域或区域现状与发展态势展开分析和预测，具备权威性、前沿性、原创性、实证性、时效性等特点的连续性公开出版物，由一系列权威研究报告组成。皮书系列是社会科学文献出版社编辑出版的蓝皮书、绿皮书、黄皮书等的统称。

皮书作者

皮书系列的作者以中国社会科学院、著名高校、地方社会科学院的研究人员为主，多为国内一流研究机构的权威专家学者，他们的看法和观点代表了学界对中国与世界的现实和未来最高水平的解读与分析。

皮书荣誉

皮书系列已成为社会科学文献出版社的著名图书品牌和中国社会科学院的知名学术品牌。2011 年，皮书系列正式列入“十二五”国家重点图书出版规划项目；2012~2014 年，重点皮书列入中国社会科学院承担的国家哲学社会科学创新工程项目；2015 年，41 种院外皮书使用“中国社会科学院创新工程学术出版项目”标识。

中国皮书网

www.pishu.cn

发布皮书研创资讯，传播皮书精彩内容
引领皮书出版潮流，打造皮书服务平台

栏目设置：

□ 资讯：皮书动态、皮书观点、皮书数据、皮书报道、皮书发布、电子期刊

□ 标准：皮书评价、皮书研究、皮书规范

□ 服务：最新皮书、皮书书目、重点推荐、在线购书

□ 链接：皮书数据库、皮书博客、皮书微博、在线书城

□ 搜索：资讯、图书、研究动态、皮书专家、研创团队

中国皮书网依托皮书系列“权威、前沿、原创”的优质内容资源，通过文字、图片、音频、视频等多种元素，在皮书研创者、使用者之间搭建了一个成果展示、资源共享的互动平台。

自 2005 年 12 月正式上线以来，中国皮书网的 IP 访问量、PV 浏览量与日俱增，受到海内外研究者、公务人员、商务人士以及专业读者的广泛关注。

2008 年、2011 年中国皮书网均在全国新闻出版业网站荣誉评选中获得“最具商业价值网站”称号；2012 年，获得“出版业网站百强”称号。

2014 年，中国皮书网与皮书数据库实现资源共享，端口合一，将提供更丰富的内容，更全面的服务。

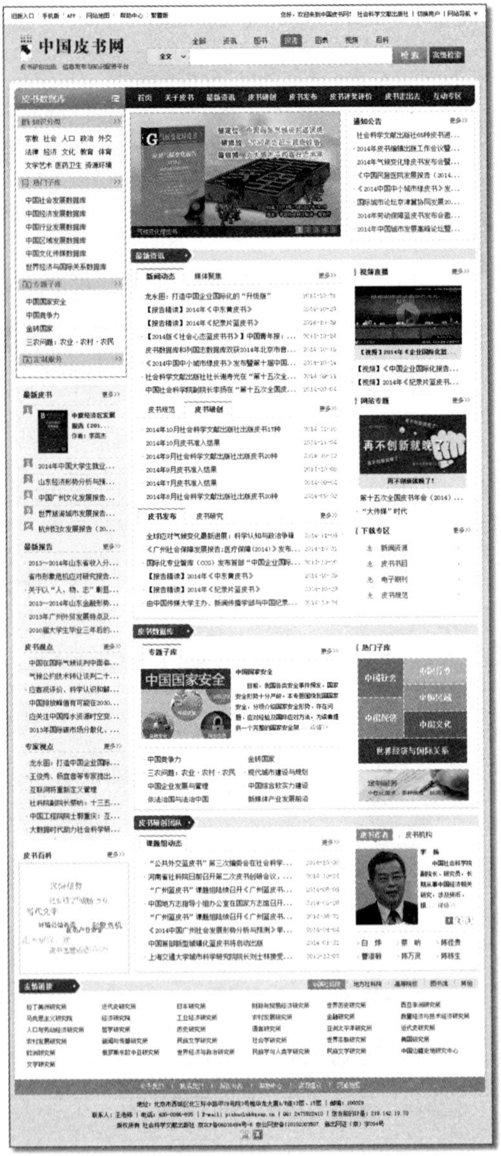

法律声明